Inhalt

Meinen Eltern und wie immer ...

Durs Grünbein

Die Jahre im Zoo

Ein Kaleidoskop

Suhrkamp

3. Auflage 2016

Erste Auflage 2015
© Suhrkamp Verlag Berlin 2015
Satz: Satz-Offizin Hümmer GmbH, Waldbüttelbrunn
Druck: Memminger MedienCentrum AG
Printed in Germany
ISBN 978-3-518-42491-9

Ouvertüre im nachhinein

Mit der Verläßlichkeit von Erinnerungen ist es, wie jeder aus Erfahrung weiß, nicht weit her. Dies zumindest haben Materie und Gedächtnis gemeinsam, daß sie ganze Welten verschlingen können, ohne daß die Oberfläche der Tage auch nur die leiseste Kräuselung zeigt. Tatsächlich können, so wie Gesichter, Stadtviertel, Straßenszenen im Klick einer Pupille verschwinden, ganze Lebensphasen und die zugehörigen Schauplätze und Gefühlslagen fortgewischt werden, als hätten sie nie existiert.

Ganz genau weiß ich aber noch meinen ersten Alptraum. Er hatte sich mir eingeprägt, weil er sich viele Nächte lang wiederholte. Bis dahin muß ich mit allem und allen verbunden gewesen sein, nach der Art der Naturvölker und Kleinkinder: Von diesem Moment an war ich nur noch das Einzelkind in seiner ganzen Verlorenheit und Verfehltheit. Der Ablauf war immer derselbe. Es geschah in unserem Haus in der Hellerau-Siedlung am Stadtrand von Dresden, das wir bezogen hatten, kurz bevor ich zur Schule kam, und es muß in der Zeit gewesen sein, da man das Lesen und Schreiben und die ersten primitiven Rechenformen erlernte.

Kaum war es dunkel und ich lag im Bett ausgestreckt, da begann sich der Raum nach oben zu weiten und um mich zu drehen. Aus großer Höhe sah ich mich selbst, winzig klein, da unten in meinem geblümten Schlafanzug liegen. Über der Kammer, die nur eine Schiebetür mit Milchglaseinsatz vom Schlafraum der Eltern trennte, der uns tags als Wohnzimmer diente, war das Haus aufgebrochen. Die Decke hatte sich wie die Himmelsluke eines Observatoriums zur Nacht hin geöffnet. Zwischen mir und dem Weltall gab es kein Dach mehr, und über den Kleiderschränken begann nun das Firmament. Ich war dem feuchtkalten, unfaßbar schwarzen Außenraum ausgesetzt und hatte das Gefühl, mit großer Kraft nach draußen gesogen zu werden. Mein Bett, mein geliebtes Bett bot keinen Halt mehr, der einzige Ort, an dem ich geschützt gewesen war vor den Attacken der Welt. Ich war jener unglückliche Kosmonaut (man gebrauchte damals den offiziellen sowjetischen Ausdruck, Astronauten waren nur Amerikaner), der versehentlich durch eine Klappe aus seiner Raumstation gefallen war und nun abgenabelt und abgekabelt umhertrieb. Was mir Angst machte, war, daß ich nicht nur äußerlich keinen Halt fand in dieser Dunkelheit, in der es kein Oben und kein Unten mehr gab, sondern daß es sich anfühlte, als sei auch mein Schädel geöffnet worden und das Gehirn freigelegt, einem gekappten Frühstücksei gleich – wozu mir deutlich das ringförmige Küchenwerkzeug mit dem Scherengriff vor Augen stand, mit dem ein Teil der Verwandtschaft die gekochten Eier bei Tisch köpfte. Ein kühler kosmischer Hauch wehte mir um die Stirn, ich fror am ganzen Körper und war verloren bis in den kleinen Zeh. Eine grenzenlose Angst hatte mich erfaßt, eine im urtümlichen Sinn panische Furcht, mich auflösen, mich ausströmen zu müssen ins All. Die Eltern vergruben sich währenddessen im Nebenzimmer in ihren Betten und konnten oder durften mich nicht retten, so erbärmlich ich auch wimmerte. Mir schien, sie waren kilometerweit von mir entfernt. Zu Anfang war Mutter noch aufgestanden und hatte mich zu beruhigen versucht. Im Grunde aber verstand auch sie wenig von meiner Not, und ihre freundliche Ignoranz schnitt mir ins Herz. Der Vater brummte immer nur aus dem Hintergrund, ich solle die Albernheiten doch lassen. Später hat auch Mutter es aufgegeben, mir noch Glauben zu schenken, wenn ich zitternd vor Kälte von meinen Irrfahrten durch den Weltraum erzählte. Untröstlich blieb meine Lage. So schlief ich dann leise greinend irgendwann ein unter den fühllos blinkenden Sternen.

Von da an veränderte sich alles, und nichts war mehr wie in den Jahrhunderten meiner Kindheit zuvor. Heute scheint mir, als hätten gewisse Dinge in meinem Leben seither einen etwas eigentümlichen Verlauf genommen, eine Ablenkung, wie schwach auch immer, aber mit jedem Tag deutlicher, vom normalmenschlichen Kurs. Ich weiß kein besseres Wort dafür als *Aberration*, ein Terminus, nach allen Seiten hin ausstrahlend, der sich mir später im Astronomieunterricht einprägte. Dabei sah man es überall: Kein Individuum, das nicht auf seine Weise von der Art abwich. Kein Blick zum Sternenhimmel, bei dem die Gestirne sich nicht scheinbar vom Beobachter wegbewegten, wenn ihn der Schwindel der Erdumdrehung erfaßte. Kein Bild, das nicht seine optischen Täuschungen mitbrachte. Ich habe keine Ahnung, wofür diese Serie von Angstträumen gut war, aber sicher bin ich mir, daß sie damals einen Strich zog durch das noch kaum erwachte Bewußtsein. Ich war sieben, als die Gewißheit der Sterblichkeit mich streifte, das Gefühl des Ausgesetztseins im All.

Fischwaren

I

Aufgewachsen bin ich in einem alten Dresdner Mietshaus, das der Krieg begnadigt hatte; es gehörte jedenfalls nicht zu den zwanzig Prozent, die über Nacht wie vom Erdboden verschluckt wurden. Das graue Eckhaus, ein Gründerzeitkasten mit blatternarbigen Mauern, lag an einer der vielbefahrenen Straßen des Stadtteils, dessen Name mir später noch zwei Mal als Echo entgegensprang – aus der römischen Geschichte und aus der Literatur der Goethezeit – und also von weit her geholt schien: Cotta.

Das Haus stand als einziges seiner Art frei. An die Geräuschkulisse ringsum kann ich mich lebhaft erinnern, wenn ich die Augen schließe, in letzter Zeit kehrt sie manchmal im Halbschlaf zurück. Ein herzerfrischender Lärm lag in der Luft dieses Viertels. Es ging dort zu wie auf einer venezianischen Bühne in den Zeiten der Commedia dell'arte. Am liebsten wurde Goldoni gespielt, »Krach in Chiozza«. Jemand riß plötzlich ein Fenster auf und schrie hinaus in den Garten, in dem an langen Leinen zwischen Obstbäumen die Wäsche trocknete. Ein Preßlufthammer tanzte um den Bordstein. Oder ein Fußball knallte gegen die Brandmauer, die das Grundstück von der nächsten Parzelle trennte. Wenn die Straßenbahn um die Ecke rasselte, wurde das ganze Gebäude wach gerüttelt. Die Fensterscheiben klirrten jedesmal von den vorüberrumpelnden gelben Waggons der Linie 1, der ältesten, die schon damals eine Stadtlegende war.

Nur in dem Fischladen im Erdgeschoß, an der stilleren Seitenstraße gelegen, blieb es auffällig ruhig. Vor den Mäulern der
nach Luft ringenden Fische verstummte, wie unter Wasser, das
Rauschen der kleinen Vorstadtwelt.

Unterm Dach lag die kleine Wohnung der Eltern, durch das
Treppenhaus mit den ausgetretenen Sandsteinstufen über ein
paar zusätzliche Holzstiegen erreichbar. Es war keine Wohnung, eher ein Taubenschlag. Ein langer, schlauchartiger Flur
führte zu dem einzigen Zimmer, das ihnen gehörte. Küche und
Bad teilten wir uns mit der Vermieterin, einer Märchengreisin,
nahezu hundertjährig, mit schlohweißem Haar, seit langem
Witwe: Sie hatte das Zeug zur Wahrsagerin. Das alte Weiblein
hat meine Mutter einmal damit erschreckt (und nachher ent-
zückt), daß sie im Flur vor dem Spülstein das Kind aus ihren
Armen an sich heranzog und ihm aus der Hand las. Da fiel ihr
das tief in den Babyspeck eingezeichnete M auf, und sie fing
an, hexenhaft zu kichern, eine uralte Hexe des guten Willens.

Im Erdgeschoß wohnten die Großeltern. Sie hatten das junge
Paar, das dankbar war für das Stück raren Wohnraums, in ihre
Einflußsphäre gelotst, eine praktische Lösung für alle. Das klas-
sische Trio Vater, Mutter, Kind hielt sich oft auf da unten, wo
das Gemäuer und der Steinboden kälter waren, bei den Altvorderen, die weniger beengt hausten als die studentischen Turtel-
tauben oben mit ihrer einzigen Brut.

Die Zimmer der Großeltern grenzten an die Verkaufs- und
Lagerräume jenes Fischladens. Man brauchte nur dem Geruch
zu folgen, einmal ums Haus herum, schon stand man vor einem
Aquarium, las überm Eingang das verblichene Schild mit der
Aufschrift »Fischwaren« und hatte den Hafen erreicht. Die Be-
nennung war absichtlich so abstrakt gehalten, um die wilden

Phantasien zu unterdrücken. Man fuhr nicht auf Meere hinaus bei dem Wort *Waren*, man war sofort eingestimmt auf die schütteren Reihen von Konservenbüchsen und Einmachgläsern voll trüber Tunke, die einen drinnen erwarteten. Daß Fisch nicht stinken darf, nicht, wenn er frisch ist, lernte ich erst in einem späteren Leben.

Der Geruch war auch der Grund für die niedrigen Mieten, die man in den davon heimgesuchten Häusern bezahlte – ein Vorteil, der den Großeltern seit den späten zwanziger Jahren, den Zeiten allgemeiner Arbeitslosigkeit, zugute kam. Damals kannten nur Zeitungsleser den Namen Hitler, aber jeder Dresdner wußte, was das Handelshaus »Paschky/Seefische« an Köstlichkeiten zu bieten hatte – das zweifache S-c-h las sich als eine Verheißung von Frische und Meeresrauschen. Noch im Jahr 1936, anläßlich der *Reichsgartenschau Dresden*, warb der Familienbetrieb damit, seit einem halben Jahrhundert Garant zu sein für beste Qualität. Er war der Vorläufer jenes Ladens mit dem Zeichen der Handelskette *HO*, denn selbstverständlich war ein Unternehmen wie dieses, geschäftstüchtig und weltmarktverbunden, beim Umsturz aller Verhältnisse, im Zuge der Landesteilung als Unternehmen vertrieben worden. Was den Geruch um kein Jodmolekül minderte.

Wahrscheinlich rührt daher die stille Phobie, die mich vor Fischgerichten bis heute erfaßt. Sie können so köstlich zubereitet sein, wie es der Chefkoch versteht, immer höre ich den Alarmton, wenn auf dem Teller ein Kabeljau auftaucht, eine filetierte Forelle oder ein Loup de mer mit lupenrein weißem Fleisch. Widerlich sind mir die fetten Karpfen mit ihren schartigen Moosbuckeln, die ich noch vor mir sehe, wie sie auf dem Küchenbrett aufgebahrt lagen, immer um die Weihnachtszeit, als fette Leichname, mit den vom Verröcheln weit geöffneten Mäulern.

An ihnen war nichts Segensreiches, es waren tote Fische, vor denen mir graute. Sie bringen mir die schmale Küche in Erinnerung, das Außenklo eine halbe Treppe tiefer und den grausigen Porzellanglanz der Badewanne im Waschabteil nebenan, in der die Karpfen die letzten Stunden lebend verbrachten, gegen die schadhafte Emaille klatschend – dieselbe, auf Vogelklauen stehende Badewanne, in der ich von Kopf bis Fuß abgeschrubbt wurde, wobei mir beim Haarewaschen der Seifenschaum in die Augen geriet. Wild strampelnd stand ich unter dem klobigen Wasserboiler, tobte und schrie, woraufhin der lärmempfindliche Großvater sich in die Küche verzog. Lange saß er dann dort, die Unterarme entblößt. Auf dem linken war, knapp über den Pulsadern, ein Ochsenkopf tätowiert, sein Blau verblaßt wie das Dekor verwaschener Tischdecken. In seiner Lehrzeit als Metzgerjunge hatte er ihn sich stechen lassen, eine Jugendsünde, wie die Frauen der Familie gern lästerten. Hatte er erst einmal die Bierflasche geöffnet, konnte er sich regelrecht einrichten dort und stundenlang Audienz halten neben dem Herd mit dem gargantuesken, gurgelnden Kochtopf, in dem ein paar Fischköpfe glotzäugig schwammen. Bei einer solchen Gelegenheit muß es gewesen sein, daß er dem Fünfjährigen, die Zigarette auf dem Herdrand abgelegt, einen Schluck aus der Pilsnerflasche anbot – amüsiert, als das Kind nach der Kostprobe sich schüttelte. »Schmeckt nicht, ist bitter.«
Großvater war von Beruf Fleischhauer, ein Mensch, der den größeren Teil seiner Lebenszeit im Stehen verbracht hatte, mit dem Ausweiden geschlachteter Rinder und Schweine befaßt.

Auf keine andere Tätigkeit, scheint mir, hat die Bezeichnung *Schinderei* jemals besser gepaßt. Wenn er nach einem schweren Arbeitstag im Schlachthof nach Hause kam, setzte er sich auf seinen müden Hintern und blieb so, in thronender Position, sitzen, bis es Zeit war, ins Schlafzimmer zu wechseln. Es war eine Angewohnheit, die er mit Erreichen des Rentenalters noch einmal ausbaute. Niemand aus der Familie hat je so ausdauernd dasitzen können wie er. In den letzten Lebensjahren hatte er es darin zur Vollendung gebracht: Aus dem Schlachtermeister war die Statue eines sitzenden Buddha geworden, freilich eines, der fast niemals lächelte.

Er konnte stundenlang ausharren auf seinem Stammplatz am unteren Ende des Wohnzimmertisches. Dieser blieb stets für ihn reserviert, mit einem Kissen im Rücken, das sein Revier markierte, dem Fernsehapparat gegenüber. Meistens lief irgendeine Tiersendung, wenn wir ihn am Nachmittag besuchten. Entweder war es der Fußball, der ihn alles ringsum vergessen ließ, oder es ging um Tiere, zumeist solche, die in Gefangenschaft lebten. Ein Zoodirektor stellte seine inhaftierten Menschenaffen vor wie entfernte Verwandte. Nicht jeder Orang-Utan war so geistesgegenwärtig, sein bekümmertes Bratpfannengesicht rechtzeitig abzuwenden. Mancher Gorilla, der es sich auf dem Autoreifen bequem eingerichtet hatte, winkte nur müde ab und vergrub die schlanken Hände im Fell. Dann schmückte sich der geschwätzige Tier-Impresario zur Abwechslung mit einem Totenkopfäffchen, das ihm auf der Schulter herumtanzte. Großvater sah sich das alles an, gab aber nie einen Kommentar dazu ab. Man konnte sagen, er hielt diesen Versuchen, sich bei den Tieren anzubiedern, eisern stand, wie einer, der ein Betriebsgeheimnis kannte, so furchtbar, daß er sich hütete, uns davon zu erzählen.

Es war jedesmal eine mittlere Sensation, wenn er überhaupt den Mund auftat. Alles, was über kurze Begrüßungen hinausging, lief schon Gefahr, als geschwätzig zu gelten. Er hatte einen festen Händedruck, und seine Hände erinnerten mich an die feuchtkalten, schweren Fleischpakete, mit denen er die Sippe versorgte. Seine Augen waren oft gerötet, man konnte sagen *blutunterlaufen* – vom Wasserdampf, dem er häufig ausgesetzt war, an den Brühanlagen im Schlachthof und von allem, was ihm entgegenspritzte, wenn er die Schutzbrille aufzusetzen vergaß. Er saß, wenn wir eintraten, auf seinem Stammplatz, wandte sich kurz um, gab uns die Hand, wobei der blaue Unterarm aufblitzte, dann starrte er wieder geradeaus, in seinem Nirwana mit dem Flimmern des Bildschirms eins. Während der Familienunterredungen, in Phasen des Klatsches, aber auch bei Anflügen echter Konversation mit meiner Mutter, behielt er immer den Fernseher im Blick.

Er sah das Elefantenjunge, noch wackelig auf den Beinen, in seinem engen Verschlag aus Bunkerbeton, beobachtete genau die Giraffe, wie sie sich umständlich herabbeugte, um dem Pfleger die Hand zu lecken. Aber die Feuchtigkeit hinter den Brillengläsern hatte nichts mit Tränen der Trauer zu tun, sie war eine Berufskrankheit. Dieser Stoiker des Sitzens verzog keine Miene, doch er schaute sich alles aufmerksam an: Flamingos bei der Morgentoilette, das Paarungsverhalten der Hyänen und die mühsame, fast halsbrecherische Art, mit der ein Kamel sich in die Liegeposition brachte, während die Kiefer ununterbrochen weitermahlten. Derweil brütete er seine eigene Theorie vom Sitzen aus, die anscheinend tief hinabreichte bis zu den Wurzeln unseres Stammbaums.

Denn keiner der lebenden Verwandten konnte sich mit seiner

Beharrlichkeit messen. Verglichen mit ihm, waren wir alle, stets auf den Beinen und immerfort geschäftig, nur flüchtige Erscheinungen, sinnlos umherirrend wie jene Springböcke in den Savannen Afrikas, die über den Bildschirm huschten.

Ich kann mich nicht erinnern, den Tierparkchef, diesen armseligen Komiker, je vor der Kamera mit einem Krokodil gesehen zu haben. Dabei wäre ihm sicher das Scherzen vergangen. Auch wurden in seiner Sendung niemals Haie vorgeführt oder sonst eine Fischart, harmlos oder gefährlich. Grund dafür war wohl der niedrige Evolutionsrang dieser Lebewesen, Lurche und Kriechtiere inbegriffen. Mit Ausnahme der Schlangen, Boas und Pythons, die man sich fernsehtauglich um den Hals schlingen konnte, waren diese Kreaturen allesamt wenig präsentabel, als Bildschirmlieblinge ein Reinfall. Großvater beschwerte sich selten, aber manchmal zeigte er seinen Unmut über das immergleiche zoologische Repertoire. »Heute wieder Schimpansen«, knurrte er dann und sah mir verschwörerisch in die Augen.

2

Das Licht war anders – damals in den Vorstadtstraßen
Der ausgeglühten, leergeräumten Stadt. Die Morgenfrühe,
Auroras Mündungsfeuer, schmierte auf die Häuserkästen
Ein zähes Rot, das kämpfte mit den braunen Untergründen,
Und was sich zeigte, war das Grau, das Grau des Neuen.
Verwunschen war das meiste, eingeschläfert unterm Blick
Des Kindes, das dort umging, märchenstill, alleingelassen
Beim Spielen oder Kleingeldsammeln oder Zeittotschlagen.
Stunden vergingen so im Schatten der an Wäscheleinen

Erstarrten Hemden, Socken, nach der Größe aufgehängt.
Ein Nachmittag verrann vor einem morschen Bretterzaun,
An dem man jedes Astloch kannte, jeden krummen Nagel,
Den einer lange vor dem Krieg dort eingeschlagen hatte.
Einmal ein Wespenstich, das war schon großes Abenteuer,
So ungeheuerlich, daß sich die Welt im Aufruhr drehte
Draußen vorm Hoftor – und dann ruckhaft innehielt
Mit ihren Eisverkäufern, Hunden, gelben Straßenbahnen
Bis hin zum letzten Pflasterstein, den Fliegen an der Wand.

Einen Fischladen gab's da, umschwärmt von den Katzen
Des Viertels, zögernd, wenn sie den Bordstein beleckten,
Der vom Spülwasser feucht war, von Gräten und Köpfen.
Efeu krallte sich in den Mauerputz. Der lästige Friedhofsfilz
Säumte den Eingang zu einer Grotte aus falschem Marmor.
Ein Mann stand davor, in Gummischürze, sich lange kratzend.
Das Schaufenster war ein Aquarium, meistens leer.
Hier blieb er gern stehen, sah durch die trübgrünen Schleier
Ein Becken, in dem Forellen und Karpfen um Atem rangen.
Durch und durch gingen die schartigen Rücken ihm, Mäuler,
Röchelnd geöffnet, Kiemen, zum stummen Leiden bestimmt.
Am Grund blinkten Schuppen im Algensud. Durch die Scheiben
Sah er im Ladeninnern dem Schlachten zu, in stiller Hypnose.

Manchmal war Kundschaft da. Und wie konnte das sein,
Daß der Mann mit dem Einkaufsnetz ins Leere starrte und pfiff?
Daß die Kiemen noch lang auf dem Richtblock matt klappten?
Daß ein Lichtstrahl die Kasse zum Glühen brachte und keiner
Die Fliegen vertrieb, dreiste Bande? Wie konnte das sein?
Hinterm Ladentisch spielte ein Radio süßliche Schlager.

»Lauf nach Hause zu Muttern!« *Aber ich wohnte doch hier …*
Es war nicht traurig, das Kerlchen im Ringelhemd, nur,
Was sollte es bei den Mädchen auf der anderen Straßenseite,
Den kichernden Mädchen mit ihrem Himmel-und-Hölle-Spiel?
Sollte es Springseiltanzen, sich verstricken lassen in Bänder,
Geknüpft aus den Schlüpfergummis ihrer rüstigen Mütter?

Hügelab, hügelan fuhr mit klapprigen Wagen die Straßenbahn,
An blinden Fenstern vorbei, Häusern, geduldig wie Leguane.
Ungute Stadt – der nichts geblieben war als ihr Schatten.
In den Strombügeln spielte der Wind einen langsamen Satz.
Dabei dachte er oft, an der Elbe zu angeln – die lag so nah.
Nie was gefangen, doch die Fische im Laden taten ihm leid.
Die Büchse Erinnerung, ein altes Blech voller Regenwürmer:
Man öffnet sie, und Kindheit, das Erbärmliche, weht einen an.

3

»Dem Sozialismus kann keiner entfliehen.«
Walter Ulbricht

Immer noch liegt er dort
In aller Unfrische auf dem Straßenpflaster
Der erste verdorbene Fisch den ich sah
Alles war Fisch damals nicht nur im Regen
Die Bänke Plakate die Zifferblätter es gab sie
Die schlierigen Himmel die schlechte Stimmung
Den Schriftzug *Orwo Karma-Kosmetik Malimo*
Das »HH« jeder Haltestelle beim Warten
Und die unmöglichen Blusen die Schuhe BHs

Die glänzenden Kniekehlen schwitzender Mütter
Die Kälte der Zäune den Sozialismus
Dem keiner entfliehen konnte

Fisch es schüttelt mich Fisch
Du bist mir noch eine Antwort schuldig

4

Daß dieses kleine, rundum verschlossene, neurotische Land eine eigene Hochseeflotte unterhielt, gehört zu den vielen Unbegreiflichkeiten jener Jahre. Man war von der Welt abgeschnitten, machte Front gegen die Nachbarn im Westen und später auch die im Osten – und leistete sich währenddessen eine stattliche Anzahl von Schiffen auf allen Meeren. Vor Westgrönland und bis in die Fanggründe vor der Küste Argentiniens wurden die Hochseefischer aus dem Schattendeutschland gesichtet. Fischerei und Handelsmarine waren ein beliebtes Thema in den Zeitungen. Hier ließ sich das überschüssige Fernweh in die vernünftigen Bahnen von Technikbegeisterung und das naturbeherrschende Pathos der Fünfjahrespläne lenken.

Ich erinnere mich, wie ich nachts am Radio unter der Bettdecke ergriffen den Schiffsmeldungen lauschte. Der Heimathafen hieß immer Rostock, es gab für den Überseeverkehr nur den einen. Mich aber interessierten die Positionen da draußen, tausende Seemeilen entfernt, Hafenstädte wie Paramaribo, Bombay oder Mombasa. In meiner Schlafhöhle, die nur der Leuchttropfen des Transistors erhellte, waren solch vokalreiche Ortsnamen die reine Wonne. Sicher förderte auch das Bett, mit dem der Lauscher allein in die Nacht hinausfuhr, die Bereitschaft zu Ozeanreisen.

In den Bilanzen spielte der Schiffsbau eine entsprechend große Rolle; er half, den Schein eines weltoffenen Landes zu wahren. Und er gab einfach die besseren Pressebilder her. Ein Schiff, das vom Stapel gelassen wird (mit oder ohne Champagnertaufe), die hochaufragenden Wanten an seinem Fertigungsplatz in der Ostsee-Werft, sind nun einmal photogener als die immergleichen versteinerten Mienen und das Händeschütteln sozialistischer Brüder. Mancher wußte von einem Bekannten, der das unwahrscheinliche Glück hatte, zur See zu fahren. Ein solcher Matrose, den die zurückgebliebenen Landratten so gut wie nie zu Gesicht bekamen, weil er wie der Fliegende Holländer natürlich immerfort unterwegs war, erzählte dann von der großen weiten Welt und von seinen Abenteuern in den Hafenstädten. Als wahres Eldorado galt etwa Kuba, dort konnte sich so ein armer Ostmatrose, der einen Teil seiner Heuer in Devisen empfing, sämtliche Männerträume erfüllen. Die Geschichten, die man darüber zu hören bekam, gipfelten in dem einen, höchst beeindruckenden Satz: »Für ein Stück Westseife tun die Hübschen in Havanna alles, was du willst.«

Was für Seemannsgarn da auch gesponnen wurde, ein Bewohner des Elbtals, tief ins Landesinnere verbannt, war dafür leicht empfänglich – noch dazu, wenn er gerade in seinen Büchern mit James Cook und Charles Darwin auf Weltumseglung war. Natürlich geriet er beim Anblick eines Matrosen, der verloren an einer Straßenbahnhaltestelle stand, ins Träumen. Gerade in Dresden hatte das Auftauchen der Männer in den blauen Schlaghosen und quergestreiften Pullis, den Seesack lässig über der Schulter, etwas Exotisches. Wie habe ich sie beneidet, diese Facharbeiter zur See, die genausowenig dorthin gehörten wie die vereinzelten Möwen, die am Altmarkt aus heiterem Himmel über eine Brotrinde herfielen. Sie waren die einzigen freien Vögel, so schien mir, in einer Voliere, die das ganze Land überspannte. So wie sie wollte ich sein, dieselbe Verächtlichkeit zur Schau tragen, den Landratten einen Blick entgegensenden, der glatt durch sie hindurchschnitt bis zum Horizont. So nahm ich mir vor, da man um den Militärdienst nun einmal nicht herumkam, zur Marine zu gehen. Es war eine von vielen Blasen, die schnell zerplatzten. Wer auf die Schiffe wollte, anstatt im Hinterland durch die Kiefernwälder zu kriechen, der konnte leicht auf einem Patrouillenboot enden, im gefürchteten Grenztruppendienst. Er hätte dann, die dänischen Inseln in Sichtweite, Jagd machen müssen auf Langstreckenschwimmer und tollkühne Schlauchbootflüchtlinge – eine etwas unsportliche Beschäftigung, wie ich fand. Und dafür mußte er noch erheblich mehr Zeit opfern als der gemeine motorisierte Schütze. Es war nicht der erste Handel von Lebenszeit, den ich ausschlug, und nicht der letzte.

Ich weiß noch, wie ich damals, nach überstandener Schule, mit der Aussicht auf öde achtzehn Monate in der Kaserne, mich einen letzten Sommer lang durch Dresden treiben ließ, vorzugsweise an den Ufern der Elbe hinauf und hinunter. Ich hatte es nicht sehr eilig, man kam ja doch nicht weit.

Aus irgendeinem Grund hielt ich mich immer besonders lange bei den Dampferanlegestellen auf. Die Fahrten, die sich mit den altmodischen, schornsteinbewehrten, schwimmenden Pendants unserer Bummelzüge machen ließen, hatte ich alle schon mitgemacht, und dies mehrmals. Flußabwärts ging es nach Meißen – und man wußte, daß in dieser Richtung irgendwann Hamburg erreicht wurde. Flußaufwärts kam man, am Lustschloß Pillnitz vorbei, in die Sächsische Schweiz mit ihren klecker- burgartigen Felsen. Einige der Elbdampfer waren noch echte Seitenrad-Oldtimer aus dem neunzehnten Jahrhundert, und man mußte sich nur in das feine rhythmische Stampfen versenken und die Kästen mit den hölzernen Schaufelrädern, um die das Wasser schäumte, beim An- und Ablegen nur lange genug betrachten, dann konnte der Strom sich hinterrücks unmerklich zum Mississippi weiten. Dann stand man mit einem Bein plötzlich in einer anderen Welt, an den Ufern Louisianas. Und erstaunlich auch, wie ein bloßer Name – die stillen Dampfer von der Eleganz großer Schwäne gehörten alle zur *Weißen Flotte* – immer noch einen Rest von Verheißung enthielt.

Und war nicht ein Fluß die beste Reklame für das nächste offene Meer? Auf den Gedanken konnte man leicht kommen – und ihn sogar in einer Verszeile festhalten –, wenn man die Elbwiesen entlangspazierte, landauswärts, in nordwestlicher Richtung. Aber dann machten schon ein paar tote Fische, bäuchlings im trüben Uferbereich dümpelnd, die ganze herrliche Werbeaktion zunichte.

5

»Zweimal in der Woche Fisch/bereichert jeden Mittagstisch!«
Ich kann nicht sagen, daß mein Bewußtsein explodierte, wenn
ich den Spruch auf dem Fischlaster sah, der vor der Tür ausge-
laden wurde. Aber etwas muß in diesen Momenten mit mir geschehen sein. Vom Lesenkönnen war ich damals weit entfernt,
doch der Schriftzug war mir vertraut, wenn ich ihn später im
Straßenverkehr wiederfand. Es war, als hätte ich ihn schon früh,
im süßen Stadium des Analphabetismus, unbewußt mitbuchsta-
biert, wobei der aufgeschnappte Reim sicher die gedächtniskit-
zelnde Rolle spielte – der Reim, der in meinem Leben noch
manches auslösen sollte.

Der weiße Kühltransporter hielt in der Seitenstraße, und ich
blieb jedesmal stehen und sah mir Schrift und Bild lange an, bemerkte auch die Rostflecken an der Verkleidung. Die streng
riechende Ware wurde in schmuddeligen Plastikwannen und
Paletten überbracht von Männern in weißen Kitteln, die an
Krankenpfleger erinnerten. Doch den realistischen Teil blen-
dete ich als Kind gern aus: Ich war das, was die Erwachsenen
einen Träumer nannten.

Ich mochte den munteren blauen Fisch im Profil, mit seiner schwarzen Pupille und dem wie zum Sprechen geöffneten
Maul, der meistens aufgerichtet auf seiner Schwanzflosse stand,
als sei er auf dem Weg der Menschwerdung gestoppt worden.
Einmal applaudierte er mit den Flossen wie die Seehunde bei
der Zoovorführung, ein andermal hielt er einen Kochlöffel ge-

schultert und hatte eine Kochmütze auf, oder er stützte sich auf den Tisch, auf dem schon die Schüssel mit der Fischsuppe dampfte. Er war wie ein guter Begleiter durch eine unfreundliche Welt, deren Härten man früh zu spüren bekam, wenn die Haut dünn genug war. Im Volksmund hatte er, soviel ich weiß, keinen eigenen Namen, wo doch sonst alles sogleich eingeheimst wurde mit Spitznamen und witzigen Etiketten.

Dieser Fisch war einfach der blaue sprachlose Fisch aus der Werbung, ein Maskottchen, das für die Produkte aus dem Kombinat Hochseefischerei Rostock salutierte. Man fing ihn hier und da im Straßenbild mit einem Seitenblick auf und ließ ihn dann wieder zurückgleiten in den Verkehrsstrom. Und eines Tages kam die Entdeckung der Abstraktion.

Kinder mögen das Abstrakte und im Abstrakten das Konkrete: die weiße Wurst aus der Zahnpastatube, das grüne Männchen, das in der Ampel wohnt, die Dampfwalze, die aus der schwarzen Streichmasse Asphalt einen glänzenden Teppich macht. Kinder fragen sich, ob man mit Tannennadeln nähen kann und wie es sich auf einer Wolkenbank sitzt. Im Kindergarten gab es mit schöner Regelmäßigkeit Fischstäbchen, es war das beliebteste Mittagessen. Diese kleinen braungelben Quader mit der köstlichen Kruste waren immer abgezählt: Man mußte die Köchin anbetteln oder mit anderen Kindern tauschen, wenn man mehr von ihnen wollte. Sie galten, ganz offiziell, als gesund, zeitsparend in der Zubereitung, waren grätenfrei und hielten sich lange als Tiefkühlkost frisch. Niemand wäre auf die Idee gekommen, sich mit Fischstäbchen zu bewerfen, wie wir es später mit den Kartoffeln und den Königsberger Klopsen taten. Keiner hätte sie mit den phantastischen Wesen verwechselt, die mancher im Kinderzimmer hielt: den Goldfisch in seinem Kugelglas neben dem Globus, den Guppys im beleuchteten Aquarium, die sich gegenseitig die tropisch bunten Flossen zerfraßen: die Schleierschwänze, Speerschwänze und Triangelschwänze – diese ersten Verkörperungen der Geometrie, die einem später im Matheunterricht auf dem Kästchenpapier wiederbegegneten als Dreieck, Rhombus und Kreisform. Ich hatte niemals ein Kinderzimmer, bis ich achtzehn war und aus der Wohnung der Eltern auszog, und dann war es dafür zu spät. Man kann sich das eigene Zimmer um keinen Preis der Welt zurückträumen, wenn man keins hatte.

Habe ich schon gesagt, daß ich noch lange danach keinen Fisch essen mochte? Denn die Fischstäbchen waren etwas für die Kleinen, das Kapitel war bald beendet – und Konserven zählten nicht. Daß ich mich später manchmal auf eine Büchse Dorschleber stürzte, einen Miniatursarg voller Sardinen, seltenes Importgut, kommt mir heute unwahrscheinlich vor.

In einem der Sommer an der Ostsee, als ich wie Robinson mit einem riesigen ausgefransten Strohhut umherlief, lernten wir in Surendorf den alten Fischer Peplow kennen. Das war ein Mann, wie von Ernest Hemingway in die Welt gesetzt, der manchmal abends mit seinem Kahn hinausfuhr und eine Wanne voll Aale zurückbrachte. Die wurden dann gehäutet und, auf Spieße gesteckt, am offenen Feuer gebraten – das gefiel mir. Ich weiß nicht mehr, ob ich sie wirklich probiert habe, aber ich erinnere mich an die blutige Lauge, in der sie nach dem Schlachten leblos zuhauf lagen. Man griff hinein und hielt eine dieser glitschigen Schlangen in den eiskalten Händen, sie glänzten im Fackelschein wie rohes Geschmeide. Der Fischer Peplow saß währenddessen auf einem dreibeinigen Schemel, schmauchte seine Pfeife und putzte die Schuppen von den Meeräschen, die ihm als Beifang in die

Reusen gegangen waren. An den übrigen Tagen konnte man bei ihm geräucherte Flundern kaufen, auf die mein Vater besonders scharf war. Sie kamen nie auf den Teller: Man aß sie vom Wachspapier, das Fett schlug beim Häuten der flachen Räucherfische allmählich durch, und man pflückte das weiße Fleisch von den Gräten, mit den bloßen Fingern, man brauchte dazu kein Besteck. Für die Eltern war dies einer der kulinarischen Höhepunkte jedes Campingsommers. Ich weiß noch, daß ich mich lange nicht satt sehen konnte an den kleinen gezähnten Spitzmäulern der Flundern und Schollen. Besonders das eine, nach oben gewanderte Auge entfachte die Phantasie. Kein Fisch, von dem ich mich nicht beobachtet gefühlt hätte.

Wenn man zu lange in die starren, schießscheibenförmigen Augen schaute, konnte es geschehen, daß man sich *festsah*. Dann rauschte man plötzlich in einen Zeitschacht ab und fand sich, um Jahre versetzt, in einer anderen Szene wieder – etwa beim Baden in einem Baggersee, im aufgewühlten Uferschlamm der Waldteiche hinter der Autobahn im Norden Dresdens oder beim Angeln am Hellerauer Gondelteich. Dieses Angeln im trüben Wasser, dem wir uns an den schulfreien Nachmittagen hingaben, war eine perfide Sache. Es war mit einem Verbrechen verbunden, dessen Schande ich jahrelang still mit mir herumtrug.

Es begann damit, daß wir am Zulauf des Gondelteiches aus Stöcken und Pflastersteinen ein winziges Wehr errichtet hatten, in dessen Staubecken wir die geangelten Stichlinge, bald eine ganze Population, einsperrten. Die zentimeterlangen, grüngesprenkelten Süßwasserfische mit den gefürchteten Stacheln, die sich bei Gefahr aufrichten konnten und uns manchmal die Fingerkuppen ritzten, waren uns auf Gedeih und Verderb aus-

geliefert. Und wir Knaben, bebend vor Mordlust und Langeweile, spielten mit ihnen Herr über Leben und Tod. Ich werde
nie vergessen, wie wir nach einem Tag voller Zwietracht und
leerlaufender kleiner Gemeinheiten uns schließlich zusammen-
rauften zu einem Massaker, kurz vor Toresschluß. Es war im
Herbst, die Tage wurden kürzer, vor Einbruch der Dunkelheit
mußte jeder zu Hause sein: Grund genug, die Gereiztheit wegen der nassen Turnschuhe, durchweichten Strümpfe und der
vom kalten Wasser schmerzenden Hände mit einem letzten
Gewaltakt zu besiegeln. Wir waren uns wortlos einig: Unsere
Stichlinge sollten die Nacht nicht überleben. So trat das kleine Sonderkommando zusammen, wir pumpten das Staubecken
ab, griffen uns die Fische, einen nach dem anderen, heraus und
klatschten sie gegen das Mauerwerk, bis der letzte aufgehört
hatte zu zappeln. Danach ging jeder, die Angel lässig wie ein
Maschinengewehr geschultert, seiner Wege.

6

Vor einigen Jahren trieb es mich in das alte Meereskundemu-
seum in Stralsund. Ich kannte das Gebäude, in dem das Skelett
eines Finnwals an der Decke schwebte, seit den Sommern der
Kindheit. Selten, daß wir den Besuch dort ausließen, wenn ich
wie in jedem Jahr mit den Eltern an die Ostseeküste zog, zum
Camping auf der Insel Rügen oder auf dem Darß. Damals beschäftigten mich vor allem die Trophäen und Relikte gefährlicher Meeresbewohner. Ich starrte lange auf die riesigen tele-
skopartigen Beine der Tiefseekrabbe und auf das Haifischgebiß
mit den Reihen von Dreieckszähnen, die immer wieder nach-

geladen wurden, wie Patronen im Magazin eines Trommelrevolvers. Das Technische von Natur und Mensch nahm die Aufmerksamkeit in Beschlag: der Stoßzahn des Narwals, der Panzer der Karettschildkröte, Schiffsschrauben und Fangwerkzeuge.

Ich erinnerte mich an den maßstabsgetreuen Nachbau eines Schleppnetzes mitsamt dem silberblitzenden Schwarm, der darin gefangen war – für alle Museumsewigkeit in der Falle. Jetzt erst ging mir das Sinnbild des Fangschiffes auf, in der Presse des Landes gern Trawler genannt. Ganze Populationen von Kiemenatmern wurden über die Stahlrampe am Heck an Bord gezogen, dort in einem Produktionsgang sortiert, zur bloßen Sache verwandelt und, mit Eisgranulat bedeckt, in Paletten verpackt, alles bei voller Fahrt. Mein Blick hing lange an diesem Schwarm, um den das Netz sich geschlossen hatte. *Die armen Leute*, dachte ich, dort im magischen Licht der Vitrine.

Und noch etwas interessierte mich, das ich damals übersehen hatte. Ich beugte mich über die Schaukästen mit den Fischkonserven aus sozialistischer Produktion. Jetzt wußte ich: Dies war die Vergangenheit. Sicher, der penetrante Geruch fehlte, die Exponate sahen armselig und grau aus, Zeit hatte die Etiketten entfärbt. Aber als hätte jemand an Aladins Wunderlampe gerieben, rollten sich vor meinen Augen die Blechdosen auf, und ich sah wieder den Hering in Tomatentunke. Es gab die Einmachgläser mit dem metallisch glänzenden Rollmops, die Büchsen voll der rotbraunen streichfähigen Masse, die man der Bevölkerung als Fischpaste verkaufte. Alles war wieder gegenwärtig, und die Kindheit erwischte mich mit einem Streiflicht, als gelinder Schrecken, der durch den Magen ging.

Ich sah die erbarmungswürdige Produktpalette planwirtschaftlicher Fischverarbeitung, dies karge Sortiment, das als Ersatz herhalten mußte für den Reichtum unerreichbaren Meereslebens. Ersatz – ein Wort, das in das Deutsche einzog, als die Weltmarktprodukte knapp wurden im Hitlerkrieg und das noch lange darüber hinaus in der abgeschotteten Hälfte des Landes Praxis blieb. Es gab Ersatzstoffe aller Art: Ersatz-Kaffee, Schokoladen-Ersatz, Ersatz-Fisch. In diesem Museum war die Substanz eines ganzen Landes und seiner untergegangenen Eßkultur aufbewahrt. Hätte ich ahnen können, daß solche unscheinbaren, fäkalienfarbenen Überreste mich einmal bestürzen und entzükken würden?

7

Wie lange hatte ich mir als Kind eine richtige Armbanduhr gewünscht. Als ich sie endlich geschenkt bekam und Vater sie mir um das schmale Ärmchen band, war ich enttäuscht. Immer wieder rutschte sie mir übers Handgelenk. Einige Zeit darauf wiederholte sich mehrmals ein Traum. Ich stehe an einer der seltenen Fischbuden an, die es damals in den Ostseeurlauberorten gab. Der Fischverkäufer preist seine ungewöhnlichen Matjesbrötchen an. Ich sehe ihm dabei zu, wie er die Brötchen aufschneidet und aus einem großen Bottich einzelne Armbanduhren herausfischt und zwischen die Hälften legt. Merkwürdig, die Enden der Armbänder zuckten und zappelten wie die Schwänze aufs Land geworfener Fische.

Das Große Gehege

Einmal in der Woche brach Großvater auf zu einem langen Spaziergang an seine alte Arbeitsstätte, den Schlachthof. Wenn ich Glück hatte, nahm er mich mit. Dabei war das Kind ihm, wegen seiner Langsamkeit, seiner Verträumtheit, und eben als Kind, unausgewachsenes Wesen, eigentlich lästig. Er war nicht gerade das, was man einen guten Betreuer nannte. Seine Einwirkung auf diesen Enkel bestand in der Nichteinwirkung; er ließ die Dinge laufen.

Wir gingen, da bin ich mir sicher, an vielen Gartenzäunen und Brandmauern vorbei, und das Ganze machte den Eindruck, als wäre der Krieg eben erst zu Ende gegangen. Wir gingen die *Warthaer Straße* hinunter entlang der Gleise, der untersetzte Großvater im Anzug Hand in Hand mit dem Vierjährigen in Lederhosen, zwei trödelnde kleine Gestalten – jede auf ihre Weise klein –, die hin und wieder von einer Straßenbahn überholt wurden, selten von einem Auto. Und wenn es ein Auto war, dann eines mit strenger Pontonkarosserie, ein alter *Wolga* oder buckliger *Pobeda*, ein tantenhafter *Wartburg*, und nur ganz ausnahmsweise eine der eben frisch vom Fließband gerollten Plastikschachteln Marke *Trabant*, die so leichtgewichtig über das Kopfsteinpflaster hüpften. Aber an Autos war nur einer von uns beiden interessiert, der andere hielt es mit den Immobilien am Wegrand, die seinem Naturell besser entsprachen – wobei das Wort Immobilie aus dem Sprachgebrauch gestrichen war und etwa so exotisch herüberklang wie Hypothek oder Rendite, Ausdrücke, die gleichfalls ausgestorben waren. Er musterte, während ich nach dem Brummgeräusch am Himmel Ausschau hielt, die Schaufenster, prüfte ihre spärlichen Auslagen, in denen jede kleine Veränderung einer Offensive gleichkam, hier ein neues Bügeleisenmodell, da ein fescher Rasierpinsel. Lange hielt er sich vor den Fassaden auf, deren Gestern er kannte, vor deren schäbigem Heute ihn aber eine tiefe Verwunderung ergriff. Sie waren tatsächlich oft nur mehr Ziegel und Eisenprothesen.

Das Caféhaus, in dem ein paar dicke Damen vor ihren Tortenstücken saßen, ließ er links liegen, machte aber jedesmal hinter der großen Kreuzung an der Meißner Landstraße vor einem Kiosk halt, um dort ein Bier zu kaufen und für das Enkelkind eine Limonade. Dann ging es weiter an einer braunen Feldsteinmauer entlang, die sich später mit der Vorstellung von einem Felsenkeller verband; es gab davon etliche in der Umgebung, wenn auch vielleicht nicht dort. Kann sein, das Gedächtnis erfuhr an dieser Stelle eine Irritation durch den Gestank, der gleich darauf die empfindliche Nase des Kindes traf. Wir waren dann an dem dunklen Pissoir vor der Eisenbahnbrücke angekommen, das uns mit seinen Ammoniakdünsten noch lange verfolgte. Ich hätte gern die Straßenseite gewechselt, aber das war erst möglich, nachdem Großvater diese unheimliche Männerhöhle aufgesucht hatte, vor der ich zu meinem Unglück auch noch warten mußte. Selbst hineinzugehen kam nicht in Frage. Einmal hatte ich dort neben ihm gestanden und mit schreckgeweiteten Augen die glitschigen Wände einer Tropfsteinhöhle, eines Salzstollens betrachtet, von denen unablässig etwas Weißliches, Salpeterartiges herabrann. Kann auch sein, daß ich damals die ersten rübenhaften schweren Gehänge sah, fleischerne Karotten, die im Halbdunkel glänzten, und den goldenen Harnstrahl, der an der Pißwand in tausend Tröpfchen zersprühte, die an den bloßen Beinen brannten. Der Schauder und die Bedrängnis waren so groß, daß ich zu zittern und hemmungslos zu weinen anfing. Die Affäre wurde stillschweigend übergangen, aber der beißende Geruch, das spürte auch mein abgehärteter Großvater in seiner Gutmütigkeit, war doch so wenig zumutbar, daß er das Kind fortan lieber draußen ließ, allein mit seiner Bestürzung vor der abstoßenden Erwachsenenwelt.

Wenn er fertig war, ging es mit einem gewissen Schwung der Erleichterung auf beiden Seiten weiter in Richtung Elbe, indem wir linker Hand das letzte Haus nach der Brücke passierten, einen Gasthof, vor dem unter Lindenbäumen ein paar Gartenstühle auf Kundschaft warteten. Erst auf dem Heimweg machten wir dort Station. Dann gab es den unvermeidlichen Eisbecher zur Belohnung, wenn das Kind die Expedition wie stets ohne Murren überstanden hatte. Vorher jedoch zeigte er mir den Strom.

Das Wort kam aus seinem Mund, ich weiß es noch, und es hat sich mir eingeprägt in all seiner Erhabenheit, weil es mich bis heute in ein Wechselbad der Gefühle stürzt. Strom, das war etwas, das normalerweise aus der Steckdose kam, Elektrizität, die es brauchte, um den Fernsehapparat zum Flimmern, den Wassertopf mit dem Tauchsieder zum Blubbern zu bringen. Nun aber standen wir an den Elbwiesen und sahen auf einen Fluß, der ein ganzes Landschaftsbild prägte und einen eigenen, sonderbaren Namen trug, der immer wiederkehrte in den Gesprächen der Einheimischen. Elbe sagten sie, das ist die Elbe, und sie fließt durch Dresden, die wunderschöne, aber leider restlos zerstörte Stadt. Sie kommt aus dem böhmischen Riesengebirge, da ging einst Rübezahl um, der ein bärtiger Riese war, und sie mündet hinter Hamburg in die Nordsee – ein Meer, das wir so schnell nicht sehen würden, denn es lag fern im Westen. Nicht gerade hinter den sieben Hügeln wie im Märchen, aber doch durch eine Grenze von uns getrennt, eine Staatsgrenze, wie ich bald hörte. Wir standen dann lange und schauten auf diesen Strom. Meist waren ein paar Lastenkähne unterwegs, sie hielten Kurs in der Flußmitte oder passierten einander in gemessenem Abstand wie Eisenbahnzüge, unbeirrbar die graubraunen Wasser durchpflügend, mit einer kleinen Bugwelle und einigen Wirbeln am Heck. Von der Stadt her kommend, unterquerten sie in Sichtweite die Kaditzer Brücke und bogen vor unseren Augen in eine scharfe Rechtskurve. Gegenüber lagen die Wiesen von Übigau, unbebautes Gelände, auch Kühe weideten dort. Fehlten nur noch die Windmühlen für ein richtiges Holländerbild. Das Kind wäre am liebsten auf eines der Schiffe hinübergesprungen und auf dem flachen Oberdeck hin und her gestürmt. Bis auf den einen Mann am Steuerrad, der so gar nichts von einem Kapitän hatte in seiner Hausmeisterkluft, waren die meisten Kähne unbelebt, und wir wunderten uns über das einzelne Fahrrad an der Bordwand und die Antenne hinter dem Stummel von einem Schornstein. Einige Wimpel in verwaschenen Farben flappten träge im Wind, einmal die tschechische Flagge, ein andermal Schwarzrotgold oder ein Fetzen mit einem unbegreiflichen Symbol, das von fern wie ein Anker aussah, ein Glücksrad oder ein Flickenteppich aus Tapetenproben. Manchmal waren die Luken in ganzer Länge geöffnet, und man sah Kohlehaufen, Berge von Altmetall, verschachtelten Schrott, aus dem ein paar Ofenrohre aufragten, Kühlschrankgehäuse, schmiedeeiserne Gitter. Da begann ich zu träumen: Ich stellte mir den Alltag der Binnenschiffer vor in all seiner Herrlichkeit, ein Zigeunerleben (was wußte ich damals von dem vergifteten Wort, ich hatte es oft gehört und nichts von den Stämmen der Sinti und Roma), versuchte die Zeichen an Bord zu deuten, den festlandsfernen Tagesablauf, Hemden auf einer Leine, eine frisch gestrichene Werkbank, den Pudel, der auf einen Container geklettert war und von dort aus wie irre zu uns herüberkläffte. Was hätte ich darum gegeben, bei ihnen zu sein. Auf ein vorüberfahrendes Schiff aufzuspringen, einfach so, ohne Vorwarnung, unter den Augen der fassungslosen Eltern, war eine fixe Idee, die mir lange im Kopf spukte. Überhaupt fiel es mir niemals schwer, mich in das Leben der anderen hineinzuträumen. Auch in Großvaters Rolle konnte ich jederzeit schlüpfen, mir genügten dazu die paar Hauptepisoden aus seinem überschaubaren Leben, von denen ich später erfuhr. So sah ich mich beispielsweise einmal neben ihm in das von Wehrmachtstruppen besetzte Paris einmarschieren, hoch zu Pferd auf einer Platanenallee, an deren Ende Napoleons Triumphbogen in der von Blütenstaub getrübten Sommerluft stand. Und natürlich waren die Ketten um den Triumphbogen abmontiert, auf denen Gertrude Stein als Kind noch geschaukelt hatte, und natürlich ging er unter dem Bogen durch, was sich nicht gehörte, und das Unglück erfüllte sich, weil der Sieger zuletzt immer verliert.

Das Motiv vom Reiter war dem Familienalbum zu entnehmen, allerdings stammte die Aufnahme bereits aus dem anschließenden *Rußlandfeldzug*, wie er das nannte. Das wichtigtuerische *Unternehmen Barbarossa*, Codewort der Militärs, habe ich nie aus seinem Munde gehört. So sprachen Memoirenschreiber und die Bürohengste vom Oberkommando der Wehrmacht. Er war als Koch seiner Kompanie immer nur weitergezogen und saß da auf einem in den russischen Dörfern requirierten Pferd, woraus ich im Überschwang später die Vorstellung von einer Kavallerietruppe entwickelte, wie sie mir aus Isaak Babels roter *Reiterarmee* lebhaft vor Augen stand. Nie zuvor hatte ich ein so rauschhaft aus wilden Erinnerungsfetzen zusammengestückeltes Buch gelesen, das mir den Krieg, jeden Krieg, in brennenden Farben malte. Budjonnys reitende Soldateska, Pferdeköpfe auf den Ärmelaufschlägen der Uniformen, wie sie im galizischen Regen durchs Schtetl fegt und auf der uralten Straße von Brest nach Warschau die Kirchen plündert. So war auch mein Großvater unterwegs gewesen, nur in umgekehrter Richtung, gut zwanzig Jahre später, den Bolschewisten entgegen, und so sah ich ihn, den kleinen, gedrungenen Metzger, Hüter der Gulaschkanone, als verwegenen Feldkoch in Eilmärschen zu Pferde zwischen den vorrückenden Truppen. Nach meiner eigenen Militärzeit erst der Verdacht: War er das typische fleißige Lieschen gewesen, der Schatten hinterm Spieß, zuerst Liebling der Kompanie, dann ihr einziger Anwärter aufs Überleben? Sein Dienstrang? Ich habe vergessen, ihn danach zu fragen. Nach seinem Tod waren da nur noch Frauen übrig, die solcher Kriegskram nie interessierte.

Ob auch er Dörfer angezündet hatte, irgendwo hinter Kursk, vor Orel und Woronesh, wenn auf dem Rückzug *Verödung* befohlen war? War er dabeigewesen, wenn es darum ging, steifgefrorenen Kosakenleichen das Fußzeug abzunehmen, indem man ihnen mit der Axt die Unterschenkel abschlug und die blutigen Filzstiefel zum Auftauen ans Feuer stellte? Im Winterkrieg war es schnell vorbei mit den guten Sitten, der fröhliche Landser verrohte. Aus motorisierten Romantikern wurden Mordbrennerbanden. Und bald ging den grimmigen Gotlandfahrern auch der Treibstoff aus, wie sie damals sagten, heute heißt es Benzin. Der übermächtige Raum durchtränkte alles mit dem Gefühl der Verlorenheit. Nur Müdigkeit, grenzenlose Apathie machte das sinnlose Pendeln zwischen der Front und den Auffangstellungen erträglich. Sah er die Partisanen am schnell gezimmerten Galgen baumeln? Hatte auch er zwischendurch seine *Panjenki*, junge Russenmädel, zum Vergnügen gehabt? Ich sehe ihn an den Geschützzügen vorbeiziehen, Verpflegung austeilend an die Kolonnen, die mit Munitionswagen und Panzerabwehrkanonen in die östlichen Steppen zogen. Es paßte alles nicht wirklich zusammen oder nur ungefähr, aber wen störte das schon? Als Kind hatte ich mir eine gewisse Art des Tagträumens angewöhnt, ein wildes Imaginieren über Zeiträume hinweg, und das begann auf unseren Spaziergängen durch die Dresdner Vorstadt.

Damals werde ich ihn wohl manchmal mit einem scheuen Seitenblick betrachtet haben. Er stand an der Elbe, rauchte und starrte ins Leere. In unser Schweigen eingesponnen, jeder auf seine Weise, waren wir mehr als nur ein Zeitalter voneinander entfernt. Gehörten wir überhaupt noch demselben Jahrhundert an? Wenn ich jetzt an diese friedvollen Nachmittagsrundgänge zurückdenke, fällt mir eine Seltsamkeit ein, die alles über unser Verhältnis sagt. Es wurde auf diesen wenig peripatetischen Exkursionen nie viel gesprochen, und mein Großvater war ja auch alles andere als ein Aristoteles. Er gehörte nicht zu der Kategorie Lehrer aus den altdeutschen Bilderbüchern, die mit erhobenem Zeigefinger durch die Welt schritten und ausgedehnte Vorträge hielten. Zwar zeigte er mir unterwegs mancherlei, vom Porzellankopf am Strommast und der toten Maus, die auf dem Gullydeckel verendet war, bis zu den Löwenzahninseln im wilden Grün der Elbwiesen, diesem breitzüngigen Unkraut, erkennbar an den grauverschleierten Kugeln, die sich bei kräftigem Pusten in ein Kommando von Fallschirmjägern auflösten. Er benannte das alles mit der Sachlichkeit eines Lexikons, die Gegenstände, die Pflanzen und Tiere, und auf Nachfragen ließ er sich auch zu Erklärungen herbei, aber auch sie blieben immer nur ganz lakonisch. Er ging mit den Worten so sparsam um wie mit dem Geld, das er umständlich aus dem zerdrückten Lederportemonnaie fischte, das ihm in der Gesäßtasche steckte neben dem schwarzen Stielkamm. Er machte sich rar, wie es bei uns hieß, und seine Wortkargheit bewirkte, daß ich ihn beim kleinsten Räuspern aufmerksam ansah. Die eigentliche Sensation war denn auch etwas anderes: Es war die Anrede, jedesmal gut für einen Überraschungseffekt, den er für mich parat hatte. Er sprach mich, den erstgeborenen Enkelsohn, immer nur mit »Mein Freund« an.

Eine dunkle Anziehungskraft schien da zu wirken – als wäre ihm in diesem Kind der ersehnte, ein Leben lang ausgebliebene Vertraute erschienen, ihm, der nie eine Freundschaft erlebt hatte, sondern immer nur Konkurrenten, Kameraden und Kollegen. In jedem zweiten Satz, so kommt es mir heute vor, flocht er dieses »Mein Freund« ein. Es ersetzte die körperliche Berührung und stand für alle Liebe und alles Wohlwollen, das er diesem kleinen, klaglos dahintrippelnden Spaziergänger an seiner Seite entgegenbrachte. Manchmal schob ich verstohlen meine Hand in die seine, die als kaltes Fleischpaket an ihm herabhing – nicht immer nahm er sie an. Lange nach seinem Tod kam mir ein Vers in den Sinn, der alles Unausgesprochene, das wie die schlechte Luft von damals zwischen uns war und doch genetisch längst durch uns hindurchging, auffangen sollte:

Glück ist, wenn gräsergleich dich Erinnerung
      Streift an den Schläfen. Wenn diese erste Welt
        Der Blicke und der Benennungen wiederkehrt

Diese Wiesen entlang der Elbe, mit ihren Unkrautstreifen ein fades, menschenverlassenes Arme-Leute-Grün, wie vom Kurvenlineal in den Talgrund gezeichnet, waren so etwas wie ein früher, prägender Eindruck. Unter allen Stadtansichten von D. sind sie es, die als erste wiederkehren, wenn ich die Augen schließe. Stand da nicht manchmal ein Angler, mit der langen Rute weithin sichtbar als Silhouette? Einzelne Unbeirrbare gab es immer, aber es hatte sich doch herumgesprochen, daß aus diesem Fluß nichts mehr zu holen war, seitdem die Abwasser der neuen Chemiefabriken ihn schwer vergifteten. Mutter erzählte gern, wie sie als Kind in der frühen Nachkriegszeit mit ihren Freundinnen sich an der Elbe zum Schwimmen verabredet hatte. Zwanzig Jahre danach hatte die Szenerie sich gründlich verändert. Man wußte, daß man hier nicht mehr zum Baden und Angeln herkommen durfte. Die Elbwiesen waren nun ausgestorben. Nur noch Einzelgänger wie dieser alte Mann und das Kind gingen auf den einstmals ausgetretenen Pfaden, die wieder von Unkraut überwuchert waren. Wegwarte und Skabiose wuchsen da, und der wilde Schnittlauch war schon verblüht. Ein starker Modergeruch kam vom Fluß her, der sich träge dahinschob, ein lehmgelber Brei aus den böhmischen Märchentöpfen. Ich mochte sie, diese verwahrlosten Wiesen, in denen man sich verlieren konnte, und vorn am Wasser die steinernen Einfassungen der alten Dampferstationen mit ihren rostigen Ringen.

Wir gingen am Ufer weiter stadteinwärts, bis wir an einen schmalen, kanalartigen Flußlauf kamen, der dort, unterhalb der Kaditzer Brücke, in die Elbe mündete. Es war die Weißeritz, ein Bächlein, das von den südlichen Höhen der Stadt herabgestolpert kam und regelmäßig, so ausgehungert es auch wirkte, zu Überschwemmungen neigte und die umliegenden Keller unter Wasser setzte, wenn im Frühjahr die Schneeschmelze einsetzte. Seinen Ursprung hatte es im Erzgebirge, bei den im Mittelalter schon ausgeschlachteten Zinn-und Silberbergwerken, dort, wo aus gelben Nebeln die von den tschechischen Industrieanlagen entstellten Fichten aufragten, hoch oben auf dem Bergkamm von Zinnwald. Ich wunderte mich über das dünne Rinnsal in der tiefen Mulde aus Quadersteinen, als wir den Steg überquerten. Nicht ausgeschlossen, daß ich spätestens hier auch zu klagen anfing über den weiten Weg und dies und jenes, und mich ans Geländer klammerte, ein bockiger Esel. Ich stampfte mit den kleinen Lederschuhen auf, daß die Schnürsenkel flogen, erklärte, daß mir die Füße weh taten – irgend etwas tat immer weh. Aber Großvater, der Jammern nicht ausstehen konnte, blieb eisern und lockte mich mit dem Elbhafen, der Aussicht auf das Beladen der Frachtkähne. Wenn nichts mehr half, verfiel er als letztes Druckmittel auf das lapidare »Mein Freund…«, halb Mahnung und halb Liebkosung, ein fein dosierter Rippenstoß, vor dem jeder kindliche Widerstand dahinschmolz.

Großvater war selbst nicht der Schnellste, aber einmal aufgestachelt, konnte es vorkommen, daß ich auf den letzten Kilometern mit neuer Begeisterung losstürmte, und er, der sich nicht lumpen ließ, hielt mit mir Schritt. Er sah dabei immer aus wie ein Mann, der zu ebener Erde einer Rolltreppe zu entkommen suchte, die in Gegenrichtung unter seinen Füßen dahinlief. Auf diese Weise trippelten wir dann auch um das große, rechteckige Hafenbecken, vorbei an den Kaianlagen und Silos, kreuzten Gleise, sprangen behende durch die Lücken zwischen abgekoppelten Güterzügen, nahmen im Slalom Container, gefüllt mit Ziegelschutt oder Buntglasscherben, die in der Herbstsonne glitzerten und die Elstern anlockten. Mag sein, daß der schläfrige Kranführer in seiner Kabine aufschrak und uns verwundert nachschaute. Ein Monteur im Blaumann brüllte uns etwas hinterher. Die dunklen Gestalten, die schweigsam Briketts auf ein Förderband schaufelten, alle rußverschmiert wie die Schornsteinfeger, drohten uns mit ihren schwarzen Fäusten. Man konnte uns, wie wir da vorbeitrabten, leicht für ein Stummfilmpaar halten – Pat und Patachon, das dänische Komikerduo, bei einem seiner Streiche, die wir manchmal im Vorabendprogramm sahen, wobei ich der einzige war, der sich vor Lachen bog, Großvater runzelte nur die Stirn bei derlei Albernheiten. Ob es ihn langweilte, mit mir zusammenzusein? Immerhin, ich kann sagen, wir hatten beide unseren Spaß an diesen Inspektionsgängen in die Umgebung. Ich bilde mir ein, daß er die Nachmittage, die er mit mir verbrachte, im stillen genoß als ein seltenes Generationsspiel. Daß sie mehr waren als nur eine Unterbrechung im Trott seines einförmigen Werktagslebens, wer weiß – ein Moment der Schwebe, der Schwerelosigkeit in der unaufhaltsam nach unten, grabwärts ziehenden Zeit.

So erreichten wir endlich das Große Gehege, auch Ostra-Gehege genannt. Erst viele Jahre später begriff ich, wo ich da hingeraten war. Von dem milden Oktobertag hat sich mir nur das Licht eingeprägt, das über die Flußniederung Wellen von dunstigem Gold verströmte, hier, wo die Elbe eine Umarmung wagte. Das schöne rätselvolle Wort Aue, eine Kostbarkeit aus dem Sprachschatz, kommt mir in den Sinn, wenn ich an diesen Fleck auf der Weltkarte denke, Fluchtort vieler Erinnerungen und der Sehnsucht nach einer weniger bauwütigen Zeit. Auenlandschaften waren die begehrtesten Siedlungsplätze, auch für jene Völkerschaften, die es nicht wie die Römer verstanden, feste Brücken zu schlagen zwischen den Ufern. Die fruchtbaren Schwemmböden gaben die besten Weidegründe ab, schon früh wurden darum die Auenwälder abgeholzt, bis sie etwas so Seltenes, ja geradezu Märchenhaftes wurden wie unter den Tieren das Einhorn und der Auerochse. Seltsamerweise träume ich hin und wieder von bewaldeten Flußauen, von denen ich doch, wenigstens an der Elbe, niemals etwas gesehen haben konnte. Es sind dies die intensivsten Träume. In ihnen regt sich der tiefe Eindruck, den die alten Lindenbäume am Ostra-Gehege hinterließen. So hoffnungslos trockengelegt und zersiedelt dieser Teil des Flußbogens auch war: Vieles deutete noch auf die Lichtung, an der die slawischen Gründerhorden, wandernde Wenden aus den Tiefen des Ostens, sich zuerst eingefunden hatten. *Ostra* hieß in ihrer Sprache »die Insel«, während das weiter flußaufwärts gelegene *Droschdin* soviel bedeutete wie »die Stadt am Wege«.

Wie groß aber war meine Verwunderung, als ich eines Tages in einem der Bildersäle der Zwinger-Galerie diesem Ziel unserer Spaziergänge als Romantikermotiv wiederbegegnete. Und es brauchte einige Zeit, bis ich in Friedrichs Gemälde der überfluteten, von kleinen Prielen durchzogenen Wiesen im Sonnenuntergang unser Gelände von damals wiedererkannte. Bei flüchtiger Betrachtung konnte man es für eine dieser chromatischen Träumereien halten, wie die Romantiker sie liebten, eine Übertreibung der Empfindung, so daß sie ein nahezu abstraktes Bild ergab. Die Landschaft glich einer gefleckten Kuhhaut, auf den Wiesen im Vordergrund ausgespannt, wie zum Zeichen einer unsichtbaren Schlachterei, die vielleicht hinter den Bäumen vor sich ging, reflektiert von den Abendstreifen am Himmel. Der Fluß hätte ebensogut ein Blutstrom sein können. Was hier Naturmotiv, was Schlachtengemälde war, ging auf eine verstörende Weise durcheinander. Große quecksilbrige Wasserlachen – unheimlich ihr Schillern in der kühlen Dämmerung – betonten das Amphibische des Geländes. Es war ein Akkord in den Farben Dunkelgrün, Silber, Violett und Orange, und wie so oft bei den Romantikern waren Himmel und Erde hier in ein böses Ungleichgewicht geraten. Ein einsames Segel war alles, was von der Nähe des Menschen zeugte. Allerdings betonte es wie zur Beruhigung den Kurvenverlauf, den der Fluß nahm, ein Fluß, dem man ansah, daß er die Ufer jederzeit überspringen konnte. Erst später dämmerte mir, daß dies die Elbe war, unterwegs zur unerreichbaren Nordsee. Lange Zeit hatte mich der Titel geblendet mit seiner bedeutungsschweren Symbolik. *Das Große Gehege*: Das schien mir auf ein landschaftliches Verhängnis anzuspielen, einen Fluch, der da über den Wassern hing und seinen Abglanz in dem unerreichbaren Himmel fand. Später fühlte ich mich, wann immer ich eine Reproduktion des Friedrich-Gemäldes sah, so heimisch wie beim Anblick einer zufälligen Wandertagsphotographie aus dem Familienalbum, und einmal kam es mir in den Sinn: *Ja, dort bist du aufgewachsen. Dies war dein Heimatrevier.*

War es nicht so, daß wir gewissermaßen eingepfercht lebten in dieses Stück Kulturlandschaft, das uns von Geburt an zugeteilt war, vom Horizont umschlossen die Schläfen, und es gab kein Entkommen? So war auch Dresden, das Elbtal, ein erweiterter Kessel, in dem man sich umhegt fühlen konnte eine Kindheit lang, eingelullt von der Mundart seiner Bewohner, diesem immer leicht trunkenen Singsang, behütet von den eigenen Leuten, aber doch immer auch eingeschlossen, von Anfang an in seinem Bewegungsspielraum begrenzt. Das kleine Land, in dem das sächsische Traumverlies lag, erwies sich bald insgesamt als ein einziges Lager, aus dem keiner, der da hineingeraten war, jemals ausbrach – es sei denn mit dem Risiko, daß man mit einer Maschinenpistole hinter ihm herschoß. Mir ist das Bild vom Großen Gehege in der Abenddämmerung jedenfalls nie mehr aus dem Kopf gegangen. Ich sah darin den Fingerzeig auf ein in Unfreiheit begonnenes Leben und eine Bevölkerung, die man umzäunt hatte, eingefriedet wie eine besondere Sorte Zuchtvieh, friedliche Kühe, mit denen die staatlichen Heger und Hirten noch einiges vorhatten.

Großvater gab den Weg an, ich brauchte ihm nur zu folgen, aber wo führte er uns da hin? Er hatte es immer etwas eilig, wenn wir erst einmal so weit gelangt waren. Denn nun kam die Hauptattraktion, das heimliche Ziel unserer Expeditionen aus dem verschlafenen Stadtteil Cotta in die industriellen Sonderzonen der Friedrichstadt. Nach den engbesiedelten Wohnquartieren müssen die Freiräume dieser Wirtschaftsinseln mit ihren Lagerhallen, Schrottplätzen und dem beeindruckenden Binnenhafen für ihn eine Erholung gewesen sein. An der Flutrinne mit ihren breiten Wiesenausläufern kam für Momente wohl gar ein Echo von Rußlands Weiten auf. Er blieb jedenfalls gern auf dem Trümmerhügel am Westrand stehen, ließ den Blick stromaufwärts und stromabwärts schweifen und malte für uns beide aus, wie es bei Überschwemmung aussehen würde, wenn die Elbe erst ein zweites Flußbett bekäme und zeigen könnte, was in ihr steckte. Hier konnte er aufatmen von der Enge des Alltags. Hier lag, in Polderland eingebettet, von einer Allee disziplinierter Linden abgeschirmt gegen das Neustädter Ufer, sein Revier und Lebensmittelpunkt – der innerste Sperrkreis, eine Erdaufschüttung, umschlossen vom Ring des Schlachthofgeländes.

Krähenschwärme kreisten über dem offenen Feld. Unnahbar stand ein volkseigener Himmel über der Mulde, windgeputzt, mit feinster Wolkenschraffur. In dem klaren Licht waren die Kirchtürme in der Ferne Ausschnittformen aus einem altdeutschen Bilderbogen. Aber im Osten, hinter den Sportplätzen, erhob sich wundersamerweise ein orientalischer Kuppelbau – die *Yenidze*, das alte Tabakkontor in der blasphemischen Form einer Moschee. Nichts Besonderes: Ich kannte die Silhouette mit dem Minarett von Zigarettenbildern der Marke Salem, die Spielkameraden besaßen. Der Kitzel des Verbotenen: Wenn wir heimlich in den Sammelalben blätterten mit Titeln wie *Raubstaat England*, *Deutsche Kolonien*, *Kampf ums Dritte Reich*. Und das Gleis, das wir auf freiem Feld überquerten, beunruhigte mich nicht weiter, vorerst zumindest nicht. Was wußte ich damals von der Endstation hinter den Mauern, der letzten Rampe, auf die alles zulief?

Der deutsche Schäferhund begegnete uns, mehr als einmal, an der Seite einzelner schweigsamer Hundehalter, manche mit Hut. In der Flutrinne hatten die Tiere ihr Auslaufgelände, untersuchten einander, nahmen Geruchsproben. In der Ferne ließ ein zwergenhaftes Männlein einen Drachen steigen, und ich sah

Großvater an, als könne er so ein Ding für mich aus der Hosentasche zaubern. Wir blickten uns um, beide zum Aufschwung bereit, über die trennenden Lebensjahrzehnte hinweg. Und verfolgten das Steigen, das Sinken. Über allem strahlte als höchste Erhebung, ein Leuchtturm auf dem Festland, der Getreidespeicher, die ehemalige Hafenmühle T. Bienert, mit dem kreidefarbenen, massigen Turm in Campanileform, auch der Mehlspeicher genannt, weshalb ich bei seinem Anblick einen trockenen Mund bekam. Aber davon hätte ich Großvater gegenüber nichts zu sagen gewagt, so vertraut sind wir nie gewesen in den paar Sommern unserer stillen Freundschaft. Über Empfindungen sprachen wir ebensowenig wie über das, was immer abgetan wurde als bloße *Wehwehchen* – die brennende Schürfwunde am Knie nach dem Sturz, der läppische Kratzer am Handgelenk, der Bluterguß über dem Mond eines Fingernagels.

Es war auf diesen Ausflügen unvermeidlich, daß wir zuletzt vor den Toren des Schlachthofs haltmachten. Und da waren wir endlich, dies war Großvaters Arbeitsstelle: der Städtische Vieh- und Schlachthof. Ein kleiner Stierbrunnen markierte den Eingang. Jahrzehntelang hatte er dort sein wahrhaft blutiges Handwerk verrichtet, im Schichtbetrieb. Und als wir das Großelternhaus verließen und von Cotta fortzogen, war er noch immer dort zugange mit Messer und Hackebeil, tagaus tagein bis zur Rente mit achtundsechzig.

Ich hatte keine Ahnung, aber es hätte mich sicherlich schokkiert zu hören, wie vielen Tausenden Kälbern er an der Kleintierschlachtstraße den Bauch aufgeschlitzt hatte. Erst heute sehe ich ihn vor mir, wie er da steht in der abwaschbaren Schlachterschürze, die bis zu den schwarzen Gummistiefeln reicht, die Ärmel des gestreiften Hemds, das fatal an ein Sträflingshemd erinnert, bis über den Ellenbogen aufgekrempelt, die Hände so kalt wie die kalten, kräftigen Unterarme, die ich beim Armdrücken zu spüren bekam. Er muß da stehen, immer stand er so, fest auf den stämmigen Reiterbeinen. Es ist ein Beruf, den man nur im Stehen ausübt, der einen körperlich kaputtmacht, und das erklärt, warum er nach Feierabend immer so ausgelaugt und erloschen am Wohnzimmertisch hockte, schweigsam und rundum desinteressiert.

Ich habe nie einen Blick hinter die Mauern geworfen, aber ich kann ihn durch die verschiedenen Abteilungen geistern sehen. Es muß die Hölle auf Erden gewesen sein. Er geht über den Viehhof, sieht beim Ausladen der Transporte zu: Manchmal rutscht ein Tier an der Rampe aus und schlägt hin. Er sieht in der Verwaltung nach dem Rechten, am Zahltag und hin und wieder auch nur zum Schäkern mit den Sekretärinnen, schaut bei den Tierärzten vorbei (Trichinenkontrolle), dann steht er an einer der Tötungsbuchten am Eingang zur Schlachthalle, das

Bolzenschußgerät in der Hand. Das alles natürlich nicht an einem Tag, biblisch gesprochen, es sind streng getrennte Bereiche. Desinfektionsschleusen müssen passiert werden, Kleiderwechsel ist notwendig wegen der Seuchengefahr, und jede Tierart wird separat behandelt oder vielmehr verarbeitet, Rinder, Schweine, Schafe und manchmal das seltene Wild, das die Jäger bringen bei guter Saison. Ich sehe ihn an der Rinderschlachtstraße, in einer Halle von der Größe des Dresdner Altmarkts, beim Abspritzen der Kacheln, unter den Haken, an denen das leblose Vieh, am Laufband vorüberschwebend, herabbaumelt. Ich sehe ihn am Lokomotivschuppen stehen, die Zigarette in der zum Windschutz gekrümmten Hand, gegen das Muskelzittern anrauchend, wie früher als Frontsoldat und wie fast alle seiner Schlachterkollegen. Dann steht er an einer der Arbeitsbänke aus Chromstahl, in der Fleischverarbeitung, schabt mit langem Messer Rippenstücke und Knochen ab. Zwischendurch muß er manchmal das Werkzeug wetzen, was er, weil es einmal so in den Gelenken steckte, auch an der heimischen Küchenschublade gern tat. Er geht durch die Talgschmelze, nimmt den Eisensteg an den Brühbottichen vorbei, hinüber zur Häuteverwertung oder zur thermischen Vernichtungsanstalt, er versucht dabei, so selten wie möglich Luft zu holen. Er hat sich angewöhnt, flach zu atmen, wenn er die sogenannte Darmschleimerei durchquert. Es gibt hier mehr oder weniger beliebte Arbeitsplätze. Bei manchen fragt es sich, wie der Mensch das überhaupt aushält – das Vieh ist dort längst in alle Einzelteile zerlegt, der Rest sind dampfende Abfallhaufen. Im Kühlhaus muß alles schnell gehen, das Herein und Heraus, aber er mag das Surren der Aggregate und die Nebelschwaden, die über die Barren von Speck, die eingefrorenen Innereien hinziehen – diesen finalen Frieden, die Ruhe nach dem infernalischen Lärm in den Hallen ringsum. Zuletzt steht er wieder bei seinen Kälbern, greift gedankenverloren ins Fell, wenn sie, an den Hinterläufen aufgehängt, die Köpfe schon abgetrennt, in den Beinschlingen an ihm vorüberschaukeln. Dann hält die Laufschiene ruckartig an, er betritt das Podest – Blut tropft durch die Lattenritzen –, umarmt eines der Kälber, um es zum Stillstand zu bringen, und beginnt ihm, von den Lenden her, fachgerecht das Fell abzuziehen. Es ist das, was er am besten kann, er ist ein Meister im Fellabziehen, niemand schlägt ihn in dieser Disziplin.

Es ist zu spät, ihn zu fragen, wie viele Tiere auf diese Weise durch seine Hände gegangen sind im Laufe der Jahre. Er erzählte nicht gern von der Arbeit, etwas Anrüchiges war dabei. Überhaupt drang aus der Welt des Schlachthofs wenig nach draußen. Wer dort schuftete, war nicht gerade Geheimnisträger, doch eignete der Beruf sich schlecht für die landesübliche Beweihräucherung des Werktätigendaseins. »Das schlachtende Proletariat«, »Die Helden der Schlachtstraße« wären kaum die richtigen Formeln gewesen zur Hebung des Klassenbewußtseins. Dabei war Großvater, was denn auch sonst, ein Proletarier vom Scheitel bis zur Sohle: von dem stets streng gezogenen Scheitel bis zur blitzblank gewienerten Gummisohle.

Gewiß, es gab die *Straße der Besten*, Schwarzweißphotos wie von Verstorbenen, angeschlagen an einer roten Tafel für die Sieger im Produktionswettbewerb, aber das blieb internes Spektakel. Daß Großvater Mitglied einer *Brigade der Deutsch-Sowjetischen Freundschaft* war, erfuhr ich erst hinterher, als uns nach seinem Tod eine Urkunde in die Hände fiel. Sie lag zuunterst in dem Kommodenfach, begraben von nie benutztem Briefpapier,

alten Rätselzeitungen und einer Jubiläumschronik der Vereinigten Fleisch- und Wurstwerke Dresden. Was immer er tagsüber
erlebt und gesehen hatte – die Ströme von Blut, das Brodeln der
Hexenkessel, die gelegentlich haarsträubenden Arbeitsunfälle
(einmal war einer ausgerutscht und kopfüber in einen Brühbot-
tich gestürzt), das Geblöke und Gejammer und die verdrehten
Augen der Tiere, die immer wußten, was ihnen blühte –, es war
besser, Stillschweigen darüber zu bewahren. Zu Hause legte er
dann die schweren Fleischpakete auf dem Küchenbord ab, ohne
viele Worte. Das Symbol dieser Verschwiegenheit war die abge-
schnittene Rinderzunge, eine Delikatesse, die er gern selbst aus
dem Wachspapier schälte und Großmutter überreichte wie eine
Jagdtrophäe. Noch heute schüttelt es mich beim Anblick der
mächtigen roten, an den Rändern schon ausgebleichten, faseri-
gen, starren Wiederkäuerzunge.

Auf unseren Spaziergängen kamen wir nie weiter als bis zum
Werkstor. Dort plauderte er gern mit dem Wochenendpfört-
ner, ließ sich von ihm etwas zuflüstern, den letzten Betriebs-
klatsch. Er tat so, als wäre er der Veteran, der das alles hinter
sich hatte – die Kriege, das Waten durch den Blutsumpf, die tägliche, kräftezehrende Eingeweideschau. In Wirklichkeit würde
er montags pünktlich zu Schichtbeginn zurückkehren, vertraute Verhältnisse vorfinden; ich hatte kein langes Warten zu be-
fürchten. In bewährter Einsilbigkeit, wie alles in seinem Leben,
gingen auch die Gespräche mit dem Wachpersonal vorüber. Es
kam vor, daß ein Telefonat geführt wurde, kurz darauf trabte
ein Lehrling über den Hof und brachte die Fleisch- und Wurst-
pakete nach vorn, Deputat, das ihm jederzeit zustand. Er war
damit der große Ernährer und Versorger. Er, der so gar nichts

von einem klassischen Familienvorstand hatte, brachte die Sippe mit Schlachterware durch fette wie magere Zeiten. Bis zuletzt hielt er, noch als ihm das Gehen schwerfiel, die Verbindung aufrecht zu dieser Nahrungsquelle.

Mehr als ein Schlüssellochblick auf den Viehhof aber war für mich nicht zu holen. In der Ferne sah ich die Achteckkuppel des alten Kesselhauses, eine Parodie der Dresdner Frauenkirche, wie mir schien, mit einem Schornstein an Stelle des Glockenturms, die ich dann später auf allen Konservendosen des VEB Schlachthof wiedererkannte, als Markenzeichen auf den Gläsern mit Leberwurst oder Schweinesülze in Aspik.

Wir hatten die letzte Grenze erreicht, unmöglich, einzutreten in diese gut abgeschirmte industrielle Tötungsanlage. So tabu war das Gelände, daß ich von selbst Abstand hielt, die Beine steif machte wie die Kälber am Strick beim Anblick der Gleisanlagen und Rampen. Dabei war der Gesamteindruck der einer kleinen aufgeräumten Siedlung. Die soliden, weißgetünchten Steinhäuser mit den schrägen Ziegeldächern erzählten von Dorfidylle, auch von gotischer Manufaktur. Das war einmal Europas modernster Schlachthof gewesen, bekam ich zu hören, ein Musterensemble nach dem weitsichtigen Anlageplan eines gewissen Hans Erlwein. Der energische Mann, Stadtbaurat in der Zeit vor dem Ersten, das gesamte alte Europa durcheinanderwirbelnden Weltkrieg, hatte halb Dresden seinen Stempel aufgedrückt, bevor ihn, einen der passionierten Automobilisten der ersten Stunde, an einem Bahnübergang im besetzten Frankreich eine Lokomotive erfaßte. Ich bin seinen Bauten, allesamt wetterfesten, soliden, manchmal trutzburgartigen Kästen, später noch oft in der Stadt begegnet. So war meine Oberschule in der

Weintraubenstraße, das Gebäude, dem ich den Verlust endloser Vormittagsstunden verdanke, ein Erlwein-Bau, die ehemalige Mädchenanstalt. Und auch ein markanter Bau am Altstädter Elbufer, einer der unheimlichsten Dresdens – das große Speichergebäude mit seinen Hunderten leerer Fenster –, das mich, besonders in den Abendstunden, an eine Stummfilmszene erinnerte, in der ein Geisterschiff in einen menschenleeren Hafen einfuhr, stammte von demselben Architekten Hans Erlwein.

»Also los, bevor wir hier Wurzeln schlagen«, brummte Großvater, und kehrt machten wir, fort ging es, weg von dem vermaledeiten, übelriechenden Ort. Wenn der Wind drehte, hätte auch ein Blinder begriffen, was dort drinnen geschah. Unbegreiflicherweise gab es da, wo tonnenweise Kadavermüll anfiel, nicht ein einziges Krematorium. Der Abfall, das weiß ich von späteren Erkundungsgängen in diese Unheilszone, türmte sich bis in die Außenbezirke des Sperrkreises. Ich erinnere mich an wahre Geröllhalden aus ineinander verkeilten Tierkörperresten, an bestialisch stinkende Knochenberge, gleißend im Sonnenlicht, umkreist von Möwen, Gott weiß, woher die robusten Seevögel, von allen offenen Meeren verlassen, bis in diese entlegene Ecke gefunden hatten. Ich höre noch das Gelächter und die unsäglichen Babylaute aus Kurt Vonneguts wildem Kriegsbericht *Schlachthof 5* – das reinste Dada-Spektakel. Seither wußte ich, was *Pop-art* und *Fantasy* gegen das sonore Brummen deutscher Geschichte auszurichten vermochten. So geht das. Rußland und Amerika: Etliche Nachkriegsjahre, einige Atombombentests, Spionageaffären und Mauertote später waren sie plötzlich im Mächtegleichgewicht. Dabei wollte mir lange nicht in den Sinn, was einen Amerikaner, der die Nacht des Angriffs seiner Kameraden von der Luftwaffe mit knapper Not in einem unterirdischen Fleischlager des Schlachthofs überstanden hatte, so sehr an diesen Schicksalsort fesselte, daß er eines Tages freiwillig dorthin zurückkehren würde. Die Wege der Selbstergründung sind unvorhersehbar.

Rechne ich heute zurück, fällt mir ein, wir hätten uns damals leicht begegnen können. Gut möglich, daß der schlaksige Mann mit dem Clownsgesicht am Tor des Schlachthofs im Taxi vorfuhr. Die Jahreszahl paßt. Er hätte dem Kind auffallen müssen, schon wegen der schwarzen Eulenaugen, dem Gesicht eines traurigen Komödianten. Als mir später sein Buch in die Finger geriet, war die Stadt, das so tief gesunkene Barockwrack, nur noch ein Schatten ihrer selbst. Mir aber wurde es warm ums Herz bei dem Plauderton des Verrückten, seiner moralischen Schelte in Serenadenform, die als Liebeserklärung die Vernichtungswelt überdauerte.

Und noch einmal streifte es mich, als ich in einer schmalen Broschüre mit dem Titel *Gehirne* Großvaters Arbeitsstelle auferstehen sah. Gerade die Beiläufigkeit, mit der Gottfried Benn in einer Erzählung, in der nichts darauf vorbereitete, die Rede auf das durch und durch unmusikalische Thema brachte, ließ die Verstörung wiederkehren. *Nun mußte er sich eingehend über Schlachthof äußern*, hieß es da. *Der Dresdner Schlachthof vergleichsweise, erbaut Anfang der siebziger Jahre von Baurat Köhler, versehen mit den hygienisch-sanitären Vorrichtungen modernsten Systems — bahnbrechend war in dieser Richtung die Entdeckung des Dänen Johannsen.* Das Namensdurcheinander war etwas verwirrend – einerlei, es war die in Kindheitszeiten hinüberspielende Melodie, die den Sesam Erinnerung öffnete. Da war also der Dresdner Schlachthof, eine Realität, in die Trancezustände dieser Novellen geraten, eine feste Adresse in einer Welt der Auflösung und des Vorübergleitens aller Erscheinungen.

Auch mir entglitt damals alles immer recht schnell. So lebhaft es dem Kind vor Augen trat, so rasch war es wieder verflogen. Jahrelang strich, wie ein Palmblatt, der Wind des Vergessens über mich hin. Es war eine wunderbare majestätische Amnesie, in der ich von einer Versunkenheit in die andere fiel. In diesem Zustand hätte ich ebensogut auch im Geist in der Stadt zurückgehen können bis zu dem Tag, da sie noch unversehrt war.

So weiß ich auch nicht mehr, wie wir endlich aus der Gestankzone fortgekommen sind. Auch wie der verhältnismäßig weite Weg bis zur Hamburger Straße zurückgelegt wurde, ohne daß ich, an den Zaun eines Schrebergartens geklammert, nun endgültig gestreikt hätte, bleibt unvorstellbar. Ich sehe uns nur still beieinandersitzen, in einer Art generationenübergreifender unerschütterlicher Eintracht: er eine eingerollte Zeitung schwenkend, um sich Luft zuzufächeln, ich mit einer Brauseflasche zwischen den Knien. Da waren wir längst, vom Fußmarsch abgekämpft, in einem Straßenbahnwagen der Linie 1 gelandet und ließen uns auf dem Heimweg durchrütteln. Sehr wahrscheinlich war ich ganz schlapp von der Hitze, hatte das müde, verschwitzte Gesicht an die Scheibe gepreßt und starrte tief in mich hinein, ohne irgend etwas zu sehen.

Heute scheint mir, als wären wir damals wie Entdecker vorgegangen. Als hätten wir uns auf jenen Streifzügen, die eher die Ausnahme waren, nicht nur einen bestimmten Stadtbezirk, sondern einen ganzen Erdteil erschlossen, mitsamt seiner Pflanzen- und Tierwelt, all der unauffälligen Architektur bis hin zum letzten Schornstein. Ein einziger mysteriöser Name ge-

nügte – Elbe –, dessen Ursprung (lateinisch-germanisch-sla-
wisch) sich niemals klären ließ, um wie beim *Sesam-öffne-dich*
alles aufzuschließen, was sich mit ihm verband. An dieser Flußlandschaft erwachte das Bewußtsein für Raum. Und wie begrenzt er auch war, wie unüberwindlich für viele Jahre, er lieferte doch eine erste Vorstellung von der Unermeßlichkeit
selbst. Und sei es nur darum, weil jeder Fluß, welchen Umweg
er auch nahm, ins Meer mündete und schon von weitem diesen Zug ins Offene verriet. Kindheit, das Schlummerstadium,
mnemotechnische Rüstzeit... Was immer sichtbar war innerhalb dieses ersten Horizonts, trage ich seither mit mir herum.

Die gelbe Straßenbahn, wenig jünger als das marode Gleisbett,
rüttelte uns so durch, daß mir die Augen zufielen und ich zu
träumen begann. So kamen wir, in einer scharfen Linkskurve
über die Cossebauder Straße, nach Altcotta zurück. Kann sein,
daß mich Großvater wach stieß, in einem Anflug von sanftem
Sadismus. Er war der Mensch, der einem manchmal auf die
Sprünge half. Als hätte er gewußt, wovor mir in dieser Gegend
am meisten graute, deutete er auf ein Gebäude. Da wuchs der
Riese Rübezahl auf an einer grauen Schulhauswand, wuchs im
Näherkommen auf und wurde größer und immer größer.

Wenn Mutter mich vom Kindergarten abholte und wir noch
einkaufen gingen oder aufs Rathaus mußten, verlangte ich immer, die Straßenseite zu wechseln bei seinem Anblick. Es war
die Rübezahl-Schule. Die Erwachsenen hatten sie so genannt
und mir damit eine Angst eingejagt, die sich unauslöschlich
mit der Vorstellung von Schule verband, lange bevor dann meine eigene Schulzeit begann.

Ich weiß noch, daß ich immer die Augen schloß vor dem Relief des bärtigen Riesen, den man dort an der Hauswand in den Putz gekratzt hatte. Alles in mir lief Sturm, wenn ich ihn erblickte. Natur, dies befremdliche Wort, das man immer zu hören bekam, wenn etwas größer, mächtiger war als man selbst und die eigenen Kräfte überstieg: Das verkörperte dieser Schreckensmann. Gelang es mir nicht, schnell genug abzublenden, war ich dazu verurteilt, wie angewurzelt auszuharren. Breitbeinig stand er da, mit seinem Bart wie aus Wurzelwerk, und schaute auf mich herab, in der Hand einen Stecken, auf einen Baum gestützt, den er jederzeit ausreißen konnte, bereit, jedes Kind zu züchtigen, das in seiner Verlogenheit dem prüfenden Blick nicht standhielt. Ausschau hielt er nach aller Niedertracht, die sich ihm darbot ringsum – in Wald und Flur, auf den Straßen und Plätzen der kleinmütigen Stadt. Über Mensch und Vieh herrschte er und war selber unbeherrscht – gerechterweise, wie ich zugeben mußte, in diesen Sümpfen von Blut und Schuld. Vater und Mutter (und Großvater auch) waren im selben Moment, da ich zu ihm aufsah, vergessen. Ganz allein war ich mit ihm, ein Wesen ohne Geschichte, mit einem Minimum an Wissen nur, ein einziger schlimmer *Gefühlsbrei.* In meinen Kinderphantasien sah ich den Rübezahl: einen Waldschrat, der aus den Wolken wuchs und nach mir langte. Der Polterer aus dem Riesengebirge stapfte von den Gipfeln herab, daß die Bergbäche aufspritzten, trampelte Kiefern und Fichten nieder und schwang die Astgabel, daß die Felsbrocken ins Tal kollerten, die Hütten niedersanken. Ich mußte nur seine Kniescheibe betrachten, schon begann ich zu zittern. Heilfroh war ich, als die Straßenbahn endlich anfuhr.

Großvater fiel zurück, drückte das Fleischpaket an sich, dann strich er mir flüchtig übers Haar. An der nächsten Station konnte ich aufatmen. Der versprochene Eisbecher war da schon lange vergessen. In dieser Nacht schlief ich früher als sonst ein und war bald im Traum so weit herumgekommen wie nie zuvor.

Die Ohrfeige

Einmal war Großvater mit blutiger Nase nach Hause gekommen. Das muß in dem schaurigen Jahr 1933 gewesen sein – schaurig wegen der beiden Dreien, die etwas Infames ausstrahlen in ihrer Doppelung, wie ein Hodenpaar, das aufreizend zwischen den Schenkeln schlenkert. Es geschah also kurz vor oder nach der Machtübernahme jenes Menschen, dessen Namen er immer auszusprechen vermied, weil er ihn fürchtete wie den einer heimtückischen Krankheit – Tumor oder Lungenkrebs. Es war nicht das einzige, was er für sich behielt. Freiwillig hätte er die Geschichte niemals erzählt, Großmutter gab sie hinter seinem Rücken zum besten.

Ein SA-Trupp war in der Dresdner Innenstadt durch die breite Wilsdruffer Straße, damals neben der Prager die führende Geschäftsstraße, marschiert. Großvater schlenderte, vom Postplatz kommend, auf dem gegenüberliegenden Bürgersteig vor sich hin und gab den unbeteiligten Zivilisten. Er muß wohl sehr langsam gegangen sein, provozierend lässig – fehlte nicht viel, und er hätte ein Liedchen gepfiffen, eine von diesen feschen Schnulzen aus den UFA-Filmen. Außerdem war da der berühmte verächtliche Blick durch verhangene Augenlider, der bei den Frauen gut ankam, die Männer jedoch als Hochmut und Blasiertheit traf und die stumpferen unter ihnen augenblicklich in Rage brachte. Er dagegen blieb immer die Ruhe selbst. Ungezwungenheit war sein stärkster Charakterzug, er war damit ganz bei sich.

Als er, auch nach scharfem Zuruf, sich weigerte, Haltung anzunehmen, löste sich einer aus der Braunhemdenhorde, kam über die Straße gerannt und schlug ihm, wie einem ungehorsamen Kind, mitten ins Gesicht.

Der Schlag muß gebrannt haben wie ein Viehstempel, aber mehr noch das Ohnmachtsgefühl. Er hat es niemals verwinden können. Im Grunde waren ihm diese Leute gleichgültig. Nun waren sie, lästig wie die Fliegen, in seine Innenwelt eingebrochen, hatten den Gleichmutpanzer durchstoßen. Er kannte, auch in den schlimmsten Notzeiten, das Ressentiment nicht, mit dem diese Radaubrüder sich an jüdischen Ladenbesitzern und marxistischen Brillenträgern rächten für all ihre Probleme, von denen auch er reichlich hatte. Aber es wäre ihm nie im Traum eingefallen, anderen dafür die Hölle heiß zu machen. Er seinerseits blieb ein Leben lang klassen- und rassenkampfresistent.

Schadenfreude überkam ihn erst bei der Nachricht von der Abschlachtung des Röhm und seiner Clique. *Pack schlägt sich, Pack verträgt sich*, pflegte er zu sagen. Er war, schon von Berufs wegen, nicht besonders zimperlich. Zwar hatte er immer nur Tiere geschlachtet und ausgeweidet, aber als Fleischermeister war ihm nichts Blutiges fremd. Daß diese Schlägertypen ihresgleichen wie Schweine abstachen, weckte sein fachliches Interesse. Mochten sie auch, wie vornehme Ganoven, den Revolver benutzen – er ließ sich nicht täuschen. Den feisten Röhm stellte er sich nach der Bluttat als rosigen Schweinskopf vor, auf einem Block Sülze dargeboten wie auf der Reichsmetzgerausstellung: Ein waschechter Saukerl mit Schmissen im Gesicht. Es stimmte ja, was gesagt wurde: Rache war süß. Was ging ihn der Menschenfresser-Fanatismus dieser Kerle an? Nun, er sollte es noch bitter begreifen, daß sie auch ihn, selbst einen wie ihn, für ihre

Zwecke benötigten, und sei es als Komparsen in der Feldwebel-uniform.

Er konnte nicht glauben, daß ausgerechnet ihr Anführer, der Mann mit der Raubtierstimme, Vegetarier war. Sowenig wie er an die Version von der Intrige des getreuen Eckart glaubte. Überhaupt war er, bei aller gutgepanzerten Ignoranz in politischen Dingen, nicht leichtgläubig. Er bemerkte wohl, daß auch er, wie das Vieh, das als Frachtgut in Waggons angeliefert wurde, hierhin und dorthin gestoßen wurde von den Ereignissen. Er wußte, daß er nur einer war unter Millionen und mittendrin stand, im Strom einer turbulenten, lebensgefährlichen Zeit, und daß es für seinesgleichen wenig Bewegungsspielraum gab. Man mußte sehen, wie man durchkam, mehr war nicht zu machen.

Er hatte sie sich nicht ausgesucht, diese Zeit, eine bestialische Epoche mit all ihren Massenkundgebungen und Rassegesetzen und dem unablässigen aggressiven Geschwätz. Daß man auf Gedeih und Verderb Zeitgenosse war, erschien ihm als Fluch, man konnte es auch die historische Verbannung nennen. Er wollte nicht mitlaufen, ebenso wenig wollte er sich gegen den Strom stemmen müssen. Ihm lag nichts am Mitgestalten, aber er wußte instinktiv, daß Politik nun jedermanns Schicksal geworden war. Eine Bewegung, sie abzuschaffen, gab es nicht, alles andere waren Zwangsläufigkeiten – vor denen er schließlich resignierte.

In späteren Jahren grübelte er oft über das Mißgeschick, das einen Menschen in eine bestimmte Zeit wirft und dort sich selbst überläßt. Und daß es gerade diese eine, so massenwirksame und dann von allen verachtete war, in die er selber geraten mußte. Andere hatten als Hirten bei den dorischen Tempeln Ziegen gehütet, waren Mundschenk an einem der Fürstenhöfe im Dreißigjährigen Krieg, hatten während der Reformationszeit in Wittenbergs Druckereien ihr Brot verdient. Ihm hatte man eine Ohrfeige verpaßt, weil er im Hitlerfrühling auf einer Straße seiner Heimatstadt ein paar politischen Gangstern die Achtung versagte. Er ist nie Parteimitglied gewesen, war in keinem Turnverein, nirgendwo sonst als im Einwohnermelderegister gemeldet. Gelesen hat er zeitlebens wenig, am liebsten Reiseberichte aus Ländern, nach denen ihn selbst kein Verlangen quälte.

Spielzeuge 1: Lokomotiven

Alles auf Anfang. Und da stehst du nun wieder wie damals
Vor dem alten Depot hinterm Bahnbetriebswerk
Dresden-Friedrichstadt am Werkstor, und durch die Gitter
Schielte ein Junge in kurzen Hosen nach den Lokomotiven.
Es war der sechste Sommer, Tag vor der Tetanus-Impfung.
Glasscherben funkelten zwischen rostigen Gleisen, Stacheln
Standen vom Gitterwerk ab, ein Gestrüpp von Brennesseln,
Größer als er, sprach ihn herrischer an als das Schild
ELTERN HAFTEN FÜR IHRE KINDER – das er nicht lesen konnte.
Da fing es an. Etwas zog ihn hinüber, ein Gefühl,
Dringend pissen zu müssen, griff in den Lenden um sich.
Er sah den Fleck, bevor er sich ausbreiten konnte, sprang
Durch die Lücke im Zaun, ignorierte den Schmerz und hatte
Nun das Eisentor hinter sich, vor sich, regungslos,
Drei, vier Dampfloks auf der Drehscheibe, massige Bullen,
Schwarz und ölverschmiert, zum Stierkampf bereit.
(In einem Land, wo die Busse *Ikarus* hießen, *Tatra* und *Taurus*
Namen waren für Straßenbahnmodelle, Autos und Laster.)
Lang ist das her, aber er – sieht wieder vor sich den Riesen,
Dunkel, aus deutschem Stahl, die Räder feuerwehrrot.
So tief saß der Schreck, daß alles vergessen war
Für Minuten und er wie angewurzelt stand, ein Däumling
Am Eingang zum Labyrinth, aus dem es tief drinnen rumorte.

Da begann es zu regnen, ein Strahl schoß in hohem Bogen
Ins staubige Unkraut. Pissen, endlich pissen können.

Erleichtert schaute er zum Himmel hinauf,
Sah die Oberleitungen, die stählernen Spinnweben,
In der Ferne den Schornstein des Heizkraftwerks,
Das Netzwerk der alten heruntergewirtschafteten Stadt.
Sah das Stück Erde, auf dem sein Orangensaft dampfte,
Den Streifen Ödland, der die Knie mit Acetylzungen leckte.
Ein gelber Regen fiel prasselnd
Ins Grün einer Brennessel, zog eine Spur vom gezackten Rand
Der wilden Briefmarke, rollte herab Richtung Stengel –
Und der Tropfen – pling! –, das war er:
Little Nemo in Slumberland.
Da begann die Verwandlung. Alles ringsum war er,
Jedes einzelne Ding, isoliert, er selbst mittendrin, isoliert,
Und war nun selbst jedes einzelne Ding, isoliert.
Sturz in ein Brennesselblatt: Lichterloh brannte er, brannte.
Da fing es an, dies Überscharfe der Einzelheiten, die Furcht
Vor der Überschärfe der Einzelheiten – und ihrer Wiederkehr
Im Gedächtnis. Wie Kletten hakte sich das in ihm fest.
Denn später kehrte es wieder, ungefragt: das Große
Maßstabsgerecht wie das Kleine.

Da war der Bahnhof aus Plastik, der künstliche Teich
Aus Zellophan, giftig blau auf der Eisenbahnplatte im Keller.
Und an einem dieser langen, gedehnten Nachmittage
Geschah es im Haus eines Schulfreundes, Arztsohn,
Daß wir die Dampflok glühen ließen, gelangweilt
Vom Basteln, vernarrt in den echten Schornsteinrauch.
Beißender Qualm hüllte die Plastikmännlein am Bahnsteig ein,
Kroch über Pappmaché-Hügel, schwärzte das Viadukt,
Strich über das Dorf hin, die Matten aus grünem Filz,

Die Welt des Modelleisenbahners, Maßstab Ho –
Bis ein Tunnel Feuer fing, wir mit Eimern löschen mußten.
Rauch zog über die Einweckgläser, die staubigen Koffer.
Und das war echt, dies war die Wirklichkeit! Wutentbrannt
Kam der Chirurgenvater, die Mutter Krankenschwester:
»Was fällt euch ein, zu zündeln? Marsch, ab nach Hause!«
Da war das Spiel aus, Ende der Reisen ins Spiegelland –
Draußen stand er, der Junge mit den zerschundenen Knien,
Und hatte ein Brandloch im neuen Chemiefaserhemd,
So groß, daß der Daumen durchpaßte. Er staunte,
Noch einmal staunte er, sah aus großer Höhe im Schlaf
Lokomotiven auf Berggipfeln, künstliche Flocken rieseln
Auf Weichen, gestellt wie von Geisterhand, Schranken,
Die sich von selber schlossen, in einem Wald von Signalen
Das Gleisgewirr, die Verheißung entlang der Schienen.

Tag der Arbeit

Der Dresdner Hauptbahnhof ist ein Ort, den nichts leicht verrücken kann. Es ist schwer vorstellbar, daß er jemals verschwinden oder an eine andere Stelle verschoben werden könnte. Nicht viele Gebäude sind von solcher Art, aber doch die meisten Großbahnhöfe, Justizpaläste, Opernhäuser und Ministerialbauten in Deutschland wie überall in Europa. Beeindruckend ist diese Konsistenz der Gründerzeitarchitektur, hörte er einst einen Historiker sagen, ihre Widerstandskraft sei die am besten verdrängte Tatsache wilhelminischer Baukultur. Das Zweckmäßige überdauert am längsten – dank der soliden Standards, es hat noch jede Moderne, jeden früheren Modestil überlebt. Das neunzehnte Jahrhundert hat seine steinernen Massen ein für allemal an die städtischen Ufer geschwemmt, und da stehen sie nun, markant wie am ersten Tag, und können höchstens verdeckt, eingekreist, in die Tiefe erweitert werden, ihr Standort aber trotzt felsenfest, noch in den Schattenzonen der eng anschließenden Straßen, den wechselnden Wolkenhimmeln.

Dies gilt auch für den Dresdner Bahnhof – der außerdem zu den besonders unverwüstlichen zu gehören scheint. Man sieht ihm nicht an, daß er während der Bombenangriffe, die im Februar 1945 einen größeren Teil des Stadtzentrums ausradierten, lichterloh brannte – ganz zuletzt wurden auch die Gleisanlagen vollständig zerstört. Wie Phönix aus der Asche aber ist er als einer der ersten wieder aufgestiegen, dem militärischen Zweck der Flächenbombardements zum Hohn. Dabei war Dresden der drittgrößte Bahnumschlagplatz im Deutschen Reich. Während ringsum ganze Quartiere in Schutt und Asche versanken, blieb dem großen Hallenbau, aus der Luft deutlich erkennbar, die totale Vernichtung erspart. Drei Viertel der Dresdner Altstadt waren in kurzer Zeit in Brand gesteckt, aber eines der strategisch wichtigsten Ziele, der Eisenbahnknotenpunkt, durch den die Züge in die Vernichtungslager geschleust, Panzer und schwere Waffen an die Frontabschnitte verteilt, Hunderttausende Flüchtlinge aus dem Osten herübergeströmt waren, stand vergleichsweise unversehrt. Die schweren Schäden an der hinteren Durchgangshalle, die man auf Photos sieht, können nicht darüber hinwegtäuschen, daß die Gesamtanlage weitgehend intakt blieb trotz zerschnittener Bahnverbindungen. Wenige Tage nach dem Untergang der Stadt fuhren die ersten Truppentransporte mit dem jüngsten Menschenmaterial bereits wieder hinaus an die zurückweichende Front. Groß war die ordnende Hand, die allezeit unsichtbar auf ihm ruhte. Welch grandiose Ungerechtigkeit: Blindlings vom Schicksal gesegnet zu sein schien sie, diese furchterregende Industriekultur.

Und als im Oktober 1989 die Molotowcocktails flogen, aus Empörung über die westwärts vorbeirauschenden Züge mit den Landesflüchtigen aus der Prager Botschaft, als die Bahnsteige mit Ausreisewilligen voll waren, einzelne auf die Waggons aufzuspringen versuchten, von Soldaten beiseite gezerrt wurden und der Volkszorn zum Kochen geriet, gingen wohl ein paar Glasscheiben an der Fassade zu Bruch, wurden einige der Protestierenden von Polizisten böse verprügelt, der dunkle Trutzbau mit seinen Kuppeln und Uhrtürmen jedoch hielt abermals stand. Der Bahnhof blieb, was immer draußen vor den Toren geschah, eine feste Burg aus Elbsandstein.

Es war, als würde ihn seine Zweckmäßigkeit schützen, als sei das abweisende Korpus der rauchgeschwärzten, wie von vielem Dampflokqualm gedunkelten steinernen Massen seine eigene beste Tarnung. Ihr entsprach die Gleichgültigkeit der Dresdner gegen den ungastlichen Ort, den viele, so sah es aus, in großer Eile nur mit eingezogenem Kopf betraten, wie einen riesigen Backofen, aus dem man schnell wieder herausmöchte.

Im Mitropa-Restaurant fingen sich, wie überall im Land, die Verzweifelten und Versprengten, traurige Nachtgestalten beiderlei Geschlechts. Endlos palavernd hockten sie in den Nischen und an den schmutzigen Tischen vor ihren Bieren und Schnäpsen, wie die Tauben unter den gußeisernen Rippenbögen. Uniformierte durchkämmten die kalten Räumlichkeiten, Militärstreifen waren unterwegs, Transportpolizisten mit Schäferhunden, auf der Suche nach den asozialen Elementen, die sie mit Ausweiskontrollen zur Strecke brachten.

Der Rest der Bevölkerung ging in dem höllischen Gebäude aus und ein, als hätte von früh auf eine höhere Macht über den in Architektur gefaßten Ameisenhaufen gewacht. Eigentümlich aber war dieser Bau, weil er als Kombination aus Kopf- und Durchgangsbahnhof zwei Prinzipien unter einem Dach vereinigte, und das war zuviel und verwirrte die Sinne.

Schwere Träume rankten sich um das Monstrum. Sie mußten sich, stellte ich mir vor, auf die Reisenden übertragen. Auch auf diejenigen, die nur hereinsprangen, um Bekannte vom Bahnsteig abzuholen, Schnittblumen zu kaufen oder ein spätes Bier.

Ich erinnere mich an eine Modelleisenbahnausstellung, die ich zur Weihnachtszeit einmal mit den Eltern besuchte. In der Empfangshalle stand eine maßstabsgetreue Replik des Bahnhofs mit allem, was es auch im Großen gab. Eine Weile lang beugten wir uns über die meterlange Glasvitrine, drückten hier und da Knöpfe – es fehlte nicht viel, und wir hätten uns in den Plastikmännlein wiedererkannt, die da am Bahnsteig angeleimt standen. Ich sehe auch noch das Getümmel bei der Abfahrt ins Ferienlager, höre das Lärmen der aufgedrehten Schüler unter der Glaskuppel, das diese fürchterliche Schwimmbadatmosphäre erzeugte, die für mich immer etwas Bedrückendes hatte. Zwischen den Schläfen krachten die Echos, erwachten schlimme Erinnerungen an den Schwimmunterricht: das Schrillen der Trillerpfeifen, die Kommandorufe, der Geruch von Chlorwasser, das Anklatschen der Wellen am kalten Beckenrand. Wenn die Ferien begannen, wurden wir Kinder am Bahnhof abgegeben. Ich wollte nicht fort, wäre lieber zu Hause geblieben, und mußte doch, wurde förmlich davongestoßen. Der Bahnhof war die Sammelstelle für viele meinesgleichen. Von da aus ging es in die Sommerlager, später zum Ernteeinsatz und schließlich in die Kasernen. Deutsche Wehrmacht im Rußland-Raubkrieg oder NVA-Truppen im Dienst an der Staatsgrenze, für sie alle war der Bahnhof das eine Portal, durch das sie hindurchmußten, hinaus in die geographischen Weiten. Er war dabei immer derselbe, ein transhistorischer Ort, an dem der Reigen politischer

Ordnungen fast spurlos vorüberzog: Kaiserzeit, Nationalsozialismus, Deutsche Demokratische Republik und das vereinigte Deutschland.

Ich sehe mich noch als Soldaten dort stehen, allein auf dem Bahnsteig, in der kratzigen Urlaubsuniform, den Seesack über der Schulter. Es ist Winter, ein spätes Nachmittagslicht sickert durch das trübe, wabenförmig angeordnete Glas der Südhalle. Gern hätte ich damals die Bahnhofsuhren zurückgedreht, wäre mit den jungen Eltern wieder in den Nachtzug gestiegen in Richtung Ostsee, Insel Rügen, wie in den frühen Jahren, da wir noch kein Auto besaßen. Die größte Aktion war immer das Verladen der Fahrräder gewesen. Und schön war es, wenn die Kleinfamilie endlich im Schlafwagenabteil beisammenlag, die Vorhänge zum Gang waren zugezogen, und durch die Fenster schossen die Lichterpfeile der immer schneller vorbeiziehenden Stadt. *Die Zuschauer erstarrten dann, wenn der Zug vorüberfuhr.* Wenig später war ich meistens schon eingeschlafen.

Auch an die ersten Bahnfahrten, die ich von da aus allein unternahm, erinnere ich mich dunkel. Wie ich als Kind ins Abteil gesetzt wurde, ohne Begleitung, es ging zu den Großeltern ins thüringische Gotha, mit Umsteigen in Leipzig, wo es den Bahnsteig zu wechseln galt und man nur wenig Zeit hatte. Fremde Leute kümmerten sich um den kleinen Jungen mit dem zerbeulten Köfferchen aus braunem Pappmaché, er war dann nicht ganz verloren in dem wilden Gedränge. Vorstädte, Bahnbetriebswerke, Fabrikschornsteine flogen an ihm vorbei. Er versuchte, sich, mit der Stirn am Fenster klebend, alles ganz genau einzuprägen. Später wußte er schon, beim Auftauchen des lieblichen Flüßchens, der Saale, und der Burgruinen auf den Hügeln, daß es nun nicht mehr weit sein konnte. Nur durfte er nicht über das Ziel hinausschießen, denn dann kam schon Eisenach, und dahinter brach das Land ab. Bebra hieß die Station, an der nur noch Leute im Zug sitzen durften, die in den Westen wollten. Ein Vierteljahrhundert später erst öffnete sich die Pforte, da war ich nicht mehr der kleine Junge.

Mit den Jahren war mir der Dresdner Hauptbahnhof vertraut wie eine Straßenbahnhaltestelle. Wie oft bin ich von hier aus nach Prag aufgebrochen, in die Stadt, die mir von allen nah erreichbaren im Ostblock die liebste war. Vom Mütterchen Prag las ich einmal bei einem Dichter, und daß es Krallen habe; das müssen mittelalterliche Krallen gewesen sein, so lang und so spitz wie die Kirchtürme der Altstadt. Süchtig nach den herrlichen Prager Antiquariaten – den letzten wahren Fundgruben, wo die Schätze ungeordnet zuhauf lagen, und man fischte dann eine Ausgabe von Paul Valéry heraus, Essays, vom Autor signiert im Erscheinungsjahr 1936 –, bin ich immer wieder dorthin gefahren. Einmal war der Bahnhof Ausgangspunkt für eine Pilgerreise zu Franz Kafkas Grab. Heute weiß ich, daß der Siebzehnjährige mit den langen Haaren und dem lächerlichen Ziegenbart, der damals das sozialistische Nachbarland bereiste, jene Tschechoslowakei, in der alles ähnlich trist wie zu Hause und doch anders, unaufgeräumter war, die böhmischen Elbestädte Děčín und Ústí nad Labem und Litoměřice, ein tief in seine Jugendschwermut versunkener Mensch gewesen ist, der gerade erst anfing, die Zeit des Alleinseins, die kostbarste Zeit überhaupt, für sich zu entdecken. Er nahm es auch hin, daß es am Tag der Wallfahrt zu seinem Idol fast ununterbrochen regnete. Da er keinen Schirm bei sich hatte, sah er in seinem Parka und den verwaschenen Jeans nach Stunden des Umherwanderns aus wie der Idiot des Regens, eine unbekannte Skulptur aus der Werkstatt Rodins.

Damals war Kafka in seiner Hemisphäre nur ein Gerücht, eine Heiligenlegende für Eingeweihte. Er war der gemeinsame literarische Nenner aller Systemflüchtigen und oppositionellen Träumer, die Bilderbuchfigur des klugen, überempfindsamen Juden.

Im Osten war sein Name tabu, im Deutschunterricht kam er nicht vor. Von Großmutter hatte ich mir bei einer ihrer Westreisen das Handbuch von Hartmut Binder mitbringen lassen. In Budapest in einer Buchhandlung auf der *Váci utca* ergatterte ich die weißen Fischer-Taschenbücher der Romane mit den einprägsamen Skizzen von Verfasserhand auf dem Umschlag. Aber es gab keine Wegweiser zu den Erinnerungsorten des Abseitigen. Alles, woran ich mich halten konnte, waren der Name des Friedhofs und die unscharfe Aufnahme eines Freundes, der vor mir dort gewesen war und den Grabstein photographiert hatte. Einen halben Tag lang stromerte ich durch die Außenbezirke, immer tapfer zur Fuß, damit mir auch nicht der kleinste Anhaltspunkt entginge. Dabei geriet ich irrtümlicherweise auch in die Nähe eines gigantischen Reiterstandbildes hoch auf dem Veitsberg, der größten Bronzestatue der Welt, wie ich später erfuhr, die den einäugigen Jan Žižka, den Patron aller Tschechen, darstellt. Zu Füßen des religiösen Fanatikers, der damals auch die tschechischen Geldscheine zierte und mich an den Rübezahl aus dem Riesengebirge erinnerte, was nicht wenig zu meinem Unbehagen auf dieser Wanderung beitrug, war sinnigerweise ein Mausoleum eingerichtet, in dem bereits einige der landeseigenen Kommunisten lagen. Der monströse Totenkult dieser Leute ist mir später noch einige Male übel aufgestoßen und als ein besonders sichtbares Zeichen der fehlgeleiteten Eschatologie ihrer Lehre erschienen, so auch bei einem spät nachgeholten Besuch des Lenin-Mausoleums unter den Mauern des Kreml, in einer Zeit, als die Sowjetunion längst gefallen war.

Aber ich wollte ja zu Franz Kafka, und zum Glück war ich nach etlichen weiteren Abwegen und Irrtümern dann doch wider Erwarten endlich am Ziel. Ich hatte das Grab auf dem Neuen Jüdischen Friedhof in Praha-Žižkov, weit im Osten der Stadt, gefunden.

Es war ein hoch aufragender Grabstein, sechskantig geschliffen in der Form mancher Bergkristalle, wie sie auch in Böhmens Gebirgen schon vorgekommen waren. In meiner beschämenden Unwissenheit dachte ich noch: *Was sollen die vielen kleinen Steinchen auf dem Grabstein? Nun macht aber mal Ordnung hier.* Es fehlte nicht viel, da hätte ich sie mit eigenen Händen fortgewischt und die Grabstätte in einem Anfall irrsinniger Pietät gesäubert. Am Abend erst dämmerte es mir, in der schlechtbeleuchteten Goldmachergasse, und dann auf dem Alten Jüdischen Friedhof beim Anblick der schief ins Erdreich gesunkenen Grabsteine, bei der Legende vom Rabbi Löw, dem Schöpfer des Golem. Wieder waren da überall Kieselsteine auf den Gräbern abgelegt, ganz wie es der jüdische Begräbnisbrauch vorsah. Und da vollzog sich, so würde ich heute sagen, die erste Verwandlung. Ein Licht ging mir auf über die Bedrängnisse dieser Menschen seit alters her, über die unheilabwehrende Kraft ihrer Religion und manchmal sogar der Dichtung, und ich begriff, was sie von denen, die beidem verfallen waren, verlangte. Zurück in Dresden, war die Welt eine andere, das große Infragestellen der Realitäten hatte begonnen.

Ein Bahnhof, wissen wir denn, was ein Bahnhof ist, was er an Geschichten gespeichert hat? Vieles spielt sich dort ab, Anfang und Ende der Fluchten, Sehnsuchten, Verschickungen und Vernichtungen. *Erinnerungen an die Kaldabahn* hieß eines der Kafka-Fragmente, das ich später in seinen Tagebüchern entdeckte. Ein Beispiel von manischer, freischweifender Phantasie, die ihr Ohr an die Gleise legt und hinaushorcht in die Weiten der Landschaft. Ein Fragment der Hellsichtigkeit, in die einen das Schreiben treiben kann. Mir vorzustellen, an welchen Posten, weit voraus in der Geschichte, Kafka sich damit stellte. Jahre später las ich bei Raul Hilberg von den diensteifrigen Schrankenwärtern und Weichenstellern, die auf dem Höhepunkt deutscher Ostexpansion die Züge betreuten: An die Front mit Panzern und Truppen die einen, schwer mit Beute und nachher auch mit Verwundeten beladen ins Reich zurück die anderen, und auch jene mit den bewachten Waggons, die aus allen Teilen Europas vollbeladen in die Todeslager rollten. In einem von ihnen wurde Ottla, Kafkas Lieblingsschwester, mit einer Kindergruppe aus Theresienstadt kommend, nach Auschwitz an die letzte Weiche gekarrt. Was sie da erwartete, hätte auch ihr Bruder, der vieles voraussah, sich in den genauesten Phantasien nicht ausmalen können.

Von Deutschland als einer Angstgemeinschaft und von der allmählichen Einschüchterung als Mittel der Politik hatte ich damals nur andeutungsweise gehört. Nichts vom Mord an Kurt von Schleicher, dem letzten Reichskanzler vor Hitler (zurück blieb die elegante Gattin), von der Idee einer Querfrontregierung und der mißglückten Uraufführung einer nationalbolschewistischen Operette, die den Sündenfall der deutschen Mehrheit nicht aufhalten konnte. Gehört und wie jedes Schulkind gelesen hatte ich von den dramatischen Tagen der Machtübernahme, von den Massenverhaftungen und den Erschießungen in Dachau und anderswo (ein bekannter Journalist der »Münchner Neuesten Nachrichten« war in einer der *Nacht-und-Nebel-Aktionen* verschwunden). Im Schulunterricht war viel von den Folterkellern und Konzentrationslagern die Rede. Einmal war der Großvater eines der Mitschüler zu Gast in der sogennannten Jugendstunde, Vorbereitung auf die schließliche Jugendweihe. Atemlos hatte die Klasse seinem Bericht von den Strafmethoden der Nazis gelauscht und sich vorzustellen versucht, wie so ein Streckgalgen funktionierte, eine Vorrichtung, bei der dem Häftling die Arme hinter dem Rücken hinaufgezogen wurden, bis die Gelenke auskugelten. Der kleine weißhaarige Mann, schon vom Alter gebeugt, ging in seinem Eifer so weit, uns das Martyrium vor Augen zu führen, indem er es regelrecht vorspielte. Die Situation war uns einigermaßen peinlich, aber zum Lachen war keinem zumute. Ernst Thälmann war ein Name, der in den Erzählungen immer wiederkehrte. Ein aufrechter Kommunist, Urbild des stämmigen Proletariers, der im Lager Buchenwald interniert war – als Hitlers persönlicher Gefangener, wie mein eigener Großvater, selber Parteimitglied, süffisant bemerkte. Er versäumte auch nicht, darauf hinzuweisen, daß Stalin es abgelehnt hatte, den prominenten Gefangenen auszulösen, der ihm für die kommunistische Sache als Überlebender wenig nützte, als Märtyrer alles. Das leuchtete mir ein, aber ich hätte mit keinem darüber zu reden gewagt. »Und warum war Ernst Thälmann ein so aufrechter Kommunist?«, fragte der Lehrer und schaute erwartungsvoll in die Runde. Ein tolpatschiger Klassenkamerad war es, der den Nachmittag gesprengt hatte mit seiner so albernen wie raffinierten Antwort, typisch für pubertierende Schüler: »Wahrscheinlich, weil er so große Füße hatte.« Es war eine Szene, die ich nie mehr vergessen habe. Eigentlich hätte der Himmel einstürzen müssen. Zu erleben, wie schnell ein Glaube sich in befreiendes Gelächter auflösen konnte, war einer der magischen Momente des Lebens. Es war ja weniger Mut, der den Frechdachs dazu verleitet hatte, die Stimmung zu zerstören, eher die Witzelsucht – und ich sehe ihn noch sich, triumphierend wie ein Clown, vor der Klassenrunde verbeugen, aber ich selbst wäre dazu im Leben nie fähig gewesen.

Noch ahnte ich damals nichts vom Wesen dieser deutschen Gesellschaft, von der schleichenden Ausbreitung der Angst in einer großen, von Krisen verunsicherten Bevölkerung. Von den Bedrohungen und diffusen Sorgen, die sich wie ein Lauffeuer durch das Alltagsleben der kleinen Leute fraßen – bis eine Figur wie der erbärmliche Räuberhauptmann aus dem österreichischen Waldviertel auftrat, ihnen gerade recht kam und mehrheitlich Zuspruch fand. Ob der Alptraum, der da geboren wurde, je vergangen ist? Angst regierte die Geschicke, Angst trieb dieses schwerfällige deutsche Reich, einen bis in die Wurzeln verunsicherten Flächenstaat in den kollektiven Irrsinn. Wenn Politik der Zauber war, der die Lebenden im Namen der Toten in Marsch setzte, war ein Dämon wie Hitler als geborener Totenführer des Volkes wie gerufen gekommen. Um zu begreifen, was sich da ereignet hatte, tat man als Rückblickender gut daran, die Träume derer im Dritten Reich zu studieren, die Träume der Idealisten und die jener per Verordnung zu Volksgenossen Erklärten in ihren längst abgefahrenen, im Kursbuch verplanten, überfüllten Zügen hinaus in die Sümpfe der *Volksgemeinschaft*. Was hatte sich da nicht alles an Illusionen angestaut. Die

Neuordnung von Territorien im Namen der Stammesgeschichte, die Berufung auf Blut und Boden als höherem, weil naturgegebenem Eingliederungsprinzip, die Verheißung fallender Klassenschranken, indem man der Arbeit eine allen verstreuten Körperteilen der Gesellschaft gemeinsame Bedeutung verlieh. Daß dies nur durch Terror, Ausgrenzung, Dauerappell und eine radikale Erziehungsdiktatur zu machen war, ging schon bald den Empfindsameren unter den politischen Versuchskaninchen mit Schrecken auf. Die Verhältnisse wankten, und ihre Herzen begannen früher zu beben als das Mobiliar ihrer Wohnställe und ihre Städte. Mancher war da, der schon kurz nach dem Aufbruch die Lebensgefahr spürte, die von solchem Einheitszwang ausging. Er fühlte sich ins Visier genommen, nicht weil er auffällig war, sondern weil in ihm selbst der Zweifel wohnte, der Argwohn gegen den totalen Zugriff des Staates. Die Unschuldigen fühlten sich exponiert unter den Scheinwerfern der Aggressiven, Aktiven.

Da träumt eine Hausfrau von ihrem schwatzhaften Kachelofen. Wie im Märchen steht unverhofft ein SA-Mann in der Ecke des Wohnzimmers und belauscht, was der Ofen mit schnarrender, durchdringender Stimme von sich gibt. Die Familie hat gegen die neue Regierung gelästert, sie fühlt sich durchschaut, und im selben Moment wird der politischen Sünderin klar, *daß es auf einen Satz mehr oder weniger nicht ankommt.* Es ist die Phantasie vom eingebauten Mikrophon und den verwanzten Wänden, von der die Eingeschlossenen jeder Diktatur übereinstimmend berichten. Über Nacht werden die Straßenschilder umbenannt, regeln strenge Gesetze das Alltagsleben, ändern sich die Gespräche und selbst die Gesten. Witze kursieren hinter vorgehaltener

Hand. Eine Flut von Propagandatafeln, Fahnen und Führerbildern überschwemmt die Städte und Dörfer. Staatliche Überwachung schleicht sich von allen Seiten an: Nichts ist mehr, was es eben noch war. Mit der Gewalt einer Unwetterkatastrophe bricht über alle Häupter die neue Politik herein.

Ein anderer Traum handelt von der Abschaffung der Wände. Plötzlich stand da ein ganzes Volk im Freien, weil den Häusern die Dächer wegflogen und den Wohnzimmern die Wände abhanden kamen, wie es nachher im Bombenkrieg wirklich geschah. Die prophetische Qualität der Träume, selten erwies sie sich als so hellsichtig wie in den zwölf Jahren, da das Land seine Unschuld verlor, für eine lange, weit über den Anlaß hinausreichende Zeit. Hitler hatte alles richtig gemacht, die Frustrierten und die Eingeschüchterten fielen ihm reihenweise zu. Wer zögerte, hatte es mit dem eigenen schlechten Gewissen zu tun und fühlte sich gedemütigt und gebunden, im Denken verlangsamt, in seinen Handlungen verwirrt. Verzicht war das Gebot der Stunde, Aufopferung. Wie gebannt starrte fast jeder auf die Inszenierungen der Macht, die selten so durchdringend war, in jedes Einzelleben hineingreifend. Einer telefoniert im Traum mit dem Bruder, verstellt sich am Telefon und sagt plötzlich die Wahrheit: »Ich finde an nichts mehr Freude.« Mitten in der Nacht kommt ein Rückruf: »Hier Dienststelle zur Überwachung von Telefongesprächen« – und er fleht um Verzeihung, aber die Stimme verstummt, und stumm wird der Hörer eingehängt. Oder der Traum vom Klempner, der einem den Boiler installiert, und es ist die im Innersten installierte Furcht vor dem Staat, die in der Wohnung zurückbleibt. Die intimen Dinge werden auf einmal fremd: der Spiegel, vor dem man sich wäscht und schminkt, die Schreibtischuhr, die unverwandt auf das Briefpapier starrt, sogar die Engelchen über dem Bett, Reproduktionen der unter den Dresdnern so beliebten Putten der Sixtinischen Madonna. Sie schauen nicht mehr nach oben, in den päpstlichen Himmel Raffaels, sondern haben die kindlichen Augen nach unten gewendet und nehmen das Mädchen, das nicht einschlafen kann, fest in den Blick.

Peinliche Situation, wie schon einmal erlebt, schlimmes, in historischer Unbestimmtheit verschwimmendes Déjà-vu, das die handelnden Personen vertauscht und vom eigenen Ich wenig übrigläßt – wie nach einer langen Zugfahrt, bei der man im Abteil einschlief gegen seinen Willen und plötzlich erwachte, umgeben von neuen Fahrgästen, an einer unbekannten Bahnstation – Eisenach? Hildesheim? Greifswald? Raus hier, nur raus, war dann die panische Reaktion. Es ist mir mehr als einmal passiert, daß ich den Koffer aus der Gepäckablage riß und zum Ausgang stürzte, nur um festzustellen, daß bis zum Zielbahnhof noch eine Stunde oder mehr Zeit blieb. Wie leicht konnten sich im Traum Orte und Zeiten verwirren. Einmal kurz während der Fahrt eingenickt, und man war im Jahrhundert verirrt, nichts war mehr wiederzuerkennen dort draußen.

Was, wenn die großen Hauptbahnhöfe die Kathedralen des Industriezeitalters waren?

In einem Anbau an der Ostfassade des Dresdner Schienendoms war ein kleines Kino untergebracht. Dort sah ich einmal eine Sondervorstellung von Fritz Langs Stummfilmklassiker *Die Nibelungen*. Damals war ich, nach überstandener Militärzeit, Regieassistent am Großen Haus, dem Dresdner Schauspieltheater gegenüber dem Zwinger. Der Regisseur hatte seine Theatertruppe in das Kino einbestellt. Wir alle waren, wie es sich gehört, Verschworene seiner Produktion. Ein kleiner Stab von Mitarbeitern bereitete die Inszenierung von Friedrich Hebbels Riesentrauerspiel *Die Nibelungen* vor, eine auf zwei Abende verteilte gewaltige Materialschlacht, und es galt, sich die Handlung in Bildern des Expressionismus auf Abstand zu halten. Der blonde Held Siegfried, Nietzsches Bestie, hoch auf dem Schimmel beim Jagdausritt mit den Burgunden, und Kriemhilds Abschiedsblick, ihr düsteres Rachebrüten: eine Szenenfolge in übertriebenen Stummfilmgesten mit rollenden Augen und Händeringen. Unvergeßlich das dämonische Grinsen des hinterlistigen Hagen Tronje. Er war der Schurke, er hielt die Fäden in der Hand und wußte, was als nächstes geschehen mußte. Dieser Mann erschien uns damals als ein Vorbote des bösen nationalsozialistischen Helden, eine Mischung aus Gauleiter und Propagandaminister, die Verkörperung des totalen Krieges, dem dann die deutschen Städte geopfert wurden, Hamburg und Köln und auch Dresden – nur der Bahnhof hatte noch standgehalten. Der junge Hebbel, armer Leute Kind – von ihm handelte eines der beeindruckendsten Gedichte Gottfried Benns. Wie ein Fanal ist mir der Anfang der dritten Strophe für immer im Gedächtnis geblieben: »Meine Mutter ist eine so arme Frau, / daß ihr lachen würdet, wenn ihr sie sähet.«

Da war der muffige Kinosaal, Polstersitze aus der Vorkriegszeit, und die schlechte Kopie eines flackernden, seltsam ruckartig ablaufenden Films in Schwarzweiß. Das alles paßte so gut zur Atmosphäre des Gebäudes, damals in den frühen achtziger Jahren, daß ich den Brand in König Etzels Saal für immer mit dem Untergang Dresdens verbinde.

Kein Wunder, daß ausgerechnet dort, vor dem Hauptbahnhof, der Aufruhr im Osten begann. Es waren die ersten heißen

Oktobertage, Höhepunkt der Empörung, mit schweren Zusammenstößen, gewaltigen Opernszenen, die nirgendwo sonst im Land so brutal abgewürgt wurden. Schlagstöcke kamen zum Einsatz, mit Wasserwerfern war man gegen die Demonstranten vorgegangen. Und diese, wie um zu zeigen, daß auch in der eingeschläferten DDR der Zorn der Eingeschlossenen explodieren konnte, steckten Autos in Brand, rückten mit Pflastersteinen der Glasfassade zuleibe. Einen solchen Fall von Vandalismus hatte es in all den Jahren sozialistischer Herrschaft, erst recht im gesitteten Sachsen, nie gegeben. Und landesweit überhaupt nur ein einziges Mal – während der Straßenkämpfe beim Arbeiteraufstand am 17. Juni in Berlin sowie in mancher Provinzstadt zwischen Oder und Elbe.

Zur selben Zeit probten sie ein paar hundert Meter weiter in der Semper-Oper den Gefangenenchor aus *Fidelio*. Die Züge mit den Ausreisewilligen aus der Prager Botschaft sollten, einem unergründlichen Ratschluß des Politbüros zufolge, das Hoheitsgebiet der DDR in Richtung Westen passieren. Ein grober politischer Fehler, wie sich bald zeigte, mit ihm fing der Ärger erst richtig an. Kurz darauf, als die Demonstrationen auf der Prager Straße eskalierten und ein Polizeioberst den Gewalteinsatz eigenmächtig stoppte, saßen der Bezirksparteichef und der Bürgermeister in der Premiere von Beethovens unerhörter Oper. Noch waren die Kerker nicht geöffnet worden, die Gefangenen nicht befreit. Kein Trompetenschall kündigte die Ankunft des Ministers an. Aber nicht weit vom Bahnhof entfernt, im Schatten des Lenin-Denkmals vor der Reihe der stattlichen Interhotels, nahm mit der *Gruppe der 20* die gewaltfreie Bewegung ihren Anfang in einer Sitzblockade, und das war das Signal. Eine der vielen deutschen Leonoren-Ouvertüren begann – die erste war, noch vom Komponisten selbst, für eine Aufführung in Prag vorgesehen, die dann aber nie stattfand. Erst danach fingen in Leipzig, weltweit beachtet, die Montagsdemonstrationen an, die schnell zum Ritual wurden, und zuletzt blieb dann ganz Ostdeutschland auf der Strecke.

In einer Nacht in den frühen achtziger Jahren geriet ich einmal mit zwei Schulkameraden, die mir im Trinken voraus waren, mitten unter die Mitropa-Säufer. Eigentlich hatte ich in der Schule (der Erweiterten Oberschule) keine echten Freunde, und so nahm ich mit denen vorlieb, die einem die wenigsten Fragen stellten. Der eine war der Sohn eines Hauptmanns der Staatssicherheit, der andere mit einer Mutter geschlagen, die als Sachbearbeiterin im Polizeipräsidium an der Schießgasse arbeitete und ihren Sohn tatsächlich manchmal mit einem Gürtel schlug. Einmal zeigte er uns seine blauen Flecken. Das war, als seine Mutter, dieser schreckliche Drachen, den Haufen leerer Bierflaschen unter seinem Bett entdeckt hatte. Mir war das Getränk lange zu bitter, und ich weiß noch, wie ich auf meiner ersten Fahrt in die Tschechoslowakei beim Anblick der Hopfenstangen entlang der Bahnstrecke ins Grübeln geriet. Der lange A. aber war beim Bier gleich in seinem Element. Er kannte sich in den Kneipen der Dresdner Neustadt aus und kippte nach Schulschluß gern am Kiosk sein erstes Bier. Und B. erzählte von seinem Vater, dem Hauptmann, der öfter sturzbetrunken nach Hause kam und dann im Korridor herumlag, dann mußte die Mutter ihn ins Schlafzimmer schleifen und ausziehen. Von B. erfuhr ich, daß die Stasi mitunter auch Westautos beschlagnahmte, sein Vater und die Kollegen kurvten dann mit den Schlitten auf dem Hof der Dienststelle herum, und einmal fuhr sein cholerischer Alter eins dieser überirdischen Mobile, einen Mercedes, zu Klump und bekam dafür ein Disziplinarverfahren aufgebrummt.

Ich weiß nicht mehr, wie es kam, daß wir zusammen am Hauptbahnhof landeten, ausgerechnet in der Mitropa-Gaststätte. Wir wurden von den Leuten dort sofort eingeladen, und wir mochten diese Figuren spontan. Sie spendierten uns ein Bier, dann noch eins, und nach der dritten Lage gehörten wir schon dazu.

Es war ein erlauchter Kreis verwegener Nachtgestalten, ein Querschnitt durch die Gestrandeten der Gesellschaft. Schichtarbeiter waren darunter, einsame Rentner, Leute, die von der *Volkssolidarität* Almosen empfingen. Gemeinsam fühlten wir uns wie die Insassen eines Narrenschiffs, das niemals ablegen würde.

Da war die Geräuschkulisse, der nahe Hall des Verkehrs in einem zum Kosmos hin sich ausweitenden Wartesaal: Mochten die Züge auch aus- und einfahren, die Nacht umhüllte uns wie ein Regenmantel. Wir blieben auf unseren Stühlen hocken, ließen uns von den Lautsprecheransagen beschallen und drehten uns palavernd im Kreis. Unsere Gastgeber waren die ersten sozialistischen Urmenschen, denen ich in dieser Höhle begegnete. Wilde Typen, ein ehemaliger Schreiner darunter, dem zwei seiner Finger abhanden gekommen waren, ein Museumswärter aus dem Grünen Gewölbe, der sich besonders gewählt ausdrückte, natürlich in breitestem Sächsisch, und eine zahnlose Alte, die mich an eine der Skulpturen aus den Staatlichen Kunstsammlungen erinnerte, eine Sklavin mit dem Gesicht eines verschrumpelten Apfels. Sie hatten an diesem flüchtigsten aller Orte mehr Zeit verbracht als jeder der Pendler. Dort hörte ich zum ersten Mal den Witz von dem Mann aus dem Sägewerk, der seine verstümmelte Hand in die Luft reckt und mit den verbliebenen Fingern drei Bier bestellt. Aber es war kein Witz, sondern blutiger Ernst, wie mir der Schreiner bewies, der so herzerfrischend lachen konnte, ein besoffenes Kind im Rentenalter.

Wir schwammen nur so im Gelächter, wir, die naiven Oberschüler, und diese sächsischen Witzbolde. Es war eine Allianz, von der ich bis heute träume. Bahnpolizei trat an unseren Tisch, Männer in blauen Uniformen machten die Runde, ein Schäferhund beschnüffelte uns. Sie wollten die Ausweise sehen. Wir Jungen wurden begnadigt, für uns hieß es: Marsch, ab nach Hause – während einige der üblichen Verdächtigen abgeführt wurden. Manch einer leistete sogar Widerstand, märchenhafte Szenen spielten sich da im Zwielicht des Bahnhofsrestaurants ab. Sie erinnerten mich an die Räubermannschaft aus dem *Wirtshaus im Spessart* von meinem geliebten Wilhelm Hauff. So etwas hatte ich im Staate Dederon nie zuvor gesehen. Im Rückblick frage ich mich, wer ich damals war. Ich habe nicht einmal zur Decke hinaufgeblickt, der Raum umschloß mich wie das Gewölbe einer Spelunke. Willkommen im Fünften Zeitalter des Traums.

Etwa um diese Zeit fing das Gedichteschreiben an. Im letzten Frühjahr vor den Abschlußprüfungen war das. Mehr als fünfzig Sonette hatte er innerhalb eines Sommers aufs Papier geworfen, in seiner unschönen Handschrift, er hat sie niemals gemocht. Rimbaud und Trakl und Georg Heym waren seine Tutoren. Zum ersten Mal gelang es ihm, sich von außen zu sehen. Das Ich, das durch die Gedichte geisterte, war nicht mehr er selbst, sondern irgendein Dahergelaufener, und er begriff, daß Gedichteschreiben sich von sich abspalten hieß, und das versetze ihn in einen Zustand, der ihm neu war und ihn irritierte. Er schämte sich für die Euphorie und das Epigonale seiner Verse. Aber er spürte auch, daß dies erst der Anfang war und ein Weg in die Freiheit. Er entdeckte die Dresdner Expressionisten, die Dichter und dann die Maler der *Brücke*. Immer die Maler mit den Dichtern zugleich, und oftmals auch die Maler zuerst. Er mochte es, von einem Ufer zum anderen zu wechseln. Ihn begeisterten diese Entarteten, wie man sie später (unter Hinweis auf die Schmierereien der psychisch Kranken aus der Heidelberger Prinzhorn-Sammlung) in der Schreckenszeit von verschärfter Industriearbeit, KZ und Volksgesundheitswahn nannte, im systematischen Haß auf alles Ausdrucksautonome, die Psychoanalyse und die neue Physik. Problematische Menschen waren sie, zweifellos, diese Pechstein, Kirchner, Heckel, Schmidt-Rottluff, sie stellten das nackte Ausgesetztsein des Einzelnen dar, seine Verrenktheit im Raum, in der zerfetzten Natur. Pavianhafte Gestalten sah man da, die einem auf erschreckende Weise bekannt vorkamen in ihrer Verlassenheit, abgegrenzt gegen die Umwelt. Brutal war das gemalt, die Materie sprang einen in Primärfarben an, voller Verachtung für die Valeurs.

Diese Leute erlebten eine zersprungene Stunde, den Tag als Kinnhaken, sie zerpflückten die Bäume, bis nur noch Strünke übrigblieben, und schmierten den Feldweg breit hin. Scharfe Winkel und Zickzacklinien ließen den Raum hervortreten in einem Blitzlichtgewitter. Eine Eisenbahnunterführung war ein geöffnetes Maul, ein Brustkorb aus Gußeisenstreben, und die Menschen standen auf der Straße wie Figurinen. Der Himmel war eine violette Erscheinung mit Wolken aus Zuckerwatte, die sich bedrohlich zwischen die Mietshäuser schoben. Mitten in der freien Natur planten sie ihren Anschlag, stellten ihre Staffeleien an den Waldteichen um Moritzburg auf, pinselten an den sumpfigen Ufern ihre primitiven Ekstasen. Aber nicht lange hielt sich diese Südseevision, an sächsische Seen importiert – kaum einen Sommer lang, dann verblich sie zwischen den Föhrenstämmen, verdunstete mit der Zeit wie noch jede Fata Morgana.

Mit dem Fahrrad fuhren wir oft dorthinaus, weg von der Gartenstadt, zum Baden und Faulenzen. Das Gelände war mir vertraut, bevor ich ihre ersten Gemälde sah und vieles darin wiedererkannte. Sie waren Entdeckungsreisende, die ihr Palau mitten in Sachsen fanden, wilhelminische Faune auf der Jagd nach ihren halbwüchsigen Aktmodellen, vom satten Grün und den violetten Himmeln umschlossen, deutsche Fauvisten. Davon, daß sie sich damals in einem Laden in der Dresdner Friedrichstadt trafen, erfuhr ich erst später, als ich selbst dort bei meinen Malerfreunden aus und ein ging, von denen mancher wie sie seine erste Liebe im Atelier kennengelernt hatte – beim Nacktphotographieren und bei den legendären wilden Feten zum Karneval an der Kunstakademie. Den Expressionismus kannten sie aus den Seminaren und begegneten ihm mit Ironie und Sarkasmus, aber eine Weile lang holte er sie doch noch ein, in ihren Holzschnitten und Kartoffeldrucken. Mancher ihrer studentischen Ahnen war so präsent, daß er unverhofft das Regal mit den Farbtöpfen umstoßen konnte oder sich im Hinterhof bei den Mülltonnen zu schaffen machte. Dresden, das war immer auch die geronnene Zeit, die Erinnerung ließ sich hier großzügig dehnen.

Einer entdeckte ein Tulpenbeet und freute sich der wiedergefundenen Kindersprache. Er saß nun, wie er schrieb, wieder am Quell. Diese Leute waren die ersten, die alles mit Maleraugen gesehen hatten. Sie hatten den Umsturz erfaßt, noch ehe der Erste Weltkrieg die Landschaften sprengte, die Sehgewohnheiten aufhob und nichts mehr so blieb, wie es war.

Aber für mich, in eine neue Ordnung hineingeboren, einen wiedererzwungenen Realismus, entwickelte sich mühsam nur, eine ganze Jugend lang, die expressionistische Sensation dieser Lebenskünstler. Heute heißt es, und es sagt sich leicht, sie hätten damals die Grenzen überschritten – die des Erlaubten im Bereich der Erotik und die der ästhetischen Konventionen ihrer Mitbürger. In Wirklichkeit hatten sie den Himmel gerodet, und jeder, der ihre Bilder betrachtete, konnte beim Verlassen des Museums schnell auf Abwege geraten. Einmal infiziert, suchte er das Schwindelerregende, das von ihren Gemälden ausging, überall, auch in den Büchern, den beruhigenden Buchstabengehegen der Literatur.

Im Bücherregal meines Cousins stieß ich, fünfzehn oder sechzehn Jahre alt, auf eine Gedichtanthologie. Zum ersten Mal sah ich, daß man auch Verse so arrangieren konnte wie Gemälde an Museumswänden. In ihr fanden sich zwei oder drei Stücke eines Autors mit dem seltsam altväterischen Vornamen Gottfried – Gottfried Benn. Sie genügten, daß ich augenblicklich gebannt war, wie elektrisiert. Diese Verse paßten so gar nicht zum protestantischen Hintergrund ihres Verfassers. Eines der Gedichte handelte von einer Zugfahrt, in ganz konkreten Bildern, sachlich und doch berauschend wie ein Spaziergang am Meer. Da kam einer vom Urlaub aus den Ostseebädern zurück und geriet ins Schwärmen beim Anblick der gebräunten Hautpartien junger Frauen im Zugabteil. Während bei den anderen höchstens eine Lokomotive im Tal pfiff und die Gleise keusch symbolistisch herüberstrahlten wie im Park die regennassen Rabatten, während alles Lyrische totgesagt war in müder Formvollendung, schrieb dieser eine von einem D-Zug und wühlte Gefühle auf, die auch ich, der pubertierende Zoobewohner im Osten des längst weitergerückten Landes, gut kannte. Von *Sichel-Sehnsucht* und *Frauenhellbraun* war da die Rede – mir schwirrte der Kopf. *Bis in den Mund gebräunt* – das war doch auch sie, meine Schülerliebe am Ende der Sommerferien, das resolute Geschöpf mit dem kastanienbraunen Haar und dem feschen Minirock. So ging das, ein wenig Haut, ein Leberfleck, an dem man hängenblieb, eine Nackenlinie, die weichen, wehrlosen Rauten der Kniekehlen, und man geriet in Trance und Verwirrung.

Wann war das, als ich zum ersten Mal einen Mädchenkörper berührte und in seinem Duft unterging? Eines Nachts in Hellerau war das, an einer Gartenpforte am Grünen Zipfel mit Blick auf den nahen Waldrand. Rendezvous: Du, nur du. Es war mir durch und durch gegangen. Halte mich! Du, ich falle!

    Sie war zwei Jahre älter als ich, eine Ortsansässige, doch ging sie auf eine andere Schule, daher war sie mir neu, unbekannt, selbstbewußt bis in die Fingerspitzen: Sie war es, die führte und lockte und sich zierte. Sie bestimmte, was geschehen sollte, und der Kuß, der plötzliche Zungenkuß war ihre Erfindung. Nach der Samstags-Disko im Gasthof Rähnitz durfte ich sie nach Hause begleiten. Ich war der Unerfahrene, sie die Ironische, die mir Nachhilfestunden gab. Ich nehme an, es ist immer dasselbe Elend. Zuerst der Kuß, dann das Betasten ihrer Brüste unterm Pullover, geduldig ertragen, schon wankten um mich die Häuserzeilen. Alles Rundliche ringsumher, die Türbögen, geschwungenen Dächer, Dachrinnen, Regenrohre, war auf einmal vergessen in der Fixierung auf diese natürlichen Rundungen. Das Herz schlug mir wie wild unterm dünnen Hemd. In der Sommernacht knisterte der Wind in den Sträuchern. »When the night wind softly blows through my open window«. Schließlich erwischten ihre Hände den Griff meines weißen Plastikkamms, der aus der Hosentasche ragte. Dann zog sie plötzlich die Fühler ein, drehte sich auf dem Absatz herum und ließ mich allein an der Gartenpforte zurück, den blutigen Anfänger, in dem das Begehren pumpte. Ich hatte mir mehr vorgestellt, aber schon war es vorbei. Eine Weile stand ich noch da am Zaun, blickte die Straße hinab, wo die niedrigen gelbgrünen Häuser zu beiden Seiten einen langen Bummelzug bildeten.

Sie erinnerten an die begrünten Waggons, die einem manchmal auf den Abstellgleisen von Provinzbahnhöfen begegnen, auch in alten Schrebergartenkolonien. Ich sah in die Puppenstubenfenster der Arbeiterwohnungen am Grünen Zipfel und fühlte mich selbst wie ein Zipfel, überflüssig. In einigen Häusern schimmerte noch Licht durch die Fensterläden, nur bei ihr blieb alles pechschwarz. »Gretchens Zimmer, ein kleines reinliches Zimmer«: So hieß es in Goethes Faust. Ob sie sich jetzt im Dunkeln wohl auszog? Ich dachte an ihre weiße Haut, es war die reine Verschwendung. Und ich schwor mir: Beim nächsten Mal gehst du aufs Ganze. Am Markt angekommen, drehte ich mich noch einmal um, sah die gewundene Straße und im schwachen Lampenschein die Waggons der entgleisten Züge vor dem Tunnel des Waldes. Den ganzen Heimweg über hörte ich wie aus naher Ferne Anthem, das feierliche Liedchen der Deep Purple, das mich in diesen Wochen als Ohrwurm verfolgte. »If I could see you-u-u-u-u. When the night wind softly blows.«

Das war im Herbst, kurz nach dem Schulwechsel in die Dresdner Neustadt. Ich war auf dem Sprung, weg von Hellerau, endlich weg, einer der Auserwählten, die es auf die Oberschule geschafft hatten, woanders nannte man das Gymnasium. Wie betrunken lief ich damals umher. Aber ich hätte nicht sagen können, war es der Alkohol, der erstmals ins Blut gelangte in dieser Zeit, oder der Stolz, es aus eigener Kraft geschafft zu haben, die Aussicht auf eine Flucht aus Idylle und dörflicher Enge? Das Leben hatte nun Fahrt aufgenommen. Warum sich wegen eines Mädchens verrückt machen lassen? »Eine Frau ist etwas für eine Nacht.« Das klang, in seiner Bestimmtheit, Coolness, wie etwas, das man sich unbedingt merken mußte.

Auch der Dichter Benn hat Hellerau mehrmals besucht, so auch im Sommer 1916 auf Fronturlaub, während seiner Dienstzeit als Militärarzt in Brüssel. Erst kürzlich war in der Klotzscher Kirche Tochter Nele getauft worden, das gemeinsame Kind mit der Schauspielerin Edith Osterloh, verwitwete Brosin. Sie war die Gattin eines Arztes, der beim Bergsteigen in der Sächsischen Schweiz tödlich verunglückt war, bei einer Kletterpartie am Rokokofelsen. Selber nicht mehr die Jüngste, hatte sie den acht Jahre jüngeren Gottfried Benn 1914 im Sommerurlaub auf Hiddensee kennengelernt. Im Jahr zuvor erst hatte dieser am selben Ort eine kurze und heftige Affäre mit der Dichterin Else Lasker-Schüler beendet. Nach ihrer Wiedervermählung war Edith Benn wie so viele, die einen Neuanfang suchten, in die Gartensiedlung umgezogen, um da in Ruhe ihr Kind zur Welt zu bringen. Es war die Kolonie, die sie angelockt hatte, die Aussicht auf Volksschule und Landerziehungsheim, auf ein Leben im grünen Gehege. Benn war ein Niemand in Feldgrau, als er für ein paar Tage in die Friedenszone reiste, um dort Familie zu spielen. Er fühlte sich fremd im Sanatorium Hellerau, deplaziert in einem Haushalt reformgesinnter, emanzipierter Frauen, Damen von Welt in luftigen weißen Baumwollkleidern. Auch die Lasker-

Schüler gehörte vorübergehend zu diesem Kreis. Eine ihrer Federzeichnungen zeigt sie mit dem Baby Nele auf dem Schoß. Da war die leidenschaftliche Liaison mit dem Gleichgesinnten, dem neuen Stern am Dichterhimmel, schon vorbei. Inszeniert war das Ganze, in ihrer überspannten Manier, als eine Geschichte wie aus Tausendundeiner Nacht. Reife Hebräerfrau trifft auf schüchternen Germanenjüngling. Giselher, dem Tiger, ist eine ihrer lyrischen Erregungen gewidmet. Sie hatte ihn protegiert, ihm Kontakte zu Zeitschriften und Verlagen vermittelt, in aller Öffentlichkeit einen lyrischen *amour fou* zelebriert. »Sonst bin ich immer mißtrauisch dieser ArztArt gegenüber, aber diese Gedichte hat ein *wirklicher* Tiger gedichtet«, schrieb sie in aller Verliebtheit an ihren Verleger Kurt Wolff und empfahl ihm den frischen Teutonen. Hin und her waren, nach der ersten heißen Begegnung, die Widmungszeilen geflogen. Benn, der mit seinen Aufzeichnungen aus der Pathologie längst woanders war im Gedicht, schien einen gemeinsamen neuralgischen Punkt berührt zu haben. Er hatte den expressionistischen Nerv freigelegt. Der Hiddensee-Sommer war nun Erinnerung. Aber im mütterlichen Gefühl für sein Tochterkind, das als Souvenir einer anderen Liebe zu besichtigen war, kam sie ihm wieder nah.

In ihrer Rolle als Orientalenprinz Jussuf gewährte sie der Nachfolgerin eine Audienz, um in der herrschaftlichen Villa *Auf dem Sand* das blonde Mägdlein des Nibelungen auf ihrem Schoß zu schaukeln. Aber wie alles in Hellerau war auch dieses Glück nur von kurzer Dauer. Die stille Edith, die ihre Männer immer nur als Abwesende kannte, starb früh, und Nele wurde zu einer Bekannten nach Dänemark verschickt, wo sie in Freiheit aufwuchs. Soweit ich weiß, ist sie nie mehr an ihren Geburtsort zurückgekehrt, in jene Villa, an der ich als Kind oft vorüberging, ohne etwas von ihren eminenten Dichterbesuchern zu ahnen.

Noch ein zweites Mal besuchte Benn die Kommune vor den Toren der Stadt, elf Jahre später, da waltete die Schwiegermutter noch immer als Vorstand im Haus. »Dresden kenne ich so gut wie gar nicht. Ich saß ja immer draußen in Hellerau, kluckte Familie, kam nie in die Stadt«, schrieb er an eine Berliner Geliebte, die ihn nach den Zeiten der Jungvaterschaft und nach seinem Eindruck von Dresden befragte. Das war in den dreißiger Jahren, lange nach Hitlers Aufstieg, als auch Hellerau, die Künstlerinsel, sich längst in eine kleinbürgerliche Enklave Dresdens verwandelt hatte. Gottfried Benn, der die neue Zeit begrüßt hatte, martialisch und mit altgriechischem Pathos, dann reuig in sein Schneckenhaus zurückgekrochen war, hatte sich damit abgefunden, daß er als Emigrant aus vielen Gründen nicht in Frage kam. Er war nun wieder in Uniform, litt unter dem Schreibverbot und hatte sein Doppelleben als Wehrmachtsarzt und Dichter begonnen. Die später vielumstrittene Formel vom inneren Exil, von den Exilanten aus Überlebensnot angezweifelt, hätte sich jedenfalls damals schon nicht mehr auf einen Ort wie Hellerau als Alibi berufen können. In einem Rundfunkstreitgespräch zwischen ihm, dem Patriarchen der westdeutschen Nachkriegsliteratur, und Peter de Mendelssohn, dem weltläufigsten aller Helleraukinder, der als Jude in England überwintern mußte, brach die Wunde dann noch einmal auf. Von keinem anderen Vertriebenen ist die Schutzbehauptung, man habe als Deutscher das Land schließlich nicht so ohne weiteres verlassen können, so scharf in Frage gestellt worden. Von all den Abertausenden Doppelleben blieb nur Erbitterung und Ernüchterung übrig – der Trotz der so oder so Dagebliebenen, von niemandem scharfzüngiger vorgetragen als von Gottfried Benn in jener Radiostunde. Was fängt man heute, da jeder die Chance zum Ortswechsel hat, mit solchen Geschichten von zwanghafter Weltflucht noch an? Bleiben oder gehen, auch mich sollte die Frage eines Tages beschäftigen.

Aber all das lag weit zurück, als ich darauf stieß. Weiter als meine Kindheit, betrachtet von heute aus, die ersten Schritte ins Erwachsenenland. Ich las und hörte es, und der Schluß daraus war ein ganz eigener, ein aus Pubertät und Reife gemischtes Provisorium der Einsicht in die Geschichte – die mit all ihren Zügen längst abgefahren war, ohne mich. Nur der verfluchte Bahnhof war noch immer derselbe, er stand da und gab keine Antwort. Einmal hatten da schwarze Limousinen auf dem Vorplatz geparkt, kastenförmige Oldtimer wie die Taxis, die ich später in London wiedersah. Dann war da die Armada gelber Kraftomnibusse, die streng fahrplanmäßig hinaustuckerten in die sächsische Umgebung, nach Annaberg oder Dippoldiswalde. Eine Tankstelle gegenüber hatte GASÖL im Angebot, Litfaßsäulen warben für die bevorstehende Jahresschau des Handwerks »Sachsen am Werk«. Später hielten dort Autos vom Typ Wartburg und Trabant an den Ampeln der Kreuzung. Und immer fuhren Straßenbahnen unter den Hochgleisen hindurch, plumpe Karossen zuerst, dann die gelben, schlank wie Hechte, die noch lange nach dem Krieg in Betrieb waren, und wieder später, seit den siebziger Jahren die roten, stromlinienförmigen der tschechischen Marke Tatra, die uns von Hellerau ins Stadtzentrum brachten. Es gab die Technik, nach Standard und Mode wechselnd, und es gab die Erinnerungen, beharrlich und pünktlich wiederkehrend. Lange Zeit war da in geschwungenen Lettern der Schriftzug *Dresdner Neueste Nachrichten* zu lesen – retardierendes Moment unter den schweren Himmeln der Weimarer Republik.

»Wer aber kennt schon den Dämon Morgen?« fragt Kallimachos, der hellenistische Dichter, drei Jahrhunderte bevor Jesus Christus auf den Plan trat und ein neues Zeitalter anstieß. Wie schnell alles sich ändern konnte, und schon am nächsten Tag war nichts mehr, was es eben noch war.

Folgendes begab sich zu meiner Zeit. Damals, das liegt Jahrzehnte zurück, fuhr ich in einer südostdeutschen Stadt, die im letzten Krieg bis auf den Grundriß ruiniert wurde, allmorgendlich mit der Straßenbahn aus einem tröstlichen Dunkel in eine lähmende Dämmerung. Der Zustand der Stadt und die Art ihrer neuen, sozialistischen Verwaltung brachten es mit sich, daß diese Morgenstunde unwiderruflich zur Dominante des Tages wurden, eine frühe Schwächephase, von der die folgenden Stunden sich nie mehr ganz erholen sollten, was immer sonst noch da draußen geschehen würde. Eingekeilt zwischen den anderen Frühaufstehern, in jedem der drei Waggons etwa zwanzig bis dreißig Menschen, im Bürokratenjargon Fahrgäste genannt, versuchte ich, von Gemurmel, Husten, gelegentlichen lauten Wortmeldungen und Zeitungsrascheln eingelullt, mir den letzten Nachttraum ins Gedächtnis zu rufen, was selten gelang, denn mit jeder Station stadteinwärts geriet ich immer weiter aus mir heraus. Meistens war ich schon vollkommen erledigt, wenn die Bahn kreischend und funkenstiebend das Wäldchen durchquerte, das die Gartensiedlung, aus der ich kam, von der Fabrik- und Kasernenzone abschottete, die Dresden im Norden umschloß. Ich sage erledigt, aber für eine unverbrauchte Schülerpsyche, möchte man meinen, klingt das doch ziemlich übertrieben. Tatsächlich fühlte ich mich einfach nur fehl am Platz mit meinen jungen Knochen, je nach Jahreszeit schwitzend oder unterkühlt, denn ein Drittes war undenkbar in dieser Enge, die an die Primatenkäfige des Dresdner Zoos denken ließ. Die Einfahrt ins Stadtzentrum glich immer dem Hineinwirbeln in den weit aufgesperrten Rachen eines Riesentieres aus Pappmaché, wie es auf den Rummelplätzen als Blickfang dient, hinein in das triste, Karussellfahrten und Übelkeit verheißende Eingangstor eines Rummelplatzes, wie ich ihn Jahr für Jahr auf der Vogelwiese erlebte. Eine Eisenbahnbrücke wurde überquert, eine Phalanx alter Speichergebäude und Mietshäuser flog vorbei. Das Ganze war ein Relikt aus Anatomie und Architektur der Gründerzeit. Doch seit Kriegsende hatte sich an der Stadt so gut wie alles verändert. Dank des nun vorherrschenden Baustoffs Beton imitierte die Straßenführung einen Geisterbahntunnel aus kalkbesprenkelter, steifer und staubiger Pappe. Und die Morgenhimmel, grau und wolkenlos, steigerten das Werk der Dekorateure zur vollendeten Illusion.

Bei Regenwetter war der Schlund manchmal blitzartig erhellt durch die Funken, die von den Strombügeln stoben, wenn die Bahn sich kreischend und bedrohlich schwankend in die Kurven legte. Laßt alle Hoffnung fahren, *voi ch'entrate!* Das waren, dies spürte man, seltene Augenblicke der Ausgesetztheit, und wer sie bewußt erlebte, der hielt vor Spannung den Atem an, als wäre dort draußen etwas Verbotenes und unwiederbringlich Verlorenes im Gange. Unmöglich, in solcher Frühe Einzelheiten der Geisterwelt hinter den Straßenbahnfenstern auszumachen. Nicht nur waren die Scheiben verschmiert wie Brillengläser, auch war das Dunkel historisch bedingt und blieb die meiste Zeit über undurchdringlich. Gegen alle Gesetze der

Physik war es ein zäher Äther, der die Traumbilder schluckte, die Radiowellen, und mit ihnen auch das Gefühl für Nähe und Ferne. Auf den Gesichtern der Fahrgäste lag ein feiner Schleier aus Kohlenstaub, der die Augäpfel trübte und den Blikken etwas von abgeblendeten Scheinwerfern verlieh. Man konnte einander leicht für verschlagen halten, wenn man so mißtrauisch und lichtentwöhnt war wie die meisten Passanten in diesem Dresdner Tunnel. Da stand man also, sich selbst ungeheuer, mitten im Wirbel der täglichen Stagnation, eingekeilt zwischen seinesgleichen, und trat auf der Stelle. Wer das Glück hatte, einzuschlafen in seliger Verlorenheit, übermüdet von Schichtarbeit oder allgemeiner Langeweile, fuhr mit der Bahn bis zur Endstation und wieder zurück.

Damals begann ich davon zu träumen, die Stadt zu verlassen, das Land, diese ganze, in sich kreisende, vor sich hin dämmernde Geisterbahnwelt. Erwachend stellte ich mir vor, auf einen Zug aufzuspringen und die Irrealität dieses real existierenden Sozialismus gegen irgendein Jenseits zu tauschen – gern auch für immer. Der Dresdner Hauptbahnhof, dieser dunkle Schildkrötenbau am Ende der Prager Straße, war mir dann immer die größte Verheißung.

Ein letztes Mal vor der Einberufung zur Armee bin ich von dort aus mit einem Schulkameraden in den Süden aufgebrochen. Wir hatten uns vorgenommen, das schlimmste der Dämonenreiche unter den sozialistischen Bruderländern zu durchqueren, Ceauşescus schauerliches Rumänien, das Land, aus dem die Vampire krochen. In einem Vorortzug hinter Bukarest stockte die Reise, wir wurden von Zigeunern bedrängt. Die dunklen, von der Sonne verbrannten Gestalten mit ihren bunten Kleidern und Gaunerhütchen setzten sich zu uns und spielten Verbrüderung. Aber bei allem Sinn für Romantik wollten wir lieber ungestört sein. Da spuckten sie uns die Spelzen ihrer Sonnenblumenkerne vor die Füße. Man hatte uns gewarnt, wir wußten, daß sie es auf den Inhalt unserer *Kraxen* abgesehen hatten, der hohen Rucksäcke mit den Leichtmetallstreben, obenauf die Zeltrolle, erkennbar als westliches Fabrikat. Für diese Wandermenschen, Nomaden des Ostblocks, kamen wir aus dem Westen. Sie quetschten sich zu uns ins Zugabteil, musterten uns ungeniert mit ihren funkelnden Augen wie Feldmäuse, die einen Kadaver beäugen. Ich könnte schwören, daß plötzlich überall Fliegen durch den Waggon schwirrten. Lange standen wir auf einem Nebengleis, die Abfahrt des Zuges zog sich endlos hin, man wartete auf die Lokomotive; Fahrpläne galten in Rumänien damals nur auf dem Papier. Immer mehr Zigeuner strömten herbei, Zigeuner und Zigeuner – es wäre uns nie in den Sinn gekommen, sie anders zu nennen. Man sprach damals noch nicht von den Sinti und Roma. Die Schule hatte es uns jedenfalls nicht beigebracht. Als Eingeborene des Ostblocks hatten wir, nicht nur in diesem Fall, einen Sprachgebrauch übernommen, der uns ungebrochen aus den Sudelküchen des Dritten Reiches entgegenschlug und in den Erzählungen der Großeltern beharrlich wiederkehrte.

Mit einem Sprung aus dem Waggon retteten wir uns vor den verwitterten Gestalten, die anders als wir es gewohnt waren, permanent unter der Sonne zu leben, für die es die ganze lange Geschichte des Abendlandes anscheinend nie gegeben hatte. In unserer naiven Karl-May-Phantasie konnten wir sie für Rothäute halten, Abgesandte vom Stamm der Apachen, wahre Indianer, deren ursprüngliche Herkunft aus Indien den Irrtum des Kolumbus anschaulich machte. Wir selber waren die Weißen, mitten in einem Wildwestfilm gelandet, Siedler auf einem Treck südwärts durch Europa. Seit der Zeit sind Bahnhöfe für mich die unheimlichsten Orte. Dort konnte einem alles zustoßen, es waren Brennpunkte der schlimmsten sozialen Verwirrung. Der Reisende fühlte sich wie in den Grimmschen Märchen. Überall Räuberbanden, Diebe, Schnorrer und Trickbetrüger, Weiber, die sich besoffen wie Hexen gebärdeten auf ihren Brigadeausflügen, Teenager, die einen umzingelten auf ihren Klassenfahrten. Da half nur die Flucht ins Bordrestaurant oder der Sprung in den Gang und der Blick nach draußen, auf die vorüberfliegende Landschaft. Wir hatten schließlich ein Ziel vor Augen: Bulgarien und das Schwarze Meer. Rumänien war bloß der Übergang, ein Vorgeschmack auf das Endstadium des siechenden Sozialismus, der uns da unten als faulende Südfrucht vor die Füße rollte. Wir wollten weiter, immer nur weiter südwärts ans Schwarze Meer.

Ein anderes Bild, unvergeßlich, waren die Menschentrauben, die an jenem Freitag in Bukarest außen an den Omnibussen hingen. Ich sehe noch die überfüllten Straßenbahnen am Boulevard Magheru. Abgehetzte Menschen am Feierabend, die meisten schwarz gekleidet trotz der Hitze, verzweifelte Großstädter, die ihre Hamsterkäufe erledigten wie Besucher aus der Provinz, mit Einkaufsbeuteln und Rucksäcken befrachtet, aus denen drei, vier Brotlaibe ragten. Hohe Palais, an deren Ecken sich lange Warteschlangen bildeten, Rudel gelangweilter Jugendlicher in den Parks, die uns seelenruhig taxierten, Männer in Phantasieuniformen, Arbeiter, die von den Baugerüsten ihre Beine baumeln ließen. Es war ein allgemeines Gerangel und Geschiebe unter einer Dunstglocke von Mißtrauen und Übelkeit. So sah ein Ort aus, an dem das Prinzip Arbeit ins Leere lief, zur Frustration aller, und die zerknitterten Geldscheine nutzlos waren angesichts leerer Obstläden und Metzgereien. In welche Ödnis waren wir, die behüteten Jungs aus dem deutschen Arbeiter-und-Bauern-Staat, da geraten? Zielstrebig vom einen zum anderen Bahnhof eilend, hatten wir keine Zeit für eine Stadtbesichtigung, vor Einbruch der Dämmerung mußten wir über die Grenze sein. Bulgariens Meeresstrände lockten, das Reiseziel der agileren unter den Ostdeutschen, die Riviera des Sozialismus.

Als wir am Abend endlich Russe erreichten, den Grenzübergang, die letzten Kilometer Landstraße beinah im Laufschritt nehmend, fühlten wir uns einem Alptraum entkommen. Beim Überqueren der Donau auf der endlos lang sich hinziehenden Stahlbrücke schien uns, als wären unsere Rucksäcke auf einmal leichter geworden. Entlastend und verheißungsvoll war schon der Anblick der Wassermassen zu unseren Füßen. Nie zuvor hatte ich einen so mächtigen, breiten Strom gesehen wie die Donau an dieser Stelle. In Russe war Elias Canetti zur Welt gekommen, aber das erfuhr ich erst später, als er mir längst ein Lehrmeister geworden war mit seinen Studien zu einer Allgemeinen Relativitätstheorie politischer Massen und ihrer Macht.

Endlich waren wir wieder allein, und das Leben lag vor uns. Je weiter südwärts wir kommen würden, bildete ich mir ein, um so greifbarer müßte die Freiheit sein. Mein Schulkamerad hatte seine eigenen Interessen, ich aber träumte schon damals davon, wie es wäre, auf Schleichpfaden über Jugoslawien in Richtung Westen zu türmen. Die Nacht verbrachten wir auf einem Bauernhof, in einer Scheune, die Matten ausgebreitet auf dem Betonfußboden, zwischen Kisten voller Tomaten und landwirtschaftlichem Gerät. Von da aus ging es am anderen Morgen per Anhalter weiter. Ein Lastwagen nahm uns mit, wir sprangen auf seine offene Ladefläche, und ich kann mich an keinen einzigen bulgarischen Bahnhof erinnern.

Bahnhöfe waren einmal, lange vor den Flughafenterminals, die gewaltigsten Auswucherungen von Verkehrsarchitektur, an die ein menschlicher Körper sich ausliefern konnte.

In den Gründerzeiten des Städtebaus, nach der ersten industriellen Revolution mit ihren Emanationen aus Gußeisen, Stein und robustem Glas, entstanden die gewaltigsten dieser Gehäuse. Mit ihren Wölbungen, Kuppeln und weitgeöffneten Gleisröhren erinnerten sie an überdimensionierte Backöfen – wie Brote tauchten die Züge in sie ein. In dieser ungeheuren Form war schon vorgezeichnet, wie viele Menschen einmal auf Nimmerwiedersehen in ihnen verschwinden würden. Sie selbst standen unverrückbar, oft in Sichtweite des Stadtzentrums, als Platzhalter der Raumergreifung, Raumeroberung, eindrucksvoller als viele Tempel und manche Basilika, am ehesten noch vergleichbar den alten römischen Thermenanlagen.

Bahnhöfe waren die reinste Unarchitektur, Portale der Ort-
losigkeit, die Aorta jeder größeren Stadt – wenigstens bis gestern, bevor die ersten Aerodrome und die expandierenden Flughafenterminals unserer Tage ihnen Konkurrenz machten. Die
Bezeichnung Weltraumbahnhof, wie sie sich in früheren Science-
fiction-Erzählungen findet, hält noch das alte Unbehagen fest,
das den Menschen an solchen Orten, an denen für ihn kein Bleiben war, erstmals erfaßte. Der Bahnhof war die Drehtür, durch
die man die städtischen Steingehege betreten und wieder verlassen konnte. Er stellte die Idee der Stadt auf den Kopf, indem er
das Transitorische aller Wohnaufenthalte betonte.

Dazu paßt es dann auch, daß es zum Beispiel im Russischen
lange Zeit kein eigenes Wort für die neuen Funktionsbauten
gab. Die erste Eisenbahnstrecke in Rußland führte an einen Ver-
gnügungsort der Hofgesellschaft, weit vor den Toren Moskaus.
Auf Befehl des Zaren wurde der Haltepunkt, nach englischem
Vorbild, einem Casino bei London, Vauxhall genannt, woraufhin sämtliche Bahnstationen des Riesenreiches, von Brest-Li-
towsk bis an die äußersten Posten der Transsibirischen Eisenbahn, die amtliche Bezeichnung вокзал erhielten. Ein Gefühl
des Schwindels kann einen ob solcher Allgegenwärtigkeit des
Arbiträren befallen. Es ist ein Sinnbild aller nominalen Mono-
tonie: wie ein zufällig herumschwirrendes Wort ganze Territorien des Realen besetzen konnte. Ich erinnere mich noch an
das befreiende Gelächter der Klasse, als im Russischunterricht
einer von uns sich einen bösen Scherz erlaubte. Vom Lehrer be-
fragt, warum er die ganze Zeit nur Löcher in die Luft starrte,
hatte er schlagfertig erwidert: »Ja ponimaju woksal« – was nur
die wörtliche Übersetzung einer deutschen Redensart war: Ich
verstehe Bahnhof.

Bahnsteige, Wartezeiten, und immer wieder der Blick auf die Uhr. Das Starren auf ein einzelnes Objekt – einen Papierkorb, einen geschlossenen Zeitungskiosk, eine Taube, die nickend vorüberschreitet –, die angehaltene Zeit innerhalb der geschäftig weiterlaufenden, Abwarten im allgemeinen Geräusch: Das war der allgegenwärtige Bahnhofsaugenblick. Er schälte sich jedesmal deutlich aus allem Leben heraus. Hinzu kamen die strengen Ammoniakdünste, die einem aus den vielen toten Ecken, den Unterführungen und Wartesälen dieser Bahnhofswelt entgegenschlugen. Sie erinnerten an den haltlosen Menschen, den bunten Haufen der Säufer, Penner, Bettler und Junkies, die in ihrer Unbehaustheit gerade solche Orte für ihre Aufenthalte bevorzugten. Einige fing die Bahnhofsmission auf, andere kehrten, von der Polizei vertrieben, immer wieder beharrlich dorthin zurück, zum Aufwärmen und Zeittotschlagen!

Bevor der Zug endlich einlief, war man meistens schon weichgekocht. Man lernte, sich aufzulösen in diesen hohlen Momenten, und begriff sich eigentlich erst dort, an den Knotenpunkten des Fernverkehrs, als die vorübergehende Erscheinung, die man bei genauerer Betrachtung schließlich auch war. Denn es war stets der Bahnhof, der in gußeiserner Starre zurückblieb, während der Zug ausfuhr, auch wenn man öfter der Illusion erlag, als sei es gerade umgekehrt, und dann schien es, als setzten bei der Ausfahrt der Bahnsteig und die steinernen Massen der Rippengewölbe sich in Bewegung.

Eines Tages, ich war mittlerweile nur noch selten auf Heimatbesuch, machte ich bei einem Antiquar am Körnerplatz eine Entdeckung. Ich hatte mir angewöhnt, in den Kisten und Kästen der Händler von alten Büchern, Stadtplänen, Photos und Postkarten zu stöbern. Damals hatte ich gerade erst angefangen, mir die gestohlene Vergangenheit der Geburtsstadt mit Hilfe alter Ansichtskarten zurückzuerobern. Ich war nicht der einzige Dresdner, der wenigstens in der Vorstellung hingebungsvoll das Fehlende zu ersetzen versuchte, einzelne Prunkbauten aus der Barockzeit, die Lücken in mancher Häuserzeile, hier und da ganze Stadtteile. Immer wieder stieß ich dabei auch auf Motive aus dem Atelier eines gewissen Walter Hahn, der über Jahrzehnte Hunderte Aufnahmen angefertigt hatte: Dresden vor und nach der Zerstörung. Lange Zeit schien er ein Monopol innegehabt zu haben. So stammten auch alle Luftaufnahmen der Elbestadt einzig von ihm, kein anderer hatte während der Zeit des Nationalsozialismus das Privileg, Dresden aus der Vogelperspektive zu photographieren. Lange bevor die ersten Bomberstaffeln aus England herüberkamen im Gefolge der Zielmarkierer, hatte der Photograph Walter Hahn die todgeweihte Stadt in gestochen scharfen Bildern für den Betrachter erkundet. Er war der erste, der nach den frühen Zeppelin-Überflügen die Stadt von oben erfaßte, immer bei schönem Wetter, am liebsten an einem strahlenden Sommertag, wenn der Himmel wolkenfrei war. Aber nicht von ihm stammte das Fundstück, mit dem ich diesmal das schmale Ladengeschäft in der Nähe des Blauen Wunders verließ.

Ich weiß noch, ich trug es nach Hause wie einen Schatz. Nach Hause – nun, ich schleppte es mit einem Beutegefühl, wie ich es als Kind oft beim Briefmarkentauschen verspürt hatte, in meine Dachkammer in Hellerau, in den Bau, in dem ich aufgewachsen bin und wo die Eltern immer noch wohnten. Dort hatte ich alle Zeit der Welt, es in Ruhe und, wie mir vorkam, bis ans Ende meiner Tage zu betrachten. Noch in derselben Nacht nahm ich die Lupe und begann mit dem Studium.

Es war eine Schwarzweißphotographie im Postkartenformat. Sie zeigte, in zahlreichen faszinierenden Einzelheiten, eine Straßenszene am Wiener Platz vor dem Dresdner Hauptbahnhof, aufgenommen an einem strahlenden Oktobertag des Jahres 1933 – eine Alltagsszene, überdeutlich wie der Augenblick eines Traums. Ich war etwa zwölf Jahre alt, als man die Verkehrsinsel vor dem düsteren Stationsgebäude in »Leninplatz« umbenannte. Der Anlaß war damals die Einweihung eines Denkmals am Eingang zur Prager Straße: der Revolutionsführer, flankiert von seinem deutschen Famulus, dem Hamburger Arbeiterführer Ernst Thälmann, der die rechte Faust zum Rotfrontkämpfergruß erhob; das Granitmonument war ein Geschenk der Sowjetunion an die Stadt Dresden. Mittlerweile ist der Gigant abgeräumt, und der Platz trägt wieder den alten Namen. Und wieder stellte sich das wohlbekannte historische Schwindelgefühl ein. All die vielen Barbarossa-, Kaiser-Wilhelm-, Bismarck- und Adolf-Hitler-Plätze landauf landab, wo waren sie nur geblieben? Wie die Strophen einer alten Volksballade, die einmal viele auswendig wußten, hatten sie einander abgewechselt und waren vergessen worden. Und so sah sie aus, die deutsche Piazza, so erschien er, der öffentliche Raum, in seiner staatlichen Wohlgeordnetheit mit dem stets gegenwärtigen, immer anders kostümierten, lebendigen Personal. Figuren wie auf einer Modelleisenbahnplatte: der einzelne Mensch in seiner Abgegrenztheit als sozialer Typus.

1933. Es war dieses Datum, das alles verwirrte. Angekündigt
wurde die Reichshandwerkswoche. Im Hintergrund sah man
den scheinbar immergleichen Bahnhof mit seinen hohen Bo-
genfenstern, und wie seit eh und je prangte dort, etwas außerhalb des Bildes, die Reklame für das Radeberger Bier. Kein Problem für die meisten, und doch zeigte sich darin, je länger man
hinsah, das Problem der Gleichzeitigkeit aller Gegenwart, das
Problem der Geschichte schlechthin. Wie ließ sich der eigene
historische Augenblick denn begreifen? Ein Lidschlag, und alles,
was eben noch schreckliche Tatsache war, überwältigender Ge-
genwartsaugenblick für die Betroffenen, ist auf einmal entrückt,
unergründlich, ein Geschehnis auf einer fernen Bühne. Und
nach einer gewissen Zeit waren Herrscher wie Hitler, Stalin,
Mussolini oder auch Lenin nur noch als Kasperlepuppen faßbar.

Zwei Schildermaler dekorieren einen Pavillon, einer steht
auf der Leiter, der andere breitbeinig auf der Erde, beide haben
dem Betrachter den Rücken zugewandt, und die vielen, Protagonisten des Zufalls, sehen ihnen dabei zu, wie sie ihrer Arbeit
nachgehen, konzentriert aufs Gelingen, als wäre das alles ein Zir-

kustrick, eine Varieténummer. Mit langem Pinsel bringen sie auf der weißgestrichenen Wand des Wartehäuschens Propagandasprüche an, die für das kommende Ereignis werben sollen. Von Tannengrün eingerahmt, prangt auf der Vorderfront ein Zitat Adolf Hitlers. Hatte der frischgewählte Führer aller Deutschen nicht selbst einst als Anstreicher angefangen? Und war er damit nicht auch ein Vertreter des Handwerks? »Es gibt nur einen Adel. Adel der Arbeit«, lautet der Spruch in Kochscher Fraktur, für alle gut lesbar. Es war der Moment, da Propaganda entsteht, gerade erst wirksam wird und sich ausbreitet, in flagranti erfaßt, ein unendlich gedehnter Augenblick. Und es war die Schrift an der Wand, das völkische Menetekel, von dem einige, der Herr mit der Aktentasche, der Hitlerjunge in kurzen Hosen, die Dame mit dem Glockenhut, sich bereits abgewendet hatten. Sie waren zur Tagesordnung übergegangen. Der korpulente Schutzmann am Bordsteinrand, einer älteren Ordnung hörig, versah seinen Dienst nach Vorschrift und behielt den Verkehr im Auge. Die schweigende Masse, die ankommende Straßenbahn und die aus der Ferne wirkende Macht.

Nur die Statue des Arbeiters auf dem Dach des Kiosks, ein primitives Machwerk aus Gips, das in seiner Übergröße in keinem Verhältnis zur Umwelt stand, markierte mit erhobener Faust die Stellung im Bürgerkrieg. Der rechte Arm dieses Propaganda-Rüpels, erstarrt in der Pathosformel des kommunistischen Grußes, war ein Signal an alle. Es ging um die Umwertung aller Werte, wie Friedrich Nietzsche, der wahnsinnige Hofastrologe des neuen Reiches, sie in aller philosophischen Unschuld vorausgesagt hatte.

Man konnte es gut als Drohung verstehen: Hier schwang der

deutsche Industriearbeiter den Hammer wie der Germanengott Thor, der nordische Donnerer. Aber auch als Verhöhnung der aus Sowjetrußland bekannten Arbeiterdenkmäler, als Antwort auf den Bolschewismus im Osten, dem bald die große Abwehrschlacht gelten würde. Der plumpe Kerl verkörperte die Verwandlung des deutschen Proletariers in den disziplinierten Werkmann nationalsozialistischer Prägung, und damit eine Urszene, den ungeheuren Moment der Entscheidung. Plakativ entrollte sich da, vor den staunenden Zuschauern in ihren bürgerlichen Anzügen, Uniformen, Ledermänteln und Damenkleidern, die Ankündigung des Titanenkampfes der Arbeiterschaft mit sich selbst – nichts weniger als das deutsche Verhängnis des zwanzigsten Jahrhunderts.

Es war, als müßten sich dort, vor dem Hauptbahnhof, nun die Geister scheiden. Als wäre etwas Unbegreifliches zwischen die Leute getreten, eine Erscheinung von der Art des Trojanischen Pferdes, die bei aller Offensichtlichkeit aber nur schwer zu begreifen war. Es war dies das Werk der Vorsehung, von dem der frischgewählte Führer in seinen Brandreden wie in seiner Bibel, die in den Schaufenstern der Buchläden nun überall auslag, gesprochen hatte.

Zweifellos war nur, daß auf öffentliche Akte wie diesen, karnevalistische Manifestationen des neu sich aufbauenden Staates, einmal die allergrößte Katastrophe folgen müßte. Da war sie, für alle sichtbar, *die moderne Staatsidee, die den unfruchtbar gewordenen marxistischen Gegensatz von Arbeitnehmer und Arbeitgeber auflösen wollte in eine höhere Gemeinsamkeit,* wie der Dichter Benn zur selben Zeit träumte. War nicht das Ziel der Machthaber die hundertprozentige Einmütigkeit der Nation, von der ein Fanatiker wie der SS-Führer Heinrich Himmler schon nach der nächsten Volksabstimmung zu schwärmen wagte? *Deutscher Arbeit zur Ehre.* Hatte nicht vor kurzem erst, am 1. Mai zum »Tag der Arbeit«, der neue Reichskanzler in Berlin bei einer Großkundgebung auf dem Tempelhofer Feld vor anderthalb Millionen Menschen gepredigt? Nie zuvor waren in diesem Land so viele Schaulustige zu einem einzigen Redner herbeigeströmt. Wenn der Führer in seinem Sonderzug jetzt einen Bahnhof passierte, standen die Leute haufenweise an den Gleisen Spalier und versuchten, einen Blick auf ihn zu erhaschen. Man mußte ihn einmal berührt haben, den messiasgleichen Mann, vielleicht brachte er das Glück und endlich den ersehnten Wohlstand für alle.

Ein Bild genügte, und der Nachgeborene fand sich mitten im Alptraum der eigenen Herkunft wieder. Die armen Leute dort, ging es mir durch den Kopf, bald wird es für sie zu spät sein, dann sind sie alle in ihre Taten und Nichttaten verstrickt. Es war der bedrohliche Traum, den auch ich nur zu gut kannte, der Traum von der Abschaffung der Wände. Plötzlich ist da ein ganzes Volk im Freien, nackt wie in Andersens Märchen. Neue Spruchbänder, Plakate, Parolen mit bösen Untertönen hielten Einzug in den altehrwürdigen Stadtraum. Eine Flut politischer Propaganda ergoß sich über das ganze Land. Das Einander-Belauern und Beobachten hatte eben erst angefangen, doch ließ sich schon ahnen, wie bald mancher seinen Mitmenschen nun überwachen, verwalten und auch bestrafen würde. Aus Nachbarn wurden Blockwarte und Spitzel, aus Firmenmitarbeitern Parteigenossen, aus harmlosen Kunden Vorgesetzte, Einpeitscher und Denunzianten. So wuchs aus lauter Einzelnen, in Neid und Neugier vereint, in Sehnsucht und Konkurrenz eisern verbunden, unaufhaltsam die graue *Volksgemeinschaft*, zusammengebacken in tausend Bahnhofs- und Rundfunknächten, ein Kollektivum, das seine letzte Form schließlich in den Luftschutzkellern der deutschen Städte fand.

Die kleine Straßenszene am Bahnhof zeigte diese Gesellschaft auf dem Sprung, in einem kurzen Moment des Zögerns und der Verwunderung. Handwerk und Arbeit, das waren Fragen, die alle betrafen, zu allen Zeiten. Pünktlich am 2. Mai 1933 war vom gleichgeschalteten Reichstag das Verbot aller freien und christlichen Gewerkschaften ergangen, das betraf immerhin sechs Millionen Mitglieder. Was bedeutete dagegen schon die freche Aktion vom 1. April, der probeweise Boykott jüdischer Geschäfte in den meisten Großstädten, darunter auch in Dresden? Eigenmächtige Lohnstreiks waren von nun an verboten, die Beschäftigten sollten fortan aufgehoben sein in der Deutschen Arbeitsfront. Soziale Gerechtigkeit bei unantastbarer Eigentumswirtschaft, das war das Versprechen, das alle kommunistischen Umtriebe überflüssig machen würde, ein für allemal.

Schlag auf Schlag folgten nun die Verordnungen. Erst im April hatte im Innenhof des Dresdner Zwingers die Fahnenweihe der N. S. B. O. stattgefunden, der winzigen Splittergewerkschaft der Nationalsozialisten, die es seit 1927 schon gab, mit kaum merklich steigendem Mitgliederstand. Hunderte Zivilisten waren zum Schwur eingerückt, flankiert von ein paar eisern strammstehenden Braunhemden, um vor der lieblichen Rokokokulisse ihren Willen zu bekunden in durchaus kapitalismuskritischer Absicht – darunter auch Künstler, Vertreter des Staatsschauspiels vom Theaterhaus gegenüber, die ein weißes Plakat in die Frühlingsluft hielten. Wie immer waren jede Menge Frauen und Kinder gekommen und hatten den Arm hochgereckt. Ein Jahr später, mit der Er-

mordung ihrer Zentralfigur Gregor Strasser, war die Initiative
bereits kaltgestellt. Die SA der Betriebe zog sich hinter die offiziellen Linien zurück. Dann kamen die *Heimtückeverordnung* und
das *Ermächtigungsgesetz*, die allen revolutionären Umtrieben ein
Ende machten. Mit der Einrichtung staatlicher Konzentrationslager wurden Verwahranstalten geschaffen für Reichsfeinde aller Art. Bald gab es die Sondergerichte, gegen deren Entscheidung kein Rechtsmittel zulässig war. Und schon kurz darauf
mußte ein Erlaß zur Bekämpfung des Denunziantentums erge-
hen, so freudig machten viele Deutsche von der Möglichkeit
Gebrauch, ihre Bekannten durch üble Nachrede auszuschalten.
Nun war kein Halten mehr, Dresden sank immer tiefer hinab in
den braunen Sumpf. Unmerklich wurden die Fahrpläne geändert,
und alles befand sich in der wahnwitzigsten Brownschen Bewegung, Menschen als Moleküle in einem geschlossenen System.

Fahnenweihe der N.S.B.O. Dresden 30. 4. 1933.

Nicht mehr langhin, dann zog in ein Gebäude hinter dem Bahnhof, in das ehemalige *Continental-Hotel* die Gestapo ein, und ein
ganzes Team von Reichssicherheitsamt-Bürokraten machte sich
an die Verfolgung von Regimegegnern und jüdischen Mitbür-
gern. Der Romanist Victor Klemperer lernte die Höhle des Lö-

wen kennen, nachdem ihn zwei der übelsten Schergen eines Tages aus der Straßenbahn aufgefischt und zum Verhör geschleppt hatten. Von 1942 an durfte kein Jude mehr einen Bahnhof betreten, es sei denn unter polizeilicher Bewachung zum Besteigen eines der Viehwaggons, und nur mit dem nötigsten Gepäck, einem Koffer, einem Bündel, das an der letzten Rampe einer der Uniformierten nach Wertgegenständen durchsuchen würde. Dann begannen auch von den Dresdner Bahnhöfen aus die Transporte nach Theresienstadt und weiter hinweg nach *Ostland*, in die frisch eroberten Gebiete in Polen und im Baltikum, aus denen nur wenige lebend zurückkehrten.

Eintreten in das geschichtliche Feld, dachte ich. Niemand hatte mir diesen Weg vorausgesagt, doch eines Tages war es soweit, und ich mußte die Bilder, die Zahlen und Dokumente durchqueren, um zu mir zu kommen.

Aber die Oberfläche, der sauber gefegte Rinnstein, das Pflaster, lückenlos verlegt, sah noch immer wie der gewohnte Alltag aus. Dresden war Messestadt: Die »Reichsgartenschau« öffnete ihre Pforten, die »Jahresschau deutscher Arbeit« lockte Tausende Besucher an, wie in den besten zwanziger Jahren. Man sah den Bürgern, die sich da vor dem Hauptbahnhof umwendeten, staunend vor der Erscheinung des Neuen, die Veränderungen kaum an. Wie schnell das alles gegangen war! In traumhaftem Tempo war ihnen der Boden unter den Füßen weggezogen worden.

Noch im Februar 1932 hatte am selben Ort ein Trauermarsch stattgefunden, das Totengeleit für den sächsischen König Friedrich August III. Auf einer Lafette war der verstorbene Monarch zum Begräbnisgottesdienst in die Hofkirche überführt worden. Anderthalb Jahre nur trennten die beiden Szenen. Dresden, die Residenzstadt, Hort der barocken Jubiläen, August der Starke und seine Epoche, Aufführungen in der Staatsoper, von Gottfried Semper erbaut, Wagner-Festspiele, Romantikersehnsucht, Traditionsbewußtsein und Handwerksstolz. Dresden, das war »Sachsen am Werk«, wenn auch von Leipzig weit abgeschlagen, der besseren Messestadt. Was hatte Adolf Hitler, den man an der Elbe als Liebhaber der Künste zu schätzen wußte, verkündet? »Dresden ist eine Perle, und der Nationalsozialismus wird ihr eine neue Fassung geben.«

Die Zeiten vermischten sich, und schon als Schüler war mir die Szenerie vertraut. Das Datum kannte ich, den Tag der Arbeit, nur unter anderen Vorzeichen. Normalerweise war es der 1. Mai, Kampf- und Feiertag der Arbeiterklasse, ein schulfreier Tag, an dem sich die werktätige Bevölkerung vormittags im Stadtzentrum versammelte. Dann ging der Umzug vom Postplatz aus durch die Ernst-Thälmann-Straße, und mancher von uns landete nach getaner Pflicht wieder am Hauptbahnhof. Wir Kinder waren zum Mitmarschieren verpflichtet. Nelken wurden ausgeteilt, Plakate, Luftballons und die schwarzrotgoldenen Fähnchen mit dem Hammer-und-Zirkel-Emblem. Die Betriebsbrigaden defilierten an den Tribünen der Parteiobrigkeit vorbei. Man suchte bekannte Gesichter, ein Wettbewerb setzte ein: Wer kennt welchen der Parteifunktionäre? Gottlob waren die eigenen Eltern nicht darunter, aber wo waren sie eigentlich abgeblieben?

Erstaunlich, wie alles immerfort funktionierte. Was war der Mensch doch für ein robustes, geschichtsresistentes Wesen. Einmal erwarb ich eine Postkarte mit dem Motiv der Augustusbrücke und dem Vermerk »Bahnhofsbuchhandlung«, gestempelt im vorletzten Kriegsjahr. Jemand hatte an seine Lieben gedacht: »Bis hierher ist alles gutgegangen, Blümchenkaffee getrunken, jetzt Luft schnappen.« Am 15. Februar 1945 steckt Mutter

Kästner am Hauptbahnhof ein schmuckloses Kärtchen an ihren Schriftstellersohn Erich in den einzigen noch funktionierenden Briefkasten der ausgebombten Stadt, mit einem ersten Lagebericht nach der Katastrophe. Sie teilt ihm mit, daß sie selbst unverletzt geblieben ist. Das Haus in der Neustadt steht noch, nur die Fenster sind alle zerbrochen. Papas Federbett ist gerettet, die Manuskripte und Lottchens Pelz haben die Nächte im Luftschutzkeller heil überstanden. Aber die schönen Kulturstätten Dresdens sind alle zerstört worden »bei dem großen Terrorangriff von den Nordamerikanern«. Eine Woche später verkehrten wieder täglich drei D-Züge zwischen Dresden und Berlin.

Einmal stand die Bahnhofsuhr auf Viertel vor acht, die letzten Romantikerwolken zogen über den blauen, wie von Hand kolorierten Himmel, Dampf quoll aus Lokomotiven, Dinosauriereiern aus Kruppstahl, wahren Kilometerfressern mit ihren Schlepptendern für die Kohlenvorräte – 1913, kein Krieg in Sicht. Ein andermal schien sie vormittags auf halb elf stehengeblieben, Offiziere in weißen Parademänteln, auf dem Kopf die Pickelhaube, gaben dem Sachsenkönig das letzte Geleit. Dann war es Nachmittag, die Zeiger standen auf drei, der Augenblick nationaler Erweckung. Später ein kühler Herbstabend, fünf Uhr, Dämmerung bricht herein, es sind die torkelnden Wochen nach dem Überfall auf die Sowjetunion: Feldpost ist eingetroffen, jemand braucht dringend warme Unterwäsche, Brüderlein schreibt an Schwesterlein. Dann ist es morgens um acht, ein bleigrauer Weltkriegstag, Stalingrad schon verloren, vor dem Bahnhofsorkus, der Soldaten und Zivilisten verschlungen hat, warten die Kraftomnibusse in Achterreihen. Eine Straßenbahn rattert vorüber, spukhafte Fußgänger mit schweren Packen und Fahrradfahrer drücken sich an den Straßenrand. Alles blitzsauber am Wiener Platz, die Trottoirs blank gefegt, der kleine Kiosk ist einem Reklameaufsteller gewichen, Leichtmetallbauweise, konstruktivistisch, 1943. Schließlich in einer kalten Februarnacht – zehn vor zehn zeigt die Uhr – taucht über den Wolken, für die da unten unsichtbar, ein Flugzeug auf, ein Funkspruch wird abgesetzt, Bombenmeister an Hauptmarkierer: »I'm now above mainstation.«

Und schon ist alles vorbei, dörfliche Stille am Dresdner Bahnhof (La Gare Principale, главный вокзал, Central Station). Der Krieg ist aus, die Stadt untergegangen, doch das Leben geht weiter. »Lest die Sächsische Zeitung«, fordert die Schrift an der Unterführung zum Hochgleis. Nichts ist mehr, wie es einmal war, nur die Bahnhofsuhr ist noch da, ein Auge, ins Weiße verdreht: unverwüstlich zeigt es die neue Zeit. Mehr als einmal habe ich mich von einer Bahnhofsuhr beobachtet gefühlt, als wäre ihr Zyklopenauge mir schon seit langem gefolgt. Als hätte es gerade auf mich gewartet und jetzt, da sich unsere Blicke trafen, endlich erfaßt. Der Zeiger machte dann einen sichtbaren Ruck, der mir in derselben Sekunde als kleine Stoßwelle durch den Körper lief. Ich zuckte zusammen. Auch an diesem Morgen, frühe achtziger Jahre, als ich zum ersten Mal einem Mädchen hinterherreiste, auf den Zug nach Karl-Marx-Stadt wartend, waren die Zeiger weitergesprungen. Sie standen auf Viertel vor neun. Am Bahnsteig Zugluft, ein rauher Wind strich um das gußeiserne Strebenwerk. Durch die Käseglocke des verglasten Dachgewölbes drang nur getrübtes Licht. Schmutz und Schmiere und Schlacke, jemand schimpfte im breitesten Sächsisch. Wie es im Märchen vom schönen Dornröschen heißt: »Auf den Simsen schliefen wieder die Tauben.«

Die Lehre der Photographie

Die Stadt, in der ich aufwuchs,
War keine westliche Stadt,
Sie war keine östliche Stadt.
Nördlich von Böhmen lag sie, südlich
Von Grönland, unter der Sandsteinschweiz
In einem Flußtal, von Wiesen grün.
Sie war das Nest in der Mitte, der Rest
Einer schönen steinernen Geste –
Eine Suite im Hotel »Alteuropa«.

Unter den Tapeten klebten noch immer
Zeitungen aus der Welt von gestern
Mit Berichten von Zeppelin-Flügen,
Konferenzen des Völkerbundes,
Vermischtes, gepaart mit Annoncen
Für Büstenhalter und Bügeleisen.

Doch war die Aussicht zum Fluß
Mit grauen Baracken verbaut.
Es war der südliche Flügel,
Es war der nördliche Flügel
Kaputt wie das Palais aus dem Barock,
Beim Trödler gelandet das Mobiliar.
Wie gestrandet sah alles dort aus:
Die Dampfer, Kuppeln und Kirchen.
Und es war nicht viel los an der Bar.

Dann aber fand ich ihn dort am Ufer
Eines Tages unter rostigen Nägeln,
In Haufen von Schrauben und Muttern
Demontierter Maschinen aus längst
Enteigneten, abgerissenen Fabriken,
Fand ihn zwischen den Knochen,
Die Hunde ausgescharrt hatten,
Rippenknochen, Wirbeln und Splittern
Von Tier und Mensch, wie es schien –
Den Schlüssel zu dieser Stadt.
Und wurde mit einem Mal ruhig.
Und wußte nun, wo ich bin
Und woher ich kam –

Bis ich die Photographien sah,
Nicht im Familienalbum, sondern
Am Stand bei den Flohmarkthändlern.
Archivbilder waren das, Postkarten
Von Straßenszenen, Stadtansichten
Zwischen den Kriegen, Momente

Verschwundenen Lebens,
Manche noch mit dem Stempel
»Originalabzug von Hand«.

Vor den Häusern, noch alle intakt,
Über die Brücken, die weiten Terrassen
Entlang der Elbe am Königsufer
Wandelten Menschen, nun alle tot –
Bis auf die Jüngsten im Kinderwagen.
Mütter in dunklen Mänteln und Hüten
Blieben für alle Zeiten gekettet
An einzelne Herren mit Aktentaschen.
Auf einer Verkehrsinsel starrte
Ein Junge in Lederhosen, der nie mehr
Älter wurde, auf die Reklameschrift
Für »Kakao Riquet Schokolade«.
»Alsberg Modehaus Wilsdruffer Straße:
Der neue Badeanzug von Alsberg«.
Aus der Straßenbahn, Linie 11, stieg
Die Schöne mit den Seidenstrümpfen,
Auch sie vom Zufall herausgepickt,
Von nun an auf der Stelle gebannt.
Sie alle waren Passanten der Zeit –
Die auf dem Altmarkt am Blumenstand,
Die vor den gestreiften Markisen
Auf der Prager Straße. Am Bahnhof
Zeigte die Uhr für immer halb elf.

Ein ewigwährender Vormittag –
Meistens im Frühling, im Sommer

In einer Stadt, die keine östliche war,
Keine westliche. Kaum ein Photo,
Das sie einmal im Tiefschnee zeigte.
»Dresdner Neueste Nachrichten« stand
Am Geländer der Unterführung.
Bald fehlte ein *r*, ein *n*, dann ein *a*.
Stromausfall, das Benzin wurde knapp,
Man fuhr wieder Fahrrad seit Stalingrad.
Nicht mehr lange, dann war das meiste
Ausgelöscht, eine bloße Phantasmagorie
Wie die Wüstenfestung des Kublai Khan.
Und vor und zurück sprang der Blick
Auf der Suche nach einem Beginn.

War es das Hochwasser? Mit ihm fingen
Die schillernden zwanziger Jahre an.
Menschen schauten über die Brüstung
Der Brühlschen Terrasse, bestürzt
Über die Inflationen der Elbe.
Wie eine Trauergemeinde waren sie
Alle in Schwarz gekleidet. Das ganze

Volk trug damals Schwarz. Dabei
Lag das Schlimmste doch hinter ihnen:
Vier Jahre Krieg in Europa, Gemetzel.
Alles Verlierer, Leute, die auf einmal
Viel Zeit hatten, sich zu versammeln
In dunklen Haufen. Nur ein Mädchen
Im Matrosenanzug spuckte belustigt
Über das Gitter in den geschwollenen,
Schlammbraunen, gruftkalten Fluß.

Oder das Unwetter im dreißiger Jahr,
Das an der Vogelwiese die Buden
Des Rummelplatzes zum Einsturz bringt.
Ratlos betrachten Besucher das Chaos,
Gäste der Geisterbahn. *Hau den Lukas!*
Flucht der Herr mit dem Strohhut
Und blinzelt verwegen hinüber
Zu der Dame im weißen Hängekleid.
Ein Sturm hat die Schiffsschaukeln,
Die Zirkuszelte umgeblasen. Nun lag
Die ganze Kartenhausherrlichkeit
Durcheinandergewirbelt in Trümmern
Wie die Scherben im Kaleidoskop.

Immer war es die Sorge,
Ein Pfeifton des Instabilen, der Ängste,
Die im kleinen den Alltag bestimmten
Und die Schritte lenkten als Politik –
Ein Zwang, der in alle Häuser kroch
Und unsichtbar jedes Leben peitschte.

Begeisterung weckte der Traum
Von sozialer Sicherheit, der doch nie
In Erfüllung ging auf den Plätzen,
In den Straßen, an denen Wahlplakate
In schreiendem Rot oder Schwarz
Das Blaue vom Himmel versprachen.

Daß aber Bilder Blickwinkel sind,
In denen Historie sich auflöst
In familiäre Geschichten, immer anders
Verlaufend, momentlang fast aufzuhalten,
Wie es schien, und doch uneinholbar, das
War die Lehre der Photographie.
Vor und zurück sprang der Blick.

Fünf Jahre später bricht ein Spektakel
Des Schreckens alle Besucherrekorde:
»Die Deutsche Volksschau *Der Rote Hahn*.«
Das Tier mit dem Flammengefieder hüpft
Über die Dächer der festlichen Stadt.
Neu ist das Thema ziviler Luftschutz …
Bei den Arkaden am Altmarkt geht
Ein Großbrandlöschzug in Stellung,
Eine Armada pechschwarzer Wagen.
Als Höhepunkt wird im Dunkel der Nacht
Ein Übungshaus künstlich abgefackelt.
Heißa, Lichter- und Schaumfontänen!
Die Zerstörung eines Straßenzuges gibt
Einen Vorgeschmack auf die Zukunft.

Eine Million Reichsmark kostet
Den Staat der Verlust einer Kleinstadt,
40 000 ein einzelnes Bauernhaus.
Lang vor den Bombern, dem Feuersturm,
In dem die Stadt untergeht, werben
Leuchtschriften für Feuerversicherung.
Wie fette Würgeschlangen liegen
Die Schläuche auf dem Asphalt,
Von Männern, die das Inferno
Gebändigt haben, erschöpft eingerollt.
Dresden, jubelt die Presse, hat nun
Die modernste Feuerwehr in Europa.
Da hatte der Tod, dies bittere Männlein
Aus den altdeutschen Märchen,
Ein vergnügliches Stündlein.

Im Tanzcafé »Die Mücke« schieben
Damen und Herren im Foxtrott vorüber,
Erhitzt von der aufregenden Schau.

Noch einmal ist alles gutgegangen.
Rechtsschutz und Rettungswesen
Sind die staatlichen Mythen der Stunde.
Bald gibt es das Kindergeld, Tierschutz
Kommt Hunden und Katzen zugute.
Schreibt das den Lieben daheim.
Und bedenkt auch die neuen Tarife:
»Luftpost bringt Zeitgewinn.«

Stand Großmutter da in der Menge
Am Straßenrand vor der Eingangshalle,
Hinter den Ordnern im Braunhemd
In der völkischen Warteschlange
Am Blüherpark? Die kleine Frau,
Die ihre Handtasche fest an sich preßt,
Gleicht ihr von hinten aufs Haar.

(Schon bald wird sie schwanger sein,
Ein Mädchen von achtzehn Jahren.
Und dann noch einmal, da ist der Mann,
Ein gelernter Fleischer, längst Soldat
Auf seinem Marsch durch Europa.)

Wieder ein Frühling, Reichsgartenschau:
Ein halbes Jahr lang hilft der Zauber
Der Flora über die neuen Zwänge,
Die neuen Gesetze hinweg.
Eine Hymne ans Dasein, eine festliche
Hymne an die Schönheit der Erde,
Schreiben die Berichterstatter
Im schwülstigen Stil der Zeit.
Das war stärker als jede Olympiade,
Dem weiblichen Schönheitssinn näher,
Wie Hitlers Hände, eunuchenweich.

Abfahrt des Konzertdampfers »Leipzig«:
Am Terrassenufer wehen vorm Anlegeplatz
Hakenkreuzfahnen im Sommerwind.

Ein Eisverkäufer hat seinen Palast
Am Bordstein eröffnet und wartet,
Daß Hitlerjugend herüberkommt.
Die Stadt ist die Lichtung. Was ahnte sie
Von den Luftaufnahmen, die ihre Wunde
Zeigten lang vor dem Donnerschlag,
Der immer den Blitzen folgt? Oftmals
Stand dort ein Wald erhobener Arme.

Dann wußte keiner mehr, was es war,
Das den Schwindel erregt, den Kopf
Verdreht hatte zwölf Jahre lang. Die Zeit
War weitergerückt. Stumme Gewalt
Tauchte alles in ein urtümliches Licht.
Das Pflaster glänzte, und dunkle Wolken
Rollten über die Brücken hinweg
Mit dem Rattern der Flüchtlingsfuhren,
Schützenpanzer und Leiterwagen.

Und da wußte ich, die verfluchte, fatale
Geschichte dieser Leute ließ sich,
Seitdem sie das Zeichen trugen,
Nur von ganz unten erzählen.
Von den Kellern herauf, den grauen
Mauerecken der Luftschutzkeller,
Wenn die Sirenen heulten, die Kinder,
In den Momenten finaler Hilflosigkeit.

Geboren bin ich am Weißen Hirsch –
Ein Villenviertel, vom Krieg verschont.
Und es gibt mich, wie es die Bilder gibt,
Die vom Leben zeugen und nichts
Über die Toten sagen. Mutter
War in Sicherheit, als der Angriff kam.
Sie erinnert sich an die Fensterhöhlen,
Aus denen weiße Gardinen wehten,
An die sengende Hitze der Winternacht.
Eine Nachbarin nahm die Geschwister
In den Keller mit und war ihre Rettung.
Sie suchte, als das Haus getroffen,
Der Eingang verschüttet war,
Mit den Kindern das Weite
An den Elbewiesen stadtauswärts.
Dann rollte die zweite Welle heran
Und entfachte den Feuersturm.

»Wir sitzen in der Lößnitz beim Most«,
Schrieb ein Unbekannter. Die Karte
Zeigt einen strahlenden Sommertag.

Der Löffel

I

In den Straßen hatten sich Pfützen gesammelt, die über Nacht braun geworden waren, alte Spiegel, von denen sich die Beschichtung löste. Der ganze Ort war mit blitzblanken Schlammlöchern übersät, einige der schlecht asphaltierten Nebenstraßen waren fast unpassierbar. Die Autos schwankten, wenn sie im Schrittempo an uns vorübertuckerten wie Kutter auf hoher See. Entlang der Schule führte eine dieser Schlaglochstraßen zum Gelände der Russenkaserne, die ein Holzzaun in einem verwaschenen Blau umschloß – dahinter Häuser, Garagen und Unterstände in einem ebenso verwaschenen Rosa. Manchmal kreuzte einer der schweren Laster unseren Schulweg, ein Transporter der Marke *Ural*. Dann spritzte es von den bulligen Rädern bis auf den Gehsteig, und die Kunst bestand darin, im rechten Augenblick zur Seite zu springen, um nicht mit nassen Hosenbeinen und Strümpfen den Tag zu beginnen. Einmal hatten U. und ich zu lange gezögert. Eine ganze Kolonne von Militärfahrzeugen war ausgerückt, wir waren am Straßenrand stehengeblieben und hatten den Soldaten zugewinkt. Unsere Zutraulichkeit bezahlten wir mit einem Schwall von Dreckspritzern, die uns fast bis zum Hals einsudelten. Ihr seht aus wie die Mohren, hatte seine Mutter zu uns gesagt.

Die Schule war eine der landesüblichen polytechnischen Lehranstalten, kein kantiger Neubau, auferstanden aus Trümmerzei-

125

ten, aber auch keines der schmucken Werkbundhäuser, für die Hellerau weithin berühmt war. Vom Geist der Reformpädagogik, der einmal dort geherrscht hatte, war nichts geblieben als eine Leere, gefüllt mit Kinderstimmen. Sie allein erinnerten noch an die pädagogische Utopie der Gartenstadt. Zu deren Besuchern und Bewunderern hatten am Jahrhundertbeginn die Spitzen der europäischen Kunstwelt gezählt. Ein Klein-Europa hatte man sie genannt, diese Ansammlung von Häusern und Villen. Aber das alles lag schon so weit zurück, schien so märchenhaft fern, daß man die Formel sofort vergaß. Was hätte sie einem auch sagen können, jetzt, da alles vorbei war, unrettbar versunken in diesem dürftigen Schmalland, für das drei Buchstaben als Bezeichnung genügten, täglich eingehämmert wie Nägel in ein halbiertes Brett: DDR?

Ich höre noch, wie unser Englisch- und Biologielehrer, ein begeisterter Lokalpatriot, in seiner Freizeit Heimatschriftsteller, ausrief: *Stellt euch vor, hier hat Rainer Maria Rilke über den Zaun geschaut!* Manchmal nahm er uns mit auf eine Führung durch unsere Siedlung. Wenn der Unterricht es erlaubte oder eine Freistunde anstand, tat er sein Bestes, die kleinen Kulturanalphabeten herumzuführen und auf diesen und jenen Tatort zu zeigen. Dort hatten sich Leute betätigt, die längst im Lexikon standen und woanders auch in den Schulbüchern, nur nicht in denen, die wir in unseren Ranzen mit uns herumtrugen. Kann sein, daß ich aus seinem Mund den Namen Franz Kafka zum ersten Mal hörte – und sofort wieder vergaß. Vieles rauschte an uns vorüber, und Weltkultur blieb uns lange ein Kreuzworträtsel mit lauter Unbekannten. Was konnten uns, die wir in einem Neuland aufwuchsen, die Legenden aus der Welt von Gestern noch bedeuten?

Herr F., unser Lehrer, war das Gewissen und das lebendige Archiv Helleraus. Nie wieder habe ich einen so umtriebigen Feld-Wald-und-Wiesen-Kundigen kennengelernt. Wir alle mochten ihn. Er ließ es uns niemals spüren, daß wir von der großen Vergangenheit Helleraus keinen blassen Schimmer hatten. Er nahm es sportlich und klärte uns auf, wann immer sich die Gelegenheit dazu ergab. Namen wie Paul Claudel, Bernard Shaw oder Oskar Kokoschka, die uns alle nichts sagten, machten die Runde, und immer wieder wurde dieser sonderbare Prager Autor erwähnt, der mit der *Elektrischen* zu uns herausgefahren war und den offenbar alle Welt kannte, nur unser Deutschlehrbuch nicht. Die Lesebegierigen unter uns gaben ihn später nur mit viel Geheimniskrämerei weiter wie den eines gefährlichen Märtyrers. In meiner historischen Desorientierung hielt ich ihn anfangs für einen tschechischen Dissidenten, von dem nicht ausgemacht war, ob er womöglich noch lebte und von den Staatssicherheitskräften verfolgt wurde.

Franz Kafka war im Sommer 1914 nach Hellerau gekommen, auf ein verlängertes Wochenende, reiste dann aber überhastet ab. Sein Besuch war ihm in jeder Hinsicht mißglückt, das Ganze kaum mehr als ein sinnloses Hin- und Hereilen zwischen verpaßten Terminen und Telefonaten. Da waren Pensionszimmer ausgebucht, wichtige Ansprechpartner verreist, Sehenswürdigkeiten plötzlich unauffindbar. Kafka war an diesem Tag mit seinem Prager Freund Otto Pick unterwegs, und zu den Garstigkeiten, die ihm in der Gartenstadt widerfuhren, paßt auch der kleine Streit, den die Freunde über eine Dichterin hatten, die damals in aller Munde war. Erst im Vorjahr hatte sich Pick im Prager Verein »Frauenfortschritt« zu einem Vortrag über Else

Lasker-Schüler aufgeschwungen. Seither war die exzentrische Poetin immer wieder in Kafkas Leben aufgetaucht, wie eine Figur in einem quälenden Traum. In schlimmer Erinnerung geblieben war ihm ein nächtlicher Auftritt nach einer Lesung in Prag, bei dem die Diva den Freundeskreis beinah auseinandergebracht hätte mit ihren Kleopatra-Allüren. Otto Pick aber konnte der Wunderfrau niemals böse sein. Er verehrte sie über die Maßen und sah in ihr die Verkörperung der Poesie selbst. Kafka, den eine Migräne plagte, dem die allgemeine Hitze zu schaffen machte, die Trockenheit und beinah wüstenhafte Dürre, und der deshalb dankbar war für die Schattenzonen in der noch jungen Siedlung, hörte sich schweigend die Schwärmereien des Freundes an. Etwas Ablenkung fand er im Garten des Schriftstellers Paul Adler. Mitten im Grünen hatte man da beisammengesessen und in kleiner Runde einer Vorlesung gelauscht, auf praktischen Klappstühlen, Fabrikaten aus den nahe gelegenen Möbelwerkstätten. Sie trösteten ihn, in ihrer soliden Gestaltung, und er hatte sogleich erwogen, sie für sein künftiges Eheheim zu bestellen. Er war ins Träumen und Pläneschmieden geraten und fühlte sich wie von Frauenhänden gelenkt. Der Dichter Adler, berühmt für ein Halbdutzend Gedichte, eine Reihe von Zeitungsartikeln und ein druckfrisches Buch voller Legenden, hatte ihn an diesem Nachmittag mit der Selbstverständlichkeit seines Schriftstellerseins überwältigt. Ganz schwindlig geworden war ihm in seiner Nähe, die ihn, wie jedesmal, mit Gewissensbissen erfüllte. War nicht das Leben im Grunde sehr einfach, ging es ihm, im Kreis dieser freundlichen, ausgeruhten Hellerauer, mehr als einmal durch den Kopf. Ihre Sorglosigkeit erinnerte ihn an das gastfreundliche Volk der Phäaken. Selbstzufriedene Leute, denen alle Tage zu einem einzigen

Sonntag gerannen. So verzaubert war er von ihrer Gastfreundschaft, daß er die Audienz bei dem berühmten Tanzlehrer Émile Jaques-Dalcroze im Festspielhaus, den jeder in den höchsten Tönen lobte, schließlich vergaß.

Hals über Kopf war er nach Leipzig weitergereist, um aber auch dort nur ergebnislos umherzuirren. Der Verleger Wolff, dem er zuletzt ein Manuskript mit dem Titel »Die Verwandlung« zugeschickt hatte, war gerade dabei, nach Berlin aufzubrechen. Jeder, und am meisten er selbst, war in Gedanken woanders. Und wieder war die Lasker-Schüler zur Stelle, das ägyptische Unglücksweib, und nahm seinen Prager Bekannten, den jungen talentierten Franz Werfel, für sich in Beschlag. Dann kam der Juli, und die allgemeine Mobilmachung wurde bekanntgegeben. Kurz darauf erklärte das Deutsche Reich Rußland den Krieg, womit das Zeitalter der Gartenstädte wie das jeder anderen Insel der Seligen in Europa für immer zu Ende ging.

Unser Schulgebäude stammte noch aus der glorreichen Aufbruchszeit. Als Denkmal der Reformpädagogik hatte es seinen Platz in der Chronik des Ortes. Hätte man uns damals gefragt, wir hätten nur aufgelacht und geschworen, der plumpe Kasten auf seiner Anhöhe sei ganz sicher erst nach der Staatsgründung dorthin gesetzt worden. Wie sonst ließ sich die Namensgebung erklären? Unsere Schule war nach einem der vielen tapferen Antifaschisten benannt. Der Mann hatte es später bis zum Chefredakteur der *Sächsischen Zeitung* gebracht, des führenden Parteipresseorgans im Bezirk Sachsen. Das aber hätte, außer dem Direktor, keiner von uns herunterbeten können. Antifaschisten waren Märtyrer, die ihr Leben in den Konzentrationslagern und Gefängnissen des Dritten Reiches gelassen hatten. Wie hätte das Spruchband am Eingangsportal etwas anderes bedeuten können als eine, dank solcher Opfer, überwundene Vergangenheit? Ein Triumph lag darin, wenn auch tragisch grundiert, der mit jedem Tag gegenwärtiger wurde. Denn immer war da der nächste ewige Tag, in den wir Glückskinder der neuen Ordnung mit unseren Schulranzen hineinmarschierten, als wäre uns alle Zeit der Welt gegeben, um sie den Toten zurückzuerstatten an diesem Ort. In weißer Schrift, auf blutrotem Untergrund, stand da, aus weiter Ferne schon lesbar: »Der Sozialismus siegt, weil er wahr ist.«

Die alten Anekdoten von der Gartenstadt im Grünen: Um sie brauchte sich, vor dem Hintergrund solcher Geschichte, kein Mensch mehr zu kümmern. Die niedrigen Häuser entlang der krummen Gassen standen auch nach der Jahrhundertkatastrophe noch in Reih und Glied, manche wieder in den typischen Helleraufarben, ocker die Wände, grün die Fensterläden und Gartenzäune. Die Blockhäuser unter den hohen Fichten am Sonnenhang waren noch die alten, auf sie war Verlaß, so wie in Radebeul auf die Villa Bärenfett, das Haus des Wildwest-Träumers Karl May. Auch der Marktplatz strahlte, weitgehend von Autos frei, eine Ruhe aus, wie es sie schon in der Gründerzeit gegeben hatte, als Dr. Kafka hier im dunkelblauen Sommeranzug und in polierten Schuhen umhergegangen war mit seinen wachsamen, vieles registrierenden Dohlenaugen. Die Waldschenke, in der damals kein Zimmer für ihn frei war, ein Gasthof am Ortseingang, war seit dem Ende des letzten Krieges außer Betrieb, ein Haus mit zerschmetterten Fensterscheiben und eingefallenem Dachstuhl, eine Spukhütte, die ohne Besitzer langsam verfiel und die doch keiner abzureißen wagte. Wir Kinder machten in der Dämmerung immer einen weiten Bogen um das Gebäude. Die nachts nur schwach beleuchtete Landstraße, das Wald-

dunkel ringsum und die Unkrautmassen, die sich am Zaun hoch-
rankten, sicherten ihm seinen Dornröschenschlaf.

Franz Kafka aber war dann doch privat untergekommen, im
Haus eines Oberlehrers auf dem *Breiten Weg*, der bergan führenden Hauptader des Ortes, die später, als das alles wie nie gewesen war, den Namen Karl-Liebknecht-Straße erhielt. Der
Lehrer, der sich durch Untervermietung ein Zubrot verdiente,
war wie die meisten dort Neusiedler. Die Volksschule auf dem
Hügel war erst im Vorjahr eröffnet worden. Da stand sie, wie
das dazugehörige Turngebäude, ein kleines Wohnhaus rechter
Hand und das dahinter mit spitzem Giebel aufragende Festspielhaus, weithin sichtbar auf freiem Feld. Frische Strommasten,
noch ohne Leitungsdrähte, markierten den Verlauf der Landstraße, die auf ihre Asphaltierung wartete und bei starkem Regen im Schlamm versank wie irgendein Feldweg in den Weiten
Rußlands oder Amerikas. Aber dies war nicht Rußland, und es
war auch nicht Amerika.

»Ich kam einmal im Sommer gegen Abend in ein Dorf, in
dem ich noch nie gewesen war«, trug Kafka kurz darauf in sein

Tagebuch ein. »Ich dachte, daß es gut wäre, hier zu übernachten, wenn ich einen Gasthof fände.« Von hier aus war er, gemeinsam mit Otto Pick, dem Prager Schriftstellerfreund, zu Spaziergängen aufgebrochen. Die beiden, ein Bankbeamter und ein Versicherungssekretär, werden, wie sie durch die damals noch dünn besiedelte Kolonie streiften, einem der Stummfilmduos aus Kafkas Romanen geähnelt haben. Nicht gerade Doppelgänger waren sie, dagegen sprach der schwarze Schnauzbart des Freundes, aber doch von weitem leicht verwechselbar mit den bekannten Strohhüten der europäischen Sommersaison jener Jahre, die sie beide trugen. Man weiß, daß den einen, neben der Neugier auf die moderne Mustersiedlung, auch ein häusliches Interesse an den hier produzierten Möbeln hergelockt hatte. Kafka kannte sie aus den Prospekten, die er sich nach Prag hatte zuschicken lassen im Hinblick auf seine Verlobung mit der Berliner Angestellten Felice B. Im Briefwechsel mit ihr spielten Möbel mittlerweile die größte Rolle. Er hielt die Hellerauer Fabrikate für die besten und, wie ihm auffiel, für *die anständigsten, einfachsten*, wohl in Gedanken an die entsetzlichen Kredenzen, die wuchtigen Ehebetten und schweren Eichenholzschränke, die das bürgerliche Heim seiner Zeit in eine Schreckenskammer verwandelten.

Es war sein erster Ausflug als demissionierter Junggeselle, der schon spürte, wie ihn die Ketten drückten, einen Monat nach dem Berliner Verlobungsakt und nur wenige Wochen vor dessen qualvoller Auflösung. Was ihn nach Hellerau zog, gehörte in den Umkreis der *Hochzeitsvorbereitungen auf dem Lande*, über die er in einem Prosafragment am Beginn seiner Schriftstellerzeit phantasiert hatte. Nun war es kein Gedankenspiel mehr, und er mußte sich fühlen wie einer, dem der Ernst des Lebens bevorstand: das fortwährende Beisammensein mit einer Frau.

Während er durch Hellerau spazierte, von der Sommerluft im Kreis herumgetrieben durch diese Bilderbuchsiedlung, in der es überall nach frischem Holz duftete – Holz, das hier zu Möbeln verarbeitet wurde und auf den frischen Baustellen leuchtete –, erschoß in Sarajewo ein Student Österreich-Ungarns jungen Thronfolger. Aber noch schien die Erdbebenwelle, die den Krieg auslöste, hinter den Alpen aufgefangen. Von der Tragweite des Attentats auf dem Balkan war in der Dresdner Randlage noch für einige Zeit nichts zu spüren.

Wenn Kafka morgens am offenen Fenster seinen Turnübungen nachging, wird er die Idylle in grüner Umgebung in Gedanken an den bevorstehenden Nestbau gemustert haben. Ob auch er sich, wie viele der täglichen Besucher, bei der Gartenstadtverwaltung Auskünfte über freie Bauplätze einholte? Ein Zeuge seiner damaligen Visite will gesehen haben, wie der schweigsame junge Herr beim Verlassen der Gästewohnung einmal Anlauf nahm, um über den Gartenzaun zu setzen, es dann aber unterließ und erst auf dem Weg, nach Verschließen der niedrigen Gartenpforte, einen plötzlichen Luftsprung vollführte. Es galt dies lange als Beleg für den eigenartigen Humor des Besuchers. Überhaupt ist Franz Kafka durch sein Benehmen in diesen Tagen mehrmals auffällig geworden, nur daß kaum einer der Augenzeugen schon wußte, um wen es sich bei dem seltsam sportiven Touristen handelte.

Offiziell hatte es ihn, wie alle Hellerau-Pilger, zur Besichtigung des *Dalcroze-Hauses* an den Dresdner Stadtrand gezogen. Die Bildungsanstalt des Schweizer Tanzlehrers war eine Adresse, die wir später Geborenen nur noch vom Hörensagen kannten, eine Legende aus den heroischen Anfangstagen. Dabei lag sie keine zweihundert Meter vom Haus meiner Eltern entfernt, und täglich kam ich daran vorbei. Was mir vor Augen stand, aber war, zum Greifen nah, doch unerreichbar hinter einem Kasernentor, ein befremdlich hoch aufragendes Gebäude, ein Zwitter aus Griechentempel und Zeppelin-Fertigungshalle. Bei seiner Einweihung noch allein auf weiter Flur, hell strahlend mit seinen Säulen, war der Bau zu unserer Zeit, von Baracken und Fahrzeugschuppen umzingelt, nur mehr ein monumentales Stück Blauschimmelkäse, das auf dem Gelände der Russenkaserne aufragte. Hoch oben am Portal, in der Rundung, die einmal das Yin-Yang-Zeichen getragen hatte, prangte der Sowjetstern, rot wie frisches Ochsenblut.

Es war das berühmte Festspielhaus, ein Tempel für Musikdarbietungen, Theater und Eurythmie, die Wiege des deutschen Ausdruckstanzes, wie wir immer wieder zu hören bekamen, ohne daß ich mir unter den Worten Ausdruckstanz, Eurythmie oder Festspielhaus etwas hätte vorstellen können. Es gelang mir auch nicht, den strengen Bau mit dem Bild einer Wiege in Einklang zu bringen; viel passender schien mir schon die Bezeichnung Erziehungsanstalt. Manchmal, wenn das Kasernentor aufging, blieb ich an der kleinen Ausfahrtstraße stehen und sah mich, so lange es ging, an der Erscheinung satt. Dies also war das Herzstück Helleraus. So sah nun das Kultzentrum aus, zu dem die Kunstfreunde aus allen Teilen Europas einst hingeströmt waren. Unter ihnen auch Dr. Franz Kafka, dem bei seinem Besuch dann so vieles schiefging. So wenig hatte man ihn erwartet, so wenig brauchte es ihn hier, daß er am liebsten sofort wieder abgereist wäre. Mehrmals irrte er sich in der Adresse, stand vor verschlossenen Türen und verzehrte sich in lauter Vergeblichkeit – in jenem letzten Sommer der *Belle Epoque*, nur wenige Wochen vor Ausbruch des Ersten Weltkriegs. Zurück in

Prag, hat er noch einige schlaflose Nächte Zeit, dann erreicht ihn die Nachricht von der Ermordung des Erzherzogs Franz Ferdinand und seiner Gemahlin. Sein Schicksal, wie das aller anderen, ist nun vorgezeichnet, nur teilen sich ab jetzt die Wege. Während er sich, nach allerlei Zweifeln und Krisen, an die Darstellung seines traumhaften inneren Lebens macht, kommt für die Mehrheit die allgemeine Mobilmachung.

Damit waren auch für Hellerau, das kleine Hellas am Hellerrand, die leuchtenden Tage gezählt. Schon der tragische Skiunfall Wolf Dohrns in den Schweizer Alpen im Februar 1914, der als junger Mann die Italiensonne Neapels in die Gartenstadt getragen hatte, war ein böses Omen gewesen. Mit seinem Tod zerfiel das Triumvirat aus Unternehmertum, neuer Architektur und Kunstreform, das Bündnis mit Karl Schmidt, dem Gründer der Deutschen Werkstätten, und Richard Riemerschmid, dem ersten Baumeister Helleraus, und es ergab sich ein Minus im Gesamtgefüge, das keiner der vielen verbliebenen und nach ihm hinzukommenden Künstler je mehr ausgleichen konnte. So schnell, wie er gekommen war, verging auch der Hauch des Europäischen in dieser Sonnenscheinsiedlung, als unterm Kriegsdruck die Nationen sich streng sortierten. Kaum ein Jahr war es her, da hatte im Festspielhaus, Höhepunkt aller Erzählungen von der Gartenstadt, die deutschsprachige Erstaufführung von Paul Claudels Weihespiel *Mariä Verkündigung* vor internationalem Publikum stattgefunden. Dann war Jaques-Dalcroze einer der ersten, die, vom feindlichen Klima verschreckt, ins Ausland gingen; später blieben nach und nach die Gäste aus. Eine Zeitlang verkroch sich das geistige Leben in die verschiedenartigsten Schulprojekte, für die Hellerau bald als Markenname stand. Volksschulen, Lehrwerkstätten, reformpädagogische Institutionen mit angeschlossenem Internat, ein Landerziehungsheim, private höhere Schulen, Töchterheime bis hin zu einer Schule für Rhythmik, Musik und Körperbildung, 1919 gegründet als für lange Zeit letzter Versuch, Kunst und Erziehung miteinander in Einklang zu bringen – sie alle wetteiferten eine Weile um das beste Modell und kämpften so lange ums Überleben, bis von der Kunst nur die Erziehung übrigblieb und von der Körperbildung die Ertüchtigung für den nächsten Krieg.

In den zwanziger Jahren war Hellerau das Versuchsfeld für eine Volksschulpädagogik, die es auch den Kindern aus ärmeren Elternhäusern ermöglichen sollte, eine umfassende Bildung zu erwerben. In das Festspielhaus zog die *Neue Schule* ein, geleitet von einem Lehrer der Odenwaldschule, einem Mitarbeiter ihres legendären Gründers Paul Geheeb, der, eine der vielen verpaßten Gelegenheiten, den Ruf nach Hellerau ausgeschlagen hatte. Noch einmal schien alles möglich, ein Mann namens Alexander Sutherland Neill tauchte auf, der später im englischen Summerhill seine eigene Versuchsstation einrichtete, die erste wirklich freie Schule, antiautoritär, frei von der üblichen Angst und Bevormundung der Allerjüngsten. Festumzüge und Schulausstellungen waren nun an der Tagesordnung, mit Themen wie Naturkunde in Hellerau, Hellerau und die Weltwirtschaft oder Geometrie der Kleinen. Über den Marktplatz und durch die fichtenumsäumten Gassen zogen die Kinderbrigaden der Weimarer Republik. Die Deutschen Werkstätten zeigten, was sie konnten, indem sie Wunderwerke der Holzverarbeitung präsentierten wie Krokodile auf kleinen Rädern oder einen großen hölzernen Elefanten.

Selbst die Kunst kehrte noch einmal zurück in Form einer großen Expressionismus-Ausstellung, an der neben Klee, Feininger und Kandinsky auch die Künstler der *Brücke* beteiligt waren. Beinahe wäre Hellerau zur Zentralstation für die Avantgarden geworden, mit einer eigenen Galerie und einem Museumsflügel im Festspielhaus. Letzte Auftritte und Aufwallungen, bevor überall die Werke der Genannten als *Entartete Kunst* verunglimpft wurden, wie zum Beweis ihrer Deformiertheit flankiert von den Bildern der Geisteskranken aus der Prinzhorn-Sammlung. Verhaßte »Negerkunst«, die allen deutschen Formwillen unrettbar unterwandert hatte.

So begann der Abstieg in die Normalität, und Scharfmacher von links und rechts übernahmen, wie überall in Deutschland, auch in Hellerau die Regie. In den Wipfeln richteten sich die politischen Falken ein. Alfred Kurella hatte als Hauslehrer bei einer Familie am Heideweg einen kurzen Auftritt, bevor er als KPD-Mitglied und moskautreuer Emigrant in der späteren DDR kulturpolitisch Karriere machte mit seiner Doktrin vom *Sozialistischen Realismus*. Ein gewisser Bruno Tanzmann ließ den Hakenkreuz-Verlag ins Register eintragen und betrieb in Hellerau Propaganda für die Gründung einer radikal-völkischen Deutschen Bauernhochschule. Der Artamanen-Bund formierte sich und übernahm die Schulung des neuen Herrenmenschen, in Vorbereitung auf die spätere Siedlungspolitik im Osten. Bald waren die ersten Gau-Tage angekündigt. Es krochen die Rasse-Ideologen aus ihren Löchern, die Germanomanen und die Antisemiten, es sprangen die Wurzelbeschwörer und die Blut-und-Boden-Zauberer über die Heide. Wenige Jahre nach Kriegsende spazierte auch durch die Hellerau-Idylle der Prototyp des *Kitsch-Menschen*, von dem Hermann Broch meinte, sein Spießergeist habe sich immer wieder als der des prüden Raubtiers entpuppt, *das jegliche Grausamkeit, also nicht zuletzt auch die Scheußlichkeiten*

der Konzentrationslager und Gaskammern ohne weiteres hinnimmt.
Schließlich wehten auch in der Gartenstadt die Fahnen mit dem
Symbol des Todes, der schwarzen Hakenkreuzspinne. Nach dem
Sieg der Hitler-Bewegung war auch hier der Humanismus un-
tergegangen wie die Sonne hinter dem Waldrand am *Grünen
Zipfel.*

So war Hellerau am Ende doch nur ein Torso geblieben, wie
Richard Riemerschmidt, einer der Miterbauer, sich resigniert
eingestand. Ausgerechnet das Festspielhaus, sein pazifistisches
Herzstück, die ideale Bildungsstätte für Körper und Geist, ver-
kam nun zur militärischen Zuchtanstalt. Der hohe Musentem-
pel, vor dem sich eben noch eine rhythmusbegeisterte Jugend in
ihren Reigentänzen geübt hatte, wurde zur Polizeikaserne. Kurz
vor dem Überfall auf die Sowjetunion rückten dort Himmlers
Ordnungspolizisten ein. Dieselben Männer, die in ihren Freistunden Schlager singend durch das friedliche Örtchen gezogen waren, an den Wochenenden Fußball-Derbys veranstaltet und die
Dresdner Museen besucht hatten, erhielten bald den Einsatzbe-
fehl nach Polen, ins Baltikum und in die Ukraine, wo ihre Arbeit darin bestand, in Wäldern gleich denen der Dresdner Hei-

de massenweise Juden und Partisanen in die Grube zu schießen. Nach ihrer Niederlage zog die Rote Armee dort ein, machte die Siedlung zur Garnison. Ödeste Staatlichkeit legte sich wie Mehltau über die kleine Kommune, das mißglückte sächsische Utopia versank in Spießertum und Tristesse.

Wer nach dem Krieg dazustieß oder später hierherzog wie wir, lebte auf einer bloßen Erinnerungshalde. Ein paar lose Albumblätter aus den goldenen Zeiten wehten manchmal herüber. Man haschte nach ihnen, betrachtete still die vergilbten Ränder und wunderte sich, wie das alles einmal zu einer Avantgarde der Architektur, der Kunst, des Wohnens und Arbeitens gehört haben mochte.

Als Phantom aber kehrte Kafka später noch einige Male wieder. Viele Jahre nach der Schulzeit – ich kam mittlerweile nur noch auf Elternbesuch nach Hellerau – sah ich einen Herrn mit Hut, für ostdeutsche Verhältnisse auffällig elegant gekleidet, über den leeren Markt streifen. Er tauchte erst am unteren, dann am oberen Ende des Platzes auf, war plötzlich im Vordergrund, streifte an mir vorüber und war ebenso schnell verschwunden. Immer wieder blickte er zum bewölkten Himmel hinauf, wie einer, der die rückwärtsgewandte Zeit einfach nicht fassen konnte. Dieser Herr, kein Zweifel, war ein Besucher aus Westdeutschland oder Amerika, ein Durchreisender, der den Kontakt mit den Einheimischen mied. Er hatte manches von Kafkas Erscheinung, wenn auch nur auf den ersten Blick.

Der echte Kafka war den Leuten hier näher gekommen, als es ihm lieb war – beiläufig erwähnt er *das dicke wurstessende Paar Thomas*. Und da die Gespräche sich darum drehten, wird er bei seinen Erkundungsgängen sicher auch die Volksschule inspiziert

haben, die erst ein halbes Jahr vor seinem Erscheinen eingeweiht worden war. *Wanke nicht, Grundstein!* – hatte der Architekt, im Beisein des Bürgermeisters und des Gemeindevor-
stands, bei der Zeremonie ausgerufen. Schon ein halbes Jahr
später war das Gebäude bezugsfertig, als hätten die Zwerge aus
dem Märchen es an Ort und Stelle gezaubert. In langer Prozes-
sion zog eine fröhliche Kinderschar von der Waldschenke über
den Markt zur Einweihung der neuen Schule.

Und eine Öde war auch das uferlose Sandgelände, das die
Dresdner Neustadt mit ihren Mietshäusern, den drittklassigen
Villen und den Kasernen des alten Militärbezirks von uns, den
Hesperidenbewohnern aus der Gartensiedlung, trennte. Kafka
berichtet, zunehmend entgeistert und entnervt, von seinen vergeblichen Versuchen, einen Ort zu finden, der seinerzeit die
Natura hieß. Man könnte dabei an ein Etablissement zweideu-
tiger Art denken, was zur Legende Hellerau aber nicht recht
passen will. Wahrscheinlicher ist, daß es sich um eine der zeit-
typischen Kuranstalten handelte, ähnlich jenem Nudistencamp
Jungborn im Harz, in dem er zwei Jahre zuvor einen Erholungs-
urlaub verbracht hatte. Ebensogut konnte damit auch das Hel-
lergelände als solches gemeint sein, ein wüstenartiges, durch
Rodung entstandenes Niemandsland aus Dünen und Heide-
kraut, bespickt mit Kiefern und Birken, ein Streifen russischer
Weite mitten in Sachsen, auf dem erst kurz vor seinem Besuch
der erste Zeppelin, die *Victoria Luise*, in Dresden gelandet war.
Dabei hätte ein Sprung in das nächstgelegene Wäldchen genügt,
eine kleine Drehung fort von den frischgebackenen Pfefferku-
chenhäuschen der Siedlung, und der Namenlose hätte sich, umherirrend, eben dort wiedergefunden, wo wir kindlichen Abenteurer uns, ein halbes Jahrhundert nach ihm, herumtrieben,

fern aller Geschichte und Behausung, ganze Nachmittage lang, als die natürlichen Brüder Winnetous. Ob Kafka wie wir seinen Karl May gelesen hatte? Wer liest überhaupt wen und wann? Wenn die Lektürezeit wie die natürliche Lebenszeit jedes Menschen vorwärts und rückwärts ging, war dann nicht alles möglich?

Im Winter, wenn die Dächer unter den Schneehauben verschwanden, war der Ort ein einziges Heimatmuseum, doch dessen Hausgeister waren nun wir, unbekümmerte Leser der Bilderbuchwelt von gestern. Keiner von uns ahnte etwas von dem belebenden Wind, der einst durch die Baumkronen gestrichen war, vom Duft der neuen Möbel, die in den *Deutschen Werkstätten*, jener Mustermanufaktur am Waldrand entlang der Pillnitzer Straße, nach den Plänen derselben Gestalter und Architekten gefertigt worden waren, die auch die Häuserzüge und Mustervillen entworfen hatten. Niemand erzählte uns von dem Experiment, das sich hier abgespielt hatte: Arbeiten und Wohnen und das tägliche Draußensein einmal, wenigstens dieses eine Mal, in Einklang zu bringen mit dem Zufall der nächsten Schritte. Von der Neugier, die einige der Pioniergestalten in die Künstlerkolonie Hellerau gelockt hatte. Monsieur Le Corbusier hatte sich hier umgesehen, und wer weiß welch ideenhungriges Talent der späteren internationalen Moderne. Aber dann war der Krieg gekommen und hatte alles zunichte gemacht, der erste und nach ihm der zweite, und später der Sozialismus, und der Holzwurm war ins Gebälk dieser Reformhäuser eingezogen, und die Apfelbäume waren alt und grau und moniliakrank geworden.

Wir später Geborenen wußten von diesem Aufbruch nichts mehr. Wir waren in eine Zeit der trügerischen Windstille geraten. Viel war nicht los mit uns und unserer Kindheit. Der Tod eines Mitschülers war unter den möglichen Irritationen noch die größte. Wir machten auf den immergleichen Straßen unsere Kreidestriche, lebten, durch Gärten und Felder wieselnd, munter in unseren Tag hinein. Wir hielten uns an das Naheliegende – die übersichtlichen Häuserreihen, die Ordnung der Gartenzäune, die braunen Fensterläden, von denen der Anstrich abblätterte. Ganze Nachmittage drückten wir uns an den bröckelnden Friedhofsmauern am Heideweg herum, belagerten die Kaserne der russischen Garnison, die uns mit ihren verlockenden Orientfarben anzog. Damals fing es an, daß wir Streuner das unheimliche Wesen der Zeit zu begreifen begannen: daß sie uns hinterrücks Lebensaugenblicke entzog, deren Wert uns erst nach und nach im Verlust aufging.

Hätte uns jemand gesagt: Denkt nur, ihr seid nun mitten im Kalten Krieg – seine Rede wäre uns absurd erschienen. Man sprach von kaltem Kaffee, wenn etwas abgestanden war, und Kalter Hund war der Ausdruck für eine Kekstorte, mit Kakaocreme bestrichen, die man nicht zu backen brauchte, gerade das Richtige für Kindergeburtstage. Eine Bezeichnung aber, die über solche Alltäglichkeiten hinausging und eine ganze Epoche umfassen sollte, wäre uns rätselhaft geblieben. Lebten wir nicht im tiefsten Frieden? Genausogut hätte man uns vom böhmischen Winterkönig erzählen können, von Ohm Krüger und seinem Burenaufstand, und wir hätten darauf nur gekichert, das Ereignis in eins unserer Schulhefte eingetragen und wären, nach den Pappeln vorm Fenster schielend, zur Tagesordnung übergegangen. Real war der Eintrag ins Klassenbuch, der Wutausbruch eines Lehrers, das weiße Pionierhemd und das rote Halstuch, das bei gewichtigen Anlässen getragen wurde. Real war das bedrückend solide Gebäude, in dem wir uns jeden Morgen einfanden, die meiste Zeit ungekämmt und in allerletzter Minute.

Im Winter knisterte die Heizung im Klassenzimmer, im Sommer bettelten wir darum, die Fenster öffnen zu dürfen, deren Scheiben kein Aufkleber schmückte, keine Schülerzeichnung verzierte. Wenn der Lehrer gut aufgelegt war, wurde der Bitte stattgegeben, und das war dann, unvergeßlich, ein Moment allgemeiner Erleichterung. Die Schule hatte ihren Hausmeister, einen schwerhörigen Alten im blauen Werkarbeiterkittel, Kriegsinvaliden, der im Keller das Milchgeld kassierte und die Ungehorsamen an den Ohren zog. Er war, wie eins dieser Scheusale aus den Hauffschen Märchen, ein vierschrötiger Kerl, vor dem jeder sich vom ersten Schultag an fürchtete. Im Flüsterton ging unter uns sein Spitzname herum: »der Nazi«. Der einzige, der ihm Weisungen erteilen konnte, wozu er ihn anbrüllen mußte, daß es durchs Treppenhaus hallte, war der Direktor. Dieser Mann war in jeder Hinsicht das Gegenteil des Hausmeisters, ein hagerer, drahtiger Kerl mit federndem Schritt, Hornbrille und Fahrradklammern am Hosenaufschlag, hundertprozentiger Parteigenosse. Er unterzeichnete seine Briefe an die Eltern mit sozialistischem Gruß.

Dieses Schulgebäude werde ich nie vergessen. Ich trage es mit mir herum wie den Grundriß zum Eingang in mein persönliches Labyrinth. Wir begruben unsere Vormittage dort und auch manche der Nachmittage in jener kostbaren Zeit, da man sechs Jahre alt war, dann sieben, dann acht und so weiter. Mit

sechzehn hatte man es geschafft. Dann begann die Berufsaus-
bildung, man wurde Facharbeiter für »Zerspanung«, Maurer,
Elektromonteur oder Konditor. Einige konnten etwas Zeit her-
ausschinden, indem sie einen Platz auf einer der begehrten Ober-
schulen ergatterten, die im Stadtzentrum lagen und nur mit
langen Straßenbahnfahrten zu erreichen waren. Nun war man
endlich zu einem Dresdner geworden – einem, der all die Jahrhunderte zuvor in einem verschlafenen Vorort vertrödelt hatte.

2

Alles ging seinen ruhigen Gang, fern der Weltgeschichte, solange wir allmorgendlich in das Gebäude am Ende des *Schmalen
Weges* trotten durften. Links neben dem Bau mit der goldenen
Turmuhr lag die Turnhalle, ein etwas ungemütlicher Annex im
Schatten hoher Fichten, mit dem ihn eine Schreckenserinnerung
verband. Dort wäre er einmal beinah gestorben. Es hatte nicht
viel gefehlt, und seine lieben Klassenkameraden hätten ihn in
den wilden Spielen, die der Sportstunde oft vorausgingen, unter
einem Haufen lederner Matten, wie wir sie zum Bodenturnen
gebrauchten, erstickt. Die Kraft war ihm ausgegangen, als er da
unter den weichen, stinkenden Matten lag und immer noch
einer johlend oben aufsprang, und zum ersten Mal hatte er etwas
wie Todesangst gespürt.

Zur Rechten duckte sich unter Bäumen das Hexenhäuschen
des Hausmeisters, weiter entfernt schob sich der Schulhort zur
Straße vor, und dazwischen lag, Quelle unserer wildesten Phantasien, das örtliche Feuerwehrdepot. An Schönwettertagen, wenn
die großen Flügeltüren des Spritzenhauses offenstanden, sah man

die rote Armada der Feuerwehrfahrzeuge, zum Ausrücken bereit. Sie standen da, blankgeputzt wie die Oldtimer im Johanneum, dem Staatlichen Verkehrsmuseum der Stadt hinterm Kulturpalast. Manchmal gelang es uns, einen Blick ins Innere zu werfen. Es gab dort Kletterstangen, an denen die Mannschaft bei Alarm sich aus der Wachstube herabgleiten ließ, außerdem Haken für die Helme und Schutzanzüge und an den blitzblank polierten Wagen Trommeln, auf denen die Wasserschläuche aufgerollt waren, graue Würgeschlangen vom Amazonas, ganz platt von der Hitze. Wie oft wünschten wir uns, daß endlich einmal ein Großbrand im Ort ausbrechen würde – dann hätten wir zusehen können, wie der ganze Apparat in Schwung kam, einem mechanischen Spielzeug gleich, nur mit echten Helden in echten Gefahrensituationen.

Als es einmal wirklich geschah, war natürlich keiner dabeigewesen. Eines der schmucken Gartenhäuser war bei einer Gasexplosion in die Luft geflogen. Ein Eifersuchtsdrama: Im Ort ging später das Gerücht um, der Familienvater habe für sich keinen Ausweg mehr gesehen und einfach den Gashahn aufgedreht. Als die Tochter aus der Schule kam und am Gartentor klingelte, gab es eine gewaltige Explosion, bei der das Haus an der Küchenseite halb aufriß und das Kind vom Luftdruck bis zum gegenüberliegenden Zaun geschleudert wurde. Unvergeßlich war die gedrückte Stimmung, die noch wochenlang über den Grundstücken und Straßen Helleraus hing, eine Dunstglocke aus Unglück. Die Feuerwehr war ausgerückt, doch gelöscht werden mußte nichts, der Rauch hatte sich schnell verzogen, die Trümmer waren schon kalt, als die Retter am Ort eintrafen. Die Küchenwände und Teile der Garage seien, wie Anwohner nachher erzählten, mit einem einzigen sauberen Knall in sich zusammengesackt. Über Wochen pilgerten wir verstohlen an den Unglücksort.

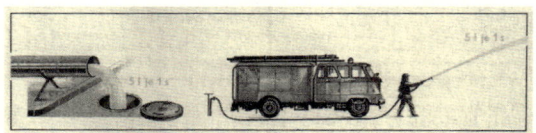

Ich hatte damals noch keine echten Freunde. In der Klasse gab es gerade zwei Mitschüler, mit denen mich ein scheues Interesse verband. Da war E., ein dicklicher Junge, den die anderen Kröte nannten, für mich hieß er Ecki. Er hauste in einer verwahrlosten Wohnung an den Straßenbahnschienen, gemeinsam mit seinem uralten, schwerbehinderten Vater, dem großen Bruder, einem ortsbekannten Rabauken, der gern bei voller Lautstärke Gitarrenrock hörte, und der heillos vom Leben überforderten Mutter. So chaotisch war diese Familie, daß sie einem angst machen konnte. Die tollsten Auftritte konnte es geben, wenn ich an der Tür klingelte, um den Freund abzuholen. Einmal stand der Vater in schmutziger Unterwäsche vor mir und redete wirres Zeug, da er mich nicht wiedererkannte. Ein andermal schoß der Bruder heraus, schüttelte seine Rockermähne und gab mir einen freundlichen Klaps, daß ich beinah die Stufen hinuntergepurzelt wäre. Oder die Mutter hatte einen schlechten Tag, und dann schickte sie mich fort mit der Ausrede, ihr Sohn sei krank, während Ecki im Hintergrund Grimassen schnitt.

Ich erinnere mich an die Garderobenecke im Flur, wo sich unter dem schräg herabhängenden Kleiderrechen ein Berg von Schuhen auftürmte, aus dem E. jedesmal umständlich seine Galoschen hervorkramte. Es kam vor, daß er in der Eile das Gesuchte nicht fand; dann erschien er in der Schule mit zwei verschiedenen Schuhen an den Füßen und war wie so oft das Gespött der Klasse. Er tat mir leid, aber es war ihm auch nicht zu helfen. In einer Vertretungsstunde hatten wir beim Musiklehrer einmal einen Wunsch frei, und alle wünschten sich, daß E., der im Gesang keinen geraden Ton herausbrachte, uns ein Lied vorsingen sollte. Der Lehrer, diese pädagogische Niete, gab der Mehrheit nach, und der arme E. mußte, zur Schadenfreude aller, *Am Brunnen vor dem Tore* trällern in seiner Not. Es hörte sich an wie das Gewinsel eines geprügelten Dackels, und ich fühlte mich schlecht, weil ich ihn, wie die anderen, ausgelacht hatte. Eine Zeitlang waren wir unzertrennlich gewesen. Er war der erste, der in Richtung Westen verschwand, als die Familie nach dem Tod des Vaters ausreisen durfte. Später schickte er mir eine Postkarte mit dem Bild des Heidelberger Schlosses und kurz darauf eine von der Akropolis in Athen. Erst da begriff ich, welch große Zuneigung ich zu diesem Jungen mit dem verschwitzten Lockenkopf und den zerkauten Fingernägeln empfunden hatte. Das Wort Freundschaft wäre uns damals nicht in den Sinn gekommen. E. war nun in einer anderen Welt, unerreichbar, er hätte ebensogut in den Himmel aufgefahren sein können; ich habe ihn nie mehr wiedergesehen.

Und dann war da U., mit dem ich wochenlang an den Nachmittagen in der Siedlung umherzog. Wir beide schraubten gern an unseren Fahrrädern herum. Seines stach sofort ins Auge, weil es ein Westfabrikat war. Er gehörte zu den Beneideten, die mit einer ausgedehnten Westverwandtschaft gesegnet waren, und sein Glück war es, daß diese ihn, das einzige Kind in dem Familienteil, der das Pech hatte, in der Zone gestrandet zu sein, immerfort mit Geschenken verwöhnte. Er nahm das alles hin, profitierte von ihrem schlechten Gewissen und blieb dabei doch bescheiden. Hätte ich ihn darum gebeten, er hätte mir sicher von seinen Schätzen abgegeben. Da war eine Sammlung von *Matchbox*-Autos (ein erster Vorgeschmack auf das England meiner Träume), von Aufklebern und bunten Schokoladenbildern und der herrliche Reichtum seiner Plastikindianer, die sich im Unterschied zu den gröberen Ostprodukten und zu unserem fingerfertigen Entzücken in Einzelteile zerlegen ließen. Einmal bot er mir eines seiner Mickymaus-Hefte an, aber mit Blick auf seine Eltern, die daneben standen, lehnte ich die bunte Kostbarkeit in falscher Bescheidenheit ab. Rechtschaffene Leute waren das, mit einem Eigenheim am Rande des Klotzscher Flughafens, in größter Entfernung von allen anderen – sie waren immer sehr höflich zu mir. Bei ihm zu Hause zu sein kam einer Schloßbesichtigung gleich. Die freundlichen Schloßbesitzer erlaubten es einem, alles anzufassen; man durfte vom guten Tafelservice essen und stellte, bevor man ging, alles millimetergenau wieder an seinen Platz zurück. Vielleicht war ich darum lieber im Freien mit ihm unterwegs, wo wir gleichrangig waren bis zu den zerschundenen Knien. Der einzige Unterschied lag dann im unerreichbaren Luxus seines Fahrrads, einer Wahnsinnsmaschine mit Gangschaltung aus Westdeutschland.

Wir fuhren gern über die staubigen Feldwege; dann lehnten wir die Räder an den Drahtzaun, der das Gelände des Klotzscher Flughafens umgab, und warteten geduldig auf die Maschinen, die dort in langen Abständen einschwebten. Es war so ziemlich die größte Sensation in dem dörflichen Einerlei, ein beinah religiöser Moment, den wir, vollkommen eingehüllt in das Dröhnen der Turbinen, mit Herzklopfen genossen. Zuweilen unternahmen wir auch Expeditionen in die Wäldchen, von denen Hellerau umschlossen war – in das Straßenbahnwäldchen am Ortsausgang oder ins Russenwäldchen am Heller, um dort Pilze und Blaubeeren zu suchen. Mit den Pilzen war es nicht weit her; worauf wir dagegen stießen, war allerlei Kriegsgerät, unfaßbar verrostetes Zeug, Fundstücke aus einer Zone, die seit Menschengedenken Militärgelände war. Kochgeschirre waren darunter, Reste von Arm- und Beinprothesen, leider nie ein Maschinengewehr. Einmal fiel uns eine Blechkiste in die Hände, die uns beim Öffnen mit Hunderten Glasampullen überraschte; ein andermal mehrere bandagierte Packen gelber Etiketten in kyrillischer Schrift, die wir erst stolz nach Hause trugen und später bei einer Schnitzeljagd im Wald ausstreuten.

U. war ein Einzelkind, so wie ich, ein wortkarger, manche meinten auch verschlossener Junge. Seine Eltern waren immer sehr besorgt um ihn, seit er als Kleinkind an einer Hirnhautentzündung fast gestorben wäre. Hinter ihrem Rücken hieß es, sie verhätschelten ihn. Er hatte einen sonderbar voluminösen Schädel. Die Mädchen hänselten ihn gern, indem sie ihn *Pferdchen* nannten, eine Gemeinheit, die ihn zuverlässig traf, wie auch die Anspielung auf seine biederen Strickpullover, von denen es mehrere gab. Auch dies verband uns, denn meine Mutter hatte seit den Kindergartentagen die Angewohnheit, mich rundherum einzustricken. Sie war eine Künstlerin in Stricksachen. Da dies aus Liebe geschah, war ich machtlos und zog an, was sie mir morgens hinlegte. Mit U. also sah ich mir das zertrümmerte Haus des Selbstmörders an, von dem man sich erzählte, er sei schwermütig gewesen und habe die Familie lange mit seinen Wahnvorstellungen gequält, bevor er den Gashahn aufdrehte und die Küche in die Luft sprengte. Die Tochter, die zur Tatzeit eben aus der Schule heimkehrte, war von der Druckwelle gegen den Gartenzaun geschleudert worden und nur knapp davongekommen mit einem *Schock fürs Leben*. Wenn wir ihr später im Ort begegneten, wechselte sie immer die Straßenseite und vermied unsere Blicke. Für eine Weile verloren wir die Lust an unseren Feuerwehrphantasien.

Es dauerte einige Zeit, bis wir die Witterung wieder aufnahmen und selber zu zündeln begannen. Die Ausflüge mit U. führen mich zurück in jene versonnene, nahezu goldene Epoche, in der ein Kind männlichen Geschlechts schwerelos zwischen Schule, früher Technikbegeisterung, dem Kafkaschen Wunsch, Indianer zu werden, und einer prähistorischen Zeitlosigkeit zu schweben scheint wie die vereinzelten Hummeln, die einem im Sommer gegen die Knie taumelten.

Jeden Mittwoch um zwölf Uhr riß ein Sirenengeheul uns aus dem allgemeinen Dämmerzustand. Doch das war nur blinder Alarm, eine Feuerschutzübung, die wir als solche durchschauten und bald überhörten. Wenn es wirklich einmal ernst wurde, waren entweder große Ferien und man war in eine der Ecken des kleinen Landes verschickt worden, an die Ostsee, in den Thüringer Wald, oder man lag mit Grippe im Bett und bekam in den Fieberschüben von alldem nichts mit. Wurde einem nachher davon berichtet, war man in Gedanken längst woanders, die Urlaubsmattigkeit hatte alles verwischt, und der Unterricht schluckte alsbald wieder die ganze Traumherrlichkeit. Mathematikstunde: Einmal kurz eingenickt über dem Kästchenpapier, und das Spritzenhaus nebenan lag wie ausgewechselt unter verschneiten Dächern. Dann war die herrliche Schreckensvision vergessen und mit ihr das glühende Feuerwehrrot. Bis zu dem einen Januarmorgen, an dem das Unerhörte geschah.

Es war nach den Weihnachtsferien gewesen. Das Fest wurde, wie überall in der christlichen Welt, sogar in unserer gottverlassenen Ecke des Ostblocks gefeiert. Wir kleinen Atheisten, nur grob informiert über den Anlaß, freuten uns jedesmal, wenn es wieder soweit war. Natürlich hatten die meisten, auch ohne Apostelgeschichte und Krippenspiel, eine ungefähre Vorstellung, woher die Strömung kam und was sie mit sich trug. Vermutlich bekamen es selbst die Affen im Dresdner Zoo zu spüren, dank einer Extraration Bananen. Die Tierpfleger hatten ihren verlängerten Urlaub, und so teilte sich die leicht einschläfernde Besinnlichkeit vor und nach der Heiligen Nacht auch ihren Schützlingen aus den Dschungeln Borneos und den Wäldern des Kongo als Unterbrechung des Zooalltags mit. Mancher Schimpanse auf seinen feuchten Fliesen wird sich nachdenklich am Kopf gekratzt haben. Ich sehe noch den Orang-Utan hinter der Panzerglasscheibe, wie er umständlich mit einem Löffel Reste von Mangobrei aus seiner Blechschüssel fischte. Die teuren Südfrüchte, in der Republik nirgends aufzutreiben, wurden für die gefangenen Exoten eigens importiert. Es kam vor, daß ein Besucher in Gedanken abschweifte, wenn er den Mahlzeiten im Affenhaus mit schwelgerischen Blicken folgte. Einmal sah ich, wie eine Orang-Mutter am ausgestreckten Arm ihr noch kaum behaartes Junges emporhob, und dachte dabei an den Mann am Kreuz, den ich bei unserer Nachbarin, einer frommen Katholikin, als Miniatur an der Wand hängen sah.

Das Weihnachtsfest war, wenigstens in dieser Familie, immer mit einer halben Weltreise in alle Geschmacksrichtungen verbunden. Tagelang war die Mutter mit der Zubereitung des

Dresdner Christstollens befaßt, einer Köstlichkeit, zu der etliche Bekannte aus dem Westen mit mehreren Paketsendungen voller Zutaten beitrugen. Mandeln, Rosinen, Sultanat, Zimt, Vanillestangen und Zitronat wurden verschickt, bis zum vereinbarten Termin beim ortsansässigen Bäcker etwa zwei Dutzend der brotförmigen Kuchenlaibe gebacken, Stunden später abgeholt und auf Brettern im Keller aufgebahrt wurden. Anderntags wurden sie mit zerlassener Butter überpinselt, mit Puderzucker bestreut, und es hätte nur noch gefehlt, daß man sie in aller Förmlichkeit als Christstollen gesegnet hätte, bevor sie verpackt und zur Post gebracht wurden. Es war der einzige faire Tausch zwischen Ost und West, an den ich mich erinnern kann: Naturalien gegen Traditionsgüter, gefertigt nach altem Rezept. Insofern war Weihnachten auch das Datum einer grenzüberschreitenden Kommunion, ein Exzeß an gegenseitiger Großzügigkeit. Schon das Kind begriff damals: Es gab da etwas, das die historischen Verhältnisse in Verlegenheit brachte und die Beteiligten erfinderisch machte. Dies und die allgemeine Auszeit, die Pause im Dauerfeuer der Besserwisserei (unser tägliches ideologisches Brot), brachten es mit sich, daß die Tage, in denen der Name des Anlaßgebers Jesus Christus eher beiläufig fiel, uns geschäftig machten und alles andere vergessen ließen. Man wurde dem Schoß der Familie zurückgegeben. Es war die Reihe der Adventswochenenden und dann die eigentümliche kalendarische Schwebe zwischen den Jahren, in der man der sanften Überredungskraft von Häuslichkeit, Extrawärme und Winterdämmerung mit Haut und Haaren erlag. Zumindest damals, mitten im Kalten Krieg und im Bann der Kindheit, war noch Verlaß auf ihn: den alljährlich wiederkehrenden, alles verzaubernden Weihnachtszeiteffekt.

Dann kam der Silvesterabend. Und ich bin mir sicher, daß es derselbe war, an dem das Bleigießen die Hauptattraktion wurde, wie alles, was man erstmals erlebt. Das Orakelspiel mit dem flüssigen Metall gehörte bei uns nicht zur Familientradition, und dementsprechend unvergeßlich war es, schon deshalb, weil wir uns ziemlich ungeschickt dabei anstellten. Ein überraschendes Ritual aber war es, eines, bei dem ich sofort Feuer fing. Wie ein heiliges Instrument hielt ich den Löffel über die brennende Kerze. Niemand wunderte sich, wie leicht ein Kind in die Haut eines Alchemisten aus dem Mittelalter schlüpfen konnte. Aber auch die Erwachsenen benahmen sich, als hätte es nie ein wissenschaftliches Zeitalter gegeben. Zischend formten sich da, wenn die quecksilbrige Masse ins kalte Wasser klatschte, kleine Delphine, Alraunwurzeln, wasserköpfige Embryonen oder Teufelchen, den Dreizack in der Hand. Man konnte sich denken, daß dies wenig über das Leben und seine Zukunftsaussichten besagte, und war doch hingerissen von so viel sinnbeladener Plastizität. Wir waren nicht abergläubisch, Glückwünsche nahmen wir mit einem Schulterzucken entgegen. Esoterik hatte, im Haushalt eines Ingenieurs für Steuer- und Regelungstechnik, wie die offizielle Berufsbezeichnung meines Vaters lautete, nicht die leiseste Chance. Mochte ein froschartiges Wesen einen Lottogewinn bedeuten — und wenn schon, wir spielten nicht Lotto. Standen die Zeichen aber auf Kummer und Unannehmlichkeiten (eine Gabel, ein Messer, ein Besen), verloren auch wir uns in Nebengedanken, nur um dann lauthals unsere Zweifel lachend beiseite zu fegen. Aus einer Liste der Deutungshilfen erfuhren wir, was es heißt, wenn da — Abrakadabra — ein Auto, eine Schlange, ein Regenschirm oder ein Löffel erschienen. Mehrmals hieß es, höchst ungefähr und bedeutungsvoll:

Man spricht über dich. Doch über wen hätte man nicht gesprochen und nicht gelästert, und was war ein salomonischer Spruch wie dieser als Zukunftsschau wert?

Es kam der Januar, Schulanfang, ein eisiger Montagmorgen, und mit ihm der Wiedereintritt in die Realität – die erste Unterrichtsstunde. Schon im Treppenhaus fiel mir die Veränderung auf. Der rechte Gebäudeflügel im Erdgeschoß wirkte wie lahmgelegt, der Flur zu unserem Klassenzimmer, auf dem es vor den Kleiderhaken immer ein Gewirbel und Gedränge gab, war leergefegt. Ein merklicher Temperatursturz war durch das ganze Schulhaus gegangen, und von den Eiszapfen, die draußen von den Dachrinnen hingen, gingen kalte Strahlen aus, die von den Steinböden reflektiert wurden. Aus dem Klassenzimmer kam mir Roswitha entgegen, die faule Roswitha, ein Mädchen, mit dem keiner sich abgeben mochte, weil sie, eine Sitzenbleiberin, de facto die Klassenälteste, gern den Ton angab und doch nicht zu uns gehörte. Ihre Mutter war in irgendeiner Anstalt verschwunden, Roswitha wuchs beim Vater auf, der mit ihr und den Geschwistern heillos überfordert war. Sie war erstaunlich robust, *durchtrieben*, wie die Erwachsenen sagten, darum störte sie sich kaum an unserer Abneigung; sie machte sie durch ihre Aufdringlichkeit wett. Vor den Ferien hatte ich ihr einige Male Nachhilfeunterricht in Rechtschreibung geben müssen, bei uns zu Hause an Vaters Schreibtisch, wir zwei eng beisammen – und mich dabei vor den offenen Warzen auf ihren Handrücken und den zerkauten Fingernägeln geekelt. *Nicht berühren, nicht berühren*, dachte ich, wenn ihre Hände mir über den Buchstaben zu nahe kamen. Von da an war sie nur noch zutraulicher geworden und betrachtete mich als ihren Verbündeten. Ich hatte sie kommen gesehen und versucht, ihr auszuweichen, aber zu spät, schon hatte sie mich beiseite gezogen und mir den Satz ins Ohr geflüstert, den ich seither nie mehr vergessen habe. »Der U. hat den Löffel abgegeben.«

Sie muß sich gefühlt haben wie eine Hellseherin. Ihre Augen glänzten vor Stolz und Wichtigtuerei. Das Dumme, ja wirklich Peinliche war nur, daß ich die Redewendung noch nie gehört hatte. Was für einen Löffel – und wieso abgegeben, an wen? Ich durfte mir nicht anmerken lassen, daß ich keine Ahnung hatte – nicht vor Roswitha, die kaum einen Satz fehlerfrei schreiben konnte.

Ich konzentrierte mich auf die Kleiderhaken im Flur und den kalten Steinfußboden, dann ließ ich sie stehen, betrat das Klassenzimmer. Ich sah die Gesichter der Mitschüler und bemerkte sofort die allgemeine Bedrückung. Die Lehrerin hatte sich anscheinend verspätet. Die Klassenkameraden, alle still auf die Bankreihen verteilt, waren allein unter sich, einige hatten aus Verlegenheit ihre Schulbücher aufgeschlagen. Nur U., sonst immer einer der ersten, fehlte. Sein Platz in der hintersten Reihe war frei geblieben.

Da ahnte ich, daß etwas Ungutes geschehen war. Etwas war in unser friedliches Hellerau eingebrochen an diesem Wintermorgen – etwas Namenloses, Uraltes, schwer zu Begreifendes, das der Schnee draußen in der Morgendämmerung vor den Fenstern mit seiner Stummheit zu besiegeln schien. Schon gaben die ersten im Chor die Anweisung weiter: Jeder an seinem Platz bleiben, sich ruhig verhalten, nicht durcheinanderreden. Es war die Stunde der altklugen Mädchen, die immer gleich wußten, was zu tun war, in jeder Lebenslage. Keine Panik, unsere Klassenlehrerin sei kurz da gewesen und habe alle beruhigt, dann sei sie ins Direktorenzimmer gerufen worden. Aber was wollte sie dort? Etwa den Löffel abholen, den U., niemand wußte warum, abgegeben hatte? Wo steckte er überhaupt, mein Freund? Er hätte mir alles erklären können, wäre er nur schon da.

War er wieder hinausgegangen in den Schnee? Von einem Unfall im Schneetreiben ging das Gerücht. Nur die Roswitha saß mit leuchtenden Augen vor ihren zerfledderten Heften. Mir schwirrte der Kopf vom Gesumm, von diesem Bienengesumm aus Gerüchten. Verspätet fing der Unterricht an, die Klassenlehrerin erschien in Verstärkung, der Direktor und ein weiterer Lehrer hatten neben ihr Aufstellung genommen. Dann kam nach und nach die ganze Geschichte ans Licht. Ein Autounfall – zwischen den Jahren – Familienbesuch aus Westdeutschland – der Onkel im weißen Mercedes – auf eisglatter Fahrbahn – am Ortseingang in das Wäldchen gerauscht. Der Wagen hatte sich überschlagen und war ins Unterholz gekracht. Unmittelbar nach der scharfen Kurve am *Moritzburger Weg*, etwa in Höhe der Waldschenke, wie ich in den folgenden Tagen durch Herumfragen zusammentrug. Nie werde ich mehr auf den Schulhof zurückkehren können, nie mehr die Schattenseite des Gebäudes sehen, wo mir in der Hofpause die ganze Wahrheit aufging über das Ende der Kindheit. Eine Reihe Mülltonnen stand da, und eine Hintertür war da, die man mit aller Kraft aufstoßen mußte, um auf den gräßlichen Hof aus festgestampfter Erde zu gelangen, und wenn man sich umsah, war da wieder dasselbe Schulgebäude und zeigte einem die kalte Schulter.

Wie waren sie auf den weißen Mercedes gekommen? Weil im Winter alles weiß war? Auf dem Fensterbrett lag eine dicke Schicht Schnee in der Morgendämmerung. Der *Schmale Weg* streckte sich wie ein ausgerollter weißer Läufer im Dunkel. Darum mußte nun alles weiß sein, wahrscheinlich war auch der Onkel weiß – ich stellte ihn mir als einen weißhaarigen Herrn mit Weihnachtsmannbart vor, hoher Besuch aus dem Westen. Und der hatte nun als Geschenk den Tod gebracht?

Die Silbe *tot* hörte ich erst, als die Lehrerin ihre Ansprache hielt. Sie hatte die Hände flach auf den Tisch gelegt, als wollte sie verhindern, sie in einer Aufwallung zu falten, und sprach mit überdeutlicher Mimik wie zu einer Klasse von Taubstummen. Der U., sagte sie, unser lieber U., werde von nun an nicht mehr wiederkommen. Er sei in den Weihnachtsferien, hier zögerte sie eine Weile, einem Autounfall – *erlegen*. Ich weiß noch, wie ich ihn daraufhin sogleich im Schnee liegen sah, auf dem Rükken, die Arme ausgestreckt, so wie wir im Schwimmbad toter Mann spielten, steif auf der Wasseroberfläche treibend. Es klang, als hätte er sich geschämt, so leblos dazuliegen. Überhaupt schien alles, was U. widerfahren war, nach dem Gesichtsausdruck der Lehrerin zu schließen, tief beschämend, eine beschämende Angelegenheit. Die Feuerwehr sei schnell an der Unfallstelle gewesen, man habe ihn noch in die Klinik gebracht, mit einem schweren Schädelbasisbruch. Aber da war es bereits zu spät. Eine Einzelheit, die mir als Naheinstellung im Gedächtnis blieb: U. habe auf der Rückbank des Autos gesessen und sei mit dem Kopf gegen den Kindersitz geschleudert worden. Die Mutter habe als Beifahrerin überlebt, mit gebrochenen Beinen, der Onkel sei wundersamerweise mit ein paar Schrammen davongekommen. Und der Löffel, was war mit dem Löffel?

Ich stellte mir vor, wie U. im Sarg aufgebahrt lag, und in den Händen, die über dem Bauch gefaltet waren, hielt er einen Löffel. Wo hatte ich das schon einmal gesehen? Richtig, das war in einer Filmszene, die sich mir tief eingeprägt hatte, weil ich ihren Sinn lange nicht verstand. In Sergej Eisensteins Revolutionsfilm »Panzerkreuzer Potemkin«, der zu den ersten Kinofilmen gehörte, die man uns Schülern vorgeführt hatte, lag ein toter Matrose in einem kleinen Zelt, Bauarbeiterzelt, am Hafenkai von Odessa. Der Tote hatte die Hände wie zum Gebet gefaltet, doch anstelle des Kreuzes hatte man ihm einen Löffel zwischen die erstarrten Finger gesteckt. Vor dem Leichnam war ein Schild aufgestellt, doch konnten wir die kyrillische Schrift damals noch nicht lesen, und so war mir die Szene wahrhaftig nur als Stummfilmszene im Gedächtnis geblieben. Da war ein Märtyrer, den hatte man, auf Befehl seiner Vorgesetzten, zaristischer Offiziere, als Meuterer erschossen, und das war, so erfuhren wir, das Signal zum Aufstand gewesen, der Anfang der großen Oktoberrevolution. Aber wofür er hatte sterben müssen (»Für einen Löffel Suppe«), blieb mir noch viele Jahre verborgen.

Dann fing der Unterricht an. Ich sah zu Roswitha hinüber, die mir verschwörerisch zublinzelte. Die kleine Warzenhexe, die Sitzenbleiberin schien über ein Wissen zu verfügen, von dem ich ausgeschlossen war. Ich hatte meine erste Lektion in Sachen Endlichkeit, Endgültigkeit bekommen. Daß nun nichts mehr in Worte zu fassen war. Es funktionierte wie in der Mathematikstunde beim Kürzen einer Gleichung. Von jetzt an war einer weniger in der Welt. Der Tod hatte ihn von uns anderen abgezogen, ganz einfach. U. war mein erster Toter, nie mehr einzuholen in seinem Vorsprung, und ich begann ihn sofort zu vermissen, wie alle anderen nach ihm.

In den Jahren darauf sah ich seine Mutter noch manchmal auf

der Straße. Von den Erwachsenen hörte man, sie sei nun eine gebrochene Frau, die ihr einziges Kind verloren habe. Sie müsse sich schleunigst um frischen Nachwuchs kümmern, schließlich sei sie nicht mehr die Jüngste. Sie war eine markante Erscheinung in unserer überschaubaren Siedlung.

Aus Scham habe ich irgendwann aufgehört, sie zu grüßen. Die Frau war uns bald so fremd wie eine Figur aus dem Kunstlexikon; sie hatte auch Ähnlichkeit mit der Uta aus dem Naumburger Dom (von der ein Abguß in dunkelbraunem Porzellan, Böttcherzeug, bei uns zu Hause im Flur hing): die unnahbare Frau. Sie selbst zog es vor, den Eltern der Schulkameraden ihres Sohnes aus dem Weg zu gehen. Keinen, den sie von früher kannte, sah sie mehr an. Wenn meine Mutter ihr begegnete, wechselte sie die Straßenseite. Einmal sah ich sie in der Ferne, als ein Russenlaster an ihr vorüberrumpelte. Er war kaum um die Kurve, ich stand noch da und starrte zu ihr hinüber, da war sie schon wie vom Erdboden verschluckt.

Die Schuluhr

Unerreichbarkeit lauerte überall, die Gefahr, ins Bodenlose zu stürzen, allein mit dem eigenen, wild schlagenden Herzen. Die Kirschen hingen zu hoch in dem verkrüppelten Baum neben dem Haus der Eltern, die Felder hinter der Autobahn waren zu weitläufig, die Gartenzäune in der Nachbarschaft zu hoch und zu spitz, als daß man im Sprung hätte über sie hinwegsetzen können. Am Rand der Siedlung, bei den Russenwäldchen, konnte man sich im Dickicht verfangen, Brombeerranken hielten einen dann fest. Und auf der großen städtischen Müllhalde hinter den *Hellerbergen*, von der ein beißender Qualm aufstieg in verlockenden Farben, violett oder grün oder rot, war das Spielen verboten. Rauchsäulen lockten uns wie ins Indianerland. Es gab Ärger mit dem Müllplatzwart, wenn wir uns dennoch dort blicken ließen.

Alle Nachmittage streunten wir draußen herum, sogar im strömenden Regen. Uferlose Stunden lang trieben wir durch den Ort, bis uns ein Glockenläuten zur Abendbrotzeit nach Hause rief. Seltsam spukhaft war unser plötzliches Auftreten und Verschwinden. Wie Kobolde tauchten wir einmal hier, einmal dort auf, in den Uferbüschen am Gondelteich, auf der Terrasse über dem Marktplatz von Hellerau, im Halbschatten der Bretterzäune entlang der Russenkaserne am legendären Festspielhaus mit dem verwaschenen, buntstiftfarbenen Anstrich, durch die Goldruten streifend neben den Straßenbahngleisen. Wir waren nirgends recht faßbar, überall zugleich. Nachbarn bezeugten oft unsere flüchtige Erscheinung – aber wenn sie berichteten, wo sie uns zuletzt gesehen hatten, waren wir längst über alle Schleichwege entkommen, tauchten plötzlich im heimischen Garten auf und hatten ein Alibi.

Und was besagte das schon, daß wir uns gern im Russenwäldchen versteckten? Flüchtig und selber unfaßbar, wie wir als Kinder nun einmal waren, erschien uns auch der Ort: die famose Gartenstadt Hellerau – *hundert Meter über der Stadt im Talgrund gelegen, in waldreicher Umgebung,* wie es in einer Broschüre des Heimatvereins hieß.

Aber dann war da der Schulweg am Morgen. So nah von zu Hause das Gebäude auch lag – vom Dachbodenfenster aus konnte ich ihm zublinzeln –, der Weg dorthin wurde doch jedesmal zum vergeblichen Wettlauf. Ich zog das Gartentor hinter mir zu, schob die Finger unter die Schulterriemen des Ranzens, als wäre es Zaumzeug, und trabte los. *Hopp, hopp, hopp, Pferdchen lauf Galopp.* Mag sein, daß gerade die Straßenbahn vorüberrauschte, mit ungeheurem Tosen – die Endhaltestelle war nicht mehr weit. Oder eine Kolonne von Lastwagen, vollbesetzt mit Rotarmisten in ihren übergroßen Filzmänteln, trieb mich vom Bordstein fort. Aber das war nicht der Grund für den Widerstand, den die Morgenluft mir entgegenbrachte. Nach wenigen Schritten schon wurden die Füße schwer, eine große Müdigkeit fuhr mir in die Beine. Ich bog nach rechts ein, las an der Ecke wie immer das blaue Straßenschild *Schmaler Weg,* und nun gab es kein Entrinnen mehr. Am Ende eines Tunnels aus Gartenzäunen, Gebüsch und Bäumen, darüber der hohe, abweisende Himmel, erhob sich, breit hingelagert, die Schule, ein dreigeschossiger Bau mit steilem Satteldach und einem Turmaufsatz. Der *Schmale Weg* führte schnurgerade und unausweichlich auf die

Eingangstür zu, vor der zwei mächtige Pappeln Posten standen. An ihnen mußte vorbei, wer da hineinwollte, um rechtzeitig seinen Platz im Klassenraum einzunehmen, den Blick nach vorn zur Wandtafel gerichtet, das Gesicht ausdruckslos wie ein unbeschriebenes Blatt. Doch so stark die Anziehung wirkte, so sehr wuchsen auch die Hindernisse auf den wenigen, den letzten paar Metern.

Es war der Turm, der mich streng auf Distanz hielt, dieser kleine, dem Dach aufgesetzte Aussichtsturm. An seiner Frontseite prangte die Schuluhr mit goldenem Zifferblatt. Sie war das einzig Glanzvolle weit und breit – eine aufgehende, am Mittag bei Schulschluß strahlende Sonne. War es die Sonne des Sozialismus? Flehentlich blieb der Blick an ihr hängen. Der Siebenjährige fürchtete sie wie in der benachbarten Tischlerei das Sägeblatt, wenn es sich aufheulend durchs Holz fraß. Die Ziffern glichen den schartigen Zähnen jenes rotierenden Ungetüms. Sägeblatt: Wer da hineingeriet, konnte mehr als nur den Finger verlieren, den tintenbekleksten – die Schuluhr kostete einen den ganzen Kopf.

Wenn sie schlug, war es meist schon zu spät: Punkt halb acht. Beim letzten Hinaufsehen war es noch fünf Minuten vor gewesen, wenn er Glück hatte, acht oder zehn. Zeit genug, um im Schlendergang locker das Ziel zu erreichen. Sah man aber das nächste Mal hinauf, stand der lange Zeiger schon lotrecht, und vom Turm herab klang es wie das Hämmern aus einer Schmiede. Ein einzelner Schlag auf den Amboß, durch die ganze Siedlung hallend, und das Urteil über den Zuspätkommenden war gefällt.

Unpünktlichkeit war ein schweres Vergehen, keiner der Lehrer konnte es dulden. Bedenkt man, wie wichtig ihnen, schon *aus Prinzip*, ein pünktlicher Unterrichtsbeginn war, konnte man sich nur wundern, daß doch immer wieder einer es wagte, erst nach dem Klingeln zu erscheinen. Auch mir, der ich den kürzesten Schulweg hatte, passierte oft das Malheur. Grund dafür war die Turmuhr, dies goldene Feuerrad, von dem geblendet und verhext ich zurückgeworfen wurde. Damals dämmerte mir etwas von dem unheimlichen Wirken der Zeit. War man endlich an den Pappeln vorbeigeschlüpft, die Stufen des Treppenhauses hinaufgestürmt, nahm die geschlossene Tür des Klassenzimmers einem jede Hoffnung auf Gnade. Man hatte nun anzuklopfen und auf das »Herein« des Lehrers zu warten, peinlichen Qualen ausgesetzt, wenn der da drinnen sich entschloß, einen schmoren zu lassen.

Nie ging es ohne Verhör ab, stand man dann endlich an seinem Platz. Und stehen mußte man, solange die peinliche Befragung dauerte. An seinem Tisch saß der Lehrer, hatte das Klassenbuch aufgeschlagen und war anscheinend auch persönlich beleidigt. Man hatte ihn, zum wiederholten Male, enttäuscht, das ließ er einen spüren. Hätte man sagen sollen, die Schuluhr sei schuld gewesen, vor ihr habe man zurückweichen müssen wie vor dem Auge eines Märchenriesen, das einen überallhin verfolgte? Das war zu lächerlich, und ich wagte nicht, es auszusprechen. Andere waren da kühner, manche so verwegen, daß sie sich beim Verhör mit dem Lehrer anlegten. Unter dem Beifall der Mädchen, von denen keins je zu spät kam, beriefen sie sich auf das Recht des Frecheren. Da waren welche, die über vergessene Hausschlüssel klagten, platte Fahrradreifen oder dienstreisende, am Morgen erst heimkehrende Väter. Andere erzählten von ihren Müttern, die den Wecker falsch gestellt hatten. Es gab auch notorische Fälle; der kleine B. war ein solcher, ein Junge mit abgekauten, entzündeten Fingernägeln: Seine Hände rochen nach Spucke, keiner wollte sein Banknachbar sein. Er kam aus ärmlichen, wie man sich zuraunte, zerrütteten Verhältnissen. Der Vater trank, die Mutter hielt die vier Geschwister, wie es hieß, mit Putzarbeiten über Wasser. Die Familie hauste in einer Einliegerwohnung auf dem Gelände der Deutschen Werkstätten, jener Möbelfabrik, die der Ursprung war unserer weit über die Landesgrenzen hinaus bekannten Hellerau-Siedlung.

»Und welche Ausrede hast du heute?«

»Ich kann nichts dafür, ehrlich.«

»Ich frage nur, was es diesmal war.«

»Es war Wind, starker Wind… Ich hatte Gegenwind.«

Im Garten der Gartenstadt

Prof. Paul Denso zur Erinnerung

I

Wolfsmilchschwärmer

Mit einem Friedhof am Ortseingang fängt Hellerau an. Von
dem dichten Wäldchen, das die Straßenbahn aus der Stadt kommend durchrauscht, sind am Hellerrand nur noch einzelne Ei-
chen und Ahornbäume übriggeblieben. Die Friedhofsmauer
wird von einer Gruppe stattlicher Linden überragt, dahinter reihen sich hügelan aufsteigend die Gräber wie die Sitzbänke vor
einer Waldbühne – in einer der oberen Reihen auch die meiner
Großeltern, alle vier dicht beieinander, wie man es bei den Scha-
fen sieht, wenn sie auf freiem Feld sich vor dem allzu hohen
Himmel ängstlich zusammenstellen.

Ich habe sie seit Jahren nicht mehr besucht. Für die Pflege sind ihre nächsten Angehörigen zuständig – das heißt im allgemeinen meine Mutter und mein Vater, die vor den Geschwistern den Vorteil haben, in wenigen Minuten Fußweg schon bei den Gräbern ihrer Altvorderen zu sein – ein zweifelhafter Vorteil, wenn man es recht bedenkt. Ich stelle mir vor, wie sie, an die tägliche Gartenarbeit auf dem eigenen Grundstück gewöhnt, manches Mal dort hinaufgehen und ihren Pflichten genügen, ohne viele Worte darüber zu verlieren – in der beiläufigen, praktischen Art, mit der sie auch sonst allen Dingen begegnen.

Aber wenn ich es mir recht überlege, sehe ich eigentlich nur die Mutter hantieren. Sie ist allein, wenn sie den Hang hinaufgeht, langsam und leicht gebeugt, der Friedhof steigt steil bergan. Mit der Unkrautharke und einer blechernen Gießkanne läuft sie die schmalen Wege um die eng angelegten Gräber auf und ab und tut, was zu tun ist. Sie arbeitet in völliger Stille, selten begegnet ihr einer in diesem efeuumrankten Revier. Rhododendronbüsche riegeln die Parzellen ab, und der Gemeine Efeu kriecht auch die Kiefernstämme hinauf. Sonnenlicht fällt durch die Baumkronen und sprenkelt die Dachziegel der kleinen Kapelle. An den Feldsteinmauern klebt hier und da ein schläfriger Wolfsmilchschwärmer, in seinen olivgrün-braunen Pullover gehüllt. Nur die Tiere wissen, wie man stillehält. Manche von ihnen gleichen sich so genau ihrer Umgebung an, daß man sie lange nicht bemerkt oder erst mit den Jahren, wenn man den Blick für sie hat. Daß der Friedhof belebt ist nicht nur tief in der Erde, hört man am Rascheln unter der Pflanzendecke.

Es gibt dort keine Zypressen wie auf Böcklins Gemälde der Toteninsel, aber das macht nichts, die hohen nordischen Tannen tun es auch. Das ist das Tröstliche an den Friedhöfen, sie sind das einzige Stück Grund und Boden, das von der Spekulation der Menschen verschont bleibt. Auf ihnen wird jene Ruhe gewahrt, die sonst allem verwehrt ist. Sie sind der letzte beinah heilige Bezirk in einer durch und durch dynamischen Welt.

Warum aber waren die Gräber so klein? Es dauerte viele Jahre, bis ich begriff, daß dort nicht die Großeltern lagen, nicht einmal ihre Schattenrisse, sondern nur ein paar Vasenurnen im Erdreich. Ihr Inhalt, das Konzentrat eines ganzen Lebens, war eine Kapsel voll Asche von der Größe eines Tee-Eis. Die Körper, die ich alle noch gestreichelt hatte, die vertrauten Gesichter mit den geliebten Augen (geliebt, weil sie die einzigen waren, durch die man direkt in ein Herz fiel) hatte der Feuerofen zu einem Rest von Kohlenstoff reduziert.

Die Straßenbahn hält, wenn sie aus dem Wäldchen auftaucht, genau dort vor der Friedhofsmauer, an der eine Rampe hinaufführt zum großen Gittertor, durch das alle Toten und Lebenden müssen. Danach geht die Bahn in die Kurve, rauscht heulend bergan, und man kann sie schon von weitem hören. Nur wenige Schritte von der nächsten Station entfernt steht das Haus der Eltern an der Karl-Liebknecht-Straße, die einmal der *Breite Weg* hieß in den Tagen, als Franz Kafka hier umging. In den Gründerjahren des neuen Staates, als man das blau emaillierte Straßenschild anschraubte, galt der Namengeber als eine Märtyrerfigur deutscher Geschichte, ein Mann, den als Pazifist die Wut der Kriegsverlierer traf und der als Kommunist ein schreckliches Ende fand: Man erschlug ihn wie einen Hund. Der Kontrast zwischen der unruhigen Vita des glücklosen Revolutionärs und der beschaulichen Atmosphäre unserer Siedlung am Stadtrand konnte kaum größer sein. Viel eher hätte man hier eine Joseph-von-Eichendorff-Straße erwartet, einen Adalbert-Stifter-Weg, und völlig passend zum Ortsgeist war die schlichte Forstmeisterprosa, von der die Gründer ausgingen, als sie den Straßen Namen gaben wie *Heideweg, Am Hellerrand, Tännicht-weg, An der Lehmkuhle* oder *Am Sonnenhang.*

Spazierten Fremde durch die Gartenstadt – und es kamen im Laufe der Jahre nicht wenige, oft von weit her angereist, Architekturliebhaber, Literaturfreunde und Bildungsbürger mit einer stillen Passion für dieses Modell einer pädagogischen Provinz –, mußte es ihnen so vorkommen, als sei die Zeit stehengeblieben, aller historische Aufruhr hier endgültig im Sand verlaufen.

Dieser Sand am Rand der Siedlung war ein ausgedehntes Dünengelände, das sich bis nah an die Dresdner Neustadt hinzog, ein wüstenartiges, auch nachts noch hell aufscheinendes Terrain inmitten einer grünen Heidelandschaft, vorwiegend mit Kiefern bewachsen, genannt *der Heller.* Er war es, der dem Ort seinen Namen gab: Hellerau – ein Name, in dem so vieles mitklang. Den Einheimischen war es wichtig, daß man ihn auf der letzten Silbe betonte: »Heller-au«. Doch hörte ein Kind nicht als erstes die Landschaftsbezeichnung heraus, sondern den Laut, der ihm vom frühesten Schmerz an vertraut war. *Au-au-au*, das war der primäre Ausdruck plötzlichen Leidens. Etwas tat weh, und es gab kein Warum: Ein Knöchel war verstaucht, beim Impfen hatte die Spritze gestochen, man war fest angepackt oder böse verhauen worden. Hellerau – darin war aber auch der Moment des Aufatmens enthalten, den ein Wanderer nach Durchquerung der Sandöde erlebt haben mußte. Dies war keine rauhe Gegend, es war ein Landstrich, der neues Leben verhieß, ein bescheidenes Glück im Grünen. Oder die endgültige

Grabesruhe. Man ließ etwas hinter sich an diesem wälderum-
säumten Ort, zweihundert Meter über der Ostsee, wie es in
einem alten Werbeprospekt hieß. Hier war man angekommen,
jeder spürte das, auch schon die Allerjüngsten.

2
Tagpfauenauge

So erinnere ich mich noch gut an unsere Ankunft in der Siedlung, an die ersten aufregenden Tage, als die Kleinfamilie, von
einem entfernten Stadtteil am anderen Elbufer hergezogen, ihr
neues Domizil in Besitz nahm, das endgültige, wie sich später
herausstellen sollte. Viel mußte nicht transportiert werden. Das
bißchen Sack und Pack junger Eheleute paßte in einen Kleinla-
ster und war schnell verstaut in den wenigen Räumen des Ein-
familienhauses aus den dreißiger Jahren, von dem nur die untere
Etage den drei Neuankömmlingen gehörte.

In der oberen führte, sehr verkrochen und abgeschottet, ein
Rentnerehepaar sein freudloses Dasein. Man teilte den Garten
miteinander, notgedrungen, die Treppen zu Keller und Boden,
das sogenannte Vorhäuschen und den Plattenweg zum Gartentor hinaus auf die Straße. Man versuchte sich aus dem Weg zu
gehen, was nicht ganz einfach war bei den engen Lebensverhält-
nissen, besprochen wurde immer nur das Nötigste. Der Alte erinnerte an Gerhart Hauptmann in seinen späten Jahren: ein
Mann mit schlohweißem Haupt, darin einige Strähnen, unangenehm gelb wie manchmal Raucherzähne. Zeitlebens hatte
er in einer Bäckerei gearbeitet, mein Vater nannte ihn, leicht
verächtlich, den Konditormeister, weshalb ich beim Anblick

des weißen Haares immer an Mehl und Puderzucker dachte. Die Alte war die geborene Hausfrau und fast noch unsichtbarer als er. Sie wirkte im verborgenen und war die treibende Kraft hinter den kleinen und größeren Zusammenstößen, die wir mit ihnen bald haben sollten. Wie gern hätten meine Eltern mir die einzige Dachbodenkammer gegönnt, die das Haus bot, wie praktisch wäre meine Unterbringung dort für uns alle gewesen. Aber den Schlüssel zu diesem Raum hatten die Rentner, und sie hüteten ihn und rückten ihn nicht heraus, bis der Alte starb und ich achtzehn war und das Haus verließ. Hunderte Nachmittage, an denen ich mich nach oben schlich und durch das Schlüsselloch spähte. Oftmals blieb ich auf der halben Bodentreppe stehen, lauschte dem Knistern der Holzbalken und meinem klopfenden Herzen. Irgendwo summte eine verirrte Wespe im Halbdunkel, auf dem Fensterbrett stellte ein Tagpfauenauge sich tot. Berührte ich es, schlug es die Flügel zusammen und verbarg die prächtigen blauschwarzen Augenflecken hinter einer dunkelgrauen Tarnung. Lange kniete ich dann vor der verbotenen Kammer, und alles, was ich sah, war ein Raum, vollgestellt mit Gerümpel, Umzugskisten und altem Mobiliar, von Spinnweben überzogen – eine Abstellkammer unter der Dachschräge. Sie war das Sinnbild für unser tristes Zusammenleben, das einer Belagerung glich. Mit dem verschlossenen Zimmer, das sie mir eine Jugend lang vorenthielten, hatten sie selbst nie etwas anfangen können.

So blieb unser Reich überschaubar: zwei Zimmer, durch eine Schiebetür getrennt, die Küche, ein winziges Bad, dazu ein Kellergelaß, eine Kohlennische unter der Treppe und ein Stück vom Dachboden zum Aufhängen der Wäsche. Alles, bis hinein in die neutralen Zwischenräume, die Streifen Niemandsland, war zentimetergenau abgemessen und auf beide Parteien verteilt. Sogar der Geräteschuppen am hinteren Ende des Gartens wurde gemeinsam genutzt, ebenso die Regentonne, der Komposthaufen. Das Ganze hatte bei aller Eigenheimatmosphäre doch eher Zellenstruktur – aber was für ein Himmelsgeschenk in einer Welt limitierten Wohnraums! Es war unser Claim, unser Eiland, unsere unabhängige Bleibe, und dazu noch mit einem eigenen Garten und einer Rasenfläche hinter dem Haus von beinah englischem Zuschnitt, auf der man endlose Sommertage beim Federballspiel, auf der Leseliege oder im Plastik-Swimmingpool zubringen konnte, auf einem Grundstück, das zur Straße hin ein paar stattliche Tannen und eine dichte Hainbuchenhecke gegen die Außenwelt abschirmten. Viel war es nicht, aber es war doch ein Stück vom legendären Hellerau. Den Eltern ist es, als hätten sie nie etwas anderes gesucht – es ist im Laufe der Jahre zu ihrem ein und alles geworden.

Gerade weil wir mit so wenig Besitz und Ballast anfingen, erschien uns der Umzug als ein neuer Lebensbeginn. Etwas von Auswanderung war mit im Spiel, und ich weiß noch, wie ich unter den ersten Büchern, die ich in diesen Jahren zu lesen begann, vor allem Geschichten von der Besiedlung Amerikas liebte, von europamüden Franzosen, armen Skandinaviern und Deutschen, die in den Wäldern Kanadas und Neuenglands ihre Blockhäuser errichteten, ein Stück Land rodeten. Nicht anders hatten es die Gründer Helleraus getan, als sie die Häuser in die Dresdner Wildnis setzten, aus lokalen Fichtenstämmen Unterkünfte für die Möbeltischler aus den *Deutschen Werkstätten* zimmerten, bevor diese, wie es hieß, die ersten Serienmöbel der Welt produzierten. In solch ein Neuland tatkräftiger Kolonisten waren auch wir ausgezogen, unter Menschen, die ihre eigene Einrichtung zu schreinern wußten, selber ihr Obst anbauten und eine Axt geschärft zurückbrachten, wenn sie diese vom Nachbarn geliehen hatten. Wen es dorthin verschlug, der konnte sich, zumindest als Kind, vorstellen, er sei an einen Außenposten der Zivilisation geraten, in die noble Gesellschaft von Pfadfindern und Waldläufern. Er würde nun teilhaben an den Abenteuern des einfachen Lebens.

Nichts konnte den Freiheitsrausch besser zum Ausdruck bringen als Vaters Motorrad, auf dem wir in dieses Neuland einzogen. Mit lautem Knattern waren wir, wie in einem Triumphzug, die Straße heraufgekommen. Es war ein schwarzes, schmächtiges Nachkriegsmodell, eines der ersten Fabrikate aus den Motorradwerken Zschopau, mit zwei Ledersitzen in Herzform, und auf dem zweiten, etwas erhöht, saß ich und klammerte mich an den Vater. Viele Jahre noch stand es im Geräteschuppen hinter dem Haus, eingekeilt zwischen Obstleitern, Laubrechen und Säcken voller Düngemittel. Ein Hackklotz und die zugehörige scharfe Axt hinderten es am Wegrollen. Es erinnerte, wie die Dreimaster in den Buchten Cape Cods zu Zeiten der Pilgerväter, an die Stunde der Ankunft in unserer neuen Welt.

3

Admiral

Hellerau war der Ort, an dem sich zu bleiben lohnte. Wo von Anfang an galt: Wenn nichts dazwischenkäme, würden wir die Stellung halten, solange es uns gab, über so viele Generationen hinweg, wie die Kraft zur Revierverteidigung reichte. Wer hätte gedacht, daß sich die Gräber der Ahnen einmal dort sammeln würden? Noch einmal fühlten wir uns wie die Städtegründer, die Neusiedler vom Anfang des zwanzigsten Jahrhunderts. Aber so jungfräulich der Boden uns auch erschien, er hatte doch einiges schlucken müssen in mehr als fünfzig Jahren Siedlungsgeschichte. Nicht nur die Wühlmäuse, die kleinen und großen Ambitionen seiner Bewohner hatten ihre Spuren hinterlassen in diesem *Deutschen Olympia*. Schon die maßlose Formel verriet, wie gefährdet das Ganze war, zu welcher Hochstapelei die Leute sich verpflichtet hatten. Im Rückblick erst zeigt sich, wie fragwürdig ihre Verstiegenheit war.

Übertreibe ich, wenn ich sage, es scheint mir, als sei das Unkraut hier höher hinaufgeschossen als anderswo? Wenigstens reichte es uns Halbwüchsigen bis an die Schenkel und kitzelte in den Kniekehlen, brannte auch manchmal sich in die Haut ein, wenn da Brennesseln standen, die wir beim Umherstreifen zu spät erst bemerkten am Rand eines Schuttplatzes, auf einem Erdhügel. Brennesseln, getarnt unter anderem Unkraut, Brutplatz der schwarzen Dornenraupe des Admirals, von der wir nichts wußten und erst Notiz nahmen, wenn uns der schwarze Wanderfalter mit der roten Binde unverhofft über den Weg flog. Und auch das Tannengrün und das Nadelgehölz waren dichter und undurchdringlicher, wenn man das Pech hatte, noch in der Dämmerung umherzuirren in einem der Wäldchen, fern aller Straßenbeleuchtung. Wieviel Ungereimtes es in den Momenten des Ausgesetztseins gab, wenn man, zerstochen von den kleinen Ästen unten am Kiefernstamm, mit zerrissenen Strümpfen, Striemen an Armen und Beinen, nach Hause eilte.

War da nicht ein Glühen hoch über den Hellerbergen, ein goldener Glanz in den ferneren Wolkenschichten? Sah man genauer hin, blieb von ihm nur die Form eines großen uringelben

Schmierflecks. Aber standen nicht ältere Herren manchmal in den Torbogen am Markt, schwankend nach ein paar Bieren zuviel, pißten an das Gemäuer und sahen einem provozierend lange nach? Hatte am *Grünen Zipfel* vor einem der niedrigen Häuser, die selbst uns Kindern wie Bauten aus einer Liliputwelt erschienen, nicht ein Leiterwagen gestanden, vor dem ein Hund angeschirrt war, der einen argwöhnisch anknurrte, als man an ihm vorüberschlich? Eine Fata Morgana, was sonst? Das mochte noch aus der Zeit gewesen sein, da man die frische Milch an die Haustür lieferte. Das Gartentor hatte weit offen gestanden, auch der Deckel des Kastenwägelchens, und ebenso das hechelnde Maul des Hundes, der einen an die sprechenden Tiere aus den unheimlichen deutschen Kinderbüchern erinnerte. Immer stand irgendwo so ein Leiterwagen herum, scheinbar herrenlos und jedenfalls ohne Zugtier, sei es Pferd oder Esel. Sozialismus hieß: Du mußt die Fuhre alleine ziehen. »Den Sozialismus in seinem Lauf hält weder Ochs noch Esel auf«, sagte der Staatsratsvorsitzende gern, einen Ausspruch August Bebels zitierend.

Wäre da ein Hund vorgespannt gewesen, die Leute hätten es sofort der Polizei gemeldet. Aber man wußte doch lange nicht, was alle die Handkarren in all den Gassen dort sollten.

4

Kleiner Fuchs

Ich aber sollte eines dieser klapprigen Gefährte noch gründlich kennenlernen. Einmal im Monat bekam ich es bis in die kindlichen Knochen zu spüren. Dann nämlich, wenn es galt, die Müllkübel hinunter zur Halde am Waldrand zu karren. Damals gab es noch keine staatliche Müllabfuhr, man packte an und brachte seinen Unrat selbst fort. Der Vater ging voran und zog, mit einem breiten Gurt, den er um Schulter und Deichsel geschlungen hatte, das Gefährt, und ich lief hinterher und mußte das störrische Ding halten und schieben, das mit seinen großen Speichenrädern unterwegs oft im Sand oder im Schlamm steckenblieb. Meistens ging es bergab, und wir mußten uns beide mit aller Kraft gegen die schwere Fuhre stemmen, wenn die Mülltonnen, obgleich mit Stricken festgezurrt, über den Schlaglöchern der schlecht asphaltierten Straßen tanzten. Immer waren da Löcher, nach jedem Unwetter kamen neue hinzu. Das ganze Land war von solchen löchrigen Straßen mit ihren kleinen und großen Kraterrändern durchzogen wie eine Mondlandschaft. Ich sehe uns noch, aus der Perspektive des Ältergewordenen, wenn ich im Traum nach Hellerau fliege, wie es mir manchmal geschieht. Der Vater voraus und der Sohn hinterdrein, selten umgekehrt, jeder verkapselt in seine Psyche, ein ungleiches Paar, ächzend unter dem gemeinsamen Familienunrat. Die heimlichen Flüche wegen der abschüssigen Fahrt, die umständlichen Positionswechsel. Wenn ich doch einmal vorn ging, stach mir die Deichsel des Leiterwagens in den Rücken, bis ich es nicht mehr aushielt und Vater mich von der Anstrengung erlöste. Hinter den Wipfeln schwelten die Brände, beißender Qualm zog durch das Tannengeäst. Alles, was aus den umliegenden Haushalten kam und dort abgeladen wurde, ging auf dem riesigen Müllplateau in Flammen auf und zog in giftigen Dämpfen wieder zurück in die Siedlung. Wer dort wohnte, in Sichtweite des Infernos, war nicht zu beneiden. Ein Schlagbaum war da, an dem hielten wir jedesmal an, um zu verschnaufen. Schließlich tauchte ein Mann aus den Rauchschwaden auf, es war der Müllplatzwart in einer grauen

Uniform und Soldatenstiefeln, der uns wie ein Zöllner am Höllentor empfing und Anweisung gab, wohin wir unsere Fuhre zu steuern hatten. Tagsüber hauste er wie ein wilder Burgvogt in einem Bauwagen mit schiefem Schornstein, der am Rand des uferlosen, infernalischen Areals aufgestellt war, in Sichtweite der stets qualmenden, manchmal lichterloh brennenden Abbruchkante. Und dieser Kerl, vor dem wir Kinder uns gruselten, stand breitbeinig da und sah zu, wie wir uns mit den Mülltonnen abmühten. Herrisch gab er uns die Stelle an, wo wir sie ausleeren durften. Damals schien es mir, als würde der Müll der ganzen Welt dort abgeladen.

Der Abfall, es war sämtlicher Abfall aus ganz Dresden und Umgebung, wurde unter freiem Himmel verbrannt – es gab nur die eine Entsorgungsmethode. Um das Verteilen und Abtragen kümmerte sich ein Bulldozer. Wenn ich Glück hatte, war er im Einsatz, und ich konnte zusehen, wie das fürchterlich knatternde, rauchspuckende Raupenfahrzeug die magmaartigen Massen über den Rand des Plateaus schob. Im Laufe der Jahre war auf diese Weise ein wahres Müllgebirge aufgetürmt worden.

Bergeweise Speiseabfälle, zerplatzte Sofas, Skelette von Kühlschränken, Fahrrädern und allerlei verendetem technischen Gerät: Es war, als wären dort Bomben eingeschlagen, als wäre Dresden wieder und wieder untergegangen. Man wußte, daß unter dem Müllmassiv die Trümmer der zerstörten Stadt lagen, die barocken Eingeweide des im Februar 1945 im Bombenhagel zerschredderten Zentrums. Nun lag das alles zuhauf und bildete ein eigenes Gebirge, das man besteigen konnte, immer bedroht von der Absturzgefahr, weshalb der Müllplatzwart, der dort umging, sich als Herr betrachtete und streng das Revier bewachte.

Seine ungute Präsenz jagte Vater und Sohn oft einen gehörigen Schrecken ein. Man spürte ihn schon von weitem, er gebärdete sich wie der leibhaftige Zerberus und brüllte uns seine Kommandos herüber. Vorsicht war geboten, man verlor leicht den Halt, und die Sinne spielten verrückt, wenn man durch diesen Müllsumpf torkelte, hoch oben auf dem Plateau, wo der Fuß immer wieder einsank und steckenblieb. Manchmal war man lange damit beschäftigt, ein lästiges Stück Draht abzuschütteln, eine Plastiktüte oder ein verbranntes Kotelett. Schwelbrände, so weit das Auge reichte, überall kleine und größere Feuer, die das Kind mächtig entzückten. Was wäre, dachte ich, wenn sie übergriffen und erst den Waldrand und dann ganz Hellerau in Brand steckten? In meinen Träumen nach jedem Ausflug in die nahe gelegene Hölle konnte ich mir all das lebhaft vorstellen, und mir war nicht einmal bange davor. Manches Mal stand ich da oben, blickte hinüber zu den Türmen Dresdens und fühlte mich unverletzlich und stark. Ich wußte ja, was der Krieg mit dieser Stadt angerichtet hatte. Was kannte ich schon, als nur die Tatsache des Überlebens? Jahrzehnte später hoch auf dem Ätna und beim Anblick des Vesuvs, als die Fähre aus der Bucht von Neapel auslief, kehrte es wieder, dieses unheimliche Glücksgefühl. Dort auf dem Müllberg von Hellerau, wo von allen Seiten der Rauch aufstieg wie die Fumarolen rings um einen Vulkan, hatte mich zum ersten Mal dieses seltsame Glücksgefühl durchströmt. Herrlich die Schwefeldämpfe und die gefährlichen Kohlendioxid-Ausdünstungen – wie gesundheitsschädlich das alles war, begriff man erst später. Ich staune noch immer, wie ein Kind sich in dieser lebensfeindlichen Umwelt so tapfer behaupten konnte. Es war eine Schule der Unverwüstlichkeit. Aber besser, man hatte ein Halstuch dabei, das konnte man vor die

Nase binden. Solange es ging, hielt man den Atem an vor dem Höllengestank. Schweigsam verrichteten wir unsere Arbeit, und wir beeilten uns immer, die Fuhre abzuladen und den Hort des Grauens so schnell es ging zu verlassen.

Ich war nicht gern dort im Frondienst der Familie, in den stummen, verbissenen Arbeitsstunden von Vater und Sohn, unter den wachsamen grauen Augen des Müllplatzwarts, der selbst wie ein Abgesandter der Asche aussah und uns von seinem Versteck aus fortwährend belauerte. Lieber kam ich freiwillig mit meinen Schulkameraden hierher, um das Gelände heimlich nach Schätzen abzusuchen. Wir waren leise wie die Indianer und dem Alten immer ein Stück voraus. Das Spielen auf der Müllkippe war zwar streng verboten, aber gerade das lockte uns an. Überall waren Warnschilder angebracht, einige trugen das Totenkopfzeichen, das ich später auf Abbildungen von den Verbrechen der SS wiedererkannte. Das Totenkopfzeichen, das wir alle bewunderten und heimlich verehrten. Auch wenn wir als Kinder vorgaben, es nicht weiter ernst zu nehmen, so gruselten wir uns doch, hysterisch lachend, vor seinem Anblick.

Schließlich war dies kein Friedhof, hier wurden Erinnerungen begraben: Schulhefte, Tampons, Kindermöbel, morsche Ehebetten und leere Zahnpastatuben. Weniges war so aufregend, wie unter Gleichaltrigen auf dem gefährlichen Terrain nach dem poetischen Trödel und Plunder zu suchen, der uns die wildesten Halluzinationen bescherte. Hier geschah es, daß aus einer Wolke von Mottenpulver ein Flaschengeist aufstieg, der uns den Weg in eine Vergangenheit wies, um die wir Eintagsfliegen ratlos kreisten. Oder ein morsches Sofa zeigte uns seine Eingeweide, und wir ließen nicht locker, als bis nicht alle Sprungfedern draußen waren. Aus einer Kunstledertasche konnte eine

Schlange aufzucken, und ihre gespaltene Zunge war ein Büschel von Haarnadeln und Büroklammern. Es war aber keine Klapperschlange, sondern der Gürtel für eine schmale Frauentaille oder irgendetwas Unaussprechliches, das wir angewidert in hohem Bogen fortwarfen, weil es nach Moder und nach Verwesung roch. Hier, und nur hier, geschah es, daß ein totes Ding sich plötzlich in ein exotisches Lebewesen verwandelte, und das war jedesmal erschreckend und oft ekelerregend, aber auch unwiderstehlich. Dann ging die Phantasie spazieren.

Hin und wieder fielen uns alte Photoalben in die Hände, und wir zupften die Bilder der Männer in Feldgrau und der längst verstorbenen Säuglinge und ihrer fein herausgeputzten, streng frisierten Mütter in den feschen Kleidern aus den Klebeecken und ließen sie in der Luft herumwirbeln oder warfen sie übermütig in eines der Lagerfeuer, von denen es ringsum eine reichliche Auswahl gab. Heißa, was für ein Spaß für uns lustige Vögel – das Leben der anderen in den Dreck zu treten, flügelschlagend nach Lust und Laune. *Da da da* war sie in einem Augenblick auftrumpfenden Irrsinns mitten im Hochsommer (am Ende der Ferien), die ganze Gleichgültigkeit des vorüberrauschenden, alles zermalmenden Lebens – und wir pfiffen drauf wie die Lottokönige, auf die gesammelte Masse an Erinnerungen, die anderen einmal so viel bedeutet hatten, fremden Menschen, die wir, schade schade, nicht kannten und niemals kennenlernen würden. Warum auch, wir kannten ja nicht einmal uns selbst. Jung waren wir, und die Welt war, was sie uns in diesen Augenblicken erschien – ein lodernder Verbrennungsofen, der jede Menge Dreck ausspuckte, künstlich geformte Materie, Klumpen von Plastikresten, Papierfetzen, die in der Hitze wirbelten, und wir amüsierten uns und fühlten uns stark wie Riesen auf kurzen Beinen. Ich sehe noch immer die Sonne scheinen, hart und erbarmungslos, an diesem Ort, wo die Luft brannte, eine nordeuropäische Mittagssonne in einem penetranten August.

Auf dem Rückweg, als wir erschöpft nach Hause trabten, wirbelte ein Schmetterling durch den Gartenzaun, eine der Schönheiten, die uns Natur vor die Nase trieb, und wir rannten ihr nach und haschten nach ihr. Sieh mal, das tolle Orange und Granatrot links und rechts der Flügelscheiden, die schwarzen Flecken und die bläulich getupften Ränder, der reinste Seidenstoff! Das mußte der Kleine Fuchs sein, wer sonst? Wem es gelang, ihn in der hohlen Hand zu fangen, der spürte die Kraft des zarten muskulösen Insekts und hatte die Farbpigmente an den Fingerkuppen, als Trophäe und Beweis seiner Kühnheit.

Das waren die Müllplatzfreuden, herrliche, unvergeßliche Augenblicke, und wir niederträchtigen Glückskinder der Gartenstadt Hellerau gaben sie hin, als hätten sie uns gehört und nicht den neutralen Prozessen der alles abwickelnden Zeit. Was scherten uns Himmel und Erde? Was kümmerten uns die wechselnden Himmel und ihre Erdenferne, das Stückchen Erde, das hier wie überall loderte, sich für alle verausgabte, hilflos zum Himmel stank?

5

Schwalbenschwanz

Am liebsten aber trieben wir uns in der Nachbarschaft herum, auf den verlassenen Grundstücken. Keiner findet sich besser in die Gegebenheiten hinein als das Kind. Es gab die Schulzeit, die man als tote Zeit hinnahm, es gab die Langeweile, die man mit lauter Unsinn und Quatsch parierte, das angestrengte Herumsitzen in geschlossenen Räumen über den Schularbeiten zu Hause am Wohnzimmertisch mit den aufgeschlagenen Büchern und den Heften, die manchmal auf- und zuklappten wie matte Insektenflügel. Es gab die Kontrolle der Hausaufgaben am Küchentisch und das Abfragen vor der Klassenarbeit, die über die Zukunft entscheiden konnte, das ahnte man dunkel. Verantwortung war ein Wort, das man in dieser Zeit zum ersten Mal hörte. Aber wie alle abstrakten Begriffe ging es einem an den Schläfen vorbei. Wenn Kinder Philosophen sind, wie ich nachher manches Mal dachte, warum blieben dann so viele Philosophen nicht bei der Wahrheit, vor der die Begriffe zuschanden werden mußten wie alles Abstrakte? Als Kind bewegt man sich in der Welt der Verben, ist immer aktiv, verändert ständig den Blickwinkel und läßt die Substantive links liegen. Nur als Kind versteht man etwas aus Sein und Zeit zu machen – indem man einfach ist, einfach die Zeit vergißt.

Am Nachmittag war man dann endlich frei. »Um sechs bist du zurück«, rief der Vater aus seiner Kellerwerkstatt herauf, wo das Radio den jüngsten *Abba*-Hit spielte, und schon stürmte man los und war alles zugleich, Raupe und Puppe und junger Schmetterling. Man hatte zu überwintern gelernt, fügte sich ein in den Turnus der Jahreszeiten, kannte die Gerüche der Obststiegen mit den Äpfeln und Birnen vom Vorjahr. Man wußte nun, wie es sich anfühlte, an einem Blatt festzukleben, auf irgendeinem Doldengewächs, und dann schlüpfte man aus und war im nächsten Augenblick mit dem erstbesten Windstoß auf und davon.

Und dies war unser Revier: Erdhügel und Kiesgruben, Waldlichtungen, sonnige Hänge, Kornfelder und Äcker. Am liebsten aber trieben wir uns an Orten herum, die für erwachsene Leute vollkommen reizlos waren, auf Brachen und Schuttplätzen, in den toten Winkeln der Grünanlagen, im Schatten einer eingestürzten Feldsteinmauer. Solche Nicht-Orte waren die bevorzugten Treffpunkte. Drei Kilometer in jede Himmelsrichtung maß unser magischer Kreis, in dem wir Schulfreunde uns drehten und drehten. Nachdem wir in der näheren Umgebung jedes Versteck kennengelernt hatten (wir selbst hatten es angelegt), jeden Unterstand, jeden Bretterverschlag, jedes Kieferngehölz jenseits der Straßen, konzentrierten wir uns auf die Grundstükke. Es gab solche, die kein Erwachsener betrat, weil sie als Baustellen tabu waren, Privatgelände – eines grenzte an unseren Garten und war doch fern und exotisch wie Angkor Vat. Wir wußten, daß der Besitzer sich selten dort blicken ließ. Wenn sein Auto vor dem Tor stand, hielten wir uns fern. Es war eine verbotene Zone, unwiderstehlich. Man schlüpfte durch eine Lücke im Zaun und fand sich an einem Ort, an dem das Unkraut in rauhen Massen zu explodieren schien. Es war eine verbotene Zone, ihre Verlassenheit trügerisch, aber gerade das lockte uns an, jederzeit konnte der Bauherr aufkreuzen und uns den Rückzug abschneiden, dann wären wir gefangen gewesen, einem unberechenbaren Tyrannen ausgeliefert. Das war der Kitzel bei jeder dieser Expeditionen ins Unbekannte.

Hüfthohe Brennesseln standen um eine ausgeschachtete Grube, Goldruten wucherten über den Ansatz der Fundamente aus zerbröckelndem Beton. Im hinteren Teil, der meistens im Schatten lag, verzweigte sich Brombeergebüsch und bildete eine undurchdringliche Dornenwehr. Durch einen Spalt an der Seite konnte ein Kind dahintergelangen und war nun endgültig gefangen. Klopfenden Herzens reckte man sich auf Zehenspitzen, hielt den Atem an und pflückte gierig die süßsauren Beeren. Manchmal hockte man auch dort und versteckte sich vor den anderen, aber wenn sie die Suche abgebrochen, das Spiel vergessen hatten, konnte man lange schmoren und war der Dumme. Dann erst wußte man, wie es war, allein zu sein, von niemandem vermißt, in irgendeinem Winkel der Welt. Geschah sie dort, die Verwandlung?

»Welche Verwandlung?« fragte der Vater gern, nachdem ich ihm einmal eine Erzählung zu lesen gegeben hatte, in der ein Mann sich in ein riesiges Ungeziefer verwandelte, eine Geschichte, die mich aufgewühlt hatte wie sonst keine zuvor. Aber der Vater, der es als Ingenieur gewohnt war, die Prozesse wie die Effekte beim Wort zu nehmen, hatte die Lektüre entnervt abgebrochen. Seine technische Phantasie zog sich beleidigt zurück, ihn quälte vor allem die Schicksalsergebenheit des Erzählers (seine Demut vor den Ereignissen, die mich bis heute begleitet).

Verwahrlost war auch der Rest des Gartens, vor allem zur Straße hin – als hätte sein Besitzer ihn vor den Blicken der Nachbarn schützen wollen. Es war ein schamloses Dickicht schachtelhalmartiger, hypertropher Formen, eine Mischung aus wilden Rhabarberblättern und spinnwebenumwobenen Büscheln von Kletten. Unheimlich waren uns diese Kletten: Wie ein Spatzenschwarm konnten sie jederzeit auffliegen, dich verfolgen und sich in Hemd und Haar festkrallen.

Wir ekelten uns vor dieser Wildnis, fürchteten sie wie eine Schlangengrube und brachen doch immer wieder dort ein, wenn uns der heiße Drang überkam. Dann nahmen wir Aufstellung, streiften die Hosen herunter, und der goldene Urinstrahl prasselte auf die Riesenblätter mit der warzenübersäten Echsenhaut.

Man schaute sich um und hatte auf einmal Chamäleonaugen, die in alle Himmelsrichtungen spähen konnten, hinauf ins Geäst und an den eigenen, zerkratzten Streichholzbeinen hinab.

Dies war unser Abenteuerspielplatz, ein Flecken monströser Vegetation, weit aufregender als jeder Lunapark mit seinen Schiffsschaukeln und Autoscootern – oder das stadtbekannte Vergnügungsgelände am Fučík-Platz, das bei den Dresdnern die *Vogelwiese* hieß. Unsere Achterbahn war eine aufgelassene Baugrube, verlockend wie der Trichter des Ameisenlöwen, der seine Beute am Grund erwartet mit raspelnden Kieferzangen, und wir nahmen Anlauf und sprangen mitten hinein in diesen Rachen unter großem Gejohle und »Holdrio«. Oder wir spielten Erschossenwerden, rissen die dünnen Arme in die Luft und ließen uns in theatralischen Posen vom Rand herunterrollen auf einer Welle nachrieselnden Sandes, der uns zur Hälfte begrub. Eine Weile lang waren wir tot, dann fing der erste zu lachen an, wir rappelten uns auf, und das Ganze begann wieder von vorn.

Es gab auch Geheimplätze in diesem frühen Reich, das wir ohne weiteres unser Inkareich nannten, unseren Goldgräber-Canyon – zumindest wußten wir, wovon die Rede war, wenn uns die Bücher davon berichteten. Es waren bestimmte, oft unscheinbare Stellen im Ort, die für uns eine geheime Bedeutung hatten, Verstecke und Vorratsspeicher, gewisse Tatorte. Es war die Lebensphase, in der das Risiko vieles diktierte, die Zeit des Zündelns und der schadenstiftenden Streiche. Es brauchte einen guten Instinkt, sich in dieser verborgenen Nebenwelt zu bewegen, ohne den Erwachsenen, nichtsahnend in ihrer Welt dicht nebenan, in die Arme zu laufen. Erregte nicht schon Verdacht, wer ein paar Minuten zu lange an einer Straßenecke herumstand?

Ich weiß nicht, wie es zuging, aber es war, als sei der Raum wie die Zeit damals seltsam gestaucht, in sich verdreht gewesen. Manches, das in den Nachmittagen ziellosen Umherstreifens seine größte Ausdehnung erfuhr, war plötzlich gewölbeartig eng wie die Kasematten auf der Festung Königstein, wo man zum ersten Mal das Gefühl des Eingesperrtseins empfand. Anderes, unmittelbar vor der Haustür gelegen, wurde beim Einschlafen in fernste Fernen entrückt, je näher der Augenblick kam, da man in einen der Übergangsträume zwischen Kindheit und Jugend hinausschwamm.

Da gab es die Böschung am Rand des Sportplatzes, der dem Elternhaus gegenüberlag auf einem Plateau – ein Streifen Wildwuchs hinter den Straßenbahnschienen, daneben ein Feld, auf dem in manchen Jahren Weizen, in anderen Mais angebaut wurde. Kam die Maissaison, waren wir dort zugange, schlugen uns durch den Dschungel wie die Truppen des Cortéz, ließen uns von den Stengeln, die uns hoch überragten, blutig peitschen. Wir legten Labyrinthe und kleine Lichtungen an, kämpften mit bloßen Händen gegen die scharfen Blattklingen, wir benahmen uns schlimmer als alle Hamster und Wühlmäuse zusammen. Im Maisfeld war uns auch die Idee mit dem Feuer gekommen. Da im Dickicht, auf den Haufen zertrampelter Maiskolben, die an aztekische Menschenopfer erinnerten, in der sengenden Hitze, berauscht vom Dunst der Alkaloide über den Rispen, war der böse Plan ausgebrütet worden. Zwischen Maisfeld und Böschung führte ein schmaler Pfad durch ein lichtes Wäldchen hinunter zum Gondelteich, an dem wir noch letztes Jahr und das Jahr davor geangelt hatten, aber das waren nun alles kleine Fische. Jetzt war die Böschung an der Reihe, einer von diesen Nicht-Orten, an denen wir strandeten, um die Zeit totzuschlagen. Was lag näher, als bei den Pappeln am Sportplatzrand ein Feuerchen zu machen?

Die Schulferien hatten begonnen. Es waren die Tage im Juni, wenn die Sonne ab Mittag wie festgebrannt über den Sandhügeln stand und selbst die Schmetterlinge erschöpft zu Boden sanken. Zwei Schwalbenschwänze machten in unserer Nähe halt. Eine Gruppe von Kugeldisteln hatte sie angelockt. Herrlich war ihre Festbemalung, schwarze Tigerstreifen auf gelbweißem Grund mit einem Saum blauer Augen. Wie kleine chinesische Papierdrachen sahen sie aus mit den spitzen Schwänzen, die beim Atemholen leicht wippten. Für Minuten war alles andere vergessen. So still waren wir, auf einmal so lammfromm, daß wir es fast hätten pflücken können, das balzende Pärchen. Doch dann entwischten sie uns im letzten Moment, segelten in weiten Schwüngen davon, fast wie Vögel, und wir mußten sie ziehen lassen. Ohne viele Worte war jedem klar: Das waren die schönsten Schmetterlinge, die wir jemals erblickt hatten.

Dann holte einer die Lupe heraus, im Halbkreis knieten wir uns vor die Grasnarbe wie zum gemeinsamen Gebet, und er hielt sie dicht an die Halme. In Null Komma nichts züngelten die ersten Flämmchen auf, wie eine Zündschnur lief das über die trockene Böschung. Wir waren verblüfft, wie verläßlich der gute alte Brennglaseffekt funktionierte, fühlten uns wie die Musterschüler im Physikunterricht, dann ging alles sehr schnell. Auf frischer Tat wurden wir ertappt, der Rauch über den Wipfeln hatte uns verraten, in hellen Schwaden zog er über den Sportplatz. Wären nicht Nachbarn mit Spaten und Schaufeln zum Löschen herbeigeeilt, wer weiß? Traurige Berühmtheit hätten wir erlangt, ein Platz in der Ortschronik wäre uns sicher gewesen: Großbrand im Sommer 1973.

Auf Umwegen schlich ich mich nach Hause, dort empfing mich das Strafgericht. Da half kein Geschichtenerzählen, in einem Nest wie Hellerau war jeder schnell informiert. Der Brandstifter bekam für die nächsten Tage Hausarrest, bevor er sich eine Notlüge ausdenken konnte. Wie idiotisch das war, wie selbstvergessen, so nah am eigenen Grundstück zu zündeln! Was wäre passiert, wenn die Flammen sich durch das trockene Gebüsch hinübergefressen hätten bis in unseren Garten? Wir hatten ein Lauffeuer gelegt, aber die Phantasie reichte nicht bis ins eigene Zimmer.

Etwas anderes war der Sprengstoffanschlag im Kiefernwäldchen, ein oder zwei Herbste später. Es war die ultimative Aktion, als ein paar von uns sich als Bombenbastler versuchten. Denn der Schrecken ließ sich noch steigern. Schließlich waren wir Bewohner einer militärischen Zone, wir kannten uns aus. Wenn auch nicht mit den Waffen – es dauerte noch ein paar Jahre, bis die meisten von uns eine Kalaschnikow in der Hand halten und auf Kommando zerlegen sollten –, so doch immerhin mit der Munition. Unsere Erde war voll von den Überresten der Kriegsspiele, am Heller stieß man überall auf Patronenhülsen. Die leeren kamen ins Kröpfchen, die scharfen ins Töpfchen, und das war buchstäblich gemeint. Einer hatte einen alten Wehrmachtsstahlhelm gefunden; in den wurden die aufgelesenen Blindgänger gesammelt und zu einem höllischen Cocktail verrührt. Ich war nicht dabei, als die Jungs den Topf aufs Feuer setzten und *kochten*. Ich war nicht dabei, als die Sprengladung hochging und einem der Beteiligten einen Finger abriß. Von dem Stahlhelm erzählten wir uns noch jahrelang. Es hatte ihn aufgerollt wie eine Konservendose, nur Metallfetzen waren von ihm übriggeblieben. Aber in den Legenden war er wieder intakt, wurde größer und größer, und bald schwebte er als Fliegende Untertasse über dem Ort.

In der Schule hatten wir bereits einiges von den Anarchisten gehört, Einzelgängern, die in Rußland wie überall in Europa Anschläge verübten, weil sie den Staat abschaffen wollten und zuletzt alle Macht. Es war seltsam, daß Karl Marx, unser aller Lehrer, kein gutes Haar an ihnen ließ und Lenin, der Klassenbeste unter seinen Schülern, sie als Saboteure der bolschewistischen Revolution verdammte. Denn was immer uns der Verstand einflüstern wollte, das Herz ließ sich nicht belügen: Uns waren sie sympathischer als die ganze Kommunistenbande. Solche Anarchisten waren auch wir, oder wir fühlten uns so – als ungebetene Störenfriede am Rand der Geschichte. Wir waren Kinder in einer Garnisonsstadt, aufgewachsen mit Militärtechnik, begierig auf alles, was Blitzschlag, Krach und Zerstörung brachte. In solchen Momenten war die Gruppeneuphorie auf dem Höhepunkt, und wir fühlten uns mächtig und von aller Erdenschwere befreit.

Traurig war nur immer der Heimweg. Dann nahm die Vorstellung von den verlorenen Paradiesen Gestalt an. Und es begann dem kindlichen Gemüt zu dämmern, daß dies alles eines Tages verblassen, sich den Gefühlen entziehen würde. Am Ende aller Eskapaden war jeder wieder für sich allein und ging mit eingezogenen Schultern nach Hause. »Wie die Neandertaler«, sagte der Vater gern, wenn er mich durch die Lücken im Laub am Gartentor vorübertrotten sah. Er hatte ein Gespür dafür entwickelt, wie er mich treffen konnte. Tatsächlich hatte ich sofort die Schemazeichnung »Der Mensch in der Evolution« vor Augen, die einmal im Biologieunterricht entrollt worden war. Sie zeigte in schwarzen Umrissen im Phasenbild die Entwicklung

vom Baumaffen zum Primaten und weiter über den Faustkeil-
träger, den Steinzeitjäger bis zum Homo sapiens. Die Typenrei-
he ging immer von links nach rechts, nie sah ich sie anders, sie
schien unumkehrbar. Es war, als wollte mein Vater mit seiner Kri-
tik an meiner Körperhaltung mir zu verstehen geben, wie weit
ich noch von der letzten nötigen Verwandlung entfernt war.

6

Zitronenfalter

Kinder auf der Landstraße, das waren wir. Immerfort auf den
Beinen, unterwegs im Laufschritt. Wir liebten die Sprünge über
den Straßengraben hinweg, mit einer Drehung, wie ich es bei
den Ballettänzern gesehen hatte, die in der Luft mit den Fußspit-
zen so komische Triller machten. Wieder und wieder versuchten wir das und lachten uns dabei halb kaputt. Übertrieben agil
waren wir, grotesk lustig wie aus Protest gegen die allgemeine Seßhaftigkeit der Hobbygärtner, Häuserbauer, Garagenbe-
sitzer. Dem ordnenden Treiben dieser Leute ausgeliefert, gaben
wir unser Bestes als Virtuosen des Unsinns und der Anarchie.
Wild umeinander tobend zogen wir durch die Jahreszeiten, hol-
ten uns blutige Knie im Sommer, rote Ohren im Winter. Ohne
Reue über unsere Taten rannten wir die Böschungen hinauf
und hinunter, laut schreiend, verausgabten uns auf den Feldwe-
gen bis zur Atemlosigkeit, bis uns die Zunge heraushing wie
den gehetzten Wölfen. Erst in den Wäldchen wurden wir stiller, zählten die Herzschläge, beruhigten uns in der Dämmerung
an ihrem Rauschen. Zwielicht und Zweideutigkeit überall, und
alles, was man tat oder sagte, war mißverständlich.

»Wartet, ich komme gleich nach.«

»Das sagst du immer, du Schnecke. Und wir müssen warten.«

»Ich bin keine Schnecke, ihr Fledermäuse.«

»Fledermäuse? Was redest du da? Weißt du, wie spät es ist?«

Aber keiner hatte die Zeit dabei, bis auf einen, der zeigte sie allen am Arm herum, eine Digitaluhr der Firma Casio, Geschenk vom letzten Westbesuch. Dann stoben wir alle davon wie ein Sperlingsschwarm, waren plötzlich verschwunden. Die Siedlung lag da wie ausgestorben, von fern schlug die Kirchenglocke, leer war der Nachmittag. Da lag einem nicht mehr so viel daran, allein zu sein. Wer für sich geblieben war, mußte lange suchen, und die anderen kicherten sich eins an ihren Rückzugsorten, die oftmals wechselten. Je länger der Tag wurde, um so schwieriger war die Suche. Und mancher blieb bis zuletzt allein, weil er die anderen nicht mehr wiederfand – selber schuld, der Idiot.

Vielleicht flog ihm dann ein Zitronenfalter über den Weg. Vom frühesten Frühjahr bis in die letzten Tage des Herbstes waren sie unterwegs, diese unverwüstlichen Flieger, Figuren aus einem balinesischen Schattentheater. Sie zeigten sich, und schon waren sie wieder fort. Einige von ihnen hatten unter dem Schnee überwintert. Man stapfte durch das Gehölz, hörte das Gurgeln überall, leise, leise, ein Gamelan-Orchester. Dann sah man die ersten Gräser durch die Schneedecke brechen, zart aufgereckt. Von einem Ast tropfte Tauwasser, und dann war da ein kahler Busch, aus dem flog unverhofft ein Falter auf, ein gelber Wimpel mitten in einer weißen Landschaft. Kaum zu glauben, daß es so etwas gab. Hier und da war der Schneeteppich zerrissen, aufgetrennt, tiefe Löcher taten sich auf, in denen erwachte ein neues Grün. Und immer noch war man allein, hatte den

Anschluß verpaßt, taumelte orientierungslos durch die ersten Märztage und holte sich nasse Füße.

Plötzlich entdeckte man einen erstarrten Schmetterling, vergaß die Zeit und beugte sich über ein Paar Flügel von reinstem Zitronengelb, jeder in der Mitte mit einem Orangepunkt signiert, als hätte ein Porzellanmaler zur Krönung seines Werkes einen letzten Pinseltupfer auf die noch feuchte Untertasse gesetzt. Meißner Porzellan, ein Splitter von fragiler Faktur, die einen an die Besuche im Dresdner Zwinger erinnerte, an die Sammlungen der staatlichen Porzellanmanufaktur. Nein, das konnte nicht sein, daß Natur einen narrte mit einer längst entwerteten gelben Eintrittskarte zu einem Konzertsaal aus verfrorenen Birken, in dem niemand mehr probte. Man fühlte sich abgehängt, die anderen waren längst über alle sieben Berge. Hätte man den Zitronenfalter gefangen, ihn hergezeigt, leblos in den kalten Händen, sie hätten einen nur ausgelacht. Also zerrieb man ihn schnell und eilte den untreuen Freunden seufzend hinterher.

Es sollte noch eine Weile dauern, bis mich der Ruf nach draußen nicht mehr erreichte und ich das Faulenzen vorzog und im Garten der Eltern zurückblieb, um mich dort auszuruhen zwischen den Bäumen. Noch gab es die Zufluchtsorte, die keiner kannte außer uns, den Verschworenen, die sich immer herauslocken ließen und niemals wußten, ob sie sich aufeinander verlassen konnten in ihrer Wankelmütigkeit.

Der am wenigsten gesicherte Ort war das eigene Gehirn, das immer abhängig blieb von jähen Stimmungswechseln und den eigenen wandernden Launen. Das Gehirn war die schwache Stelle: eine Schaltstelle, in der alles zusammenlief – aber auch auseinander. Es tauchte die Umgebung in überraschende Farben,

verwandelte sie, je nach Tagesform, etwa in einen tristen Schwarz-
weißfilm oder in ein verwirrendes Leinwandpanorama in Tech-
nicolor. Im Grunde aber war es selbst nur ein Kaleidoskop, eines
von der Art, wie ich es einmal bei einer Tombola auf der *Vogelwiese* gewonnen hatte. Die Trophäe aus dem Vergnügungspark
war ein Röhrchen, bestehend aus einer bemalten Pappe, ein
paar Linsen und einem Guckloch, ein Modell in Kanariengelb.
Man schüttelte es, drehte es vor dem Auge um und um – und
die ganze Herrlichkeit erschien einem in veränderter Konstella-
tion. Für den Augenblick glaubte ich an das, was ich da sah. Es
dauerte, bis ich begriff, daß sich die Außenwelt mit so einem
Ding nicht erfassen ließ wie durch ein Fernrohr. Daß da überhaupt nur eine abgeschirmte Welt aufschien in den strahlenden
Farben am Grund des Röhrchens. Genauso weltunabhängig und
von innen her beleuchtet, gleichsam hermetisch, erschien mir
manches Mal auch das Gehirn. Man ging herum und wußte
noch nicht, wer man war, man lebte und hatte noch keine Ahnung, wofür.

Aber im Gehirn waren alle künftigen Lebenskonstellationen
schon angelegt. Es war, als müßte der kleinste Weltausschnitt, je
nach Gemütslage, immerfort variieren. So ist mir Hellerau im
Lauf der Jahre nacheinander als ein Märchendorf aus lauter Pfef-
ferkuchenhäuschen erschienen, als eine Blockhaussiedlung im
Irokesengebiet, als verwunschene Waldrandkommune und Ar-
chitekturwerkstatt für Liebhaber moderner Siedlungsbauten,
Pioniere ihres Fachs wie Mies van der Rohe, Walter Gropius
und Le Corbusier. Und Jahre später, nach der hundertsten Heimkehr, als alle kindlichen Phantasien sich ausgeblutet hatten, war
es mir nur noch ein Museum der Moderne, fern aller Nostalgie,
und als solches auf seine Art liebenswert. Da begriff ich zum

ersten Mal die gründliche Anlage, ihr ganz eigenes Wachstum, den planvollen Organismus, und blieb wie ein Fremder stehen und begann zu betrachten. Ich sah die verschiedenen Typen der Reihenhäuser und Landhäuser und die vereinzelten Villen dazwischen, einzeln und verloren, wie Villen nun einmal sind. Die Reihenhäuser mit ihren Fachwerkobergeschossen und den Sprossenfenstern *Am Grünen Zipfel*. Die Patenthäuser *Am Sonnenhang*, Erinnerung an den von Karl Schmidt, dem Hellerau-Gründer, für die Deutschen Werkstätten entwickelten Prototyp eines Fertighauses aus Holz, das aber niemals in Serienproduktion ging. Zur Zeit der Weltwirtschaftskrise machte die »Gartenstadt Hellerau GmbH« Verluste und war gezwungen, einige der Grundstücke an betuchte Bürger zu veräußern. Und auch das sah ich nunmehr: die Unterbrechungen im Siedlungsplan, das Mißlungene, die traurigen Kompromisse mit den historischen Umständen. Einmal kam mir Adolf Loos in den Sinn, sein sogenanntes *Haus mit einer Mauer und einem eigenen Nutzgarten*. Für die meisten war das ein frommer Wunsch geblieben. Wie sollten sie, um- und umgetrieben von ihren wechselnden Führern, etwas anderes gewollt haben als den kleinsten gemeinsamen Nenner, die kollektive Behaglichkeit und kleinbürgerliche Geschmacklosigkeit? In Hellerau schien, auf den ersten Blick, alles anders. Aber auch hier bemerkte ich, wenn ich genauer hinsah, die Lükken zwischen den Dielenbrettern, die Brüche zwischen den Reihenhäusern, die Einschnitte zwischen den Grundstücken.

Wieder sah ich mir die Häuser an, zwischen denen ich aufgewachsen war und die mir darum – was ließ sich dagegen tun? – einen vertraulich trostspendenden, anheimelnden Eindruck machten. Es wurde einem seltsam weh zumute in ihrer Umgebung.

Hier lag das Kindheits- und Jugendland. Und auch wenn ich mich weit von ihm entfernt hatte im Laufe des Lebens, wenn ich es in der Zeit intensivsten Reisens in dem Jahrzehnt nach dem Mauerfall und der Zusammenlegung der beiden Deutschlandteile – eines nachholenden, beinah hysterischen Reisens – immer länger vergessen und zuletzt auch verloren hatte, war mir jeder Anlaß zur Heimkehr lieb, und es brauchte nur Stunden, da wurde ich wieder schwach, überwältigt vom Heimatgefühl. Aus einem unbestimmten Drang heraus war ich seit der Befreiung immerfort auf der Flucht, aber kaum in Hellerau angekommen, sank ich sofort in Kindheitstiefen zurück. Hier und nur hier fand das Bewußtsein Ruhe, und es verblaßten alle die Boulevards und Wolkenkratzer mehrerer Kontinente, die Großstädte und die gigantischen Architekturen, der Kreml, das Kapitol, die Londoner City, der Eiffelturm, das Kolosseum und die Tempel von Kamakura und Borobudur. Ich schloß das Gartentor hinter mir und machte den üblichen Rundgang, wie jedesmal aufs neue verwundert über die geringe Ausdehung des Ganzen, die paar Straßen und Wege, an den Händen abzuzählen, und fühlte mich wie das Däumelinchen, das mit dem nächsten Wassertropfen in ein Schwertlilienblatt rutscht. Ein Kinderdorf war das alles, was sonst? Und fortwährend quengelte die Erinnerung, sandte ihren Funkruf aus: SOS. Ich ging den *Kurzen Weg* zum Markt hinunter und erfreute mich an den Schattenspielen, die sich bei einem gewissen Sonnenstand an den gelben, gefleckten Hausfassaden ergaben, an ihren grünen Fensterläden und den braunen, verwitterten Lattenzäunen, die ich zuletzt irgendwo hinten in Polen gesehen hatte, auf einer Zugfahrt in Richtung Rußland.

Dann lief ich den Markt hinauf, kreiste ein- oder zweimal um
die Terrasseninsel mit ihren Kastanien und dem Sockel aus ver-
schiedenfarbigem Feldstein, auf der wir uns mit unseren Fahrrädern absurde Ringelrennen geliefert hatten, mit diesen gei-
len Rennmaschinen der Marke Eigenbau, aus Einzelteilen von
der Müllhalde zusammengeschweißt, mächtigen Choppern mit
dicken Reifen, die es uns erlaubten, in wilder Sturzfahrt die
Treppen zu nehmen – *yippie yayo*! Denn wir waren auch Hippies
gewesen, was denn sonst, verhinderte Easyrider im Kleinformat. Kein Akrobatenkunststück war uns gefährlich genug gewesen: sich auf das Hinterrad stellen, bedrohlich aufeinanderzu-
rasen, im letzten Moment noch die Kurve kriegen und dann
bergab in konzentrierter Kaskadenfahrt, die steile Treppe hinab
und vorm Bäckerladen scharf abgebremst. Ich trug das Gefühl
noch im Körper beim Weiterschlendern, die Sensation durchge-
schüttelter Knochen, als ich den *Ruscheweg* hinaufging, an unserem ehemaligen Bolzplatz vorbei, hin zu den Rabatten an
der Haltestelle Karl-Liebknecht-Straße – Tulpenbeete, Phlox
und Petunien, etwas abseits ein paar emigrierte Birken. Spätestens hier war es um mich geschehen, und ich setzte mich auf

eine der Bänke, zum ersten Mal im Leben freiwillig auf eine Gartenbank. Nun war ich also eingetreten in das Erinnerungsland. Herr im Himmel, fängt so das Altern an? Eine Weile saß ich dort wie die alten Weiblein, die Friedhofsgeher und Gottversteher, wie ich sie, meistens allein, tiefgebeugt im Gebet, in einer der vielen Kirchen von hier bis Sizilien beobachtet hatte. Wie denn nun weiter? Blieb nur das Kapitulieren vor dem Übermaß an Erinnerung? Wie gern wäre ich emigriert, hatte mir ein anderes Dasein erträumt, möglichst weit weg (der alte Fluchtreflex), irgendwo am hintersten Ende Patagoniens oder Neuseelands. Und war nun wieder hier gelandet, am Ausgangspunkt. Aber warum nur, warum? In diesen Augenblicken der Schwäche – seit Jahren führte ich ein Tagebuch meiner Schwächen – lehnte ich mich zurück und malte mir ein Leben geglückter Seßhaftigkeit aus in dieser Hermann-und-Dorothea-Welt. Hier, wo mich niemand mehr kannte, niemand außer meinen Eltern und ein paar Nachbarn, denen ich wie ein Gespenst vorkommen mußte als der erwachsene Mann, der ich nun war.

Die Häuser erinnerten mich an die Abbildungen in den Märchenbüchern, und ich stellte mir vor, wie sie den verlorenen Sohn dereinst wieder aufnehmen würden in ihren Behausungen, den Sterbenskranken, von der Unumkehrbarkeit Gezeichneten, von Nostalgie Geplagten, an der Banalität dieser Gegenwart Gescheiterten, und wie ich für immer geborgen sein würde in ihrem weihnachtlichen Willkommen. O das bekannte Spitzdach! Merkmal deutschen Bauens, wie es in einer Broschüre der Reformer geheißen hatte. So war es gekommen: Die Leute hier hatten ihren ewigen Frieden mit den Verhältnissen gemacht. Wie überall in Deutschland zogen sie sich in ihre Schrebergärten zurück. Mag sein, daß in der Geburtsstunde Heller-

aus Immanuel Kant auf einer Wolke von Königsberg herüber-
geschwebt kam, Goethe und Herder von Weimar aus wohlwol-
lend lächelten, und ein Brite, Sir Ebenezer Howard, Erfinder
der Gartenstadt, als Ideengeber Pate gestanden hatte bei ihrer
Gründung. Mag sein, mag alles sein. Aber wer hätte ahnen können, daß das Leben immer so weiterging in seinem trüben,
kümmerlichen Kleinklein?

Vielleicht war das nicht mein Tag gewesen, vielleicht war ich
mit dem falschen Bein aufgestanden, jedenfalls nicht mit dem
grünen. Dort in Hellerau, bei einem meiner vielen Besuche am
alten Tatort, bin ich zum ersten Mal in die schwärzeste Melancholie verfallen und fand nicht mehr heraus aus dem *Hortus con-
clusus* der Schwermut. Kann sein, daß da wieder ein Zitronenfalter vorbeiflog und lieblich über dem Rittersporn gaukelte,
aber ich sah ihn nicht mehr, ich sah seinen Irrflug nicht mehr.

Nie zuvor hatte ich die Deutschen Werkstätten so wahrgenommen, als eine Alternative zu allem blöden und dumpfen
Nur-Wohnen, als einen Ort zur Verbesserung des Menschengeschlechts. Aber was nützte es nun, daß ich sie als Kind, munter
herumspringend, einst wacker erobert hatte? Dreizehn Uhr,
das letzte Schulklingeln war eben verstummt, da brachen die
Schüler der 84. Oberschule »Carl Bobach« zur Schulspeisung
auf. Sie hatten den halben Tag stillgesessen und ihre kleinen
Körper im Zaum gehalten, nun galt es, da die Schule weder Küche noch Speisesaal hatte, sich aufzumachen quer durch den
Ort, einzeln, in Gruppen oder im Klassenverband wie die Ameisen auf einem Ameisenpfad. Meistens bog ich links ab, der
Schmale Weg war zu Ende, und ich rannte nach Hause, wenn
meine Mutter, die halbtags arbeitete, beschlossen hatte, mir
selbst das Mittagessen zu kochen. Aber je nach Laune ging ich

oft auch mit den Schulkameraden mit, strebte wie alle anderen fröhlich quer durch die Siedlung, am *Gondler* vorbei. Von weitem schon begrüßten wir ihn mit einer ganz grundlosen Fröhlichkeit, den kleinen Parkteich – ein langgestrecktes Oval, an seiner Stirnseite mit einer Mauer aus Naturstein befestigt, im rückwärtigen Teil von Schilf umsäumt. Wir sahen das goldene Grün durch die Buchenstämme schimmern, erkannten ihn an seinem Geruch von totem Fisch und rostigen Leitungsrohren, den beliebten Treffpunkt der Prachtlibellen und Quelljungfern, die sekundenlang wie Miniaturhubschrauber über dem Wasser standen und dann im Zickzack aus dem Gesichtsfeld verschwanden. Einmal tief durchgeatmet, und es flogen einem Schwärme kleiner Insekten in den Mund, die dort im Uferschilf tanzten. Dann ging es den Heideweg hinunter zu den Verheißungen der öffentlichen Fleischtöpfe, in die Deutschen Werkstätten Hellerau. Wir waren unser einfach zu viele, ein geburtenstarker Jahrgang, wie es später hieß. Und so gab es in ganz Hellerau nur einen Ort, an dem man uns alle speisen konnte, am sozialistischen Freitisch der Möbelfabrik. Dort angekommen, trudelten wir, möglichst alle zugleich, durch den Riemerschmidt-Bogen, das breite Werkstor mit der roten Dachgaupe, ein. Einem Zwang gehorchend, mußte ich immer die Fenster zählen. Am Hauptgebäude rechts neben dem Tor waren es, zur Straße hin, einundzwanzig oder zweiundzwanzig im ganzen. Aufgrund des Gedränges war die Zahl nie genau zu ermitteln, ich gab es jedesmal auf und überließ mich dem Strom. Der geheiligte Ort ist mir nur als ein Schauplatz wildester Rangeleien in Erinnerung. Mit Gedränge und Schubsen ging es am Pförtnerhäuschen vorbei, rechts die Stufen hinauf durch lange Korridore, die dem Treppenhaus unserer Volksschule glichen, der wir eben erst glücklich entronnen waren, und hinüber in einen flachen Anbau. Dort lag der Kampfplatz, an dem es mit Messer und Gabel zur Sache ging, offiziell die Schulspeisung genannt, aber eigentlich war es die Werkskantine, in der wir, außerhalb der Stoßzeiten, beköstigt wurden.

Hinter einer Luke standen die Köchinnen, die zugleich die Essenausteiler waren, in ihren weißen Kitteln. Aus großen Speisekübeln schöpften sie die Mittagsration und verteilten sie auf die Menüteller, rechteckige Plastikplatten, dreigeteilt nach einem Muster, bei dessen Anblick man lange über den Satz des Pythagoras nachdenken konnte. Mit reichlich Soße darüber, glich das Ganze einem ertrunkenen Kleiderbügel. In das große Fach kamen das Fleisch und die Soße, der Berg Makkaroni oder eine Kelle Milchreis, in die beiden kleineren wurde die Beilage gegeben, ein zerkochtes Gemüse oder das kalte Kompott. Damit schwirrte man ab und suchte sich einen Platz am Tisch der Freunde. Wenn man Pech hatte, war der besetzt und man landete bei den Mädchen, die kicherten, wenn man sich zwischen sie schob. Dabei wäre das die Gelegenheit gewesen für einen Flirt mit Martina, Silvia oder Beate, letzte Chance für ein wirklich gelungenes Klassentreffen.

Deutsche Werkstätten, das war für uns eine Gegebenheit, ein Stück Volkseigentum, mit einem Wort, von dem man nie genau wußte, wann man es richtig zitierte, ohne daß es verlogen und unangebracht klang. Eine sozialistische Produktionsstätte: Hier wurden Möbel hergestellt, Inneneinrichtungen, Tische, Stühle und Schränke, und Jahre später absolvierte ich dort ein Praktikum, stand an einer der Fräsmaschinen, bohrte Löcher in irgendein Holzstück, das man mir übergeben hatte zur Übung, und war bemüht, mich nicht allzu dumm anzustellen, wenn

einer der Meister im blauen Kittel, ein schlechtgelaunter Glatz-
kopf, der unangenehm roch, mir seine Anweisungen gab. Jeder
von uns lernte Orte wie diesen kennen, an denen Mutter und
Vater tagsüber ihre Berufe ausübten. Meine waren woanders,
sie verschwanden damals in Klotzsche, jenseits von Hellau, in
der Flugzeugwerft (der Vater), in einem Betrieb für Mikroelek-
tronik (die Mutter), beide volkseigen. Nun aber sah ich sie wieder, mit älteren Augen, die Deutschen Werkstätten Hellerau.

Es war ein Ensemble, das allem den Grundton vorgab, die Sinn-
stiftung, auch das Farbprogramm, mit dem Sandstein aus der
Sächsischen Schweiz, dem Granit aus der Lausitz, hellbeige für
die Wände und den steinernen Sockel, ochsenblutrot für die Dächer und alle hölzernen Teile. An eine gotische Manufaktur ließ
sich bei dieser Ansammlung von Fabrik- und Verwaltungsge-
bäuden denken. Manche, wie die Maschinenhallen, welche die
zum Teil sehr ausladenden Tischlereiapparaturen mit den gewaltigen Fräs- und Sägemaschinen, die Reihen der Hobelbänke
und die Furnierklebestrecken beherbergten, waren zweigeschos-
sig und langgestreckt, andere wie das Kontorgebäude ragten mit
imposantem Giebel breitbrüstig in die Höhe, und eines, die so-

genannte Kraftzentrale, trug als Krönung ein Uhrtürmchen, der nur noch von dem weithin sichtbaren Schornstein überragt wurde. Das Ganze bildete eine Art Gehöft, ähnlich den Vierkanthöfen, wie man sie in landwirtschaftlich besonders ergiebigen Gegenden, in Schleswig-Holstein etwa oder Bayern, zu sehen bekam, nur daß auf diesem Gutshof niemals Kühe oder Pferde umhergingen, sondern Männer im blauen Kittel, Möbeltischler und Ingenieure, Meister und Gesellen wie in den ältesten Zeiten, als es noch Zünfte gab und die Handarbeit ihren Wert hatte. *Gottgefällig*, das Wort kam einem hier in den Sinn und versetzte einen schon als Schüler in lauter halbgare Betrachtungen über das Mittelalter, die alle zu nichts führten.

Jetzt erschien es mir als das Basislager, das die Formen für alles Weitere ringsum einst diktiert hatte, ein Gebäudekomplex, der aus der Vogelperspektive den Grundriß einer Schraubzwinge zeigte. Das hatte ich oft gehört, aber zum ersten Mal sah ich es auch, sei es, weil ich nun größer geworden war, ein Riese, der sich über das alte Spielzeuggelände beugen konnte im Traum, oder sei es, weil ich mich nun immer öfter auch innerlich in den Lüften bewegte, seit ich den Ort verlassen hatte und ihn von fern, von ganz weit oben studierte in meinen Segelflügen der Erinnerung. Hellerau, das wußte ich lange nicht, war nur ein Kunstname, den man sich ausgedacht hatte. Einer war auf die Idee gekommen, die Kolonie so zu benennen – nach allem, was man hört, muß es Karl Schmidt gewesen sein, der legendäre Spiritus rector, den sie den »Holz-Goethe« nannten. Im Jahre 1906 wurde die Ortsbezeichnung ins Register eingetragen, ein Markenname wie Wolfsburg oder Eisenhüttenstadt, mit dem Unterschied freilich, daß hier ein städtischer Hintergrund vorhanden war, den man immer mitdenken mußte, die weltbekannte Barockstadt Dresden im Tal, die es den Interessenten leichtmachte, das Kreuz auf der Landkarte zu finden. Ich hatte mich längst darauf eingestellt, die Dinge von draußen zu betrachten, und heute las ich auch die Verlautbarungen anders und neu. »Die Gartenstadt Hellerau liegt bei Dresden am Südhang der waldreichen Dresdner Heide, etwa 100 m über der Stadt und von deren Centrum etwa 6 km entfernt«, hieß es in einer zeitgenössischen Broschüre. Zurück in der Gegenwart, hallte das Echo noch lange nach, die Wirklichkeit konnte sich sehen lassen. Aber etwas fehlte doch, und ich wußte lange nicht, was es war, und bin im Grunde noch heute damit beschäftigt, es herauszufinden.

Ich stand wieder auf und nahm einen Umweg, jetzt, wo ich so viel Zeit hatte und keiner mich mehr erwartete. Es gab, abgesehen von den Besuchen im Elternhaus, mittlerweile nur noch die Einladungen zu den Klassentreffen, die ich aber, aus Angst vor sentimentalen Begegnungen, lieber vermied.

Statt dessen zog ich es vor, unbemerkt und unverabredet, meine Runden zu drehen. Ich schlenderte also wieder zurück, nahm mir diesmal die Häuser *Am Talkenberg* vor, ging noch einmal den *Sonnenhang* hinab, der mir immer als Herzstück erschienen war, auch damals schon, als ich hier in einem der stattlicheren Anwesen mit Freund Ulf, dem Sohn des Chirurgen B., in den einzigen privaten Swimmingpool sprang oder im Keller der Arztvilla die Eisenbahnplatte in Brand setzte. Immer die Arztsöhne, die Sprößlinge aus den Haushalten der Besserverdienenden und für sozialistische Verhältnisse vergleichsweise Privilegierten: Mit diesem gab es die schönsten, blutsbrüderlichen Abenteuer – einmal ritzten wir uns tatsächlich die Arme und preßten die paar Blutstropfen, die da herausquollen, aufeinander – ein anderer aber, drei Klassen über uns, schlug mir einmal so hart ins Gesicht, daß mir die Nase blutete. Aber das war eine andere Geschichte, bestens verdrängt. Es war um ein Mädchen gegangen, die einzige Exotin der Schule, eine Mulattin mit dem wildesten Haarschopf, in hautengen Jeans, eine echte Motorradbraut, und wir unberufenen Zwerge hatten es gewagt, sie auf dem Schulhof zu umzingeln und immer wieder zu kreischen: »Diana, die Verliebte! Diana, Diana!« Dafür war jedem von uns ausgeflippten Plagegeistern eine Abreibung sicher. Bis heute weiß ich nicht, wie sie in unseren Kulturkreis geraten war: eine Blume aus Kuba?

Ich sah die »Schatulle«, das kleinste Holzhaus der ganzen Siedlung (vom Erbauer des Dresdner Hygiene-Museums höchstselbst, Wilhelm Kreis, dem Erneuerer der Augustus-Brücke, ein architektonisches Impromptu), und ich sah auch das »Flitterwochenhaus«, ein Unikat unter all den Blockhütten des *Sonnenhangs*, und auf einmal sah ich überall die Doppelhausanlagen, eine Hellerauer Spezialität. Ich dachte an die Familien, die ich einmal gekannt hatte hier, an die Kinderzimmer meiner Schulkameraden und die Inneneinrichtungen ihrer Eltern. Für die meisten war das etwas fürs ganze Leben gewesen, ein endgültiges Schneckenhaus, in das man sich mit allen Kräften verkroch, aus dem man niemals mehr ausziehen würde, es sei denn, mit den Füßen voran.

Dann nahm ich die Abkürzung durch die Schrebergärten hinter dem Markt, kam noch einmal an den Deutschen Werkstätten vorbei, die mir diesmal, wie schon so oft vorher und nachher, in einem blinden Fleck verschwanden, der immer mit mir wanderte und bewirkte, daß ich das meiste in meinem Leben leicht ausblenden konnte. Wenn ich wieder davorstand, sah ich es wie zum ersten Mal. Fast zu einfach war das, Abschalten, wieder Aufblenden, und immer aufs neue geschah einem die Welt.

Ich verließ die bewohnte Zone und ging den *Moritzburger Weg* hinauf. Ich sprang in den Straßengraben hinab und hielt mich an die vertrauten Waldrandkiefern, wenn da ein Laster vorüberdonnerte oder ein einzelner aufgebrezelter Sportwagen mit überhöhter Geschwindigkeit. Hier und da suchte ich durch die mageren Buchen und Birken hindurch einen Punkt, der mich an die früheren Verabredungen im Wald erinnern konnte, eine Art Schußfeld in die Vergangenheit. Irgendwo dort hinten waren unsere Kindergestalten untergetaucht, lautlos wie die Indianer in den Wäldern Nordamerikas, und für immer verschwunden. Die alten Spiele, die alten Spuren versuchte ich im Gedächtnis zu fixieren, vergeblich. Und kam endlich auch am Haus des bedrohlichen Arztsohns vorüber, der mir so übel mitgespielt hatte. Damals machte man besser einen großen Bogen um die Hütte des Doktor S., Zahnarzt in Dresden. Es konnte vorkommen, daß sein Bengel wie ein tollwütiger Hofhund daraus hervorschoß und sich breitbeinig in der Hofzufahrt aufstellte. Er brauchte einen nur scharf anzusehen, schon wechselte man die Straßenseite. Auch an diesem Tag hielt ich mich lieber rechts und schaute voraus auf die ersten Häuser *Am Pilz.*

So lange wirkt das Körpergedächtnis nach, so tief graben sich Niederlagen, Schmähungen und Verletzungen ein. War es nicht Nietzsche, der dich gelehrt hatte, daß alle Mnemotechnik daher rührt, daß etwas sich einbrennen muß, damit es im Gedächtnis bleibt? »Nur was nicht aufhört, weh zu tun, bleibt im Gedächtnis.« Ein großes Wort, gültig selbst für das ereignisloseste Leben, die scheinbar sicherste Existenz. Da war der *Hohe Weg* zur

Linken, dort war einmal ein halbes Haus explodiert. Ein Mann hatte den Gashahn aufgedreht, weil er nicht mehr weiterwußte mit sich und den Seinen in seiner Verzweiflung. Einer sprengt sich in die Luft und zerreißt damit die Familie, die für alle Zeiten von dieser Katastrophe gezeichnet bleibt. Auch dies fiel mir nun wieder ein, und wie wir Kinder es kaum erwarten konnten, nach der Schule die Unfallstelle zu besichtigen wie eine Zirkussensation. Kaum aber lag der unheilvolle Ort hinter mir, war alles wie fortgewischt, ich sah nur noch die niedrigen Jägerzäune entlang der Straße, da kam auch schon die Kreuzung zur *Karl-Liebknecht-Straße* mit der kleinen Verkehrsinsel. Was hätte ich darum gegeben, die alten Plakate an der Litfaßsäule, die dort verlassen stand, wiederzusehen. In dem ersten Haus hinter den Straßenbahngleisen, das mir aus unerfindlichen Gründen immer als eine Art Bahnwärterhaus erschienen ist, hatte damals Ecki gewohnt, mein Freund, den alle nur Kröte nannten und gnadenlos verhöhnten. Hey Kröte, wo bist du jetzt, gibt es dich noch? Jetzt war er auf einmal wieder da, der garstige Spitzname, der mir damals nie über die Lippen gekommen wäre. Denn er war mein erster wirklicher Spielkamerad und, wie ich heute weiß, der unvergeßlichste. Im Traum ist er mir oftmals wiedergekehrt, wohl auch darum, weil er der früheste war, der auf Nimmerwiedersehen verschwand. In den siebziger Jahren gehörte die Familie zu den wenigen Glücklichen in der Nachbarschaft, die nach Westdeutschland ausreisen durften; der größere Teil der Sippe lebte schon dort, im Jenseits. Man ließ sie ziehen, weil es auf Leute wie sie, Christen am Rand der Gesellschaft, nicht ankam. Wie ich ihn damals beneidete, allein die Himmelsrichtung *Westen* entfachte in mir die wildesten Phantasien, die bis nach Amerika reichten, und ich wollte nur hinterher, hinterher.

Zuletzt sah ich die Reihenhäuser am oberen *Moritzburger Weg* mit ihren hohen, zur Straße hin gerichteten Giebeln von nüchterner Schlichtheit. Tessenows letzter Gruß waren sie, kurz vor dem Übergang zur Autobahnabfahrt, wo Hellerau sich auflöste in eine Vorstadt von Leipzig, Berlin oder Rostock, wenn man als Autofahrer den Horizont fixierte und durchstartete, um nur wegzukommen, weg von zu Hause, wie es mir selbst mehr als einmal erging. Im Rückspiegel schien noch einmal eines der vorbildlichen Häuser auf, ließ man den Wasserturm links und die Sparkasse rechts liegen.

Für Sekunden die Augen schließend, sah ich die Matrix, das neue deutsche Gartenhaus im Hellerau-Stil. Es war einfach und zweckmäßig, aber nicht sachlich, nie kühl funktional. Wie oft mußte ich an das Musterhaus *Am Tännichtweg* denken, den Beginn des Abenteuers, nach einem Entwurf des englischen Architekten Mackay Hugh Baillie Scott, der, von der Isle of Man kommend, nach Douglas umgezogen war, wo er sein erstes Haus selbst gestaltet hatte. Das war der Anfang gewesen, der initiale Moment, wenn ich es recht verstehe. Man kennt das aus der Menschheitsgeschichte, immer hat irgendeiner den ersten Stein geworfen, um im Jargon der Religionsgründer zu bleiben, von dem die Architekten ein Lied singen konnten. Der Schotte Scott war es, der die ersten Serienmöbel entwarf im Auftrag Karl Schmidts. Von da an zeichnete sich die Chance ab, das durchschnittliche Heim von allem Ballast zu befreien. Nun waren Heirat und Hausrat auf eine neue, dynamische Weise verbunden, was einen wachen Zeitgenossen wie Franz Kafka sofort elektrisierte und auf den Plan rief. Maschinenmöbel und Musterhäuser waren der Leim, auf den die fortschrittlichsten Europäer seinerzeit krochen. Wer wollte nicht in luftigen Nestern wohnen, leicht wie die Schwalben hausen? Aus dem Wohnhaus mit mehreren Kleinwohnungen, Modellen, wie sie die Arbeiterwohlfahrt entwickelt hatte, wurde das Eigenheim aus dem Versandkatalog. Bereits auf der Dresdner Jahresschau »Wohnung und Siedlung« von 1925 konnten die Hellerauer das von Bruno Paul entworfene *Plattenhaus H 1018* präsentieren. Es bestand aus einhundert vorgefertigten Elementen, raumsparenden Schiebefenstern und Klappschiebeläden, einer Verkleidung aus Faserzementplatten und war insgesamt eine Sperrholzkonstruktion, äußerst kostengünstig. Wurden hier nicht Lebensperspektiven eröffnet für ein Volk ohne Raum? Eine Ahnung davon war noch immer beim Anblick mancher der Häuser *Auf dem Sand* abzuholen, unweit der Landhausvilla, in der ein angehender Dichter namens Gottfried Benn, unbekümmert um alle Werte wie Wohnen, Gesellschaft, Familie, aus und ein ging und *eine charmante, elegante Dame von Welt* traf, *viel gereist, mir weit überlegen.* Neuland und jungfräulicher Boden war sie, die Kolonie Hellerau, eine Oase inmitten der deutschen Industrieprärie, die sich am Beginn des zwanzigsten Jahrhunderts abzuzeichnen begann. Meine erste Welt, mein verwunschenes Hellerau: Hier wurde die Traumleinwand aufgespannt, auf der ich die frühesten Szenen sehe, die mich das Staunen und das Fürchten lehrten.

7

Kiefernschwärmer

Wo es aber Siedler gab, da mußten auch Indianer sein. Das jedenfalls war die unumstößliche Phantasiedoktrin, der wir Kinder
um so leichter anhingen, als sie durch viele Indizien, oder besser noch, Fährten, in unserer näheren Umgebung täglich genährt wurde. Aus vielerlei Gründen lag das Thema hier in der
Luft, und in mancherlei Hinsicht war der Ort dafür prädesti-
niert. Daß Kinder sich, noch in den sechziger Jahren des vorigen
Jahrhunderts, für Indianer begeisterten, wenigstens in der Zeit
des ersten Ausschwärmens, ist nicht weiter verwunderlich. Anscheinend gab es seit langem aber auch die verschiedensten
Schleich- und Verbindungswege aus dem Sachsenland hinüber
zu den Ureinwohnern der Neuen Welt. In den sogenannten Ju-
gendbüchern stießen wir immer wieder auf Lebensläufe, die
jene besondere sächsische Wildwest- und Indianerromantik zu
bestätigen schienen.

Da war die Geschichte des Friedrich Gerstäcker, der sich auf einem Rittergut bei Grimma auf seine Auswanderung und sein Leben als Farmer in Amerika vorbereitet hatte. Schon in der Ferne seiner mitteldeutschen Fluß- und Hügellandschaften bezeichnete er sich als einen treuen Schüler James Fenimore Coopers (der übrigens seinerseits einmal in Dresden haltgemacht hatte) – offenbar aus Sehnsucht nach den tiefen Wäldern und endlosen Prärien. Nach der Rückkehr von seinen *Streif- und Jagdzügen durch die Vereinigten Staaten Nordamerikas* ließ er sich, wie in natürlichster Wahlverwandtschaft, in Dresden nieder, wo in den folgenden Jahren seine Abenteuerromane entstanden. Ihre Helden, all diese Regulatoren und Flußpiraten, Outlaws und Wildtöter, waren uns so vertraut, als wären es allesamt Typen der engeren Heimat gewesen, wie ja tatsächlich einige von ihnen, wie die australischen *Buschrähndscher*, geradezu sächsischer Mundart entsprungen schienen. Gerstäcker, Cooper und selbstverständlich der für Dresdner auch lange nach seiner Amtszeit als Radebeuler Legende noch überpräsente Karl May gehörten zu den Volksschriftstellern, von denen wir uns willig verführen ließen. Ihre Bücher lieferten uns jenen Stoff, aus dem wir uns unsere eigene Indianerromantik, unsere eigene Naturnostalgie destillierten.

Aus ihren Erzählungen speiste sich das Inventar unserer Träume, aus dem wir dann an den langen Altweibersommertagen schöpfen konnten, auch wenn keiner von uns es jemals (nicht einmal bei den Verkleidungsspielen alljährlich an Fasching) zu den begehrten Mokassins und Wildledersstiefeln, geschweige denn zu Colts oder silberbeschlagenen Flinten brachte. Wir waren eben, bei aller Fernstenliebe zum Überlebenskampf der Sioux, Apachen und Irokesen, auf unsere haltlosen Filmphantasien zurückgeworfen, Tagträumer über Zeiten und Räume hinweg, denen die Lächerlichkeit ihrer anachronistischen Rollen-spiele allzubald schon bewußt wurde.

Die Indianerterritorien – wir fanden sie spielend vor der Haus-tür, bei den ausgedehnten Streifzügen über den Heller und bei der Spurensuche quer durch die von den Bleichgesichtern be-setzte Siedlung.

Glichen die Holzhütten *Am Sonnenhang* denn nicht jenen Shanties, von denen Cooper geschrieben hatte, es seien dies Hüt-ten, eilig zusammengezimmert, verteilt in den Tiefen der Wäl-der? Hellerau war unsere Shanty-Town. Es konnte vorkommen, daß einer von uns bei ihrem Anblick einen indianischen Kriegs-ruf ausstieß. Die Herren Riemerschmid, Tessenow und Muthe-sius hätten sich für solche Respektlosigkeit gewiß bedankt.

Aber die Zeiten waren nun einmal verworren. Zumindest in unseren Kinderhirnen mischten sie sich aufs neue und ergaben, weiß Gott, die wunderlichsten Kombinationen, jenseits der von Karl Marx und seinen Schülern beschworenen Daten des wis-senschaftlichen Sozialismus, die nach und nach, zunächst unbe-wußt, unser Weltbild steuerten. Etwas vom Sagenhaften, Poe-tischen, der Zeit Gegenläufigen war in uns aufgehoben. Aber was war dieses Etwas, und wie sollte man es benennen? Was uns aus den Wildtöterbüchern entgegensprang, verwirrte den Eindruck nur, aber es vertiefte ihn doch zugleich. Heute wun-dert es mich nicht, wie lange wir uns als Eingeborene in den Lederstrumpfwäldern fühlten, wie selbstverständlich wir die Prärien der Präpubertät als unseren natürlichen Lebensraum be-trachteten. Jede Szene, die uns mit Einzelheiten aus der Chronik der Eroberung des amerikanischen Kontinents versorgte, war für uns von allergrößtem Informationswert. Daß wir uns im vergeb-lichen Befreiungskampf der Indianer wiedererkannten, war nur natürlich. Es war eine Angelegenheit zwischen Jung und Alt, zwischen Romantik und Sachlichkeit, zwischen Voraus-zum-bequemen-Leben und diesem offenbar niemals stillzustellenden Zurück-zur-Natur. Was die Lage so unübersichtlich machte, war nur, daß wir lange nicht unterscheiden konnten zwischen Illusion und Information. Konnte es sein, daß der Letzte der Mohikaner sich gerade in unseren Wäldern versteckt hielt?

War es denn Zufall, daß wir in unserer Gegend auf so viele Spuren von echter Indianerbegeisterung stießen, sogar in der Erwachsenenwelt? Da gab es das nahe gelegene Radebeul mit seinem Indianermuseum, in das wir nicht oft genug pilgern konnten. Die Straßenbahn brachte uns direkt vor die Haustür der »Villa Bärenfett«. Dort hatte in seiner Blockhütte der Wildwestträumer Karl May residiert, ein Hochstapler wie so viele Sachsen, aber auch ein geborener Unternehmer, anerkannt und erfolgreich mit seinen Abenteuerromanen in Millionenauflage. Gab es denn einen berühmteren Schriftsteller als ihn? Also bitte, was wollte man uns von Wirklichkeit und Fiktion erzählen? Wir Sachsen waren umgeben von lauter Phantasterei. Der Mensch ist, was er nun einmal ist, einzeln und abgeschottet gegen die anderen, dank seines komplexen Gehirns. Mag sein, daß er von den Seinen noch ein paar Besonderheiten erbt, dazu das Tafelsilber und die Meißner Porzellanfiguren im Schrank der Familie. Dann aber ist da die kulturelle DNA – in unserem Fall ein Gemisch aus barockem Bombast, amateurhafter Anarchie und wiedergeborener Wildheit. Ich weiß nicht, wohin diese Untersuchungen führen, aber in der Erinnerung scheint mir, wir eigenartigen Eingeborenen dieser geographischen Ekke Deutschlands hätten, Ost und West hin oder her, Staat und Kultur und Arbeit immer nur als Vorwand genommen für andere, höhere Ziele, die vielleicht nur absurd sind, aber nichtsdestoweniger verlockend. Amerika wurde auch von den Sachsen besiedelt, heimlich aber zählten viele von ihnen sich zu den Indianern, betrachteten sich als unabhängige Ureinwohner, dionysische Wesen, wie einer ihrer Stammeshäuptlinge, der Philosoph Friedrich Nietzsche, der für die meisten eher als Schamane denn als kritischer Denker galt, gesagt hatte. Einmal die Kindheit aufzuschreiben, das hatte ich mir lange vorgenommen. Der Wunsch ist fast so alt, wie ich es nun selber bin. Ging es denn nicht um die Ausdehnung der Kindheit mittels Schrift und Erinnerung?

Der Wunsch, Indianer zu werden, blieb für einige übermächtig. Wir Kinder von Hellerau waren nicht die einzigen, die den Traum nicht vergessen hatten. Es gab bei uns Rasenplätze, auf denen über Nacht eine Ansammlung von Tipis auftauchte, wie auf dem Freigrundstück zwischen den Häusern am *Heideweg* und dem Straßenabzweig *Am Pilz*. Ein schmaler Durchgang führte dorthin, und wir pirschten uns mit Herzklopfen an das Wigwam der Profis heran. Wie Scouts fühlten wir uns, wollten ausspähen, was hinter den lederbespannten Zeltstangen vorging. Erwachsene Menschen im Sozialismus, die in ihrer Freizeit das Leben der Mandan-Indianer nachstellten, es gab sie vor Leipzig an der Pleiße und auf den Elbewiesen bei Meißen, mit allem Accessoire, das dazugehörte: Perlenstickereien und Wildledertaschen, Streitäxten und Mokassins, bemalten Kriegsschilden an hohen Stangen, Toboggans aus Birkenholz, Gestellen zum Trocknen der Felle – dafür genügten Kaninchen, das einzige Pelztier, das überall reichlich vorhanden war. Sogar Skalps sah man im Wind flattern. Oder bildeten wir uns das nur ein? Uns interessierte vor allem die Bewaffnung, von der wir nicht viel zu sehen bekamen. Einmal sind wir dort eingebrochen, doch die Bewohner waren alle verschwunden, wahrscheinlich auf Arbeit, und auch die Kinder waren sicher im Kindergarten. Ich stellte mir vor, wie sie in ihre Autos gestiegen waren, um ihren modernen Tagesablauf zu bewältigen. Wie von der Klapperschlange bedroht, zogen wir uns zurück.

Einmal bin ich am frühen Morgen dorthin zurückgegangen, habe mich vor der Schule aus dem Haus geschlichen, um diese Ureinwohner in flagranti zu ertappen bei ihren ganz normalen Verrichtungen. Ich wollte sehen, wie sie sich wuschen, wie die Squaws und die kleinen Kinder gekleidet waren und ob die Männer vielleicht Kriegsbemalung trugen. Kann gut sein, daß dort eine der vielen AGs am Werk gewesen war, ein eingetragener Verein Indianistik. Vermutlich waren seine Mitglieder aus allen Landesteilen herbeigeströmt, um in der Gartenstadt ihr Reservat einzurichten, mit Genehmigung der Behörden, was sonst. Der Indianerenthusiasmus in der DDR war so weit verbreitet, daß er die allgemein üblichen Schranken spielend überwand und selbst Polizei und Staatssicherheit in die Defensive zwang.

Für uns aber war es, als hätten wir die Prärie betreten, das große Grasland jenseits der Rocky Mountains, es fehlten nur noch die Büffelherden. Kaum vorstellbar, daß diese Leute im Hauptberuf Kranführer waren, Krankenschwestern und Elektriker. Nachdem die Hobbyindianer abgezogen waren, fanden wir eine Mulde, weich ausgepolstert mit den Fetzen eines Kaninchenfells, um das wir uns lange stritten wie um eine Trophäe. Jeder wollte es anfassen, denn kaum war das Reservat abgebrochen, war alles nur mehr eine Fata Morgana. So weit weg wie die *Welt der Indianer* in dem Buch von Oliver La Farge, dem amerikanischen Anthropologen, dessen Standardwerk bei uns damals von Hand zu Hand ging. Wir rieben uns die Augen und konnten es nicht fassen. Noch Wochen später verabredeten wir uns an dem heiligen Flecken, und plötzlich waren wir Detektive, die einen Tatort besichtigten. Wie ich uns kannte, waren wir auf der Suche nach einem Skalp, aber alles, was wir fanden, waren Spuren gebleichten Grases, Brocken mürber, ergrauter Holzkohle und ein paar zerbrochene Bambusstöcke. Wären da wenigstens Pfeilspitzen gewesen, die Klinge eines Tomahawks, wir hätten uns wie die Archäologen gefühlt, die in den Stammesgebieten der Dakota bis heute fündig werden. Aber alles war aus und vorbei, die Indianer Helleraus kehrten niemals wieder.

In einem der nächsten Sommer stieß ich bei unseren Waldausflügen auf einen Kiefernschwärmer. Es war beim Versteckspiel, ich hatte die Stirn zum Abzählen an den Baumstamm gelehnt, die andern verteilten sich im Unterholz. Lange hatte ich ihn nicht bemerkt, den aschgrauen Gesellen neben meiner Schläfe. Ein perfektes Beispiel natürlicher Tarnung: Er schlief, an den Stamm geschmiegt, beinah leblos, kaum daß die Flügel bebten, und sah aus wie einer der Auswüchse der Kiefernrinde. In manchem Handbuch der Tagfalter und Nachtschwärmer fand man ihn unter dem Namen Tannenpfeil. Ein nachtaktives Tier, sein Flug ins Licht fing immer erst kurz vor Mitternacht an, wenn die Fenster offenstanden und in den Wohnzimmern und Küchen die Lampenschirme wie Leuchttürme lockten. Ich zählte bis zwanzig, dann machte ich mich auf die Suche nach den ausgeschwärmten Freunden, Treulose, die sich im Dickicht der Russenwäldchen am Hellerrand in alle Himmelsrichtungen verkrümelt hatten. Nun war ich nicht mehr Indianer, sondern nur noch ich, der Idiot in der Gegenwart. Aber lange, lange dachte ich noch zurück an die riesigen Territorien derer, denen einmal Amerika gehört hatte, und ich schwöre, ich war keiner der Kolonisatoren, die sich aus lauter Idealismus mit den Kolonisierten verbünden, und sei es auch nur innerlich (das bin ich niemals gewesen). Ich dachte voll Wehmut zurück an das, was mir selber verlorengegangen war, an die unwahrscheinlichen Liegeplätze unserer Phantasie. Das fing schon früh an, als ich noch Kind war und nicht mehr ganz Kind. Melancholie geht durch alle Altersgruppen, sie beginnt auf der Erde und braucht weder den Mond noch den Saturn. Mich hatte sie früh erfaßt, weshalb mir der Kiefernschwärmer näher stand als alle kindliche Schwärmerei. Zwischen Borke und Stamm lag ein Geheimnis begraben, das ich gern entschlüsselt hätte, von dem mir freilich schon aufging, daß seine Aufklärung mir niemals gelingen würde.

Ein Lager wie das der Indianer in Hellerau ist mir lange als Inbegriff aller Geborgenheit erschienen. So hätte ich gern gewohnt, und ich trug es wohl auch den Eltern vor, die sich darüber nur wundern konnten. Seine Bewohner, die bei unserem Einbruch abwesend waren, gehörten zu einem der vielen Indianerklubs, es gab sie im ganzen Land. Die Manie Erwachsener, in ihrer Freizeit ein Stammesleben zu führen (heute würde ich sagen: ein ausgewachsenes psychologisches Symptom), hatte sicherlich mit den landesüblichen Reisebeschränkungen zu tun. Keiner von ihnen wäre mit seinem DDR-Ausweis je bis nach Nordamerika gelangt. So konnten sie sich ein Leben, in dem es freier und ungebundener zuging, ein Leben am Rande der Zivilisation, in einer tieferen Freiheit als der im Osten damals und heute im Westen, nur in vergeblicher Nachahmung als Traumbild erfüllen. Und wir sieben Zwerge hinter den Zäunen träumten mit ihnen, obgleich wir noch kaum etwas ahnten von dem

Reservat, in das Geschichte uns von Geburt an verbannt hatte. Wir fühlten uns wie Indianer, und Indianer spüren keinen Schmerz und brauchen nur wenig Schlaf.

In einem Dresdner Antiquariat auf der Bautzner Straße fiel mir damals ein Zigarettenbilderalbum in die Hände, Produkt einer Breslauer Tabakfabrik, mit dem etwas reißerischen Titel *Die Indianer, wie sie wirklich waren.* Die bunten Bilder darin waren nur wenig größer als Briefmarken. Im Geist der Wandervogelbewegung war das Sammelalbum der deutschen Jugend zugedacht, zur Erinnerung, wie es hieß, an die romantische Schwärmerei für das Volk, das die Friedenspfeife erfunden hatte. Auf einer der letzten Seiten unter der Rubrik »Indianer in unserer Zeit« – gemeint waren die letzten Jahre vor Hitlers Machtergreifung – fand ich die Abbildung einer indianischen Häuptlingstochter auf Deutschlandtournee. Die junge Frau, ein attraktives dunkelhaariges Girl mit Bubikopfschnitt in Pelzmantel und Seidenstrümpfen, stand vor dem Brandenburger Tor in Berlin. Es war eines von diesen Starphotos, wie man sie heute in jeder zweiten Illustrierten findet. Ich weiß aber noch, daß mich gerade dieses Bildchen am allerlängsten beschäftigte, sei es wegen der fernen erotischen Untertöne, oder sei es, weil in ihm, ohne daß ich es schon wußte, der Endpunkt markiert war unserer infantilen Indianermanie.

Der Respekt für die stolzen Wildmenschen aber blieb uns noch lange erhalten. Ein Wort wie Rothaut wäre uns nie über die Lippen gekommen. Dabei war es üblich, daß wir einander bei jeder Gelegenheit als miese Bleichgesichter begrüßten. Eines der Bücher aus meiner Cooper-Sammlung, ein Exemplar auf schlechtem Papier aus der Nazizeit, trug den lachhaften Titel »Bleichgesichter auf der Flucht«.

Ins Kino rannten wir, sobald der neueste Indianerfilm aus heimischer Produktion angekündigt war. Unser Dorfkino lag am Ende der Straßenbahnschleife im Ortsteil Rähnitz am *Bauernweg*, in einer tatsächlich noch weitgehend ländlichen Umgebung. Die Rähnitzer Bauern hatten, schon vor dem Krieg, einen großen Teil ihrer Anbauflächen dem Bau des Flughafens opfern müssen, der Rest der Felder ging später in den LPGs auf und lag nun in der Einflugschneise. »Kulturhaus Hellerau« war, zum Zeichen der Eingemeindung, in den Betonverputz an der Vorderfront des Gebäudes gefräst. Gegenüber standen noch immer einzelne Gehöfte mit einem Traktor vor der Scheune. Dahinter erstreckte sich Weideland, und es konnte vorkommen, daß auf dem Weg zur Kinovorstellung ein paar einzelne Kühe mit schweren Eutern herbeigewankt kamen, um sehnsüchtig nach uns herüberzuschauen. Seit ich dort einmal am elektrischen Zaun einen Stromschlag bekommen hatte, war ich mit dem Füttern zurückhaltender geworden. Außerdem: Solange dort keine Büffelherden grasend vorüberzogen, wie wir sie aus den Gemälden George Catlins und Karl Bodmers kannten, mochte das liebe Vieh uns gestohlen bleiben. Nichts reichte an die erhabenen Panoramaszenen unserer Leinwandepen heran.

Unser Held war ein jugoslawischer Schauspieler, der Mann mit dem wohlgeformtesten Muskeltorso im ganzen Ostblock. Nach und nach sahen wir ihn die größten Häuptlinge spielen, historische Figuren wie Tecumseh und Osceola, die uns dann aus den Schaukästen des Radebeuler Karl-May-Museums entgegentraten, oder fiktive wie den unaussprechlichen Chingachgook alias Große Schlange aus Coopers Lederstrumpferzählungen. Dabei entgingen unserem kritischen Blick nicht die schulbuchhaften, gelegentlich ziemlich mutwilligen Abwandlungen des

Stoffes. Überhaupt ging es in diesen Filmen stellenweise zu wie in einer Lehrveranstaltung zu den Zehn Geboten der sozialistischen Moral und Ethik. Immerhin, so wie den braungebrannten Jugoslawen hatten wir uns den Letzten der Mohikaner vorgestellt, der Mann war ausreichend exotisch und unverkennbar stolz. Alle anderen Darsteller waren dagegen zumeist DDR-Bürger wie wir und fielen als solche unter die skeptischste Betrachtung. Niemand aber kannte die Geschichten um Natty Bumppo, den Wildtöter, und seine indianischen Verbündeten besser als wir. Und wie auch nicht, schließlich hatten wir die dramatischsten Szenen, die Kämpfe im mitternächtlichen Wald und vor der Felsenhöhle auf der Insel im Fluß, schon etliche Male nachgespielt. Dabei wollte keiner von uns Magua sein, der hinterhältige Hurone – diese, wie ich viele Jahre später, beim Prüfen der alten Jugendbücher fand, ärgerlich überzeichnete Karikatur des bösen Indianers.

Ein ums andere Jahr hatten wir also eine neue Verabredung mit den Indianern der staatlichen Filmagentur DEFA. Gleich im Jahr unseres Einzuges in die Gartenstadt geriet ich so auf die *Spur des Falken*. Später wagte unser kleiner Fanclub in einer

Nachmittagsvorstellung von *Weiße Wölfe* mit ein paar Kriegern der Cheyenne den Ausbruch aus dem Indianerreservat. Ab der 5. Klasse folgten wir dem beinah schon milde gestimmten Häuptling *Ulzana* auf seinen Apachen-Pfaden in immer neue Hinterhalte und Ausweglosigkeiten. Mit dem unfaßbar kitschigen Machwerk *Blutsbrüder*, das die bei Karl May entlehnte Story einer Männerfreundschaft ausbreitete zwischen dem Indianer Harter Felsen und einem amerikanischen Soldaten (der in Wirklichkeit ein kommunistischer Träumer war), ging für uns eine Ära zu Ende.

Eine Zeitlang war ich mit meiner Mutter jeden Montag zum Fernsehabend bei einer Arbeitskollegin verabredet. Die freundliche Frau wohnte in einer der Kolbeschen Häuserzeilen am Markt. Nach Einbruch der Dunkelheit konnte man an dem eigenartig konzentrierten Aquariumslicht in den Wohnzimmerfenstern erkennen, wie viele Hellerauer Haushalte schon über einen Bildschirm verfügten. Nur bei uns zu Hause stand keiner – ich weiß nicht, ob aus Prinzip oder aus Sparsamkeit, oder weil die Eltern genug mit der Gartenarbeit und den fortwährenden Reparaturen am Haus zu tun hatten. Die Anschaffung eines Autos waren ihnen wichtiger gewesen – vierzehn Jahre Wartezeit auf ein Mobil namens Trabant, und schon dies hatte die Geldreserven beinah erschöpft. Lieber hätten sie einen Kamin gehabt als einen dieser grau und grämlich flackernden Apparate, mit dem sich doch nur zwei, streng kontrollierte, Kanäle empfangen ließen, die beide dasselbe schwarzweiße Weltbild lieferten. Einen der Volksempfänger vom Typ *Stassfurt Ilona* oder *Stassfurt Luxomat* sich anzuschaffen hätte geheißen, sich mit dem Trugbild abzufinden. Dazu waren sie zu stolz, das geschah erst, als an Aufbruch nicht mehr zu denken war. Jahrzehntelang aber glaubten sie noch an ein Wunder und lasen zum Einschlafen lieber ein Buch.

Es gab das Kino, wenn man aus der heimischen Enge hinaussehen wollte. Dazu die Spiegelreflexkamera und eine Schmalfilmkamera, mit der man bei Bedarf den Urlaub und Szenen aus dem Leben festhalten konnte, im Bilderkult war man sich einig. Photographien hatten bei uns, wie in jeder Familie, die ihre Alben heilighielt, eine magische Funktion. Hauptsächlich mir zuliebe nahm Mutter den abendlichen Spaziergang zum Hellerauer Markt auf sich, wo wir Woche für Woche den Abenteuern des Daniel Boone entgegenzogen.

Der Mann mit der Mütze aus Waschbärenfell war mein absolutes Idol. So wie er – der Mann aus der Blockhütte, der nie eine Schule besucht hat – wollte ich sein: vollkommen angstfrei, aufrecht und stark, dabei immer leicht milde lächelnd. Spuren lesen, in freier Natur mich orientieren können, Tiere jagen und gleichzeitig beschützen, mich blitzschnell gegen jeden Angreifer wehren, die Fronten kreuzend, halb Zivilisierter, halb Wildbeuter und in jedem Falle Indianerfreund. Nachts auf dem Heimweg durch die spärlich beleuchtete Gartenstadt war ich endgültig verzaubert – versunken in vorzivilisierte Siedlerzeiten, auf Pirsch durch die undurchdringlichen deutsch-amerikanischen Wälder. Vertraut war mir der schlaftrunkene Igel, der unterm Hagebuttenstrauch hervortorkelnd den Ruscheweg kreuzte, das unkluge Mäuslein, das im Mondschein über die Straßenbahnschienen trippelte. Hatte Mutter auch nur die leiseste Ahnung, daß neben ihr Daniel Boone ging, der Vertraute der Bäume, der raschelnden Sträucher und leise witternden, ins Offene streunenden Tiere?

Nie wieder bin ich dem Wunschtraum von einer sagenhaften Existenz so nah gekommen. Nicht bei der Lektüre der Liselotte Welskopf-Henrich, deren Fortsetzungsromane über »Die Söhne der großen Bärin« lange unter meinem Bett lagen, als stille Reserve – ich beneidete die Verfasserin, eine Heldin des Widerstandes im Dritten Reich, um ihre Dienstreisen ins unerreichbare Amerika, in die Stammesgebiete der Dakota. Und auch nicht bei Karl May und seiner mir nun immer ferner rückenden, antiquierten Indianerwelt, von der mich am meisten wohl die Illustrationen der Buchausgaben, die allesamt aus der Vorkriegszeit stammten, sowie das Geheimnis ihrer Frakturschrift beschäftigten.

Jahre später, die Schwärmerei war endgültig verflogen, nahmen die Eltern mich einige Male in das Dresdner Hygiene-Museum mit. Ein Ethnologe und Weltreisender hielt dort vor einem wißbegierigen, nach Berichten von fernen Völkern lechzenden Publikum seine Lichtbildervorträge. Der Mann hatte schon mehr als dreißig Indianerstämme besucht, und auch er war, wie konnte es anders sein, ein geborener Sachse. Es ging um Zwergindianer in Kolumbien, Blasrohrjäger in den Urwäldern Amazoniens, um die Indios im Hochland der Kordilleren, und immer war dort, zwischen ihnen, der hochgewachsene Mann aus Niedersedlitz. Ich erinnere mich an indianische Marktfrauen in Cuzco, in bunte Decken gehüllt, auf dem Kopf einen ganzen Turm aus Hüten, die merkwürdigerweise Herrenhüte waren. Dann ging der Vorhang beiseite, und auf der Bühne erschien, ein Mikrophon in der Hand, das Original: ein weißhaariges Männlein mit Schlips, das mich an einen Schuldirektor erinnerte und wie ein eloquenter Papagei schneidig krächzte. Von all dem blieb nur das Wort »Indianer« haften und die Sensation einiger buntbemalter, mit Paradiesvogelfedern geschmückter Häupter auf Dresdner Litfaßsäulen: Sie hatten dieselbe verheißungsvolle Wirkung wie manche Zirkusplakate.

Schließe ich die Augen, kann ich noch einmal durch den Sonnenschacht zurückrauschen, mich hinter flimmernden Lidern dem Anfang nähern. Das Licht fällt, zu Gold gesponnen, durch dichte Taxushecken, und es ist Ende Juli in Hellerau. Der Junge sitzt im Garten der Eltern auf einem Sandhaufen, in der Hitze des späten Samstagvormittags. Für eine Weile ist ihm der Platz in der Sonne sicher, man läßt ihn in Ruhe, und er kann unbesorgt spielen. Sein Vater hat die Ausschachtungsarbeiten am Sockel des Hauses für unbestimmte Zeit unterbrochen, vor den Blumenbeeten türmt sich ein hoher Erdwall auf. So sehr ist der Junge in die Errichtung von Fort Laramie vertieft, in die Aufstellung der bunten Indianerfiguren aus Hartgummi und die ihrer Widersacher, breitbeiniger Cowboys und Colonels, daß er von allem, was ringsum geschieht, kaum etwas mitbekommt. Er ist allein, und er hat sich damit abgefunden, daß es so sein wird – daß er geschwisterlos bleibt. So muß er alles solo machen, in Personalunion: das Krachen der Gewehre und Colts, den Geschützdonner, die Schreie der Sterbenden, den Rauch und die Staubwolken. Sämtliche Rollen spielt er, mimt jeden Auftritt, übernimmt, mit verstellter Stimme, die Monologe der Helden wie die der Schurken. Was bleibt ihm, Einzelkind, anderes übrig, als sich nach Herzenslust in jede nur denkbare Vergangenheit zu träumen?

8
Kohlweißling

Einer der sichersten Rückzugsorte war unser alter Kirschbaum. Er war der Wächter am Eingang zum hinteren, paradiesischen Teil des Gartens, ein großer Schattenspender.

Er stand neben dem Vorhäuschen, so dicht an der Grundstücksgrenze zum rechten Nachbarn, daß die Kirschen auf beiden Seiten herunterfielen. Da aber der rechte Nachbar ein guter Christ war, ein geradezu glühender Katholik, gab es in diesem Punkt keinen Streit. Der arme Kirschbaum, ein krumm gewachsener, knorriger Geselle, war ein Veteran aus frühen Hellerau-Tagen, fast so alt wie die Gartenstadt selbst. Mehrmals schon hatte er gefällt werden sollen und war doch immer wieder begnadigt worden. Aus Leibeskräften wehrte er sich gegen das Verschwinden. Der halbe Stamm war schon ausgehöhlt, die Kronenäste waren ihm wie ein paar schwere Schultern heruntergesackt. Aber in jedem April überschüttete er uns wieder mit seinen weißen Blütenblättern – wie Konfetti verteilte der Wind sie im ganzen Garten – und gab uns im Sommer reichlich von seinen süßen Vogelkirschen. Eimerweise pflückte ich diese saftigen Früchte mit der schwarzroten Haut. Die Beute wurde immer an einem Seil herabgelassen, der Pflücker blieb oben und behielt den Überblick. Die Verwendung einer Leiter, einer Pflückerstange war unerlaubt, der Kirschbaum mußte im freien Klettern erobert werden. Und er war mein Revier, niemand außer mir hatte dort oben etwas zu suchen.

Im Laufe der Zeit hatte ich mir, aus Latten und Kistenbrettern, einen Ausguck eingerichtet in einer der höchsten Astgabeln. Von dort aus ließ das Gelände der Erwachsenen sich herrlich beobachten. Es war nicht gerade die Vogelperspektive, doch auch so sah ich von meinem Posten in Höhe der Dachrinnen genug. Hier einen drahtigen Mann mittleren Alters, am hellen Fleck der beginnenden Glatze erkennbar: Vater am Grill, mit dem Anfeuern der Holzkohle beschäftigt. Dort auf dem Gehweg zum Gartentor einen Schopf schlohweißen Haars, der kaum von der Stelle rückte: der alte Konditormeister bei seinem täglichen Inspektionsrundgang. Einmal trafen sich unsere Blicke. Seither wußte ich, daß er sich beobachtet fühlte, während er selber nichts anderes tat als beobachten. Zu sehen, ohne gesehen zu werden, darin bestand das Spiel, und ich denke, die alte Kundschafterregel galt für den Ort wie für das ganze Land. Ich selbst habe es damals im Ausspähen der anderen ziemlich weit gebracht.

So habe ich über Wochen hinweg die Wohnung des Nachbarn ausspioniert. Während ich vorgab, mich nur um die Kirschen zu kümmern, sah ich auf die Schreibtische fremder Menschen herab, studierte die Bilder an den Wänden, die Muster ihrer Teppiche und entwickelte einen Blick für ihre täglichen Gewohnheiten. Als es dann dazu kam, daß die Nachbarsfrau mich eines Sommers bei sich betreute, mir in der Pfanne Karamelbonbons briet, Limonade aus Holunderblüten bereitete und mir erlaubte, nach Herzenslust im Bücherregal des jüngsten Sohnes zu stöbern, der zum Studium der Theologie ausgezogen war, begrüßten die meisten der Titel (von Novalis bis Adalbert Stifter) mich als gute alte Bekannte. So wie die Zimmer, die mir aus allen Ecken zuzublinzeln schienen, als wäre ich im Traum in ihnen schon lange umherspaziert. Hellerau war mir, ich kann es nicht anders sagen, vertraut und fremd wie nachher manche der Verse von Eichendorff. »Du frommes Kindlein im stillen Haus, / Schau nicht so lüstern zum Fenster hinaus!«

Ich aber saß schon wieder auf meinem Kirschbaum, starrte in den Himmel und ließ die kleinen und großen Geheimnisse in der Nachbarschaft an mir vorüberziehen. Oder probierte ein neues Spiel aus: dort oben, in gefährlicher Höhe, die Augen so lange wie möglich geschlossen zu halten. Denn mir war aufgefallen (ein einziger Fehltritt hatte genügt), daß ich keineswegs schwindelfrei war. Den Rücken durchgedrückt, die Füße in einer der Astgabeln verankert, lauschte ich in das Rauschen des Gartens und war weit weg.

Eines Tages flog mir da oben, auf meinem luftigen Hochsitz, ein Kohlweißling um die Nase, kurz darauf noch einer, dann noch einer – fast wäre ich gestürzt, als ich nach ihnen zu greifen versuchte. Zum Glück sind sie mir durch das weitmaschige Tarnnetz des Blattwerks entkommen. Was hätte ich mit ihnen auch angestellt? Damals hielt ich es noch wie die Katzen, die sich aus reinem Spieltrieb einen Schmetterling schnappen. Haben sie einen im Sprung erwischt, zerpflücken sie ihn mit den Tatzen. Dann überkommt sie die Langeweile, und sie lassen von ihrem Spielzeug ab. Zurück bleibt ein bunter Flederwisch, ein Insekt, aus purer Laune zerrissen, Kopf und Flügel abgebissen.

225

Meine Weißlinge aber waren schneller als ich, als echte Landstreicher hatten sie den Bogen heraus. Oder waren sie es etwa, die spielen wollten? Auf einmal tauchten von überall her Doppelgänger auf – als hätte ein himmlischer Korridor voller Spiegel ihr schlichtes Bildchen vervielfältigt. Es schneite, mitten im Sommer schneite es.

An einem dieser Hellerauer Faulenzertage begann es, daß ich die Stimme hörte. In den Stunden größter Einsamkeit, hochverdichteter, konzentrierter Einsamkeit, meldete sich die Stimme. Meldete sich in den Momenten des ziellosen Herumwanderns im Garten – und dann war ich der Garten. Auf dem Sandhügel vorm Haus, und der Sandhügel war ich. Im Geäst des Kirschbaums, als ich der Kirschbaum war, immer dann war sie da.

Sie sprach deutlich zu mir, direkt in mein Ohr hinein sprach sie, aber von draußen, soviel war sicher. Hielt sie sich hinterm Nacken versteckt, dicht über den Schläfen oder darunter? Sie war hier und da, eigentlich überall, wohin ich mich wendete, wohin ich sah. Rasch bewegte sie sich, verstummte dann plötzlich, verharrte wie das Eichhörnchen am Baumstamm, das mit aufgerissenen Augen innehielt, die Ohren gespitzt. Immer sprang sie mir unverhofft über den Weg, mal grundlos munter, mal von Traurigkeit schwer. Und sprach allerlei Kauderwelsch, Halbgedachtes, Halbgefühltes, sprach in Andeutungen Sätze wie: *Du kannst dir nicht vorstellen, Freundchen.* Oder: *Ihr kennt mich nicht so.* Oder: *Wie schade um alles, wie schade.* Oder: *Todtraurig bin ich. Und dabei so froh.*

Manchmal, wenn es mir zu bunt wurde, zählte ich bis hundert und wartete, ob sie dann immer noch da war, die Stimme. Denn ich mochte sie nicht, ihre Einflüsterungen, lieber sprach ich laut mit mir selbst. Auftrumpfend sprach ich, streng, in der trotzigen Redeweise dessen, der nur seinen Eingebungen folgt und sonst nichts und niemandem. Ich mache weiter, sagte ich dann, auf eigene Faust. Ich, ein Versprengter aus der verlorenen Schar. Welcher verlorenen Schar?

Eine ganze Zeitlang war mir vor dem Einschlafen bange. Ich lag wach, lauerte auf die Stimme und redete gegen sie an. Vor mir dehnte die Nacht sich, eine fahle Mondlandschaft, vollkommen stumm. Was mich dort erwartete, wußte ich schon – es war das Schreckensgelände der Träume. Vor ihm zog man sich lieber in die Höhle zurück, die Höhle der Muttersprache. Nur der vordere, dem Ausgang zunächst gelegene Teil war bewohnt. Man brauchte eine Taschenlampe, um tiefer vorzudringen, doch nun war man müde und für größere Expeditionen bereits zu schwach. Der Rest der Höhle lag anscheinend für immer im Dunkel.

9
Trauermantel

Dies frühe Alleinsein und Alleinseinwollen, ich kann nicht sagen, wozu das gut war. Ich weiß auch nicht, welches sanfte Gesetz da wirkte, das einen Menschen von den anderen forttrieb – zuerst nur stundenweise, dann immer länger, ganze Nachmittage, bis er die mit sich selbst verbrachte, den anderen vorenthaltene Zeit ganz vergessen hatte. Dann erst, allmählich, geht ihm die Einsicht auf: Er ist das typische Einzelkind.

Erst hat er bei den gemeinsamen Verabredungen zum Bunkerbau in den Russenwäldern gefehlt, dann bei den Fußballspielen auf dem Bolzplatz oberhalb des Marktes. Er ist ein paar Mal ermahnt worden, aber dann hat er sich doch lieber wieder auf den häuslichen Dachboden verkrochen, hat die Stunden im Kirschbaum vertrödelt auf seinem Hochsitz im Himmel oder tief in der Erde, bei seinen elektronischen Basteleien im Keller. In der Schule hat er beim Losstürmen zur Hofpause Mühe, mit den anderen mitzuhalten. Meistens trifft er zu spät an den beliebten Sammelpunkten ein, erst kurz vorm Klingeln, wenn die anderen das Wichtigste schon besprochen haben, die kleinen Gaunereien und Mutproben beendet sind. Er studiert ihre Gesichter, aber es nützt ihm nichts, er ist heillos verspätet. Ironisch begrüßt man ihn, macht vielsagende Andeutungen, gibt sich betont lässig und dabei gnadenlos konspirativ. Man weiß ja, er war wieder einmal neben der Spur, er wird schon sehen, wie das weitergeht und was er davon hat. In Wirklichkeit war er, wenn auch millimeternah an den anderen, dort, wo man die Köpfe zusammensteckte wie in der Schulbank beim Abschreiben, in seinem eigenen Universum gewesen, das sich allmählich auszudehnen begann.

Wenn ich darüber nachdenke, wird mir heute noch schwindlig, und der Boden beginnt unter den Füßen zu schwanken. Bei aller Weltversunkenheit, die mir selten bewußt war, gab es doch immer die größte Lust auf gemeinsame Abenteuer. Mit allen zusammensein, etwas ausfressen! Wie jedes Kind wollte ich am liebsten Mitglied einer Bande sein, meine Bosheit einbringen in wilde, ausschweifende, kühne Aktionen, für die man, wenn es schiefging, dann auch gemeinsam haften mußte. Den Lehrern war es egal, wer wann wo und wie zuerst... Sie schlossen mich, so oder so, in ihre routinemäßigen Gruppenbestrafungen ein – zum Ärger meiner Mutter, die ihr einziges Kind verteidigte mit ihrem Sinn für Gerechtigkeit. Aber so konnte ich das nicht auf mir sitzenlassen, ich wollte dabeigewesen sein, auch wenn ich ein Alibi hatte. Bemerkenswert war das Vorurteil, es traf mich, soweit ich zurückdenken konnte, immer zuverlässig. Ich weiß nicht warum, aber jedesmal galt ich als einer der Rädelsführer.

So geschah es einmal, daß ich bei einem der Kleinstadtskandale im Mittelpunkt stand. Was half es mir, daß ich zur fraglichen Tatzeit Stubenarrest hatte. Drei meiner Klassenkameraden hatten ein Spielzeugmaschinengewehr, Diebesgut aus dem Schreibwarenladen am Markt, auf dem Friedhof vergraben. Die Sache kam schnell heraus, weil einer der Waffennarren kalte Füße bekam. Störung der Totenruhe, das war ein Akt von übelstem Rowdytum – und Rowdy und Hooligan gehörten zum Feindschema sozialistischer Moral. Den Ausdruck Hooligan, in der deutschen Fassung als Rowdy übersetzt, las ich zum ersten Mal in einem Poem des Sowjetdichters Majakowski, eines tragischen Heiligen, von Stalin verehrt. Es war die denkbar schlimmste Beschimpfung, die man sich von seiten der Ordnungshüter einfangen konnte.

Nun stand ich plötzlich, als einer der Hauptverdächtigen, in einer Reihe mit den bösen Jungs. Das waren solche, die Hakenkreuze in die Schulbank ritzten und obszöne Sprüche auf die Toilettenwand schmierten. Ein Schauprozeß wurde inszeniert, in dem die Beteiligten mit gesenkten Köpfen um Entschuldigung bitten mußten. Nach dieser Demütigung zog ich mich erst recht in unseren Garten zurück und brütete lange darüber nach, wie es dazu gekommen war. Ich war nun als Übeltäter gebrandmarkt, umherwandelnd in einer Blase aus Trotz fühlte ich mich von allen verlassen. Da kam mir zum ersten Mal die Nützlichkeit eines solch privaten Rückzugraums zu Bewußtsein, und ich war dankbar. Hier war ich unbehelligt, abgeschirmt von den Ungerechtigkeiten der Welt dort draußen.

Vorsichtshalber kontrollierte ich als erstes die Regentonne hinterm Haus, da war immer etwas zu finden, vielleicht auch eine Antwort auf meinen Zustand. In der schwarzen Brühe tummelten sich die Kaulquappen, die ich selbst dort ausgesetzt hatte. Wie schnell das ging, so eine Verwandlung zum Frosch – konnte man die Übergänge zu den künftigen Lurchen womöglich beobachten? Und ich erschrak, über den Betontrog gebeugt, als ich neben dem Anschluß des Gartenschlauchs im trüben Wasser mein eigenes Spiegelbild zittern sah.

Es war Mitte Oktober, das Fallobst lag in den Beeten. Ich zog meine Kreise durch das Reich meiner Eltern, das ich immer so gern von oben betrachtet hatte, aus dem Dachbodenfenster. Die Wiesenfläche da unten war mir manches Mal wie ein grünes Sprungtuch erschienen. Ich zählte die Löcher im Rasen, hob die Metalldeckel an, in die zum Durchstecken des Fingers eigens ein Loch gebohrt war. Ein paar Kellerasseln, grämliche, graue Gürteltiere en miniature, drehten aufgeschreckt ihre Runden in den feuchten Vertiefungen. Die steinernen Schächte waren für die Pfosten gedacht, zwischen denen meine Mutter die Leine spannte zum Trocknen der Wäsche. Dann strich ich lange um den Geräteschuppen, sah mir die wilden Rosen an, die sich an Gitterstreben um das verstaubte Fenster rankten. Wie immer erfaßte mich am Komposthaufen ein leichter Schwindel von den betäubenden Fäulnisgerüchen. Die Erdbeerbeete, die Stachelbeerbüsche, die armselig verkrüppelten, untersetzten Apfelbäumchen, das alles war mir auf einmal zuviel. In meiner inneren Unruhe bemerkte ich den schönen Wanderfalter, der dort auf einem der verschrumpelten sauren Äpfel saß, erst nach einiger Zeit. Mit den Flügeln klappend, saugte er mit seinem feinen Rüssel den Saft aus der Frucht. Da hielt die Zeit an, ich vergaß ringsumher alles und hatte nur noch Augen für ihn, den Schmetterling, diese tröstliche Erscheinung, ein Wunderwerk der Natur. Dunkelbraun-violette Flügel mit einer doppelten Borte, außen ein hellgelber Saum, innen ein Band blauer Tupfer – den Namen lernte ich später erst: Trauermantel. Und es dauerte Jahre, bis ich begriff, was Imago bedeuten sollte, das entwickelte Bild einer Art, ihr vollendeter Ausdruck nach der letzten Metamorphose.

Richtig war, daß ich von dem Maschinengewehr wußte. Ich war ja dabeigewesen, als P., einer der Irrläufer in unserer Siedlung, ein drahtiger Kerl, der bei seinen Großeltern am *Grünen Zipfel* wohnte, mir von seinem Plan erzählte. Er sammelte bei uns die Moneten ein, um das von allen begehrte Objekt zu erwerben, auch ich gab meinen Anteil vom Taschengeld dazu. Aber dann hatte der Betrag nicht ausgereicht, und das Ganze wuchs sich zu einer Art Banküberfall aus. Der Diebstahl wurde sofort bemerkt und sprach sich in Windeseile herum. Aus Panik hatten die Jungs die Waffe auf dem Friedhof vergraben, noch in der Originalverpackung, in einem hölzernen Kasten. P. war so schnell verschwunden, wie er gekommen war, seine Eltern lebten in Scheidung, in irgendeinem Stadtteil von Dresden. Es war wie ein Spuk, und ich, der mit P. eine Weile um die Häuser Helleraus gezogen war, steckte mittendrin. Aus Neugier sah ich mir den Tatort nachher genauer an. In der Dämmerung schlich ich mich auf den Friedhof, irrte lange zwischen den Gräberreihen umher, ohne fündig zu werden. Kein Zweifel, ich war an dem Kapitalverbrechen beteiligt. Bei den Verhören mit den Erwachsenen blieb mir nur, mich dumm zu stellen, alles abzustreiten. Klar, der Anstifter war ein Hallodri, aber ich hatte ihn doch für seine Kühnheit bewundert und zu allem ermuntert.

Ich wartete ab, was die hohen Instanzen entscheiden würden. Die Sache verlief am Ende im Sand. Beim Schulappell wurde mein Name genannt, aber ich mußte, das war der faule Kompromiß, nicht vor die versammelten Klassen treten, um vom Direktor offiziell den Verweis entgegenzunehmen. Mein Prozeß endete, mangels Beweisen, mit einem halben Freispruch. Ich war nicht dabeigewesen, ganz einfach. Aber mein Leumund war nun erst recht für alle Zeiten versaut: Einem wie mir war alles zuzutrauen. Am Schuljahresende wurde die Betragenszensur noch einmal herabgestuft. Das Fach Betragen war im Zeugnis immer der heikelste Punkt, schließlich ging es hier um nichts Geringeres als um die sozialistische Moral dieser kleinen, schwer erziehbaren Teufel. Man konnte vieles fingieren, nur den Charakter nicht, sein verfluchtes angeborenes Temperament – und erst recht nicht die Einstellung zur heiligen historischen Sache.

In den ersten acht Jahren unterbot ich selten die Note »Drei« in Betragen. Sie stand für mangelhaftes Verhalten, Schwatzen im Unterricht, Beteiligung an diversen Untaten. Ich war nicht gerade das, was man versetzungsgefährdet nannte, aber stets hatte man ein kritisches Auge auf mich. Denn ich neigte dazu, mich beiseite zu stehlen – mich ins *gesellschaftliche Abseits* zu stellen, wie es hieß. Einem wie mir war nicht zu trauen: Einzelkind, undurchschaubar, isoliert, ideologisch ungefestigt, aus einem Elternhaus, das durch gesellschaftliche Enthaltsamkeit auffiel. Mit einem Wort: ein unsicherer Kandidat. Noch war sie nicht stachlig geworden, nicht zur Belastung für alle anderen, diese traurige Gabe der Einsamkeit.

Das größte Ding, das ich mir während meiner Schulzeit leistete, war die Blockade der Straßenbahnschiene. Alles geschah wie im Traum. Die Schule war aus, und wir, eine Viererbande entschlossener Jungs, hatten uns spontan verschworen, auf dem Weg zur Schulspeisung haltzumachen. Am Ende des *Schmalen Weges* spalteten wir uns von den anderen ab. Stark und mächtig fühlten wir uns, es brauchte nicht viele Worte, unser Schicksal endlich herauszufordern. »Jetzt?« fragte einer. »Jetzt oder nie«, hieß es zur Antwort. »Wer sich bewegt, stirbt«, sagte ein anderer.

Und so blieben wir auf den Gleisen sitzen, stellten die Ranzen neben uns auf dem Schotter ab und schlossen trotzig die Augen. Minuten später kam die Bahn auch schon angebraust, Linie 8, Richtung Leutewitz. Der Fahrer klingelte wie ein Besessener, aber wir wichen nicht von der Stelle.

10
Ligusterschwärmer

Ich glaube, daß die frühe Entdeckung der Autonomie, der Hang zum Umherstreunen im Gelände, ja, die Lust an einer gewissen Abwesenheit, die sich im nachhinein zunehmend schwerer begründen ließ, etwas mit dem Ort zu tun hatten, an dem wir da aufwuchsen. Die Eltern wollten dann immer wissen, wo man die ganze Zeit gewesen war, oftmals lange über den zur Heimkehr gesetzten Termin hinaus, aber es war unmöglich, über seinen Verbleib lückenlos Auskunft zu geben. Der Körper hatte sich einfach in der Umgebung verloren und das Bewußtsein sich förmlich aufgelöst in diesen herrlichen Phasen der Ausdehnung und stillen Absenz. Wieder und wieder kam man zu spät nach Hause, und es hatte sich eingebürgert, daß der Vater mit der Miene des Erzengels in der Haustür stand und nur stumm auf die Uhr zeigte. Längst war es dunkel geworden, und die Vergessenheit von Zeit und Raum erschien einem selbst ungeheuerlich. Zur Strafe mußte man dann sein Abendbrot allein essen. Wie Vergrößerungsgläser der eigenen Schuld lagen auf dem Teller die Butterbrote, und man kaute und kaute an seiner Verfehlung und wußte auch im Moment des Einschlafens nicht, wo es mit einem hinaussollte. Im Traum war man dann irgendwo draußen, unterwegs auf der Heide, lag ausgestreckt unter einer der Birken und verlor sich aufs neue im Rascheln und Flimmern der kleinen silbrigen Blätter.

Es war einfach so, der Bewegungsradius wurde von Mal zu Mal größer, wo Felder, Waldstücke und ausgedehnte Sanddünen lockten, Landstraßen in die umliegenden Dörfer entführten und bald auch darüber hinaus. Mit dem Fahrrad kam man an manchem Nachmittag dem Horizont ein gutes Stück näher. Es ging dann bis tief in die Moritzburger Seenlandschaft hinein, auf Abwegen in die Forstgründe und Schluchtwälder der Dresdner Heide und weiter, weit über Weixdorf hinaus bis zu den Lausaer Teichen. Die Furcht, sich zu verirren, wurde schon nach kurzer Zeit abgelöst vom Drang, immer größere Strecken zurückzulegen. Mitunter genügte die verwegene Abschüssigkeit einer Straße, um dem Ruf in die Ferne zu folgen. Kilometerlang ging es bergab, ich beugte mich über den Lenker, gab mich dem Pfeifen des Fahrtwindes hin und hatte auf einmal den *Wilden Mann* hinter mir. Oder stand plötzlich am Tor zum Heidefriedhof, wo ich noch nie zuvor gewesen war, ließ mich hineintreiben in das Totengelände, die Hauptallee entlang, und fand mich, ganz ohne Vorwarnung, vor einer riesigen Massengrabanlage, in einem Ehrenhain, dessen steinerne Tafeln mich darüber belehrten, daß hier die Tausenden Opfer der Luftangriffe auf Dresden begraben lagen. Da wurde einem dann anders zumute, und augenblicklich trat man den Rückzug an bei der Vorstellung, diese enttäuschten, untergepflügten Städtebewohner könnten sich aus ihren Gräbern erheben und einem, wie die Untoten in den Zombiefilmen, mit ausgestreckten Armen in die Gegenwart folgen. Der Rückweg war immer die beschwerlichste Übung, und er dauerte jedenfalls länger als alles, was ich bis dahin erreicht hatte.

Die Versuchung, ins Stadtzentrum vorzustoßen, war für einen, der Dresden die meiste Zeit über nur fern im Tale daliegen sah, dunstverhangen mit seinen Kuppeln und Türmen, so groß, daß sie jedes Gefühl für Entfernungen vergessen ließ. Dann stürzte man sich in die unsinnigsten Expeditionen, brannte durch und fuhr mit den roten Tatrabahnen um die Wette. Radelte im strömenden Regen durch das Industriegelände, an den Kasernen der Albertstadt vorbei, und machte erst auf einer der Elbebrücken halt, aus Erschöpfung und weil man nicht mehr weiterwußte. Wohin sollte man noch? Die Hänge der Südvorstadt hinauf und im selben kühnen Schwung weiter ins Elbsandsteingebirge, nach Böhmen und hinein ins Goldene Prag? Jahre später wollte ich mir diesen Wunsch tatsächlich erfüllen, aber nicht allein, allein war das nicht zu schaffen. Erst mußte ein Tandem gebaut werden, und dann brauchte es einen Verschworenen, der genauso verrückt war. Den Prototypen des Tandems hatte der Vater eines Mitschülers zusammengeschweißt, aber wir haben uns leider zerstritten. Wir waren bei einer dummen Sache erwischt worden, und dann hatte er gegen mich ausgesagt. Wir hatten, an einem der endlosen Hellerauer Nachmittage, Äpfel auf Autodächer geschleudert, von einer Gartenmauer *Beim Gräbchen* aus, und einer der Autofahrer war ausgestiegen und hatte die Eltern des Mitschülers herausgeklingelt. Von da an war ihm der Umgang mit mir verboten, und an Ausflüge war nicht mehr zu denken. Übers Jahr aber gab es dann einen zweiten Anlauf, und der Werkstatt eines anderen Vaters entsprang ein neues Tandem. Mittlerweile hatte ich einen besseren Gefährten gefunden; er war der Sohn einer Polizeibeamtin, die ihren Dienst im Dresdner Präsidium auf der Schießgasse versah. Sein Bruder, ein schwererziehbarer Raufbold, hatte mir einmal das Kinn blutig geschlagen, aber das war längst vergessen. Ich hatte mich mit dem Älteren, dem das alles peinlich gewesen war, verständigt und festgestellt, daß wir beide dieselbe Musik hörten und überhaupt auf einer Wellenlänge lagen. Mit ihm war der Ausbruch möglich, und so gingen wir dann auf große Fahrt.

Wir fuhren die Elbe entlang nach Bad Schandau, über Děčín und Ústí nad Labem, vorbei an Gefängnissen und Zigeunersiedlungen, hinein in die unwahrscheinliche Mondlandschaft bei Litoměřice, wo der Wind aus dem Böhmischen Becken uns den Ruß und den Staub der verfluchten Industriebetriebe ins Gesicht blies. Weiter sind wir nicht gekommen, wir mußten umkehren, wollten wir noch vorm Morgengrauen wieder zu Hause sein. Doch der Rekord war gebrochen: Wir waren über die Ränder der gewohnten Welt hinausgelangt und hatten die Hölle auf Erden erblickt dort unten, in der grauen Ebene aus Schuttbergen und Schornsteinen, wo selbst die Wolkenbänke himmlischen Abraumhalden glichen über den schwefelgelb illuminierten böhmischen Dörfern. In den Stunden um Stunden der angestrengtesten Fahrt, während wir immer schweigsamer wurden, war unser rostrotes Tandem uns eine verläßliche Fähre gewesen. Am Montagmorgen konnten wir dann in der Schule den Daheimgebliebenen von unserer Reise und unseren Visionen berichten. Wir waren nun wieder im sicheren Hafen der Gartenstadt, und es war gut, hier zu sein, an diesem einzigen Ort, wo alles uns so vertraut war wie die Linien der eigenen Hand.

Die äußerste Grenze in diesem übersichtlichen Reich war dabei immer die Autobahn. Auf einer Ansichtskarte aus den dreißiger Jahren sah ich sie einmal als das, als was sie uns Narren auf unserem Hügel immer erschienen war – eine Verheißung von Ferne. Ein betongraues Band, das sich über die deutschen Landschaften spannte, Äquivalent der Längen- und Breitengrade, von denen wir im Geographieunterricht lernten, daß sie den Erdball, über sämtliche Meere hinweg, an den Polen zusammenschnürten.

Reichsautobahn mit Blick auf Dresden   Aufn. Stütze

Das war nun dieselbe Autobahn, mit der Adolf Hitler die Phantasien seiner technikvernarrten Deutschen beflügelt hatte, ihren Hunger nach »Lebensraum«. In Geschichte hatten wir von den größenwahnsinnigen Plänen des Regimes gehört, das Wort *Ostraumplanung* jagte mir, als ich es zum ersten Mal hörte, einen gewaltigen Schrecken ein. Und immer wieder sehe ich vor mir den Moment des ersten Spatenstichs zu einer der neuen Teilstrecken, eine Bildcollage, die den Diktator in heller Uniform zeigt, hinter ihm ein paar Dutzend seiner Paladine, wie er an einer Böschung steht und die Erde aushebt, als habe er nie etwas anderes getan, als Autobahnen zu bauen. Begonnen hatte das Ganze bereits in der Weimarer Republik, aber wer wußte das schon? Im allgemeinen wurde die Autobahn den Nationalsozialisten als tüchtiges Aufbauwerk gutgeschrieben. Sie war das erste, was den Leuten einfiel, wenn sie, von Hitlers Verbrechen einmal absehend, ungehemmt von seinen Leistungen sprechen wollten. Dann rückten, diesseits aller Schamgrenzen, weniger die Funktionsbauten der zwölfjährigen Irrsinnszeit in den Blick, all diese Gauforen, Feierstätten, Kriegerdenkmäler, Kommandozentralen, Messegelände, Konzentrationslager und Kunsttempel, an denen das Hakenkreuz sich breitgemacht hatte, als vielmehr das praktische Netzwerk der Autobahnen, das ja tatsächlich immer noch da war und dessen Nützlichkeit eindrucksvoll zutage lag, wenn man in aller Seelenruhe als Nachgeborener die wiedergewonnene Landschaft durchfuhr. Bereits im dritten Jahr der Amtszeit des obersten Flurhüters wurde mit viel Propaganda die Fertigstellung der ersten tausend Kilometer des Fernstraßensystems gefeiert. Später, in den Kriegsjahren, ging es dann nur mehr auf den Knochen der Zwangsarbeiter und Kriegsgefangenen weiter. Die waghalsigsten Brückenkonstruktionen und Viadukte entstanden, ingenieurstechnische Renommierstücke, verbunden mit Namen wie Teufelstal, Osttor Thüringen, Saalebrücke, Mangfall an der Münchner Landesgrenze oder die größte Autobahnbrücke der damaligen Welt über das Muldetal bei Nossen, Siebenlehn – alles Stationen, die mir im Leben seither des öfteren noch begegnet sind. Als wollten die sieben Weltwunder des Dritten Reiches dessen Abgründe vergessen machen, beharrlich und mit jeder Autobahnfahrt für jeden Autobesitzer aufs neue. Damals aber rollte über die landesweit sich wie ein Spinnennetz ausbreitenden Schnellstraßen der Reichsautobahn, solange die Volkswagen auf sich warten ließen, nur der spärlichste Verkehr, die meiste Zeit blieben die frischen Betonpisten leer. Daß sie den Bomberverbänden der Alliierten, auch denen, die kurz vorm Kriegsende nach Dresden strömten, zur Orientierung dienten, lag auf der Hand. Erst später erfuhr ich, daß auch der Ausbau der Strecke Berlin–Dresden keineswegs dem zivilen Kraftverkehr zu Gefallen geschah, vielmehr mit den Plänen zum Überfall auf die Tschechoslowakei in Zusammenhang stand, ein Projekt der Militärs also war zur sicheren Truppenverlegung bei Nacht und Nebel, unter Ausschluß der Öffentlichkeit. Mit einem Satz war der deutsche Tiger in Prag, um die tschechische Republik mit einem Nackenbiß zu erlegen. Im Grunde wurde die Strecke nur für den schrecklichen Protektor Heydrich gebaut, jene Bestie, die während der sogenannten Wannsee-Konferenz das Regelwerk für die Vernichtung der europäischen Juden diktierte.

Und ausgerechnet diese Strecke kannte ich doch so gut, von unseren jährlichen Fahrten an die Ostsee, wahren Gewaltmärschen, die immer vor Sonnenaufgang begannen, im Hochsommer zur Ferienzeit, mit unserem bis unters Dach voll bepackten Kleinwagen der Marke *Trabant*. Ich kannte sie, wie man im Schlaf manche sicheren Wege kennt, und konnte die Abzweige und Parkplätze und die Tankstellen entlang der Strecke herunterbeten wie eine Litanei, die bis tief in die Träume eingedrungen war.

Das also war die deutsche Autobahn: ein durch und durch fragwürdiges Konstrukt, das Vergangenheit und Zukunft verklammerte und auch die Gegenwart mit einschloß, in der wir als Käfiginsassen des isolierten Betontierparks unterwegs waren in den Autos unserer Eltern und später als Tramper, auf den bequemen Trassen der einstigen Kriegsplaner. Von den Urlaubsfahrten wußten wir, daß man vom Abzweig Dresden-Nord aus bequem, wenn schon nicht kreuz und quer durch Europa, so doch immerhin bis an das heimische Binnenmeer gelangen konnte, an die äußerste Landspitze dieser kleinen, ringsum verschlossenen DDR.

Immer wieder pilgerten wir an die Ausfallstraßen, fuhren hinaus, um Hellerau zu vergessen, berauschten uns an dem rauschenden Verkehr. Wir lehnten uns über die Autobahnbrücke, warfen Steinchen hinab und lachten, an den Gitterstäben rüttelnd, wie irre Trolle. Eines der Spiele war, daß wir uns an der Böschung herunterließen, im Straßengraben versenkten und dann, die Arme ausgestreckt, lange in der Haltung toter Mann die Nummernschilder der vorüberziehenden Fahrzeuge studierten. Wir mußten nur aufpassen, daß uns nicht einer der Willis von der nahe gelegenen Autobahnmeisterei erwischte. Alarm wurde geschlagen, wenn ein Westauto in Sicht kam, einer dieser Exoten in extravaganten Metallicfarben vom Typ Mercedes, Opel oder VW, mit denen die Weltenkenner, die Weitgereisten unterwegs waren auf der alten Reichsautobahn, die für sie natürlich nur eine bedeutungslose Transitstrecke war. Mit schmalen Augen, die uns nicht sahen, manche die Sonnenbrille im Gesicht, fuhren sie wie die Außerirdischen an uns vorüber. Wir waren die Schläfer im Tal, eine Generation von Nachtfaltern bei Tag, unsichtbar für die meisten der hinter dem Steuer Sitzenden, so unsichtbar wie die Ligusterschwärmer, rostbraune Tarnkappenflieger in ihrem natürlichen Habitat.

Wer die Augen zusammenkniff, konnte sich einbilden, am Horizont schon die Kreidefelsen von Kap Arkona zu sehen, und dahinter die zinkgrauen Wellen der Ostsee. Die Insel Rügen war unser fernstes Fernziel. Einmal hatte man das ganze Schmalland der Länge nach durchquert, und wer es bis nach Hiddensee geschafft hatte, konnte an klaren Tagen die dänische Insel Mön erkennen, die wie ein winziges Stück Schulkreide im Wasser mit den Wolken verschwamm. Die Augen schienen einem in solchen Momenten der angestrengtesten Westsehnsucht aus dem Kopf zu treten und über der Nasenwurzel zusammenzuwachsen. Man lag auf dem Trockenen und geriet in den dummen Zustand einer Flunder. Ein anderes waren die Höhenzüge des Thüringer Waldes, und dahinter lag, für uns unerreichbar, Westdeutschland und der Rest des Kontinents bis hin zum Atlantik.

Einige Jahre später machte ich mich mit meinem Tandem-Freund per Anhalter in Richtung Süden auf. Wir übersprangen die Sächsische Schweiz, durchquerten Böhmens Dörfer, ließen uns auf den Fernstraßen von Prag über Brünn nach Budapest treiben. Eine halbe Tagesreise vor der ungarischen Hauptstadt wurden wir auseinandergerissen. Ein Lastwagenfahrer mit einer Ladung Hühner in kleinen Käfigen stellte uns, nach Stunden der Langeweile im Straßenstaub, vor die Entscheidung: einer oder keiner. Von da an mußte jeder mit sich allein klarkommen, tagelang waren wir getrennt unterwegs in der Stadt. Ich weiß noch, wie ich erst eine gefühlte Ewigkeit später davonkam, immerhin in einem geräumigen Citroën, und somit erst als zweiter in die mächtige Stadt an der Donau einfuhr. Wie ich auf der Margaretheninsel, dem vereinbarten Treffpunkt, im Dunkel nach meinem Kumpel suchte, vergeblich, und schließlich, total übermüdet, unter einem der Büsche zwischen anderen Rucksackpilgern weit nach Mitternacht meine Schlafmatte ausrollte. Wie ich mir am anderen Morgen im Gedränge der halben Jugend Europas aus Ost und West die Zähne putzte an einem der öffentlichen Brunnen. Unvergeßlich ist mir der Zahnpastaschaum in den von uns allen verunreinigten Becken. Auf der Váci utca, dem heimlichen Reiseziel, kaufte ich mir, nach einem hastig eingenommenen Frühstück, zwei Taschenbücher des Frankfurter S. Fischer Verlages. Damit war alle Einsamkeit vergessen, und tatsächlich gab ich dann jede weitere Suche nach meinem Dresdner Kumpan auf. Denn endlich hielt ich den Schatz in Händen: Franz Kafkas Briefe an Felice und den Roman *Das Schloß*. Von dem Moment an war mir alles andere gleichgültig, ich war am Ziel meiner Wünsche, zog mich zurück in die Kaffeehäuser und Parkanlagen. Erschrak vielleicht manchmal vor meinem Spiegelbild in einer der Auslagen mit den begehrten Westprodukten, von denen die Kadár-Kapitale, diese bunteste Baracke des Ostblocks, überquoll und die ich mir alle nicht kaufen konnte für mein Erspartes. Dennoch war ich zufrieden: Was hätte mir an meinem Glück noch fehlen können? Hatte ich vom Lesen genug und mir brannten die Augen, hielt ich mich an den Stadtplan, schlich kilometerlang an den Ufern entlang, an den Tausenden Fenstern und Türmchen des Parlamentsgebäudes vorbei, stieg auf die Fischer-Bastei, verlor mich in der Matthiaskirche und staunte, wieviel größer das alles war als dieselben Orte und Bauten in Kafkas Prag, das mir dort immer wieder in den Sinn kam, so abwegig der Vergleich auch war. Lange saß ich in der Großen Synagoge, dem zweiten Judentempel, den ich in meinem Leben betrat. Was eine Großstadt ist, ging mir erst dort wirklich auf, beim Belauschen des Publikums in den Bankreihen unter den stattlichen Lüstern mit ihren Trauben von Kugellampen. Aus aller Herren Länder waren sie herbeigeströmt, und sosehr auch das amerikanische Englisch überwog, im wohltuenden Halbdunkel der hohen Halle wurde mir das biblische Gleichnis vom Turmbau zu Babel zum ersten Mal anschaulich. Da es Sommer war, trugen die meisten der Besucher, vor allem alte Leute, kurzärmlige Blusen und Hemden, aus Pietät notdürftig ein Tuch um die Schultern geschlungen, und da sah ich sie dann, gestochen scharf, direkt neben mir, die blaßblaue Tätowierung der Auschwitz-Nummer am Unterarm. Unverhohlen starrte ich immer wieder dorthin, so wie in der Straßenbahn der Fahrgast das Mädchen anstarrt, das sich zum Aussteigen bereitmacht: ihre zarte Ohrmuschel, das feine, an der Schläfe verwehte Haar.

So gut wie nichts wußte ich damals, nichts von dem Riesenheer der Toten, das immer um uns ist (und nicht in den Gräbern, wenn es denn keine Gräber gab), nichts von den unaufhörlichen Suchbewegungen ihrer Angehörigen und dem Verbundensein der Lieben weit über den Tod hinaus. Nichts von den verschlungenen Wegen der Überlebenden und den Luftlinien, die alle an ein Ereignis Gebundenen, auf welcher der Seiten auch immer, real miteinander verknoteten, sowohl ihre Körper als auch die stets vergeblich fliehenden Psychen. Nichts von der eigenen geringen Stellung in dieser Welt, in dieser wie in jeder anderen Stadt, in meiner Familie. Nichts von den jüngsten Entwicklungen innerhalb des vereisten Ostblocks damals im Jahr 1978 und dem, was uns alle erwarten würde an der nächsten historischen

Biegung, bei der Ungarn wie zuvor die Sowjetunion und dann auch Amerika und das nach Einheit strebende Deutschland eine entscheidende Rolle spielen würden. Ich sah nur die wandernde Jugend, die ersten Jeans auf den Boulevards einer Stadt, die ich in ihrer Grandiosität damals ins Herz schloß. Und ich wußte auch nichts von den Heiratsplänen der Briefeschreiber Franz und Felice, und daß sie durch Budapest getrudelt waren auf der Suche nach einem Atelier für ihr Verlobungsphoto (das einzige, das sie im Zustand der größten Hoffnung zeigt, so nah und doch Welten voneinander entfernt), beide unterwegs nach Arad in Südungarn, wo die zukünftige Schwägerin desjenigen wohnte, der sich so schwertat und dann doch wieder absprang, selber ahnungslos, wie die Geschichte weitergehen würde: Felice verheiratet in Amerika, er selber tot mit vierzig, seine drei Schwestern Elli, Valli und Ottla deportiert und ermordet in deutschen Vernichtungslagern, im Zuge der von Hitler wörtlich befohlenen Ausrottung des europäischen Judentums.

Es gab kein Happy-End – oder wenn schon, dann immer nur in den Banalitäten, den kleinen nebensächlichen Glücksmomenten des Lebens. Ich las und las in den Briefen der beiden schwierigen Menschen, vergaß darüber die Zeit, und als es dunkel wurde, ging ich, schon aus Gewohnheit, zurück zu meinem Nachtlager auf der Margaretheninsel. Wir fanden uns schließlich auf der Kettenbrücke wieder, zwei Exilierte des Sommers, die zum ersten Mal das Gefühl von Verlorensein kennengelernt hatten. Beim Wiedersehen hüpften wir minutenlang vor Glück auf der Stelle und umarmten uns wie die Brummbären im Zirkus. Wir hatten den Geschmack der Freiheit gekostet und trugen nun etwas im Herzen, das wir besser vergaßen, weil es uns nur beschämen konnte.

Zurück in Hellerau, schworen wir uns ewige Freundschaft. Sie ging noch vor den nächsten Ferien in die Brüche wegen irgendeiner Lappalie. Wir hatten den Horizont überschritten, aber nun hatte die kleine Welt der Reformhäuschen *Am Dorffrieden*, der Gartenzäune *Am Pfarrlehn* uns wieder. Die Monate traten auf der Stelle, und wir fügten uns wie entwaffnete Ausbrecher in unser Reservat hinter der Autobahn. Es war die Zeit, da Blutsbrüderschaften und nachmittägliches Bandenwesen an Reiz verloren, eine Phase des dumpfen Brütens und der pubertären Inkubation. Die Nomadenjahre der Kindheit neigten sich ihrem Ende zu. Nun waren es die Bücher, die für jede Enttäuschung aufkommen mußten. Das Lesen entführte uns in ganz andere Regionen, hielt weit phantastischere Streifzüge für uns bereit. *Wenn man*, las ich viele Jahre später in Kafkas Tagebüchern, in einem einzigen langen Satz, der vom Zuhausebleiben handelte, *wenn man jetzt auch schon so lange bei Tisch still gehalten hat, daß das Weggehn nicht nur väterlichen Ärger sondern allgemeines Staunen hervorrufen müßte ... wenn man mit größerer als der gewöhnlichen Bedeutung erkennt, daß man mehr Kraft als Bedürfnis hat, die schnellsten Veränderungen leicht zu bewirken und zu ertragen ... dann ist man für diesen Abend so gänzlich aus seiner Familie ausgetreten, wie man es durchdringender durch die entferntesten Reisen nicht erreichen könnte und man hat ein Erlebnis gehabt, das man wegen seiner für Europa äußersten Einsamkeit nur russisch nennen kann.*

11

Himmelblauer Bläuling

Der Sommer raspelte an den Gartenzäunen, machte das Holz zu
Zunder, daß die Latten sich krümmten unter der Hitze. Dann
sah es so aus, als wollten die Zaunreihen sich aufraffen und los-
marschieren, ein wilder Stoßtrupp knorriger alter Holzsoldaten. Doch kamen sie nie vom Fleck mit ihren schiefen Beinen
und steifen Gelenken. Statt dessen schwitzten sie nur noch mehr
und brüteten allerlei Getier aus, Kellerasseln und Tausendfüßler
und die schwarzen Partisanentrupps der unermüdlich bohren-
den Borkenkäfer. Die Spuren ihrer Anschläge mochten dem un-
geübten Auge entgehen, wir aber sahen die Pulverhäufchen auf
der Erde, wir wußten, was da im verborgenen geschah, und es
brachte uns auf schlechte Gedanken.

Vor Jahren hatten wir noch in der Böschung hinter dem Sportplatz gezündelt und zugesehen, wie sich das Feuer im trockenen
Gras ausbreitete. Im hohen Bogen hatten wir in die Flammen
gepißt, bis uns der Rauch in die Augen stieg. Dann war uns auf
einmal alles zuviel, und wir rannten um unser Leben, liefen vor
den eigenen bösen Taten davon.

Ein ganz anderer Nervenkitzel war das Spiel mit den Zündholz-
köpfen gewesen. Achtung: Anleitung zum Bombenbau! Ganz
einfach: Man brauchte dafür nur einen Schlüssel mit Bart, dazu
eine Packung Streichhölzer, denen man die roten Kuppen ab-
schabte, am besten auf Vorrat gleich eine ganze Schachtel voll.
Das Raspelgeräusch wurde von den Gartenzäunen, die uns von
allen Seiten umgaben, erwidert – Zunder, Zunder. Die Sprengladung wurde dann in den Lauf des Schlüssels gestopft, der an

einem Bindfaden festgeknotet war. Am anderen Ende war ein langer Nagel befestigt, der in den Schlüssel eingeführt wurde, vorsichtig, mit Fingerspitzengefühl. Was dann geschah, nannten wir *Ficken* und waren sowohl von dem Wort als auch von dem Spielzeug aufs äußerste erotisiert. So stark war die Erregung, daß uns die Hände zitterten und in den Kniekehlen der Schweiß ausbrach. Denn nun galt es, den Nagel mit voller Wucht in die Öffnung zu treiben, indem man das Paar, mit dem Kopf des Schlüssels zuerst, an der Bindfadenschaukel gegen eine steinerne Wand schleuderte. Dazu boten sich uns genügend Angriffsflächen, dank der segensreichen Bebauung des Ortes durch die Herren Riemerschmid, Tessenow und Muthesius. Hier ein Stück Feldsteinmauer, da ein stiller Erker, dort eine Türlaibung aus schönem glatten Elbsandstein.

Die Explosion war jedesmal ungeheuer – mitunter so heftig, daß sie das Schlüsselloch mitsamt dem Bart der Länge nach aufriß. Dann hing der zersprengte Schlüssel wie ein Granatsplitter in der Schlinge. Bei seinem Anblick dachten wir an die Fische, die wir manches Mal aus dem Gondelteich gezogen und mit fahrigen Fingern von den Angelhaken befreit hatten, wobei die Mäuler der armen, nach Luft schnappenden Wesen regelmäßig zerfetzt wurden. Das eine wie das andere war eine einzige Sauerei, aber wir konnten nicht davon lassen. Nach und nach fanden so die prächtigsten Schlüssel aus den Schlössern der elterlichen Kommoden, Wäscheschränke, Schreibtische und schweren Gründerzeit-Anrichten ihren Weg an die Front. Das Verschwinden der Schlüssel war bald die größte Sorge, es erzeugte ein wachsendes Schuldgefühl. Die Front aber war da, wo wir standen und unseren Spaß hatten inmitten der stillen Gemäuer der Gartenstadt. Überall dort, wo die Hitze am sengendsten war und die Nachmittagsstunden wie Weinbergschnecken an den Steinen klebten. Mitten in der Stille ging ein Revolverschuß los. Donnerfick! Wie es von den Wänden der Häuser widerhallte! Hier und da gingen die grünen Fensterläden auf, und verwundert schauten die Hellerauer sich um. Wir aber waren längst über alle Berge, warteten mit pochenden Herzen in sicherer Deckung und schwärmten, kaum war die Luft wieder rein, zum nächsten krachenden Anschlag, zu einem weiteren Schlüsselattentat aus. Die Dezimierung der Schlüssel setzte dem Ganzen eine natürliche Grenze, uns gingen gewissermaßen die Waffen aus. Aber manchmal kam einer und holte aus der Hosentasche ein paar nagelneue Schlüssel hervor, und alles fing wieder von vorn an.

Einen weiteren Juni, Juli, August danach waren wir immer noch da, nun aber heillos versprengt, einzeln umherschleichend, blasse Gespenster der Pubertät. Das Leben trat auf der Stelle, eine große Verabredungsmüdigkeit war über uns gekommen. Wir waren nun fünfzehn, manche gar sechzehn, und jetzt fing etwas Unbekanntes an. Ein handfester Drang übernahm die Führung und sorgte dafür, daß wir uns zurückzogen in unsere abgedunkelten Winkel.

Wir steckten in unseren Körpern fest, klebten wie Chrysaliden in der blühenden, von Haarwuchs und Pickeln geplagten Haut junger Tagträumer, die schon von weitem am Stimmbruch erkennbar waren. Wie widerwärtig nun vieles war: Gab es etwas Häßlicheres als das Wort Mitesser, etwas Peinlicheres als den unwillkürlichen Samenerguß? Jetzt wurde der alerte Kinderleib umgebaut zur schweren Geschlechtsmaschine. Gonadenalarm! Vorwärts die Hormone, Durchbruch der Geschlechtsdrüsen, Sekret an die Eichel! Gut geölt und geschmiert mußte sie sein, die Maschine, zur Erektion bereit, zur Ejakulation. Und nachher waren die Bettlaken feucht, und man lag da mit Gänsehaut, zitternd im eigenen Saft.

Man muß sie uns angesehen haben, die Mühsal des sexuellen Brütens, die Kriecherei dieser schwülen Inkubationszeit. Nun waren wir in das Puppenstadium eingetreten. Hängende Schultern, schiebender Gang, die Hände in die Tasche gesteckt – sie spielten dort Billard, wie wir das nannten, während wir von einer Übellaunigkeit in die andere fielen, zu nichts uns aufraffen konnten. Fehlte nicht viel, und wir hätten uns auf allen vieren fortbewegt. Zum Abhängen, gern auch draußen, unter Sonnenschirmen, im Baumschatten, waren die Gärten unserer Eltern die idealen Orte. Zwischen Phlox und Rittersporn, hinter den schleierkrautgesäumten Steintreppchen erlebte man die ersten blauen Stunden.

Wenn man so auf den Liegewiesen dahintrieb, dösend, den Geruch frisch gemähten Rasens in der Nase, geriet man in einen süchtig machenden Zustand der Träumerei. Ein verstohlener Blick, hinüber zu den Eulaliagräsern und Anemonen-Beeten, und man hob ab, segelte auf den warmen Wellen der Luft. Dabei hatten einen doch früher Gerüche und Farben nie so zum Schweben gebracht.

Noch bequemer war es nur, sich von Motoren davontragen zu lassen. Im Hochsommer kühlte der Fahrtwind die Schläfen so schön, er war dein bester Freund, wenn es schon sonst keinen gab. Wer von zu Hause die Genehmigung erhielt, fuhr an den Wochenenden mit dem Moped in die Diskotheken der umliegenden Ortschaften, meist nur, um dort festzustellen, daß er sich bei den Mädchen ganz hinten anstellen konnte. Vorne rangierten die Jungs mit den schweren Motorrädern. Das Gesetz des Dschungels sah vor, daß einer mindestens zwei Jahre älter sein mußte, um beachtet zu werden. Wir konnten froh sein, zu den Konzerten überhaupt zugelassen zu sein – aber wenn, dann höchstens als Vorgruppe. Die Mädchen erschienen uns allesamt wie fehlprogrammierte Bienen. Angelockt von den dicksten Blüten, flogen sie auf den erstbesten Angeber, der eine MZ fuhr, 250 Kubikzentimeter, eine dieser Maschinen mit verchromtem Auspuff, die immer von Mädchen umsummt waren. Was half es einem, wie ein Lackaffe frisiert zu sein, das Haar mit Zuckerwasser zurückgekämmt, und daß am Lenker ein Fuchsschwanz baumelte – die Ortsschönen waren allesamt schon vergeben. Nur im Rückspiegel sah man ihr Lächeln, das Blitzen der Schlüsselbeine, die Gesichter, vom Flirt erhitzt. Frustriert drehte man eine Extrarunde, ließ den Motor kurz aufheulen und brauste davon, ungeküßt, unberührt, heraus aus der Samstagnacht, die Dorfstraße hinunter, dem nächsten leeren Sonntag entgegen.

Auf den letzten Metern vorm elterlichen Gartentor ging es dann meistens an der Russenkaserne vorbei. Hinter einem graublauen Bretterzaun erhob sich im Dunkel das Wahrzeichen Helleraus, Tessenows Festspielhaus, davor lagen, halb eingesunken, die ehemaligen Schülerpensionshäuser, jetzt Offiziersunterkünfte, heruntergekommen bis unters Dach. Da fiel einem wieder ein, wie die alten Hellerauer die einstmals hübschen Wohnheime nannten: die *Gazellengehege*. Mädchen aus vielen Nationen, Hunderte junger Tänzerinnen waren dort im Lauf der Zeit herangewachsen, ganze Ballettjahrgänge, schlanke Elevinnen der Eurythmie. Ein Mädchenpensionat, nur ein paar Hausnummern von unserem Zuhause entfernt, davon ließ sich nur träumen.

Vorbei war die Zeit der kindlichen Arglosigkeit, nun raspelten Eifersucht, Minderwertigkeitsgefühle, jugendliche Aggressivität an den Zäunen. Vorbei, endgültig vorbei war auch die Unschuld. Man mußte nun auf der Hut sein, die Gefahr, sich lächerlich zu machen, lauerte überall. Es waren die ersten Sommer, die schlimme Brände in den Brustkorb warfen und strahlend zwischen den Lenden explodierten. Warum mußten Mädchen auch Heike heißen, Silvia oder Martina? Und warum ließen die heißesten Bräute einen so wenig an sich heran wie die Edelfräulein am Hof des Kaisers von China?

Aber wie immer hatten es einige besonders eilig. Sie behaupteten, sie hätten schon Blut geleckt. In allen Einzelheiten erzählten sie davon, wie es war, als das Häutchen zerriß. Der Ausdruck *Hymen* machte die Runde, und der Erzähler setzte eine gewichtige Miene auf, wenn er vom *Deflorieren* sprach. Fast immer war das im Ferienlager geschehen, fern von zu Hause, nie in der Nachbarschaft. Der einzige Fall, daß ein Mädchen an unserer Schule schwanger geworden war, lag schon Jahre zurück. Ich sehe die Unglückliche noch, ein Mädchen mit schwarzen Haaren und sanftem Gesichtsausdruck, eine Dulderin, die immer den Blick gesenkt hielt, weil die meisten ihr mit Häme begegneten. Wir Drittklässler standen auf dem Schulhof und bestaunten sie wie eine Madonnenerscheinung. Ich hätte sie gern beschützt, aber dafür war ich zu klein. Später wollten wir alle selbst zu den Eroberern gehören. Wer glaubhaft versichern konnte, in eins dieser unbekannten Wesen eingedrungen zu sein, war sich der Bewunderung sicher. Wir sprachen immer vom *Vögeln* oder vom *Bumsen*, aber eins wie das andere führte, zumindest mich, auf irritierende Abwege. Ich stellte mir dann Schwäne bei der Paarung vor, Sperlinge, die im Staub Huckepack spielten – oder Früchte, die man fallen gelassen hatte und die nun voller Druckstellen waren. Es klang jedenfalls wenig verheißungsvoll.

Die Großmäuler erzählten immer, sie hätten mit einem Mädchen angebandelt – einer *Schnecke*, einer süßen *Kirsche*, wie es im sächsischen Jargon hieß –, und dabei sollte es dann passiert sein. Lagerfeuer, Diskonächte, heimliche Fummeleien, und wenn die Aufpasser schliefen, ging es, husch, in die Schlafräume der Weiber, und dort, in den Doppelstockbetten, fand der Nagel auf einmal ins Schlüsselloch, und alles lief wie geschmiert. Eine fette Lüge! Mehr als ein Zungenkuß war selten passiert.

Ich weiß, wovon ich spreche, ich war selbst einer der Hochstapler. Um bei den Prahlereien mitzuhalten, erfand ich die Geschichte von einer Sommerliebe im fernen Gotha. Sie war schwer nachzuprüfen, und weil ich bald mehrere Zuhörer hatte, begann ich, sie auf Befragen auszuschmücken, jedesmal ein wenig mehr, bis ich zuletzt selbst daran glaubte. Eine junge Französin, zu Besuch bei Verwandten, mit der ich ein oder zwei Mal Federball gespielt hatte, entwickelte sich in diesen Phantasien zu einem Engel des Entgegenkommens. Ich sehe noch ihr kurzes rotes Faltenröckchen fliegen, wenn sie sich nach dem Federball streckte. In der Gothaer Querstraße, an den stillen Nachmittagen der siebziger Jahre, ließ sich bei dem wenigen Verkehr herrlich mitten auf der Fahrbahn spielen. Die Kleinen hüpften dort stundenlang durch den Reifen oder machten Gummitwist. Ab und zu kam ein Auto vorbei, Wartburg oder Trabant – ein Hupen, und wir sprangen auf den Bürgersteig, und gleich darauf ging es weiter. Meine Französin stand dann immer neben mir, lächelte verheißungsvoll und sah mir in die Augen. Anderntags hatten wir uns in der städtischen Orangerie verabredet. Wieder hatte sie den Faltenrock an, und ich berührte ihre nackten gebräunten Knie. Ich stürzte in ihre blaugrauen Augen, und schließlich, bei einer Bootspartie auf dem Parkteich, hat sie mich dann geküßt. Denn sie war die Aktive, die Erfahrene, mindestens ein oder zwei Jahre älter als ich. Sie erzählte von ihren Geschwistern und von dem unerhörten Leben im Westen, in einer Stadt wie Paris.

Am nächsten Tag hatte sie mich heimlich, so ging die Story, in die Wohnung ihrer Leute eingeschleust – die natürlich verreist waren und erst nachts zurückkehren sollten aus Erfurt oder Weimar. Auf Tantchens Bett hatte sie mir, kaum widerstrebend, aber mit geschlossenen Augen, ihre Brüste gezeigt. Ihre kleinen, festen, noch kaum entwickelten Brüste – sie erinnerten so sehr an den Bug einer Schwalbe.

»Und dann?«

»Dann haben wir es getan.«

»Was getan, was getan?« wollte einer der Grünschnäbel wissen, Andy, unser Kasper, mit der starken Brille und den abstehenden Ohren, der manchmal zur Gaudi aller Regenwürmer verspeiste, wenn die Klasse ihn dafür bezahlte.

»War sie noch Jungfrau?« fragte ein anderer.

Die Frage erschien mir so abwegig, daß ich sie stillschweigend überging. Denn in Wahrheit war ich ja die Jungfrau, und meine Phantasie-Französin die Erfahrene, die mich in die Mysterien eingeweiht hatte. Am rechten Fußknöchel trug sie ein goldenes Kettchen. Sie war eine Collage aus den Bikinihüften der Caroline von Monaco, dem nackten Rücken Catherine Deneuves in *La Belle du Jour* und der keck aus dem Weltraumkampfkostüm hervorblinzelnden Brust der Jane Fonda in der Rolle der *Barbarella*. Die drei waren die ersten Göttinnen, die ich in Form von

Illustriertenbildern anzubeten lernte. Alles Frauenidole, die ich mir ausgeschnitten hatte, sie zierten die Innenwände des einzigen Schränkchens in meinem Jugendzimmer, eines Sideboards Modell Hellerau Serie 602. Das Möbelstück, ein Produkt der Deutschen Werkstätten, war, mit den schlanken Fesseln seiner Beine, selber ein echtes Sexsymbol, perfekt proportioniert. Glichen nicht die gewölbten Schubladengriffe breiten, lüstern herausgestreckten Zungen, oder, weit aufregender noch, den äußeren Schamlippen einer Frau?

Das einzige, was an der von A bis Z erlogenen Geschichte stimmte – mein Mädchen aus Gotha (nicht Paris) trug tatsächlich am Fuß ein goldenes Kettchen. Und vor dem Einschlafen, wenn ich mich stark konzentrierte und an unser Federballspiel dachte, an ihre schmalen, gebräunten Waden, hörte ich manchmal die Glöckchen an ihrem Fußkettchen klingeln.

Man mußte gut fabulieren können, wenn man mit den anderen mithalten wollte. Auf dem Schulhof wurde nun viel getuschelt und intrigiert. Die Mädchen wurden taxiert, anatomische Besonderheiten machten die Runde. Ein entwickelter Busen, ein zum Himmel schreiender Popo, der magische Buchstabe W zwischen den Schenkeln in einem Paar hauteng er Hosen beschäftigten uns mehr als jeder Geburtstagskuchen und jede Gewitterfront.

Einige hatten Zigaretten dabei, wenn sie von ihren Heldentaten berichteten. Mancher dachte sich sein Teil, hatte nichts vorzuweisen und drehte derweil die Steine um, im Schatten am Zaun des Schulgartens bei den Tomatenstauden. Dann krochen da auf den ausgebleichten, schmierigen Humusflecken Würmer herum und ringelten sich in Panik. Damit, sie einzusammeln und sich in den Mund zu stopfen für ein paar Groschen, wie unser Klassenkasper, konnte nun keiner mehr punkten, das war gestern gewesen. Wie peinlich vieles nun war, kaum auszuhalten. Wie hätte man den anderen die viele tote, unausgefüllte Zeit erklären sollen? Was man da eigentlich trieb den lieben langen Tag in seinem Lügengebäude, das immer unübersichtlicher wurde.

Hätte man von den häuslichen Arbeitspflichten berichten sollen? Davon, wie man im elterlichen Auftrag Stunden damit verbracht hatte, den Rasen zu mähen, Birnen zu pflücken, Äpfel zu entsaften oder am Komposthaufen hinter dem Geräteschuppen Erde durch ein Gitter zu schaufeln, so lange, bis daraus Humus wurde, bester schwarzer Humus für die Blumenbeete? Massen von faulendem Laub, Speisereste, Gartenabfälle mit der Mistgabel umzuwälzen war nichts, wofür Draufgänger sich rühmen konnten. Man behielt es lieber für sich und schwieg auch von den Pflichten des Unkrautjätens und vom Löwenzahn auf der Wiese, den wilden Horden von Löwenzahn, die mit dem Bajonett ausgestochen werden mußten im Nahkampf. Dabei war das eine Tätigkeit, die immerhin noch den Jagdinstinkt weckte. Man konnte, wenn man den *Hirschfänger* schwang, ein letztes Mal, dem Indianergefühl freien Lauf lassen. Vater wußte genau, was er tat, als er mir die tödliche Waffe übergab. Der Hirschfänger lag sonst in der Schublade des Schreibtischs, Teil der väterlichen Insignien, er galt als unantastbar. Das war kein Ding, mit dem man spielte und Schindluder trieb. Nur unter Aufsicht hatte ich ihn manchmal, an hohen Festtagen, herausnehmen dürfen. Aus einem Wildhuf bestand sein Griff, das rauhe Fell lag angenehm in der Hand. Die tiefe Furche entlang der spitzen Klinge, Blutrinne genannt, weckte Phantasien vom Jäger Nimrod, der dem getroffenen Wild den Gnadenstoß gab. Wer den

Hirschfänger zu führen wußte, war Herr über Leben und Tod. So kniete ich in der Wiese und tat mein Vernichtungswerk.

Zuerst bemerkte ich sie nur am Rand, wie unscharfe Leuchtpunkte – kleine blaue Falter, die sich hier und da niederließen, kurz innehielten und munter weitertrudelten. Es war ihr Blau, es waren die vielerlei Nuancen von Blau, intensive Blautöne, die mich weckten. In dem Moment wurde der Vorhang beiseite gezogen: Etwas riß auf in dem blinden Lebenszusammenhang. Ein Himmelsspalt zeigte sich, hier auf Erden. Welches tierische Blau hatte ich bis dahin schon wahrgenommen? Das Köpfchen der Blaumeise, die Litzen des Eichelhähers beim Vogelfüttern im Winter, vor dem Küchenfenster. Auf einmal war die ganze Wiese von Bläulingen bevölkert, immer mehr dieser lebendigen Briefmarken wirbelten über den Rasen. Paarweise kamen sie, einzeln stoben sie auseinander und kehrten, als man nicht mehr mit ihnen rechnete, in kleinen Gangs zurück. Manche waren verspielt und führten einen an der Nase herum. Angelockt von einem Farbfleck auf dem *Nicki*, ein paar bunten Streifen, folgten sie einem überallhin, minutenlang treu, anhänglich wie Haustiere. Versuchte man sie, in einer schnellen Drehung, zu erhaschen, stiegen sie wie an Fäden gezogen in die Höhe oder nutzten den Sog aus und waren plötzlich wieder hinter einem. An manchen Nachmittagen kamen die verschiedensten Artvertreter vorbei: der Alexis-Bläuling, der elegante Argus-Bläuling, der Geißklee-Bläuling, der zierliche Hauhechel-Bläuling, ein Dandy mit lilablaßblauem Pelzumhang, von Spitze weißen Flimmerhaares gesäumt. Es gab silbergrüne Varianten, roséfarbene, eisbonbonblaue und solche, deren Flügel grau verschattet, violett angestäubt waren. Aber keiner war so durchdringend blau wie Adonis, der Himmelblaue Bläuling.

Dabei waren diese lieblichsten aller Schmetterlinge alles andere
als eitel. Zur Anmut bestimmte sie schon ihre geringe Flügel-
spannweite. Meistens hielten sie die Flügel zusammengeklappt,
als fürchteten sie, den Betrachter zu blenden. Und kaum war der
Reigen vorüber, schien es, als existierten sie nur in der Einbil-
dung. Hatte ich sie wirklich mit eigenen Augen gesehen? Was
sah man schon, wenn man im Blutrausch war? Gedachte man
nicht, zähneknirschend, noch immer der Mädchen, die einen
hatten abblitzen lassen, triumphierend beim Anblick der Milch,
die aus den angeritzten Löwenzahnstengeln spritzte? Im blinden Eifer war alles eins, und leicht verwechselte man einen
Schmetterling mit dem anderen. Es galt, den Löwenzahn auszu-
stechen, die nächste Pusteblumeninvasion zu verhindern. Die
Niederlage kam, wenn der Wind in die weißen Kugeln blies
und überall auf der Wiese die kleinen Fallschirmspringer nieder-
gingen. Das war Vaters Sorge, seine Phantasie vom Luftkrieg
im Pflanzenreich. Es war der Alptraum des Revierpflegers, wild-
gewordene Wurzelhorden könnten die Herrschaft in unserem
geschlossenen Gärtlein übernehmen. Dagegen halfen, weil Pe-
stizide und Unkraut-Ex dem ABC-Waffen-Verbot unterlagen,

nur entschiedene manuelle Abwehrmaßnahmen. Ausrottung der feindlichen Partisanenverbände.

So ergab es sich, daß ich ganze Nachmittage auf allen vieren über den Rasen robbte, den Hirschfänger schwingend im Rausch der Vernichtung. Ich habe die Schafgarbe von nahem kennengelernt und das Wiesenschaumkraut. Riesenhaft sah ich vor mir das Hirtentäschel aufragen, aus kürzester Distanz die gezackten Lanzetten des Löwenzahns. Und das waren sie, in der kühlen Berührung alles Pflanzlichen: die Momente größter Entrückung, stiller weltabgewandter Verzückung. In diesen Sommern, die oft schon früh im Mai begannen und im Oktober nicht enden wollten, war ich zum letzten Mal selbstvergessen, vollkommen außer mir. Damals zeigte die Welt sich unter einem Vergrößerungsglas. Ich sah die Beeren an Mutters Stachelbeerbüschen, große, durchscheinend grüne Ballons, in denen die Säure gefiltert wurde. Sie waren mit feinen Eichstrichen markiert. Gehörten sie damit nicht in die Reihe der Destillierkolben im Chemielabor, in dem Mutter den halben Tag werktätig war? Ich sah die Goldfische im Teich auf der Jagd nach den Mückenlarven und erkannte, wenn sie die goldenen Mäuler öffneten, in ihnen den Karpfen im Kleinformat.

Aber nicht nur im Garten sah ich mich nun genauer um, auch im Haus, überall zwischen Keller und Dachboden. Ich überraschte die Zimmer dabei, wie sie sich an unsere Abwesenheit gewöhnten, indem ich die Türen blitzartig aufriß. Dann schlich ich mich näher und sah die Fugen in den Dielenbrettern, durch die das Leben anscheinend entwichen war. Ich sah die Maserung in den Hölzern, die vielen Formen ihrer Verarbeitung, und bewunderte die geschmeidigen Möbel, so vernünftig gefügt, dem Menschen gefügig. Ich verliebte mich in den Anblick des

Holzdübels, strich über den geschwungenen Griff einer Schublade, Eschenfurnier, legte mich auf den Bauch und studierte die Etiketten unter den Schränken. Dann wanderte ich weiter in Vaters Allerheiligstes, seinen Arbeitskeller des Ingenieurs, und nahm die Parade der Werkzeuge ab. Ich sah die Präzision der kalten, stählernen Schieblehren, die Sammlung der Schraubenschlüssel und die verschiedenen Zahnreihen der Sägen, der Lochsägen, Stichsägen, kleinen und großen Holzsägen bis hin zum Fuchsschwanz. Hoch oben an der grauen Werkzeugwand, in der äußersten Ecke hinten beim Radio, das nun still war und das Geheimnis der Feindsender hütete, die hier immer gehört wurden, sah ich ein kleines Paar Schraubzwingen, ihre feinen, gedrechselten roten Griffe. War das die Lehre von Hellerau?

Was dachte ich, wenn ich als pubertierender Affe über den Rasen kroch? Nichts dachte ich, oder so gut wie nichts. Und war doch glücklich so, allein im innersten Garten der Gartenstadt. *O Seligkeit der eingeschränkten Welt.* War das der Kern der Kindheit gewesen, dies Unvordenkliche, Ungebundene, Unsagbare? Dies Ziehen der Wolken im unerreichbaren Blau, als ich, flach auf der Erde liegend, in einem Büschel Grashalme die ersten

Schachtelhalmwälder sah? Dies Anschwellen der Tage zur reifen Frucht, als ich mich, versunken in mein Rasenstück, in dem es von Leben wimmelte, selbst umschlungen hielt? Dies Brodeln im Boden, unter den nackten Füßen, als ich lernte, mich mit mir selbst zu begnügen, und zum ersten Mal spürte, daß die meisten auch ohne mich auskamen – und das war das Selbstvertrauen. Als das Wort Hummelsommer tagelang mir im Kopf herumsummte. Und ich brauchte nicht weit zu gehen, das nächste Waldstück lag immer in Reichweite. Ich mußte nicht lange scharren, überall stieß ich auf hellen Heidesand. Das Sonnenlicht sickerte durch dichtes Kieferngrün, sprenkelte den Waldboden, blitzte und funkelte auf den Nadeln. Läßt sich mit Tannennadel nähen? Kann man auf Wolkenbänken schlafen?

12
Totenkopfschwärmer

Zwei oder drei Mal ist mir der alte Wanderfalter begegnet, vor dem die Kinder sich fürchten. Ich war aus dem Elternhaus ausgezogen, vor vielen Monden schon, und kam nur mehr selten, zuletzt nur noch sporadisch zurück nach Hellerau. Keiner dieser Besuche verging, ohne daß man mir die Photoalben vorgelegt hätte. Es war das private Bildarchiv der Familie, gebündelt in ein paar Hundert Aufnahmen, jede mit einer väterlichen Bildunterschrift versehen, Photos von der Wiege bis zum Exodus. Die Eltern hatten die Sammlung aufbewahrt, bei Kaffee und Kuchen kamen manchmal Teile davon auf den Tisch. Meistens langweilten mich diese Erinnerungsrituale, ich zierte mich, schlug die Alben bald zu und sondierte statt dessen das

Haus wie eine Immobilie, die eines Tages zur Versteigerung stehen würde. Am Besitz liegt mir nicht viel, mein Bewahren sieht anders aus. Aber noch im Traum konnte ich, blindlings, dieses Haus beschreiben. Es ist mir ans Herz gewachsen, da es das Haus ist, an dem Vater und Mutter, beide dem Handwerk verschworen, täglich irgendeine Kleinigkeit gerichtet und verbessert haben. Es war ihr Lebenswerk, ein Palast, der niemanden etwas anging als nur sie selbst. In dem sie jede Schraube, jede Steckdose und jeden Dachziegel kannten, weil sie ihn selbst berührt, angebracht oder bearbeitet hatten. Ich wußte ja, in all den Jahren als ich mich draußen in der Welt herumtrieb, daß sie tagaus tagein unermüdlich an ihrem Schneckenhaus gewerkelt hatten.

Es war ein schlichtes Haus, ein graues Einfamilienhaus aus den dreißiger Jahren des letzten Jahrhunderts, keine Schönheit, im Wettbewerb der Hellerauer Musterbauten eher das häßliche Entlein. Kein Beitrag zur deutschen Architekturgeschichte: jedenfalls keines der mustergültigen Kleinhäuser der Kleinsiedlung vom Reißbrett eines Muthesius oder Riemerschmid, auch keiner der reinlichen strengen Bauten eines Tessenow, über jeden *Augenblickswert* erhaben.

Sie haben das Fundament freigegraben, wegen der Wärmedäm-
mung, und sie haben das Dach neu gedeckt, damit der Boden für
alle Zeit trocken bleibt. Denn eines Tages, bevor der Staat unterging und die Russen aus dem Ort abzogen und der Besitzer im
Westen erkannte, was er da haben würde, wenn einmal alles anders käme, gehörte das Haus ihnen ganz. In einer Sekunde, die
über ihr Glück entschied, über Bleiben und Gehen, Vertreibung
und geruhsamen Lebensabend, waren sie seine alleinigen Besitzer geworden – die einzigen Bewohner auch, seitdem der letzte
der Obermieter die Segel gestrichen hatte. Ich mag mir nicht
ausmalen, was passiert wäre, wenn …

Und ich weiß auch nicht, wie es kam – vielleicht war es die
Gewohnheit des lyrischen Selbstgesprächs, in das ich seit langem verstrickt war. Aber einmal fing auch ich an, das Haus
ins Herz zu schließen und mich in jene Photoalben zu vertiefen.
In einer von diesen Nächten verkroch ich mich in die Dachbodenkammer, die mir nun endlich, viel zu spät, zur Verfügung
stand.

Mutter hatte das Bett für mich aufgeschlagen, und alles war
so, als wäre ich nie fortgegangen, behaglich und wie in Kind-
heitstagen. Mondlicht fiel durch die Dachluke, ein großer Nacht-
falter kreiselte aufgeregt um die Schreibtischlampe. Dann verschwand er im Innern des Lampenschirms, wurde ruhig, und ich
vergaß ihn für eine Weile.

Hellerau, der Ort, an dem ich aufwuchs, war nun hundert Jahre
alt. Ich dachte darüber nach, wie ich es anstellen müßte, wenn
ich jetzt, mitten in der Nacht, über die Friedhofsmauer klettern
wollte. Nur dort, an diesem Ursprungsort, und in keiner der
vielen Großstädte, die ich seither kennengelernt habe, wäre mir

so etwas in den Sinn gekommen. »Gräber versetzen das Gemüt in eine feierliche Stimmung«, hatte ich früh bei Fenimore Cooper gelesen. Heute wundere ich mich darüber, daß ich bei keinem Begräbnis irgendeines der Großeltern dabei war. Das Begraben (von Menschen, Lebensentwürfen, selbst Illusionen) war mir immer der größte Graus. Ich mochte den Ordnungswahn nicht, die Grabreihen in ihrer geradlinigen Formation. Es ist das Geheimnis der Gräber, daß wir nicht wissen können, wie es wirklich in ihnen aussieht. Vielleicht sind sie längst leer, und die Toten sind unter uns?

Nur der Friedhof von Hellerau beschäftigt hin und wieder noch meine Phantasie. So wie die Straßennamen, die Flurnamen, die ersten Benennungen, die fast immer auf Ursprünge verweisen, vergessene oder wiederaufgenommene Traditionen. Zu schade, daß gewisse Namen, wie sie noch in der frühesten Ortsbauordnung erwähnt wurden, in Vergessenheit gerieten. Wie gern wäre ich *An der wüsten Hufe* entlangspaziert, hätte das Ohr an der *Lauschigwiese* ins Gras gelegt. Wer konnte wissen, was einem in den Häuserzeilen *Am Buckligen* alles hätte begegnen können?

In meiner Dachkammer unter der Holzverschalung, in der Nähe der Balken und Streben, an denen man die Dachziegel von unten sah, selbst schon wie eingeschreint, stellte ich mir vor, wie es sein würde, im Dunkel die Gräber der Ahnen zu suchen. Lange würde es ohnehin nicht mehr dauern, dann liefen die Grabstättenverträge aus, dann war ihr Verschwinden vollendet.

Es gab die Masse der unscheinbaren Verstorbenen und unter ihnen, sehr versteckt, wie oftmals auf Dorffriedhöfen, die Liegeplätze der Prominenz. In der Nacht aber war alles eins. Hier lag auch das Grab des Ortsgründers. Es sagt viel aus über Hellerau, daß von allen Pionieren des Siedlungsprojektes am Ende

nur einer sich dort begraben fand – der bescheidene Holzbau-
meister Karl Schmidt. Er war von allen der Bodenständigste gewesen. Vermutlich war er, wie die wahren Propheten, bei aller
Pragmatik, die Verkörperung der Idee Hellerau. Aber auch er
war nun schon lange tot. Und im Ort spazierten die neuen Generationen umher.

Ich lag im Bett und dachte darüber nach, wieviel Zeit der
Mensch wohl im Liegen, steif in der Rückenlage verbringt, grü-
belnd und träumend und in Gedanken sich selber verlierend, oft
schlaflos – hochgerechnet ein halbes Leben lang. Am Schreibtisch, über dem aufgeschlagenen Photoalbum, brannte noch
Licht. Ich hatte vergessen, es auszuknipsen, hatte auch, in meinen Meditationen, meinen *Herzensergießungen eines kunstlieben-
den Weltenbruders*, den Gast in der Lampenschale vergessen. Er
war so groß gewesen, so kraftvoll in seinem Flügelschlagen, daß
er präsent blieb, während ich schon im Dämmern hinüberglitt,
in den Zustand, der mir von allen der liebste war. Das Stadium
der Selbstauflösung: irgendwo zwischen hier und da – das Nirwana der Revision, der frei schwebenden Imagination.

Noch einmal stand ich auf und dachte: Jetzt mußt du dich um
den Burschen kümmern, den nächtlichen Ruhestörer. Da sah
ich ihn vor mir, in der gleißenden Helligkeit der 75-Watt-Birne.
Er saß da wie frisch aus der Puppe gekrochen: ein Falter, größer
als alle anderen. Als er die schwarzbraunen Flügel öffnete, bebend und leicht erzitternd, als spürte er das Beobachtetwerden,
zeigte sich sein ockerfarbenes Unterkleid. Unwillkürlich schreck-
te ich zurück wie vor einer Wespe, einer Hornisse. Mir war
nicht klar, daß es dasselbe Tier war, das ich einmal, als fette,
grüne Raupe, auf einer Tomatenstaude gefunden hatte, noch

ohne das Zeichen. Es war der Totenkopfschwärmer, als grasgrüner Vielfraß getarnt. Damals hatte ich mir, ich weiß es noch, die Raupe kühn von den Blättern gepflückt und auf den Handrücken gesetzt, mit der Zutraulichkeit aller Kinder. Ich hatte keine Ahnung, wen ich da auf meinem kleinen, noch kaum behaarten Arm hinaufkriechen ließ.

Daß es einen immer nur vorwärts trieb, dieses Leben, voranscheuchte durch die Folge der Tage, und daß es nirgendwo Halt gab, nicht einmal dort, bei den Gräbern … Im Grunde war alles ganz einfach. Der Mensch mußte sterben, dazu war er geboren, und das wußte er, von Anfang an und empfand es mitunter scharf. Auch daß die Toten sich nicht darum bekümmerten, was mit ihnen geschah, und die Welt der Lebenden ihnen so fern war wie die frischen Gebinde auf ihren Gräbern. Die Blumen stellten die Hinterbliebenen dort für sich selbst bereit, weil es sie tröstete in ihrer Verlassenheit. Lange ging das so, aber eines Tages ließ die Kraft nach, und immer seltener wurden die Besuche. Ließen die Toten die Lebenden im Stich, oder war es umgekehrt? Das Kind hatte es nicht herausfinden können, ihm blieb der Tod eine unbegreifliche Episode. Mit der Zeit würde er wachsen und immer mehr Raum einnehmen. DIE WÄLDER SIND WEISS ODER SCHWARZ, MAN MUSS NIEMALS SCHLAFEN GEHEN (Erstes Manifest des Surrealismus).

Wenn ich heute den schmalen Stufenweg an der Friedhofsmauer hinaufgehe und, oben angekommen, mich umwende, kann ich
den Bogen sehen, den die Straße kurz nach dem Ortseingang
macht. Kommt eine Straßenbahn aus dem Wäldchen, muß
sie hier in die Kurve gehen, bevor sie den Hügel hinauffährt,
wie so viele Male, als ich selbst in einer von ihnen saß. Wenig
später rauscht sie am Haus meiner Eltern vorbei. Schaue ich von
da oben herab auf die Gartenstadt, *dann meine ich mich selbst leibhaftig als kleines Kind in meiner grünen Jacke und den grauen Hosen
dahinlaufen zu sehen*, wie es Kierkegaard mit Bestürzung in seinem *Journal* vermerkt. »Aber leider bin ich älter geworden, ich
kann nicht *mich selbst einholen* – es ist mit der Wahrnehmung der
Kindheit wie mit der Wahrnehmung einer schönen Gegend,
wenn man rückwärts fährt, man wird auf das Schöne erst in
dem Augenblick … aufmerksam, wo es zu verschwinden beginnt, und das einzige, was ich von jener glücklichen Zeit noch
bewahrt habe, ist es, *wie ein Kind zu weinen.*«

Die Gründerhexe

In der Sammlung Prinzhorn,
dieser Schatzkammer für die Bildwerke der Geisteskranken,
findet sich eine farbige Zeichnung, die in den Jahren
des Ersten Weltkriegs ein gewisser August Natterer
gemalt hat, Elektromechaniker von Beruf.
Ein Gerätebauer, der auch für Wilhelm Röntgen tätig war,
selbst Erfinder elektrotherapeutischer Apparaturen,
bevor ihn in seinen Geschäften das Glück verließ,
er in finanzielle Not geriet und zuerst wunderlich,
dann aber ernsthaft psychisch krank wurde.
Zahlreiche Wahnvorstellungen blühten,
wie es oft geht in solchen Fällen,
aus einem einzelnen starken
Primärerlebnis hervor.
So behauptete N., ein Kehrbesen fege

in seiner Brust und im Bauch herum,
auch kämen Tiere aus seiner Nase, das Knarren
in den Kniegelenken sei ein Telefonieren, wodurch
der Teufel stets von seinem Aufenthaltsort wisse;
in der Zeitung stünden Gedichte über ihn,
er könne nicht sterben, er sei der Antichrist,
auch schlafe er nie. Denn einmal
habe ihn, den Wehrlosen, eine Erscheinung,
die Offenbarung des Weltgerichts, heimgesucht.
An einem Montagmittag um 12 Uhr sei am Himmel
über einer Stuttgarter Kaserne in nächster Nähe
ein weißer Fleck aufgezogen. *Die Wolken blieben alle stehen.*
Auf diesem Fleck erschienen ihm wie auf einer Bühne
oder einer Leinwand *blitzschnell die Bilder,*
wohl 10 000 in der halben Stunde …
Es war wie in einem Kino. Manisch
beginnt er zu zeichnen, was er gesehen hat.
Eines der Bilder, die sich ihm aufdrängten,
stellt eine Hexe dar, ein Wesen wie aus dem Märchenbuch,
einem Märchenbuch für radioaktive Ingenieure.
Mit ihrem Porträt, den Linien ihres Totenschädels
wird ein Ort versinnbildlicht. Oder wie N. präzisiert:
die Stellung über einen geheimnisvollen Ort.
Dieses Wesen scheint mir die Gartenstadthexe zu sein.

Sie trägt eine Nachthaube, durch deren Stoff sich die Schädel-
nähte abzeichnen, die Borte hat die Form einer Baumallee. Ihr
Nacken ist eine Ziegelmauer, der Kragen ihres Kleides bildet
die Bordsteinkante. Dahinter schaut, von einem grünen Gartenzaun eingefaßt, eine Moschee hervor – es könnte die *Yenidze*

sein, das Dresdner Tabakkontor an der Elbe, so fremd wirkt es in dieser heimatlich deutschen Umgebung. Die Hexe hat im Mund nur vier Zähne, welche den weißen Grenzpfählen gleichen, mit denen jede Siedlung ihren Anfang nimmt. Aus ihrem Gesicht, und mehr noch, ihren Gesichtern, schälen sich am Waldrand das Dorf heraus und die kleine Stadt. So ergibt das markante Profil der Hexe den ersten Wegeplan, ihre Kopfform den Grundriß der Siedlung. An ihre Nasenwurzel, ihr kantiges Kinn grenzen die Grundstücke, auf denen die Häuser entstehen, einige schon sichtbar im Hellerau-Stil mit kleinen Torbögen und Gartenpforten, sowie die Kirche im Dorf.

Dabei ist sie als Hexe erkennbar an ihrer spitzen Nase, auch die Warze fehlt nicht. Unheimlich ist das künstliche Auge, es tritt aus der Höhle hervor wie bei den Basedowkranken. Milchig schimmert es, als trüge sie den Mond im Gesicht. Es ist das Auge zur Zeit der Erscheinung, wie ihr Schöpfer an anderer Stelle vermerkt hat. Im Kerzenlicht, wenn man das Blatt von hinten beleuchtet, sieht man durch die grünen Wangen hindurch Büsche und Bäume, eben erst frisch gepflanzt. Schaut man ihn lange an, wird der Totenkopf auch lebendig. Man kann ihn sich vorstellen, von Röntgenstrahlen durchleuchtet. Auch gibt es manchen Strich, der an die Kraftlinien bei der Darstellung elektrischer oder magnetischer Felder erinnert. Der exakte Zeichenstil verrät den gelernten Techniker. Die Schöpfung der Welt aber war ihm, der den Rest seines Lebens in psychiatrischen Anstalten verbrachte, reines Hexenwerk. Die Hexe war Gründerin, Flurhüterin, Landschaftsgärtnerin, sie wachte über den Ort.

Als Kind bin ich ihr einige Male begegnet. Hatte man es auf dem Land nicht oft mit solchen alten Weiblein zu tun? Einmal lauerte sie mir in einem Wartehäuschen auf, an der Endhaltestelle der Straßenbahn, die unseren Ort mit den äußersten Enden der Welt verband, wie es mir damals schien. Sie saß da, in sich zusammengesunken zwischen Einkaufsbeuteln, trug ein graues Kopftuch und blitzte mich böse an, als ich mit meinem Fußball näher kam. Es störte sie maßlos, daß der Ball vor ihr auf der Stelle tanzte, das Leder schlug auf den Betonboden auf, was einen hämmernden, dumpfen Laut ergab. Mitten in das *Bumm, bumm* zischte sie mir ihre Verwünschungen zu, die mich augenblicklich in die Flucht trieben. Lieber den ganzen Weg zu Fuß nach Hause gehen, als sich den Blicken der alten Schraube auszusetzen. Aber hatte sie ihre Augen und Ohren nicht überall? Wachsam wie ein Wiesel war sie, neugierig wie die Elster, und immer tauchte sie im unpassenden Moment auf und sah einem bis auf den Grund.

Das erste Mal begegnete ich ihr am Rand eines Rübenackers, weit außerhalb der Siedlung, in Sichtweite der Autobahn. Nach Schulschluß hatten wir, um unser Taschengeld aufzubessern, bei den Rähnitzer Bauern geholfen, Stecklinge einzupflanzen. Da kam sie uns mit einem Handwagen über die Felder entgegen. Als sie auf unserer Höhe war, blieb sie stehen, beäugte uns, selbst um einiges kleiner als wir, von unten herauf und begann in einer fremden Sprache auf uns einzureden, einer Sprache, von der ich damals meinte, es müsse Böhmisch sein. Ein andermal erwischte sie uns im Wäldchen vor der Russenkaserne, als wir im Gebüsch unsere erste Zigarette rauchten. Sie hatte sich auf dem Trampelpfad an uns Glühwürmchen herangeschlichen, und wir hatten sie erst bemerkt, als es zu spät war; daraufhin verpfiff sie uns bei unseren Eltern. Sie hatte etwas von der Waldfrau Baba Jaga, die jammernd am Wegrand sitzt, dem Jüngling, der munter vorbeikommt, ihr Leid klagt und ihm, dem Hilfsbereiten, dann auf den Rücken springt. Es war ihr nicht über den Weg zu trauen, der alten Heuchlerin. Immer schwankte sie zwischen Gift und Gebrechlichkeit, zwischen Heimtücke und »Hilft mir denn keiner?«.

In einer ihrer letzten Verkörperungen, bevor sie in die Ewigen Jagdgründe der Kindheit einging wie jede märchenhafte Erscheinung, sah ich sie als gewöhnliche Rentnerin. Im örtlichen Konsumladen tauchte sie plötzlich auf, zwischen den spärlich mit Konservendosen bestückten Regalen. Da war ihr strenger Geruch, und man beeilte sich, an ihr vorbeizukommen, und warf die Einkäufe schnell in den Korb. Aber dann stand sie an der Kasse doch wieder vor einem in der Schlange. Wie war das zugegangen? Mit zitternder Hand hielt sie der Kassiererin die Geldbörse entgegen, und man mußte abwarten, bis diese das Kleingeld für sie herausgefischt hatte, eine quälend langsame Prozedur. Am Ende half man ihr noch über die Straße und bekam zum Dank das Gemecker der Zahnlosen zu hören. Unschlüssig hielt sie sich am Gartenzaun fest und blinzelte in das goldene Nachmittagslicht. Dann ging sie ein paar Meter die Reihenhauszeile mit den elf Giebeln entlang, die bei den Leuten der *D-Zug* hieß. Es dauerte eine Weile, bis sie den Fehler bemerkte, kehrtmachte und bei den Funktürmen im *Urnenfeldweg* verschwand.

Ich habe sie seither nicht wiedergesehen. Aber lange schien mir, daß sie es war, die das Geheimnis meines alten Heimatortes am reinsten verköperte.

Das Trafo-Häuschen

Siehst du die leeren Parkplätze wieder, die weiten
Brachflächen zwischen den übriggebliebenen Häusern?
Schwindelerregend, nicht wahr, waren die blanken
Himmel der Kindheit?
                           Das Herz flog einem fort.
Erst war die Pferdebahn weg, dann die Kirche,
Die so lange im Dorf blieb, dann manche der Brücken –
Zuletzt die Stadt selbst. Nein, sie blieb da: als Gerücht.

War Leere die neue Erfahrung? Die Tabula-rasa-Leere
Des Neugeborenen, das nackt ankommt, nichts hat,
Wenn es die Augen aufschlägt und das Licht blendet?
Es gab das Trafo-Häuschen, das gab es. Und magisch
Lud in der Mittagshitze sein böser Summton ein,
Die Tür aufzubrechen und dort hineinzuschlüpfen,
Wo ein Totenkopf (»Vorsicht Hochspannung!«) lockte.

Kindertotenlieder

Im Winter starb ich beim Schlittschuhlaufen am Gondler. Aber nein, das war nicht ich, es war der Schöne aus der Klasse 9 A, er gehörte schon zu den Großen. Er trug einen nordischen Namen und sah aus wie der Sänger einer schwedischen Popband, deren Hits damals in der Luft lagen. Er war der süßeste Junge der Schule, ihm flogen die Mädchenherzen zu. Aber dann war die Dunkelheit hereingebrochen, unter den Trauerweiden standen wir und starrten auf den von Scheinwerfern hell ausgeleuchteten Teich mit den Schleifen und Achten, den frischen Spuren der Schlittschuhklingen. Ich kann noch das Kratzen der Kufen auf dem Eis hören, wenn einer wie der Schöne scharf bremste, um seinen Anbeterinnen zu imponieren.

Die Feuerwehr war als erste am Ort gewesen und verbreitete ihren kreiselnden roten Schein. An manchen Stellen war der Schnee beiseite gewischt, da sah man das glasklare Eis und schaute hinab in den Garten der Fische. Zum Gondler hinab führte ein Hang, den wir in jedem weißen Winter auf unseren Schlitten heruntersausten. Er hieß so, weil dort die Leute einmal mit Ruderkähnen gefahren waren, aber das war lange vor unserer Zeit und gehörte in die Hellerauer Legende. Um eine Bank hatten sich ein paar Mädchen versammelt, Elfen in dicken Anoraks, die hemmungslos weinten. Wer konnte schon fassen, daß einer so schnell verloren war? Der Schöne, ein schneidiger Schlittschuhläufer, war beim Sturz auf die Brust gefallen. Sein Herzschrittmacher, von dem keiner wußte, hatte sofort ausgesetzt. Die Rede vom schwachen Herzen machte die Runde. Die

Helfer der Ambulanz hatten ihn fortgetragen wie einen jungen Gefallenen von der vordersten Frontlinie. Wir Jungs standen noch eine Weile verlegen herum, bevor wir uns heimwärts trollten, um den Hals die Schlittschuhe. Wir verschwanden, einer nach dem anderen, in der winterlichen Nacht, die auf einmal besonders dunkel war. Für uns gab es nichts mehr zu tun.

Im Frühjahr rannte einer beim Bahnhof Klotzsche, in einem Waldstück, über die Gleise und wurde vom Zug erfaßt. Wer hatte uns in die sächsischen Indianerwälder gelockt? Es gab seither noch manches Zugunglück, das mich ereilte, aber der, welcher gedreiteilt wurde, war ich. Vielmehr, ich wäre es gewesen, hätte ich nicht zur selben Zeit ganz in der Nähe im Klubhaus der Eisenbahner Kegel aufgestellt – wie üblich an jedem zweiten Mittwoch im Monat. Die sieben Mark, die ich dafür einstrich, waren hart verdient. Es war der monatliche Brigadeabend des Vaters und seiner Kollegen, die im Keglerheim ihre Kugeln schoben. Die Herren Luftfahrtingenieure durften die Anlage in sozialistischer Betriebssolidarität nutzen. Ich stand an der Luke neben den Kegeln, neun starren Holzsoldaten, und betete jedes Mal, beim Heranrollen der Kugel mich an den Rand drückend, daß eine von ihnen die Ratte machte. »Die Ratte« hieß, daß die Kugel haarscharf an der Neunergruppe der frisch aufgestellten Kegel vorbeischoß, ohne die Bande zu berühren, so daß mir nichts zu tun blieb und ich eine Runde verschnaufen konnte. Auf einer Kreidetafel sollten immer die Treffer vermerkt werden, in der jeweiligen Spalte unter den Namenskürzeln der Arbeitskollegen. Vier Striche und einer quer durch waren ein Fünfer. Alle Neune, das hieß nicht nur vier zusätzliche Striche, sondern den ganzen Zirkus wieder aufzurichten, möglichst im Eiltempo. Ein Peloton, merkte ich mir damals mit meiner Neugier für Fremdwörter, war ein Erschießungskommando – und mitunter fühlte ich mich so müde wie einer, der nur noch auf den Befehl »Feuer!« wartet.

Dabei galt es, wach zu bleiben, sonst konnte man sich den Knöchel verstauchen beim kleinsten Fehltritt. Manchmal flogen einem die bauchigen Holzpuppen fast um die Ohren. Am Schienbein die blauen Flecken lehrten mich, daß es galt, rechtzeitig beiseite zu springen, bevor das Geschoß krachend das Feld abräumte. Einmal geriet ich dazwischen, mein Kopf war noch unten, als einer der Champions einen Volltreffer landete. Um Haaresbreite hätte einer der herumschlenkernden Kegel mich an der Schläfe erwischt. Die Kugeln, die ich anschließend in den Randlauf zurückhievte, waren so schwer, daß ich sie mit beiden Händen umfassen mußte, um sie hochzuheben. Leicht konnte man sich dabei die Finger quetschen.

Ich war diesen Männern der Flugzeugwerft auf Gedeih und Verderb ausgeliefert, ein schmächtiger Knabe, der, um sein Taschengeld aufzubessern, wie Rumpelstilzchen zwischen Kegeln herumsprang, bis er vor Müdigkeit umfiel. Für sie war ich der flinke Kegeljunge – so einer wie der kleine Karl May in Hohenstein-Ernstthal. Beim Kegeln, schreibt er in seiner Autobiographie, habe ich unter den Sachsen die ersten angehenden Abenteurer kennengelernt, arme Weber, die sich darauf vorbereiteten, nach Amerika auszuwandern. Das waren Leute, die in ihrer Freizeit viel Schnaps tranken, allerlei Räuber- und Banditengeschichten erzählten und sie mit Erlebnissen aus dem Wilden Westen vermischten. Er habe ihre Gespräche aus der Ferne gut verstehen können, weil die Bahn, *der langgestreckte, zugebaute Kegelschub*, über die große Distanz hinweg wie ein Hörrohr gewirkt habe. Der Wind der heransausenden Geschosse trug ihm die wunderlichsten Erzählungen zu. So war es auch mir ergangen. Ich hörte genau, was die Männer sprachen, und aus dem wilden Palaver schälte sich deutlich immer wieder die Stimme des Vaters heraus. Im Anschluß gab es zur Belohnung meist Hackepeterbrötchen und Limonade. War es um diese Zeit, daß ich den *Schatz im Silbersee* las? Ein Freund hatte mir das Buch ausgeliehen, in der kostbaren Ausgabe des Radebeul-Verlages, ein abgewetztes Exemplar, bei dem das farbige Titelbild fehlte. Man hatte die Buchdeckel durch neutrale Pappen ersetzt. Daß darin eine der Figuren, die mitten in der Prärie auftauchte, Tante Troll, aus Klotzsche kam, war so phantastisch und unwahrscheinlich, daß wir noch jahrelang unsere Witze darüber machten. Wieso denn ausgerechnet Klotzsche?

Im Sommer ertrank ich beim Baden an den Waldteichen. Ich war nicht sofort tot. Das wurde mir klar, als das Gerücht vom Schwimmunfall durch die Reihen ging wie der Wind durch das Ufergras. Auch war das nicht ich, um dessen Leben man kämpfte, sondern ein kleines Mädchen im blauen Badeanzug. Sie hatten sie auf der Wiese abgelegt und mit den Wiederbelebungsversuchen begonnen, hilflos allesamt. Die Lunge war schon voll Wasser, das Mädchen blieb bewußtlos. Das mochte ich nicht mit ansehen.

Während die meisten dort hineilten, wo eine Menschentraube sich sammelte, zog ich mich auf den Parkplatz zurück. Plötzlich hatte ich alle Zeit der Welt. Ich hörte nun deutlich das Summen der Mücken und sah an allen Ecken und Kanten dieser von Menschen eroberten Umwelt die Tücke des Objekts, selbst nur ein Subjekt mit schwachen Muskeln und Nerven. Ich war froh, als das Kind abtransportiert worden war und die Freunde sich wieder stritten, tänzelnd zwischen den Badetüchern. Es ging ja meistens um nichts, warum auf einmal so tun, als wäre der Blitz eingeschlagen?

Im Herbst kam ich auf eine besonders dumme Weise ums Leben. Mit unseren Fahrrädern schossen wir, in stolzer Viererformation, den Moritzburger Weg hinunter. Der trockene Asphalt war verlockend, es ging munter bergab, vorbei an den letzten Häusern und hinein in den waldigen Tunnel an einem friedlichen, warmen Sonntagnachmittag. Wir waren frei, übermütig, zu jeder Schandtat bereit, das ganze Leben lag vor uns. Wer immer Fahrradfahren gelernt hat, will irgendwann freihändig fahren, die Hände vom Lenker lassen und sie in die Luft werfen, das ist das Gesetz des jugendlichen Leichtsinns. Dem kommt der Zufall in die Quere, in den Märchen von der bösen Fee verkörpert. Jahrelang hat uns die Erzählung verfolgt, die Erwachsenen hatten sie uns zur Warnung ausgestreut. Kinder, denkt daran, wie gefährlich es ist, wenn ihr freihändig dahinsaust! Eine falsche Bewegung kann über Leben und Tod entscheiden. Einmal hatte es einen allzu kühnen Hellerauer erwischt, einen wie die Unglücksraben aus dem Panoptikum des *Struwwelpeter*, jener Balladensammlung, die auch mir noch von Großmutter vorgebetet wurde mit der größten Genugtuung. So bei Tisch: Denk an den Zappelphilipp. Beim Hantieren mit Streichhölzern: Minz und Maunz, die Katzen. Oder beim Sonntagsausflug: Vergiß nicht den Hans Guck-in-die-Luft!

Der arme Kerl (dessen Name ich niemals erfuhr) hatte den Lenker losgelassen, als es bergab ging. Er rollte dahin, den Blick triumphierend zum Himmel gerichtet, als ihm ein Ast in die Quere kam. Das Rad verkantete, und er knallte Hals über Kopf auf den heißen Asphalt. Der Lenker bohrte sich ihm in die Milz;

er verblutete auf der Stelle. Die arme Mutter, seufzte meine Mutter bei der Geschichte. Keine Fahrradtour, bei der ich nicht früher oder später an ihn denken mußte. Lange spukte mir das Wort Milz im Kopf herum – Milz, Milz, ging das, Minz und Maunz, die Katzen.

Die toten Kinder von Hellerau, jetzt fallen sie mir wieder ein. So bin ich wohl einmal durch alle vier Jahreszeiten hindurch gestorben und weiß es nur noch nicht. Meine Erinnerung ist in diesem Punkt unzuverlässig. Nie hätte ich sagen können, aus welcher Richtung die Gefahr kam, was als erstes schiefging und was dann geschah und was dann. Ich fühle mich wie einer, der alles nur einmal sagen kann. Einmal sah ich, nach einer langen Wanderung durch die Dresdner Heide, die Stadt in der Ferne, von einer Anhöhe am Waldrand aus. Es war ein Sommertag, Dresden lag da als eine strahlende Verheißung im Tal.

Spielzeuge 2: Das Luftgewehr

Warst nicht auch du zum Jäger geboren? Warum hast du die Waffen so früh gestreckt, sie als Kinderkram aus der Hand gegeben – das Katapult, den Spielzeugrevolver, das Holzgewehr, den Pfeil und den Bogen? Du hättest doch immerhin, als geborener Kämpfer und Duellant, wehrhafter Bürger, einen Waffenschein machen können in deinem Leben

Wie kühn ihr damals in die umliegenden Wälder gezogen seid, vom Stadtrand her, aus den Häusern einer behüteten Kindheit. Keiner konnte euch abhalten von diesen Pirschgängen. Ganze Nachmittage vergingen so mit Schießübungen und herrlichen hinterlistigen Spielen, nur daß man nie sagen konnte, ob einer wilder Jäger war oder Soldat einer versprengten Truppe, für die der letzte Weltkrieg noch nicht beendet war.

Und hinterlistig war dieses Spielen durchaus. Wenn einer nach Hause mußte, um pünktlich bei Tisch zu sein, wie es der Vater ihm eingebleut hatte, und er drehte den anderen den Rücken zu, konnte er sicher sein, daß man hinter ihm herschoß. Suchte er seine treulosen Kameraden aus der Ferne mit den Augen, waren sie alle hinter Bäumen versteckt, und feige feuerten sie aus der Deckung auf den sich Entfernenden. Einmal bekam er so eine Ladung Schrot in den Hintern. Zum Glück war der Abstand bereits zu groß gewesen. Die Hose war zerrissen, und es hatte nicht viel gefehlt, und er hätte die Bleikügelchen aus der Haut klauben müssen.

Solche Verräterei trübte manchmal die Freude an den gemeinsamen Spielen. Traurig, mit hängendem Kopf, ging man nach

Hause, und mancher hätte gern einen Jagdhund gehabt, ihm sein Herz auszuschütten. Aber keiner von uns hielt ein solches Tier. Meerschweinchen und Schildkröten waren als Haustiere verbreitet, auch Kanarienvögel und selbst eine Laborratte. Aber keinem war so ein edler Jagdbegleiter mit hängenden Lefzen vergönnt, wie wir sie auf den Bildern der Niederländer sahen in der Dresdner Gemäldegalerie.

Einig war man sich in der allerstrengsten Bewaffnung. Undenkbar, daß einer ohne sein Schießeisen – oder wenigstens ein kleines Wurfmesser – aus dem Haus gegangen wäre. Wer unbewaffnet kam, galt als vogelfrei. Ihm erging es wie den Sperlingen, auf die schon aus Langeweile geschossen wurde, auch wenn keiner sie traf. Die einen bevorzugten Vögel, andere versuchten sich an den Porzellankappen, hoch oben an den Strommasten, die sie mit gezielten Schüssen zum Klingen brachten. Wieder andere lagen im Maisfeld auf der Lauer, das Luftgewehr im Anschlag, und warteten darauf, daß die Hamster aus ihren Löchern krochen. Denn diese Untergrundwesen waren als Schädlinge eingestuft. Sie zu erlegen brachte einem den Ruhm einer nützlichen Tätigkeit, während alles sonst, ausnahmslos alles, was wir taten, als *Kokolores* galt, wie man sich bei uns ausdrückte.

Wer waren wir denn schon? Angebliche Trapper und Pelztierjäger – nein, eher schon Freizeitindianer –, ach, nicht einmal das: kleine marodierende Schurken, zu feige, in der Mitte der Straße zu gehen – leichtfertige Kinder in allem und wahrscheinlich auch das nur in den Augen der Älteren. Denn wahre Kinder waren nicht so verdruckst wie wir, so getrieben in unseren heimlichen Machenschaften. Kaum war die Schule aus, trafen wir uns an verabredeten Orten – unter den Weiden am Gondelteich, an der Böschung hinter dem Sportplatz, am Eingang zur großen städtischen Müllhalde. Dann zog einer eine Packung Streichhölzer hervor, einen Lappen, mit Terpentin getränkt, und wir vertieften uns in das Ansengen der trockenen Grasnarbe. Ein anderer zeigte stolz eine Flasche voll toter Bienen herum, in die er irgendeine widerliche bläuliche Flüssigkeit gegossen hatte. Und ein Dritter hatte einen Hohlschlüssel dabei, von einem der heimischen Schränke entwendet, gefüllt mit dem Abrieb dutzender Streichholzkuppen, und so präpariert, daß er ihn mit Hilfe eines in die Öffnung gesteckten Nagels, beides durch einen Bindfaden verbunden, an dem er die Sprengladung gegen eine Mauer schwang, zum Explodieren brachte. Nach dem großen Knall stoben wir regelmäßig auseinander.

Nachbarn hätten die Polizei rufen können, in der Annahme, es wäre tatsächlich scharf geschossen worden, und dies unter Beteiligung von Kindern. Ganz unwahrscheinlich war das in unserer Gegend nicht. Es gab da Kasernen der Roten Armee. Ein Manövergelände mit Kiefernwäldchen und Sandhügeln lag nahe der Siedlung; da fiel allerhand Kriegsmaterial an, auch Munition von den Schießübungen. Oft fanden wir Blindgänger auf dem Waldboden, wenn wir in den Schützengräben Versteck spielten und Äste und Baumstämme suchten für unsere eigenen Unterstände. Einmal kam einer mit einem rostigen Bajonett nach Hause, das nahm ihm der Vater weg und gab ihm im Tausch eine Ohrfeige dafür. Oder es schleppte einer von uns ein Blechgeschirr an, und wir machten ein Feuerchen zwischen Ziegelsteinen und packten die Patronen, die dort wie Eicheln sich sammeln ließen, hinein und entfernten uns schnell. *Patronen auskochen* nannten wir das, mit glühenden Gesichtern auf das höllische Knattern wartend, das uns in einen kriegerischen Rauschzustand versetzte. Und um all das und noch viel Schlimmeres zu verbergen, dachten wir uns lauter Lügen aus. Wir waren der Lügen voll, wenn wir in der Dunkelheit heimkehrten, zur Abendbrotzeit. Wie war das: Wurden auch Tiere gequält?

Davon ist nichts bekannt.

Ganz bestimmt nicht?

Also, nicht von uns. Vielleicht von den anderen.

Welchen andern? Es gab doch nur euch.

Soll ich die Hand ins Feuer legen für meine Freunde?

Abb. 133.   Abb. 134.   Abb. 135.

Wieviel Pferde siehst du auf den Bildern?

Der kluge Hans

Noch ehe das erste Kriegsjahr zu Ende ging, machte sich der längst wieder nach Prag heimgekehrte Hellerau-Besucher Franz Kafka an die Niederschrift einer kleinen Studie. In den letzten Monaten hatte sich vieles in seinem Leben gewendet. Er hatte seine Verlobung aufgelöst und war aus der elterlichen Wohnung ausgezogen, in der er bis in sein einunddreißigstes Lebensjahr ein Zimmer belegt hatte. Schon bald werden seine Leser es bis ins einzelne kennenlernen als das Terrarium eines Ungeziefers in Menschengröße. Nun war er seit einer Weile mit der Abfassung zweier Romane beschäftigt. Er hatte sich bis dazu als Untermieter in den Wohnungen seiner Schwestern einquartiert, zuerst bei der einen, dann bei der anderen.

Es waren Wochen der vollendeten Einsamkeit und des tiefsten Schreibglücks, das allein ihm, wie er sagte, das Recht zum Leben gab. Sein treuester Freund streute später das Gerücht, er habe in diesen Tagen sogar ein Kind gezeugt mit der engsten Vertrauten seiner Verlobten, eine Behauptung, die keine Behörde der Welt je mehr überprüfen konnte. Denn erstens starb der

283

Kleine bereits im Kindesalter, und zweitens wurde die Mutter zwanzig Jahre nach Kafkas Tod in Auschwitz ermordet, und weder sie noch das Kind hinterließen ein Grab. Es ist wenig wahrscheinlich, daß Kafka, den man unter der deutschen Besetzung Prags auf demselben Behördenweg umgebracht hätte, so unvorsichtig war, im Eifer einer schwachen Stunde ein Kind zu zeugen, auch wenn die späte Selbstanzeige der Freundin – »Er war der Vater meines Jungen« –, geschrieben schon im Wissen um die Meisterschaft dieses einen, für immer merkwürdig bleibt. Kafka war vielmehr froh, noch einmal davongekommen zu sein, froh der Ungestörtheit, die er nach qualvollen Ablenkungsmanövern nun endlich genoß.

Dennoch konnte man ihn zur selben Zeit sagen hören: Bei einem gewissen Stand der Selbsterkenntnis würde der Mensch einsehen müssen, daß er nichts anderes sei als ein Rattenloch elender Hintergedanken. Triefend von Schmutz sei man auf die Welt gekommen, das Unterste und das Oberste seien dieser Schmutz, und selbst die Zweifel der Selbstbeobachtung würden *bald so schwach und selbstgefällig werden wie das Schaukeln eines Schweines in der Jauche.*

Er trug den Gedanken in sein Tagebuch ein wie alles, was er gegen sich vorzubringen hatte, und wendete sich dann wieder der kleinen Studie zu. Es ging darin um einen jungen ehrgeizigen Studenten, wie er selbst einer gewesen war. Er gehörte zur Schar der vielen Doppelgänger und Junggesellen – längst existierte ein gutes Dutzend von ihnen –, die ihn wie treue Schatten umgaben. Sein namenloses Zweit-Ich hatte sich, offenbar gelangweilt von den Aussichten eines Universitätstudiums, in ein Forschungsvorhaben gestürzt, das alle seine Kräfte und, wie er ahnte, bald auch seine Geldmittel erschöpfen würde.

Gegenstand seiner privaten Untersuchungen war die Intelligenz der Tiere, besonders die der Pferde. Sie war insofern von höchstem Interesse, als sie diese sonst nur in der oberflächlichsten Weise wahrgenommenen Wesen den Menschen vertrauter machte, ja vielleicht sogar helfen konnte, die fürchterliche Kluft zwischen Mensch und Tierwelt zu überbrücken. Anlaß für die Beschäftigung war der Fall der sogenannten *rechnenden Pferde von Elberfeld*. Kafka, nicht anders als sein Student, war auf das Projekt eines Mannes gestoßen, das im Deutschen Reich seinerzeit überall Aufsehen erregte, sogar bis hinauf zum Kaiser.

Der Fall war damals in aller Munde. Das neue Jahrhundert hatte bis zum Ausbruch des Krieges, der sein Gesicht für immer entstellen sollte, schon einige Sensationen erlebt, die erschütterndste war ohne Zweifel der Untergang der *Titanic* gewesen. Doch nur weniges hielt sich als Kuriosität in der Öffentlichkeit so lange und so zäh wie die sensationelle Kunde von einem denkenden Pferd. Jahrelang geisterte das Tier durch die Zeitungsspalten. Und es ging dabei nicht um irgendeinen Zirkustrick, eine der Jahrmarktsnummern, wie es sie auch zu Goethes Zeiten schon gab. Dies hier war etwas anderes. Es waren die unglaublichen, in präzisen Ablaufprotokollen festgehaltenen Denkleistungen des klugen Hans!

Ein betagter Schulmeister, Herr Wilhelm von Osten, seßhaft in Berlin-Mitte, hatte seinem Pferd, einem Orlow-Traber, Lesen und Schreiben beigebracht, ganz allein und unbeachtet von der Gelehrtenwelt. Ein berühmter Großwildjäger aus Düren, der ein großes Publikum mit seinen Afrikabüchern unterhielt, war unter den ersten, die sich für das außergewöhnlich talentierte Tier interessierten. Er informierte seinen Freund, den Direktor des Berliner Zoologischen Gartens, und beide besuchten das Pferd in der Griebenowstraße auf einem Hinterhof, wo zwischen Brandmauern, Aschekästen und einem Werkstattanbau, dessen Erdgeschoß ihm als Stall und Remise diente, seine Manege unter freiem Himmel lag. Nachbarn waren die Vorführungen eine willkommene Abwechslung in ihrem grauen Alltag. Manchmal halfen sie bei den Versuchen mit, indem sie aus den umliegenden Fenstern Fragen herabbrüllten, daß es über den Hof schallte. »Hans, wo liegt Rot?«

Eine wissenschaftliche Kommission wurde bestellt, die sich in eingehenden Prüfungen ein Bild verschaffte. Ihrem Gutachten nach schien der Fall schnell erledigt, man sprach von Dressur und heimlicher Zeichengebung. Es war die Anwesenheit des Menschen, dazu noch eines so langjährigen Vertrauten, die alles verfälschte. Daß der Pferdeonkel während mancher Vorführungen eine Maske trug, konnte die Kritiker nicht zufriedenstellen.

Dann aber trat ein gewisser Karl Krall auf den Plan. Er hatte das Tauziehen um die Wahrheit in der Presse verfolgt. Gerade die Erklärung der Psychologen erschien ihm als allzumenschliches Vernunftmanöver, ein durchschaubarer Schachzug. Ein solcher Mann war nach Kafkas Geschmack – einer, der Unmögliches forderte und durchzusetzen bereit war. In ihm erkannte sich sein Student wieder. Krall, in dessen Besitz der kluge Hans nach dem Tod seines Meisters überging, gründete später in Elberfeld eine eigene Versuchsanstalt. Zunächst jedoch arbeitete er an einer Revision des Urteils.

Nun wurden dem braven Hans Scheuklappen angelegt, und eine Gegenprobe wurde erstellt, unter Aufsicht eines Vertreters der Physikalisch-Technischen Reichsanstalt in Berlin und eines Diplomingenieurs, der ihm als Schriftführer assistierte. Und wider Erwarten lieferte das Wunderpferd erneut Beweise seiner Klugheit, indem es Töne, Farben, Münzen und Spielkarten erkannte, ja selbst die Zeigerstellung der Uhr. Vor einer Buchstabiertafel demonstrierte es seine Lesekünste und zeigte in den Hauptrechenarten ein Geschick, das weit über dem eines durchschnittlichen deutschen Grundschülers lag. Es unterschied die geometrischen Grundformen und konnte, was dem geborenen Vegetarier kaum schwerfiel, den Geruch von Kirschen, Zucker und Mohrrüben auseinanderhalten. Bald war es so weit, Schlüsse zu ziehen, einzelne Worte und sogar ganze Sätze zu verstehen, bis schließlich der triumphale Moment gekommen war, da es erhobenen Schädels sein eigenes Ich erkannte. Das Tier war nun bei sich selbst angekommen. Es hatte die erste Stufe des Subjektseins erklommen und war damit einem Philosophen wie Fichte ebenbürtig, wenn auch noch nicht einem Stirner, Nietzsche oder Kierkegaard – aber welcher der anwesenden Beobachter war das schon?

Wer hätte jetzt noch bezweifeln können, was schon dem Prediger im Buch Kohelet Gewißheit war: »Einen Vorteil des Menschen gegenüber dem Tier gibt es nicht. Beide sind Windhauch.« Nach althebräischer Vorstellung war Windhauch ein Synonym für den Geist. Und weht der Geist nicht, wo er will?

Warum Kafka, der wohl schon als Student der Rechte dies alles mit äußerster Gespanntheit verfolgte, sich hier einschaltete, lag auf der Hand. Ein Mensch, geübt in der Praxis schärfster Selbstbeobachtung, was konnte er anderes tun, als dem Hinweis bis ans Ende nachzugehen? Ihm, dem die fließenden Übergänge zwischen den Geschöpfen lebendige Erfahrung war, mußte das Studium des Seelenlebens der Tiere dringlichstes Anliegen sein.

Wen wundert es, daß er dafür sogar die Arbeit an den laufenden Romanmanuskripten unterbrach?

Er war nun allein mit sich und seinen Ungewißheiten. Er schrieb zum ersten Mal wieder mit großem Atem, und wie bestimmte Tiere war er seit langem nachtaktiv. Der Student würde die Nachtzeit für den Unterricht des Pferdes nutzen. *Die Reizbarkeit, von der Mensch und Tier, wenn sie in der Nacht wachen und arbeiten, ergriffen werden, war in seinem Plan ausdrücklich verlangt.* Er war ein natürlicher Verbündeter des Probanden, der halb Europa mit seinen Kunststücken so lange in Atem gehalten hatte.

Pressebilder aus der großen Zeit zeigen den klugen Hans gemeinsam mit den Spitzenvertretern der Gesellschaft, in jeweils wechselnder Aufstellung inmitten einer Menge von Damen und Herren, gekleidet in der Mode der ausklingenden Belle Époque. Der preußische Kultusminister besucht den Hinterhof des Herrn von Osten, der Flügeladjutant des Kaisers schaut vorbei. Die Zeitschrift »L'Illustrazione Italiana« präsentiert ihren Lesern einen Hengst mit fein gestriegelter, an die Haartracht von Botticelli-Schönheiten erinnernder Mähne. Aus Jena reist Professor Ernst Haeckel an und findet wie nebenbei seine Lehre bestätigt, wonach die Seelentätigkeit des Menschen von derjenigen der anderen Säugetiere nur graduell verschieden ist. Sein Monismus erweist sich als unverwüstlich, den rostigen Dogmen von Aristoteles bis Descartes weit überlegen. Auch der Abschlußbericht im Auftrag des Psychologischen Seminars der Berliner Universität, wie zu erwarten negativ, wird ihn nicht umstimmen. Sie reden von Hypnose? Nun, so gibt es immerhin ein Zusammenwirken der Psychen. Kluger Hans, lautete eine der vertrackteren Fragen: Welcher von den Gegenständen ist magnetisch? Und das Pferd klopfte mit überlegtem Hufschlag die richtige Antwort.

Von den Pferden war Kafka gerade in dieser Zeit wieder vielfach heimgesucht. Zahlreich sind im Tagebuch die versteckten Hinweise. Aus dem Traum kommen ihm Pferde entgegengetrabt. Längst rattern die Elektrischen durch Europas Hauptstraßen, aber noch immer kommen Fuhrwerke aus den Dörfern herein, fährt eine Pferdebahn nachts in das letzte Depot. Schon bald werden sie aus dem Stadtbild verschwunden sein in Richtung Front und in die Sonderzonen des Freizeitsports. Einmal träumt ihm von einem weißen Pferd, das aus dem Hof eines Speditionsunternehmens entläuft. Es macht sich stadtauswärts davon, *ein auffallender Anblick*, bis ein Polizist es beim Zügel packt: »Halt! Wohin laufst du denn?«

Die enorme Einsamkeit und Antiquiertheit des Pferdes unter den Menschen – Kafka hat sie gerade noch rechtzeitig beobachten können. Dachte er an die eigene Lage, die des Schriftstellers, der sich zum Schreiben zwingen muß, standen ihm Pferde vor Augen. Die ersten Geschichten, die ihm nach Jahren der Qual gelingen, als die Entscheidung zum Junggesellendasein gefallen ist, diese ersten vier oder fünf Geschichten, stehen vor ihm *aufgerichtet wie die Pferde vor dem Circusdirektor Schumann bei Beginn der Produktion*. Ein andermal muß ihm seine Existenz als ein Wettrennen erschienen sein. *Nur das Pferd ordentlich peitschen!* schreibt er, und man hat das Bild eines verzweifelten Sulky-Fahrers vor sich. Manchmal gehen die Reiterphantasien ziellos mit ihm durch. Ein Jude zu Pferde ist wie ein Indianer in den Gassen der Altstadt Prags. *Ich stieg auf mein Pferd und setzte mich fest in den Sattel.*

Es ist eine Krisenzeit, galoppierende Schaffenszeit, die intensivste seiner aktiven Schriftstellerlaufbahn, ein Vorsprung auf Jahre hinaus. Später, in der verbleibenden Krankheitsfrist, werden Pferde ihm nur noch selten erscheinen. Sie sind nun keine Protagonisten mehr, im Aphorismus allein kehren manche wieder, geschlagen schon und erlahmt. *Das Pferd des Angreifers zum eigenen Ritt benützen*, lautet ein letzter Einfall, der aber zu spät kommt. Er scheint wie ein Echo auf die Napoleonischen Kriege. Da war der Weltkrieg beendet, der Autor längst lungenkrank, Europa lag am Boden zerstört. In der allgemeinen Verwüstung waren die weiten Landschaften, die man als kindlicher Wunschindianer auf dem Pferderücken durchquerte, *schief in der Luft*, für immer aus dem Blickfeld verschwunden.

Im ersten Kriegsjahr aber schien vieles noch möglich. Die Öffentlichkeit hatte das Auftauchen mehrerer Nachfolger des klugen Hans noch in Erinnerung, ihr Verschwinden im Anzeigenteil der Zeitungen. Ein Weilchen führte das Pferd als Gedankenleser ein lustiges Eigenleben in der Reklame, neben Annoncen für Schnürkorsagen und Liebigs Fleischextrakt. In den Satireblättern war es ein oft gesehener Gast. Und gern erzählte man sich auch die bis tief ins letzte Jahrhundert zurückreichende launige Geschichte vom Pferd eines Weinhändlers, das zum Alkoholiker wurde. Ein Knecht hatte ihm zur Stärkung mehrmals den Hafer mit Wein getränkt, daraufhin drang das Tier eines Tages in den Weinkeller ein, wo es sich mit gezieltem Hufschlag die Fässer aufbrach. Als man es in flagranti erwischte, war es völlig betrunken, doch wurde seine Tat allgemein als Zeichen der Intelligenz bewundert.

Im Juni 1909 war schließlich Herr von Osten gestorben, gedemütigt von der Fachwelt – man hätte meinen können, an gebrochenem Herzen. Noch auf dem Totenbett soll er sein über alles geliebtes Pferd verflucht haben. Bis zuletzt hatte er mit dem Gedanken gespielt, es nach Amerika zu verschenken. Er fühlte sich wie der Prophet, der im eigenen Vaterland nichts gilt, wie er dem einzigen Jünger gegenüber einmal beklagte. Wenigstens hatte dieser den altersschwachen Hans bei sich aufgenommen. Das Pferd erhielt nun in Elberfeld auf der Versuchsstation des Karl Krall sein Gnadenbrot. Man hatte es aus Berlin fortgeführt, und dies nicht etwa im Triumphmarsch durch das Brandenburger Tor, den müden Hals mit Blumen bekränzt.

Nun aber mußte der Fall erst recht aufgerollt werden, so erträumt es sich Kafkas Student. In aussichtsloser Lage will er den Kampf aufnehmen und richtet sich auf einen langen Stellungskrieg ein, nicht anders als Kafka selber in seinem schier aussichtslosen Schreiben. »... die Fehler der anderen Pferdezüchter erschienen ihm manchmal so abschreckend grell, daß er dann sogar Verdacht gegen sich selbst faßte, denn es war ja fast unmöglich, daß ein Einzelner, überdies ein unerfahrener Einzelner, den nur eine unüberprüfte, aber allerdings tiefe und geradezu wilde Überzeugung vorwärtstrieb, gegenüber allen Kennern Recht behalten sollte.«

Karl Krall war das Urbild des Kafkaschen Eigenbrötlers – des Eiferers für eine verlorene Sache. Er war es, der das Testament des verkannten Wilhelm Osten vollstreckte, indem er mit frischen Pferden an den Start ging. Keiner hat je geduldiger das Pferd in die Schwierigkeiten der deutschen Sprache eingeführt. Wenn je das Wort Tierschule einen Sinn hatte, dann bei ihm auf der Elberfelder Versuchsstation. Wie lernbegierig diese herrlichen Tiere vor dem Unterrichtsraum mit den Hufen scharrten, mit welcher Konzentration sie dem Zeigestock an der Schreibtafel folgten! Und wie ihnen im Zwiegespräch bald ein Licht aufging über ihr eigenes unterentwickeltes Wesen! Sie erkannten nun selbst, wann sie unartig gewesen waren, widerspenstig und faul, und wie ertappte Kinder suchten sie sich zu bessern, suchten in ihren anhänglichen Pferdeseelen nach dem Guten.

Eine der typischen Konversationen ging so: Den Pferden wird ein Bild Friedrich Schillers gezeigt. Lehrer: »Der Herr heißt Schiller.«

Erstes Pferd: »schiln« (das »n« wird gestrichen)

Der Lehrer: »Falsch!«

Erstes Pferd: »r«

Zweites Pferd: »schooo«

Der Lehrer: »Schiller!«

Zweites Pferd: »ilhz« (das »z« wird gestrichen)

Der Lehrer: »Falsch!«

Zweites Pferd: »lr«

Wer das nur lächerlich fand, dem schlug kein mitfühlendes Herz in der Brust. So lange mißbraucht als bloßer Lastenträger und Zugmaschine, als Kriegsmaterial verschlissen, war das Pferd nun zum ersten Mal ein ernstzunehmendes sokratisches Gegenüber. Die ganze Menschheitsgeschichte hindurch war es immer nur ein stummer Diener gewesen, das Paradebeispiel des animalischen Automaten ohne Cogito, als den Descartes das Tier disqualifiziert hatte. Nun wurde es mit einemmal als Bruderwesen anerkannt, galt als vernunftbegabt wie der Sklave des Menon, an dem schon Platon gezeigt hatte, wie jeder von Geburt an die Geometrie als Ideenschatz in sich trug – es kam nur darauf an, sich ihrer zu erinnern. Derselbe Platon übrigens, der, um das Wirken der ewigen Ideen zu veranschaulichen, das einzelne Pferd von der in den Archiven der Zwischenwelt abgespeicherten Vorstellung einer Pferdeheit unterschied. Konnten vielleicht auch Pferde Zugang zu diesem Ideenreich finden?

Daß aber auch dies nicht genügte, nicht genügen konnte und nur ein erster Schritt war aus den Verliesen der Evolution, wußte niemand besser als Kafkas Student. »… es war so, als wenn man in der Kindererziehung damit einsetzen wollte, daß man dem Kind, gleichgültig ob es gegen die ganze Menschenwelt blind, taub und gefühllos war, nichts anderes als das kleine Einmaleins einbleute.« Man mußte vernagelt sein, die Herausforderung nicht zu sehen. Daß erst hier die wahre Aufgabe begann, jenseits aller Zählbretter, Buchstabiertafeln und Spiegelkästen. Mochten sie noch so viele Gummibälle fallen lassen, Kinderwagen an Bindfäden hin und her ziehen, die braven Tiere in Fragespiele über Tag, Monat, Jahr und das Erkennen vorgegebener Bilder verstricken – es war vergeblich, solange man immer nur auf den kleinen Fortschritt schielte, wie es die Wissenschaft so gern tat. »Wo steht denn die Dame?« »Und wie viele Personen oben auf der Treppe haben Hüte auf?« »Hans, wieviel mal Grün ist da?«

Fragen über Fragen, aber keine ging über den enggezogenen Horizont der beteiligten Spezialisten hinaus. Ein Ziel wäre es gewesen, die Wildheit wiederzufinden auf der anderen Seite der Hirnhalbkugel – da, wo der Aufstieg in höhere biologische Ränge dem Abstieg in die Trivialitäten des Menschenlebens die Waage hielt. Aber kaum einer wollte der Spur, die der kluge Hans mit seinen Klopfsignalen gab, bis dahinaus folgen. Alle machten sie an der Schwelle zum Unwahrscheinlichen auf Zehenspitzen kehrt. Und wirklich gab es jetzt Wichtigeres zu tun, als einer fixen Idee hinterherzujagen, denn nun wurden die

Pferde wieder im Krieg gebraucht, und je länger dieser dauerte, je knapper in den großen Städten die Lebensmittel wurden, desto mehr dienten sie auch zur Ernährung der Bevölkerung. Der Erste Weltkrieg dezimierte den Pferdebestand in Europa um Abermillionen Tiere.

Nur einmal in der neueren Geschichte der Menschheit hatte ein ähnlich drastischer Rückgang der Population stattgefunden. Das war im Jahr 1816, in jenem *Jahr ohne Sommer*, nachdem auf einer der Inseln des indonesischen Archipels der Vulkan Tambora ausgebrochen war, dessen Staubteilchen dann um die ganze Erde wirbelten und überall Mißernten verursachten, in deren Folge es zu Hungersnöten kam. Dies wiederum führte, weil in der neuzeitlichen, global angelegten Wirtschaftsform alles mit allem zusammenhing, wie um die Jahrhundertmitte Karl Marx, der Verfasser des Epos vom Kapital, nachweisen sollte, zu einem Anstieg der Haferpreise, woraufhin es zu massenhaften Notschlachtungen der Pferde kam. Nicht die geringste Auswirkung der Katastrophe war auch, neben der Erfindung der Draisine, dem Vorläufer aller späteren Fahrräder, das Anlegen der ersten Eisenbahnstrecken und der ihm folgende Siegeszug der Dampflok. Man kann demnach sagen, daß ein Vulkanausbruch in Asien, die nunmehr fällige Industrialisierung und schließlich der erste gesamteuropäische Krieg das Pferd überall zum Verschwinden brachten.

Erst blieben Millionen von ihnen auf den Schlachtfeldern, verendeten zwischen den Schützengräben Flanderns und Galiziens, dann verdrängte das Automobil ihre Artgenossen aus dem Zivilleben. Schließlich wurde es in Europa still um das Pferd, und bald war es, nicht nur in Kinderaugen, eine exotische Erscheinung geworden wie die alten Weiblein vom Lande in ihren bunten Bauerntrachten oder der schwarze Schuhputzerboy am Bahnhof. Wie aber einzelne kluge Pferde beinah die Menschensprache erlernt hätten, gab es umgekehrt Menschen, die an der Dressur des Menschengeschlechts verzweifelten, und mancher verlor beim Absturz aus der Zivilisation die Sprache. Am bekanntesten ist der Fall des Philosophen Nietzsche. Im Moment des Zusammenbruchs umarmte er in Turin ein Kutschpferd. Wir haben davon keinen Augenzeugenbericht, aber es war wohl die Bestürzung beim Anblick der geduldigen, viel geprügelten Kreatur, das Leuchten der Demut in den großen Pferdeaugen, was ihm den Rest gab. Später, in der Zeit tiefer Umnachtung, in seinem Krankenzimmer in Weimar, schälte sich aus den Stammeleien des Philosophen noch einmal ein Satz heraus von der Art eines Orakelspruchs: »Ich bebe keine Pferde … ich bebe keine Pferde.«

Viele Jahre lang habe ich kein einziges Pferd zu Gesicht bekommen. In meiner Kindheit waren Pferde eine Seltenheit. Vorbei waren die Zeiten, als diese Tiere noch das Straßenbild bestimmten und einer wie Erich Kästners Onkel Franz Augustin zum Millionär werden konnte – als Pferdehändler. Es gab seine Villa noch am Platz der Einheit (vormals Albertplatz), dort hatte der kleine Junge aus Kästners Erinnerungsbuch auf der Mauer gesessen und stundenlang den Wettlauf der Pferdefuhrwerke, Lastwagen, Kutschen und Autos verfolgt, bei dem sich schon abzeichnete, wer auf der Strecke blieb. »Eine königliche Equipage rollte vornehm übers Pflaster.« Der weiße Pferdekopf an der Hauswand war später nur mehr ein unverständliches Relikt. Er flößte mir Furcht ein, wenn ich ihn zufällig sah – und ich konnte dann immer den Blick nicht von ihm lösen. Ende der zwanziger Jahre war gegenüber plötzlich ein Hochhaus aufgeschossen, das nach dem Krieg Sitz der Dresdner Verkehrsbetriebe wurde. Wenn ich, von der Königsbrücker Landstraße kommend, dort aus der Bahn stieg und dann, um die Kioske kurvend, die Bautzner Straße hinuntertrabte in Richtung Schule, wäre ein Pferd, das meinen Weg gekreuzt hätte, schon eine Erscheinung gewesen.

Ganz ausnahmsweise nur zeigten sich diese Verlierer im Verkehrsstrom noch einmal. Ein Brauereipferd mit seiner Fuhre Fässer vor einer Kneipe in der Neustadt, ein Ackergaul auf den Feldern Mecklenburgs vor dem Pflug, viel mehr war da nicht. Die echten Pferde trabten im Western über den Bildschirm. In Gotha sah ich im Durchgang des Cranach-Hauses einmal einen Pferdekopf an der Wand, oder bildete ich mir das nur ein? *Fallada, da du hangest.* Einmal besuchten wir doch ein Gestüt, draußen bei den Moritzburger Teichen, und ich weiß noch, wie mich die selbstbewußten Kinder, diese kleinen Paschas in Reitstiefeln, die dort an der Longe ihre Kreise drehten, auf die Palme brachten. Wie hätte ich gelacht, wenn die Pferde sie abgeworfen hätten. Wir gingen immer nur zu den Windhundrennen. Da kam ein Pferd zum Einsatz, das die staubige Hasenattrappe zog, hinter der das losgelassene Hundepack herjagte. Viele Jahre später erst, während des Studiums in Berlin, geriet ich eine Zeitlang in den Sog der Pferderennplätze. Ein Kommilitone, der im Wettbüro aus und ein ging, nahm mich zu den Trabrennen mit. Mehrmals fuhren wir an den Wochenenden hinaus nach Hoppegarten. Vor dem Start durfte man die Favoriten hinter den Boxen begutachten, was man schon deswegen tat, weil es einem das Gefühl der Kennerschaft gab. Stallburschen führten die Tiere vor, entblößten auf Nachfrage deren Gebisse und wisch-

ten den Schützlingen die Schweißflecken von den nervös zuk-
kenden Flanken, bevor jemand Verdacht schöpfte. Schwitzende
Pferde galten als unsichere Kandidaten, mochte ihr Ruf auch
der beste sein. Hier sah ich zum ersten Mal, daß man ein Pferd
striegeln konnte, wie man die Karosserie eines Sportwagens po-
liert, und hörte, wie die alten Herren sich den Namen des größten lebenden Champions zuflüsterten. Man sprach von einem
sagenhaften Hengst fern in Frankreich: *Ourasi* – der König der
Traber. Den Züchtern, raunte man, würden die Tränen in die
Augen steigen, wenn sie nur an ihn dachten und davon träumten, wie es wäre, wenn ihre Stuten sich von dem Prachtexemplar
decken ließen. Er war so kostbar und so beliebt, daß man ihn
noch bis weit ins nächste Jahrhundert am Leben erhielt. Im hohen Alter von dreiunddreißig Jahren wurde er schließlich eingeschläfert. »Und jetzt, Hans?« *An den Fortschritt glauben heißt
nicht glauben, daß ein Fortschritt schon geschehen ist. Das wäre kein
Glauben* (Franz Kafka).

Nämlich

Nämlich, das Leben kommt eines Tages in Schwung, und dann nimmt es einen in der Straßenbahn mit, und es gibt kein Zurück, nur noch kurze Pausen in der langsam rascher werdenden Fahrt. Nämlich, Geschichte geschah, und der Druck nahm zu, und das Leben nahm seinen Lauf, von dem man nach Jahren erst merkte, er war unumkehrbar. Man wuchs heran, aber selten war man den Ereignissen, die sich bald überstürzten, gewachsen. Nämlich, der Versäumnisse wurden mehr, der kleinen Verfehlungen, und man wurde herumgeschubst, und immer klarer kamen die eigenen Schwächen ans Licht.

In aller Frühe wurde man geweckt, stürzte seinen Kakao herunter, stürmte grußlos aus dem Haus. Und das Gartentor blieb offenstehen, weil die Gleise schon sangen und man zum Endspurt gezwungen war. Dann erwischte man im letzten Wagen die allerletzte Tür, die sich gleich hinter einem schloß, die tschechische Falttür, ein Fledermausflügel, der sich beim nächsten Halt flatternd zusammenfaltete. Kaum hatte man durchgeatmet, ging die Bahn in die Kurve, vorüber flog das Schild Karl-Liebknecht-Straße, und draußen brummten ein paar Lastwagen der sowjetischen Streitkräfte vorbei und verschwanden im Morgennebel. Eng gedrängt stand man unter den mürrisch schweigsamen Erwachsenen, die Schultasche zwischen den Beinen, denn alle Sitzplätze waren vergeben, und auch der Gang war bald schon gefüllt. Etwas figurinenhaft Steifes hatten die Körper all dieser Aktentaschenträger und der in sich gekauerten Hüter der Beutel. Vermummte Herren in Wintermänteln mit ihren Wintergesichtern, Frauen in langen Faltenröcken, schweren Stiefeln. Körper aus Granit oder Beton, so schien es, Skulpturen, wie sie das Leben in der geschlossenen Gesellschaft in die Frostluft gemeißelt hatte. Das eigene Schattenbild nur sah man in der Dämmerung, denn die Scheiben waren, zumindest im Winter, beschlagen, und draußen herrschte Kalter Krieg mit Minustemperaturen.

So freute man sich auf die Gleichgesinnten. Den Heiner vom Markt, der immer so überlegen still auftrat und sich gewählt auszudrücken wußte. Er hatte sein Lateinbuch dabei, und seelenruhig wie Old Surehand las er darin im Gedränge. Oder den Ingo aus Klotzsche, der meist in letzter Minute erst auftauchte, so plötzlich wie Tante Droll in der Prärie, außer Puste und selbst im Winter verschwitzt. Drei Einzelkinder, sie fuhren im selben Waggon und hielten sich eng aneinander, denn jeder mußte ins Stadtzentrum, sie alle in einer unbestimmten Sehnsucht vereint und doch aufgeteilt, jeder in seine eigene Schulmaschine. Die Kreuzschule, die Pestalozzi, die Romain Rolland – Namen, die schon alles zu enthalten schienen, wenn wir auch noch nicht sagen konnten, was es war. Nämlich, man war nun ein Oberschüler. In den Tatrawagen die schlechte Luft, stolz ertrug man sie und vertrieb sich den Mißmut mit Witzeleien, im Gespräch über Bücher, die man dabeihatte und tauschte. Du schreibst doch Gedichte, kennst du *Sebastian im Traum*? Und dann entspann sich ein Disput über den Georg Trakl, den Rainer Maria Rilke, den Georg Heym. So wichtig waren uns diese Namen, daß wir sie immer nur vollständig aussprachen.

Kafka, Dostojewski und Rimbaud kursierten, das war das kleine Einmaleins der modernen Literatur. Und eines Tages ging es um *Masse und Macht*. Wir summten die Lieder der *Drahtharfe* mit heimlicher Freude, erschauerten vor der *Sonnenfinsternis* Arthur Koestlers oder erregten uns über eine Fiktion auf das Jahr *1984*, weil sie so lange schon Realität war, zumindest für uns, viele Jahre im voraus beschrieben – nämlich unsere Realität. Parabeln und Prophezeiungen, Kritiken und Chroniken, alles erreichte uns gleichzeitig und explodierte im selben Augenblick in unseren pubertären Gehirnen. Eingeschlagen in Zeitungspapier, als Päckchen mit der Aufschrift *Neues Deutschland* oder *Wochenpost* getarnt, gingen diese Ketzerschriften von Hand zu Hand. Aber etwas fehlte immer, und man ahnte es schon und kam sich sehr unterernährt vor und wie hinterm Mond. Nämlich, da gab es die Lehrbücher in den schweren Schultaschen, die zogen einen herab. Und es gab die Bücher, die man lesen mußte, um das Abitur zu bestehen, von denen man ahnte, daß sie nie wieder ein anderer außer uns lesen würde, Apokryphen der Ideologie, Exotika einer Epoche, die nahezu spurlos an uns vorbeiging, reine Folklore.

Nämlich, da war einer, der hieß Paul Adler, und den hatte man damals noch nicht gelesen und las ihn auch späterhin nicht. Dabei war doch gerade er, ein Hellerauer der ersten Stunde, der größte Lokalgeist gewesen. *Ein freier Mensch und Dichter*, wie sein Prager Bruder im Geist Franz Kafka staunend vermerkte. Eine tiefe Bewunderung sprach aus diesen Worten. So wie jener hätte man leben wollen, gleichsam nur von der Luft und den Dichterworten, immerfort unterwegs, von einem Freund zum anderen. Paul Adler hatte, nachdem er ein Richteramt weggeworfen und eine Lehrerstelle gekündigt hatte, lange auf Wanderschaft gelebt. Zuletzt war er mit seinem künftigen Verleger viel durch Italien gezogen und hatte auch da immer nur von der

Hand in den Mund gewirtschaftet. Viel war in den Gesprächen von einer Künstlerkolonie in Forte dei Marmi bei Florenz die Rede gewesen, von einem gewissen Paul Peterich, Bildhauer, in dessen Villa die Wanderer nach dem Vorbild des Heinrich von Ofterdingen aus dem Bildungsroman des Novalis endlich fanden, wonach sie gesucht hatten. Auf den Dichter Theodor Däubler waren sie dort gestoßen, Verfasser des großen Poems *Nordlicht*, auf den Bildhauer Ernst Barlach, auch auf den Kunsthandwerker Georg von Mendelssohn, der später Hellerau mitbegründete. Sein Sohn wurde zum ersten Biographen des Thomas Mann, der uns gierigen Lesern den Weg wies aus jeder Heimatenge.

Paul Adler hatte in diesem Kreis die Gefährtin fürs Leben gefunden: Anna Dusik, jung verwitwete Kühn, war als Kinderfrau im Haushalt der Peterichs angestellt, bevor er sie mit sich in den Norden zurücknahm. Viele der Mittelmeerträumer von damals, moderne Nachfahren der deutschen Italienreisenden, fanden später in der Gartenstadt wieder zusammen. Auch Adler war, nach einigem Zögern, dorthin übergesiedelt, obgleich Berlin für ihn immer die erste Wahl geblieben war und Hellerau nur der kleinste gemeinsame Nenner.

»Hegner, Fantl und Frau, Adler, Frau und Kind Anneliese«, schrieb Kafka in sein Tagebuch, in einer atemlosen Aufzählung der Protagonisten, die sein Gehetztsein, aber auch die Überfülle der Begegnungen, das Aufwallen einer plötzlichen Sympathie mit diesen Phäaken auf ihrer Gartenstadtinsel notdürftig verschlüsselten. Da war sie ihm also wirklich einmal leibhaftig begegnet, die selbstbestimmte, zu keinem Broterwerb verdammte, von Berufspflichten verdummte Existenz, wird der Büroangestellte K. sich gedacht haben, wie aufblickend zu einem älteren Bruder. Niemals hätte er wie Paul Adler den sicheren Beamtenposten verlassen können. Wie unwahrscheinlich, besonders für einen Böhmen, so ein Bohemeleben geworden war, stand niemandem klarer vor Augen als ihm, dem reservierten Zaungast. Boheme, nur das Wort geisterte noch umher, nachts auf den Opernbühnen und freilich auch in den Literaturcafés von Wien bis Berlin, seitdem im Mittelalter die böhmischen Roma-Stämme durch ganz Europa ausgeschwärmt waren. Gut möglich, daß es ihm hier, in den Tagen von Hellerau, einmal zum Greifen nahe war, das Glück des Zusammenlebens von Gleichgesinnten, die mystische Einheit mit einer Frau. Erst vor kurzem hatte er, wie jeder gute Jurist, die Argumente alle noch einmal zusammengefaßt und in Gedanken geprüft. Journalistische Arbeit für den Fall einer Kündigung, Übersiedlung nach Deutschland, am besten nach Berlin, wo die Verlobte auf ein Zeichen wartete und die größten Chancen für ein Leben in Selbständigkeit lagen. Die Notwendigkeit eines eigenen Zimmers, von allem Lärm der Welt abgeschirmt, seine Verlorenheit an die Liebe und die Unmöglichkeit einer Heirat aus Rücksicht auf seine schriftstellerische Arbeit, die durch die Ehe immer gefährdet sein würde. Sein Gastgeber aber hatte das alles gewagt. Diesem einen stand das einzig mögliche Leben offen, von dem er, der alles immer im voraus bedachte und damit zunichte machte, nur vergeblich träumen konnte. Paul Adler lebte mit einer Gefährtin an seiner Seite, die von ihm Kinder wollte, nichts sonst, die finanziell unabhängig war dank einer bescheidenen Erbschaft und ihn in Ruhe seinen Studien nachgehen ließ.

Als Dr. Kafka in diesen Kreis eintrat, wurde auf der Terrasse beim Tee ein zweijähriges Kind herumgereicht, Adlers Tochter Elisabeth, die den Anwesenden wie ein kleiner blonder Engel erschien. Förmlich mit Händen zu greifen war das junge Familienglück. Da war einer aufgebrochen nach Norden, ein Prager Jude wie er, vom Schreibdrang besessen wie er, und lebte nun unter den Deutschen in wilder Ehe mit einer Christin, und es hatte doch wirklich den Anschein, als könnte er sich, für den Augenblick wenigstens, zufrieden zurücklehnen. Als wäre im Leben schon so gut wie alles erreicht.

Was aber keiner der Anwesenden damals ahnte: Mit Glücksmomenten wie diesen würde es bald für immer vorbei sein. Nur wenige Wochen trennten die Szene im Garten am *Tännichtweg* noch vom Ausbruch des Krieges, der einmal alles verändern sollte – nicht nur den grünen Künstlersalon Hellerau, sondern ganz Europa, jede Gesellschaft, das Zusammenleben der Völker, ihre Umgangsformen und Hierarchien, Religion, Politik und Kunst, jedes einzelne Menschenleben, einfach alles. »Bitte Vater laß doch die Zukunft noch schlafen, wie sie es verdient. Wenn man sie nämlich vorzeitig weckt, bekommt man dann eine verschlafene Gegenwart«, hatte Franz Kafka vor kurzem erst, in einer seiner vielen abgebrochenen Erzählungen, in der er sich mit dem Vater auseinandersetzte, in sein Quartheft geschrieben. Das Fragment trug den Titel *Die städtische Welt*, und der Erzähler war, wie immer in der Rolle des Junggesellen (der er nun leider war und für immer bleiben würde), unter dem Namen Oskar aufgetreten. Diesem Oskar sollten noch viele ähnliche junge Männer folgen, halbe, vom weiblichen Geschlecht und der aktiven Welt abgetrennte Gestalten wie der berühmte Gregor Samsa, Georg Bendemann, Robert Samuel, Richard, Franz, Blumfeld, ein älterer Junggeselle, Karl Rossmann oder ein gewisser Josef K. sowie ein Landvermesser mit demselben bürokratischen Kürzel – in denen sich in der Zukunft viele wiedererkennen sollten. In dieser Zukunft, die man besser nicht weckte. Aber kam sie nicht so oder so doch herauf?

Vermutlich war an diesem Nachmittag viel von Italien die Rede. Vor ein paar Monaten erst war auch Kafka dort gewesen, hatte zum ersten Mal die Adria und ihre Küste mit eigenen Augen gesehen. Es war sein dritter Italienaufenthalt. Einmal war er bis Mailand gekommen, das war im August 1911, da aber hatte die Nachricht von der in Italien ausgebrochenen Cholera ihn und den Freund Max Brod bewogen, die Route zu ändern, und sie waren kurzerhand nach Paris weitergefahren, wo die Merkwürdigkeiten eines Bordellbesuchs ihn zu einer seiner schmerzhaften Tagebuchbeichten veranlaßten. Bei einem späteren Ausflug mit Brod und dessen Bruder hatte er die Ebenen der Lombardei und sogar die Campania kennengelernt. Damals war es die Technikbegeisterung gewesen, die einen Großstadtbewohner wie ihn in den Süden gelockt hatte. Da ist einer, der sich für Flugzeuge interessiert, war das erste, das mir an diesem Schriftsteller auffiel. Denn lange Zeit habe ich nichts anderes von ihm gekannt als einen Zeitungsartikel über eine Flugschau in Brescia. Die Welt der Hangars und der Aerodrome war mir, dem Sohn eines Flugzeugingenieurs, vertrautes Gelände, auch Namen wie Curtiss und Blériot hatte ich schon gehört. »Eine künstliche Einöde ist hier eingerichtet worden in einem fast tropischen Lande ... Nur zwei- oder dreimal während des Nachmittags trabt ein Zug farbiger Reiterei quer über die Ebene. Die Füße der Pferde sind unsichtbar im Staub, das gleichmäßige Licht der Sonne ändert sich bis gegen die fünfte Nachmittagsstunde nicht.« Ich kann nicht sagen, warum mich dieses seltsame Feuilleton damals sofort verzaubert hat. Es war für lange Zeit die einzige Publikation gewesen, die mir von ihm zugänglich war, abgesehen von einem Band mit Papieren aus seiner Zeit als Angesteller einer Arbeiterunfallversicherungsanstalt, der Prager Filiale einer italienischen Firma, der *Assecurazioni Generali*, quälend bürokratischen Dokumenten über Handverletzungen an Fräsmaschinen und ähnlichem, und dazu ein paar Briefen, in denen sich der Beamte K. in einer merkwürdig schönen Sprache für die Verbesserung der Arbeitsbedingungen der Betroffenen einsetzte.

Die Begeisterung für das Sonnenlicht des Südens, dieses stärkende Licht, hatte auch ihn anscheinend angesteckt. Sie hatte ihn zurückgerufen, und er war nun allein unterwegs gewesen, so allein und abenteuerlustig, gespannt auf jede neue Begegnung mit Mensch und Tier, unbekannten Landschaften und Situationen wie der Olympier Goethe, in dessen Tagebüchern er damals wieder viel las und den er auf seine Art, wie durch ein zärtlich präzises Verkleinerungsglas, betrachtete. Er bemerkt an ihm *ein ruhiges förmlich landschaftliches Denken*, das er darauf zurückführt, daß in Goethes Zeit Reisebeobachtungen vielfach nur aus der Postkutsche heraus gemacht wurden. Aus Biedermanns fünfbändiger Sammlung der Begegnungen mit seinen Zeitgenossen notiert er sich die Stelle, in der Goethe in Weimar Herders Frau gesteht, er habe die letzten vierzehn Tage vor seiner Abreise aus Rom täglich wie ein Kind geweint. Der im Norden Verbannte wußte: Es gab keine Wiederkehr. Bestimmte zu Goethes Zeiten das Sehnsuchtsmotiv noch jede Italienreise, das Bewußtsein ihrer Einmaligkeit, so waren es im zwanzigsten Jahrhundert zunehmend Reisekomplikationen, Paßangelegenheiten, Probleme im Zollverkehr, die den Gesprächsstoff bildeten.

In Triest, Venedig, Verona und schließlich am Gardasee hatte Kafka haltgemacht. In Riva war er drei Wochen lang in einer Wasserheilanstalt untergekommen, hatte bei den Mahlzeiten dort ein weibliches Wesen kennengelernt, nach dem ihn später noch manches Mal die Sehnsucht ergriff, eine junge Schweizerin aus Genua, wahrhaft ein Kurschatten in ihrer schmalen Erscheinung, die er auf langen gemeinsamen Ruderpartien betrachtet, aber niemals berührt hatte. Erst im Schreiben, beim Erfinden einer der wildesten Unsterblichkeitslegenden, der Erzählung vom *Jäger Gracchus*, sollte er, weil dies die einzige Methode war, die alle Vergeblichkeit des Lebens in kaleidoskopischer Prosa erfaßte, von der Begegnung in Italien Zeugnis ablegen. Höchst vermittelt natürlich nur, in verschlüsselter Form, ging es doch darum, den Leser an die Orte und die verpaßten Gelegenheiten unseres kurzen irdischen Daseins heranzuführen. Nämlich, darin würde er einmal ein Meister sein. Keiner von denen, die sich in Hellerau an einem zufälligen Nachmittag des Jahres 1914 trafen, hätte sagen können, wohin es mit dem Schreiben eigentlich ging. Ob er selbst es gewußt hat, wird für immer ungewiß bleiben, so unausdenkbar wie die gerade für Schriftsteller alles entscheidende Idee der Prädestination, von der nur bekannt ist, daß sie ein paar Register höher angesiedelt war als die der Nation, weit jenseits aller Zeitläufte und Kriege.

Am *Tännichtweg* also hatten die Adlers gewohnt und später am *Heideweg*. Den Tännichtweg kannten wir gut und den Heideweg auch, bergab verliefen beide hinunter zum Waldrand. Wie oft sind wir, ohne es zu wissen, mit unserem Leiterwagen am Haus des Propheten vorbeigezogen, unterwegs zur städtischen Müllhalde auf dem Heller. In den meisten der Hellerau-Häuser wohnten nun neue Leute und taten das, was sie hier alle taten. Sie pflegten ihre Gärten oder schraubten an ihren Autos. Man sah sie auf ihren Grundstücken beschäftigt, emsig wie die Ameisen beim Rasenmähen und Obstpflücken und Kompostieren die einen, die anderen im Schatten der Garagentore, unter ihren aufgebockten Fahrzeugen vom Typ *Wartburg*, *Shiguli* oder *Trabant*, neben dem Wagenheber die Werkzeugkiste, und nur die Beine schauten heraus, als seien die Ärmsten in höchster Not, schwerverletzt. Hier und da sah man sie auch beim Ausreißen der Bäume und beim Zerhäckseln des Astwerks, Gründe dafür gab es immer: Entweder hatte der Blitzschlag gewütet, oder die Wurzeln waren für Haus und Hof zur Bedrohung geworden. Sie hatten viel Freizeit, Freizeit ohne Ende, all diese Bäumeausreißer, Hobbybastler und Automonteure, denn Sozialismus hieß freie Zeit, vom Erwerbsdruck befreite, dem Staat bei jeder Gelegenheit gestohlene Zeit. Was sie mit dieser Freizeit machten, sah man in Hellerau. Es waren Menschen, die sich wie Schnecken zurückgezogen hatten in ihre Privatsphäre, Menschen, abgeschnitten von aller Weltöffentlichkeit, amputiert, vollständig losgelöst von der eigenen Vergangenheit. Die wenigsten hatten noch eine Vorstellung davon, was sich hier einmal ereignet hatte, was hier erträumt, geplant, gegen den Widerstand vieler erstritten worden war. *Na und*, sagt sich der Sachse, das Leben geht weiter, und hat er nicht recht? Vielleicht war es wie überall, nur daß hier noch ein Gründungsmythos begraben lag. Auch Vater und Sohn, die mit ihren Mülltonnen vorüberrumpelten und nachbarschaftlich über die Zäune grüßten, standen wie alle anderen nur in loser Verbindung zu dieser großartigen Herkunft. Alles war anders nun, und es gab keinen direkten Draht, schon gar keine Blutsbande mehr – dafür hatten Hitler und nach

ihm Stalin und all die anderen kleinen und großen Ordnungshüter des Lebensraums gesorgt.

Im Grunde verhielten wir uns nur wie gewisse Falter, un-
ansehnliche Falter wie der Mauerfuchs oder der Rostfarbene
Dickkopf, die sich auf dem nächstbesten Brennesselblatt niederließen. Wir nahmen den *Heideweg* und bogen, schweigsam
und schwitzend, in den *Tännichtweg* ein, dann machten wir einen Schwenk, kreuzten den *Moritzburger Weg* Richtung Heller
und luden unsere stinkende Fuhre ab auf der brennenden Müllhalde. Wir waren, wie alle anderen, keine Ritter- und keine
Edelfalter, auch wenn jeder seinen eigenen Schmetterlings-
traum träumte. Es gab Orte, an denen man gern verharrte,
und Orte, die man fluchtartig verließ. Wir beeilten uns immer,
die Fuhre abzuladen und dem Hort des Grauens, so schnell es
ging, den Rücken zu kehren.

Nämlich, hier zeigte das Leben sich grausam in seiner ganzen
Widersprüchlichkeit, und selbst die unwahrscheinlichste Idylle,
die friedliche Gartenstadt war, wie man allmählich begriff, in
Himmel und Hölle geteilt. In eine Sphäre der unbeschwerten
Familienfeste, der Gartenpartys und Kaffeekränzchen mit But-
terkuchen, und einen ekelerregenden, stinkenden Abgrund, in
den der gesammelte Abfall der Freudentage entsorgt werden
mußte, wo er dann lichterloh brannte, den Himmel verdun-
kelnd. Daß die Extreme so dicht beieinander lagen, bestürzte
das Kind, und es wußte sich nicht zu helfen. Die gelungene Ordnung und ihre täglichen Ausscheidungen, Existenzen und Exkremente, die geordneten Blumengärten und die unvermeidliche Apokalypse. Lungenflügel – allein das Wort. Bis wohin
flog man denn auf den Flügeln der Lungen?

Aber einer war damals geflogen, und der hieß Paul Adler. Nur kannte man ihn nicht, wie man überhaupt nur weniges kannte, was einem die Augen hätte öffnen können. »Ich weiß wirklich nicht, warum ich seit einiger Zeit so abgerissen in meinen Niederschriften bin«, heißt es in seinen erzählenden Aufzeichnungen unter dem Titel *Nämlich*. Paul Adler aber war Jude, und er schrieb eine helle Prosa, die bei aller Helligkeit doch rätselvoll war und elliptisch. Seine Bücher, in schneller Folge gedruckt im Verlag Jakob Hegner, dem des Freundes und Liebhabers der Buchstaben, der buchstäblich um die Ecke wohnte, einige Treppen über ihm hügelan, in seinem Wohnhaus *Am Sand*, waren zu meiner Zeit alle vergriffen. »Ich bin ein Mensch, dem einiges unklar ist, nicht bloß dort draußen in dem Lauf der Welt, wie man sagt«, so beginnt das zweite der Bücher: *Nämlich*. Es war das gewaltigste Ding, das mir einmal im deutschen Sprachraum begegnen sollte, lange nachdem ich Kafkas Erzählungen, Carl Einsteins *Bebuquin* und Gottfried Benns *Gehirne* gelesen hatte. Keiner von uns unkundigen Büchernarren hat es damals gekannt, das kleine Schwarze Quadrat deutscher Prosa, und so wußten wir auch nichts von seinem Verfasser und von dem, was sich damals in unserer Nachbarschaft abgespielt hatte.

Wir waren nur Schüler, die morgens in der Straßenbahn standen, eng beieinander, vieles beredeten und sehr informiert taten. Wenn wir hinaussahen, flogen Wäldchen und Schrebergärten vorbei und nach ein paar Stationen das Industriegelände und die Kolonne der Kasernen mit ihren vergitterten Fenstern am Rande der ehemaligen Albertstadt. Man sauste die Königsbrükker Landstraße stadteinwärts, und es ging immer bergab, denn Hellerau lag gut achthundert Meter über dem Zentrum der Elbestadt, bedrohlich schwankte die Bahn. Und wenn sie hielt, war da die Schauburg, das zentrale Kino der Dresdner Neustadt, ein Fenster in eine Traumwelt, und lud uns zum Schulschwänzen ein, wo wir doch wußten, daß die erste Vorstellung nicht vor dem späten Nachmittag beginnen würde. Die Köpfe wendeten sich, und der Blick hing, solange es ging, an den farbenprächtigen Filmplakaten, alle von Hand gemalt, frische Verheißungen, reine Zirkusmagie. »Quo vadis?« riefen sie und zeigten eine brennende Tempelstadt, das Alte Rom des wahnsinnigen Kaisers Nero, oder versprachen einem »Die Spur des Falken«, den Weg zurück in das längst abgebrannte Indianerland. Ich erinnere mich an den ersten Film, den ich als Schulkind vorgeführt bekam, in einer der wenigen kostbaren Freistunden: »Der tapfere Schulschwänzer«. Er handelte von einem Kind, das ich gut kannte, ich selber war dieses Kind gewesen. Der kleine Thomas bleibt in der U-Bahn sitzen, aus purer Laune, er verbummelt den Tag und geht allein auf Entdeckungsreise durch die große Stadt. Dabei wird er zum Zeugen eines Wohnungsbrandes, alarmiert die Feuerwehr und rettet als Held wider Willen zwei Menschenleben. Genauso stellte ich mir einen gelungenen Ausbruchsversuch vor.

Ein andermal kündigte an der Schauburg ein Plakat – »Zünd an, es kommt die Feuerwehr« – eine DEFA-Komödie an, eine Erzählung aus der sächsischen Geschichte, die um die Jahrhundertwende spielte, im Erzgebirge, das uns so nahelag und vertraut war wie die ganze Handlung des Films. In ihm trat über-

raschenderweise sogar Karl May auf, der verbotene Märchen-
onkel, der uns vom Wilden Westen fabuliert hatte, von Korsa-
ren und Kosacken und von den Abenteuern im phantastischen
Arabien. Seine Bücher waren für uns tabu, sie galten als jugend-
gefährdende Schriften, weshalb wir sie heimlich tauschen mußten, die alten, abgegriffenen Ausgaben aus den Beständen unserer Großeltern. Seltsamerweise konnte man den berühmten
verbotenen Schriftsteller aber zu Hause besuchen, dazu genügte
eine Straßenbahnfahrt nach Radebeul. In seiner *Villa Shatterhand*
empfing uns der Hausherr an seinem Schreibtisch, neben dem
ein Löwenfell auf dem Parkett ausgebreitet lag. In meiner Erinnerung wird sich der Blick der strahlenden blauen Augen des
Indianderfreundes auf den Porträtphotos ringsum für immer
mit denen der Glasaugen des ausgestopften Löwenhauptes über-
blenden.

Neben ihm kam in dem Film der König Albert vor und eine
arme Prostituierte namens Lene, und mittendrin wurde die erste deutsche Berufsfeuerwehr gegründet. Franz, der Hauptheld,
totgeglaubt und in Abwesenheit feierlich bestattet, wandert
zum Schluß nach Amerika aus und nimmt die geliebte Lene
mit sich ins Dollarland. Ich kam, wie es mir seither oft im Kino-
dunkel ergangen ist, aus dem Staunen nicht mehr heraus. Ein
Gründerzeitschwank war das, im flackernden Goldrahmen der
Leinwand eingefangen, und ich nehme an, es waren Kinoerleb-
nisse wie diese, die in mir zuerst eine Stimmung erzeugten, in
der mir nachher bestimmte Szenen aus Franz Kafkas Roman-
fragment *Der Verschollene* wie etwas lange Vertrautes entgegen-
kamen. Der junge Karl Roßmann, den seine Familie nach Amerika abschiebt, weil ihn ein Dienstmädchen verführt hatte, das
von ihm schwanger war, war mir als Teenager wie ein Bruder

vertraut. Aber nichts hätte ich anfangen können mit jenem Paul Sauler aus Adlers Roman, Geiger in der Vorstadtoper, und seinem Ehedrama mit Valentine, an die ihn die eigene Mutter schamlos verkuppelt. Das freche Ding bringt seinen Geliebten gleich in die Ehe mit, von Untreue zu reden wäre in diesem Fall absurd gewesen. In einer der wenigen klaren Szenen des Buches rekelt sie sich auf dem Sofa der Schwiegermutter und treibt den armen Musiker mit ihren tollen, unter dem Kleid strolchenden Brüsten, wie es heißt, und ihrem Schoß in den Wahnsinn.

Ein Melodrama aus einer Auflösungszeit war das, aber eines, das rasend Fahrt aufnahm wie die bald schon heraufkommende Inflation, in der die Geldscheine immer größer wurden, groß wie Putzlappen zuletzt, immer weniger wert mit ihren vielen Nullen. Hui, schon geht der arme Sauler auf dem Kopf und versinkt unrettbar im eigenen Bewußtseinsstrom. Sein Monolog, zerrissen wie in nächtlichen Waldgängen durch ein inneres Dunkel, in kurzen Wortfolgen irrlichternd, liest sich wie die Herzensergießung eines armen Irrenhausinsassen.

Nichts für uns, dachte ich viele Jahre später, nun selbst schon erwachsen, nichts für uns wäre das gewesen, die wir das Leben eben erst kennenlernten. Was wußten wir denn, wir Eingeborenen des sozialistischen Biedermeiers, von Ökonomie, Psychoanalyse, Prostitution und dem immer drohenden Sturz in die Schizophrenie? Fremdwörter waren das, die man tunlichst draußen hielt hinter dem Jägerzaun, den sieben Bergen, dem Eisernen Vorhang. Was wußten wir, die mit Geschichtsbildern Gefütterten, an Weltanschauungsformeln Gewöhnten, vom radikalen Bezweifeln der Sprache und von der wahnwitzigen Willkür, die allem Sprechen und Schreiben zuletzt doch zugrunde lag?

Nämlich, wir waren nur Schüler und lebten versunken in unserer kleinen von aller Welt isolierten Nische. Prostitution war ein Wort aus dem Westen, so wie Pornographie, aus einer verbotenen Hemisphäre. Keiner von uns hatte einen Schoß je so nahe vor sich gehabt, daß er darin den Abgrund erblickt hätte wie jener arme Musiker Sauler.

Träumend verwirrt, in ein unbekanntes Zeitalter verirrt, mit brummenden Abiturientenschädeln rauschten wir durch die Winter unseres Mißvergnügens. Mit jeder Fahrt stadteinwärts gerieten wir tiefer in unser Schattendasein. Nicht mehr die Kinder von Hellerau, Bewohner eines historischen Reservats, waren wir unterwegs in die Erwachsenenwelt steckengeblieben. Wir kannten den Weg voraus nicht, und der zurück wurde uns immer schwerer. Wir mußten hinaus in die Welt, soviel war klar, der Drang war da, aber wie wir jemals aus dieser Straßenbahnhölle herauskommen sollten, wußten wir nicht. Und da stieg auch schon der Ticker ein, an der Haltestelle *Bischofsweg*, wühlte sich durch die Menge. Ein Gesichtszucken verriet ihn, die Eruption einer Schulterdrehung, der wild zurückgeworfene Kopf. Picasso? Wie eine Marionette schwankte er zwischen den anderen Fahrgästen umher, eine Welle ging durch die Körper der geduldig Dämmernden. Dann brach es aus ihm hervor, und er schrie etwas von *Arschficker* und *Fotze* und *Wichsen*, *Wichser*. Schrie es so laut in das morgendliche Gemurmel, daß jeder es hören mußte, auch wir, die verblüfften Studiosi, in unsere Kino-und-Literatur-Gespräche vertieft. Aber keiner kannte sich aus. Sofort herrschte Totenstille im ganzen Waggon, Verlegenheit unter den Fahrgästen. Wohl hatten wir Rilke gelesen, aber noch nicht seinen »Malte Laurids Brigge«. Was wußten wir vom Tourette-Syndrom und den komplexen vokalen Tics der

Unglücklichen, in denen die Sprache verrückt spielte, unser feines, geregeltes Deutsch? Einer wie Novalis hätte uns die Augen öffnen können, aber seine Einsicht in das romantische Wesen der Sprache lag noch in der Fülle des Gedruckten verborgen. Niemand kannte seinen Monolog: *Gerade das Eigenthümliche der Sprache, daß sie sich blos um sich selbst bekümmert, weiß keiner.* Daß jedes Wort für den, dessen Gehirn funkte und funkte in seiner Eigenmacht, also im Grunde für jeden von uns, gleich nah und gleich fern lag und unwillkürlich auf die Zunge springen konnte, das Sexuelle und das am stärksten Tabuisierte zuerst, wußte keiner. Aus irgendeiner Region kamen die Schimpfwörter, aus einer anderen die politischen Formeln und die an sie angehängten Überzeugungen, und aus wieder einer anderen die Witze, die Redensarten und die seltenen Verse. »Da wachsen Kinder auf an Fensterstufen / die immer in demselben Schatten sind, / und wissen nicht, daß draußen Blumen rufen / zu einem Tag voll Weite, Glück und Wind.«

Mit einem Satz war der arme Kerl mit dem Tic wieder draußen gewesen. Denn es kam, wie es kommen mußte. Wir ahnten es schon, als sein Mund wie ein Karpfenmaul auf und zu schnappte und das Unerhörte sich formte, und dann war es soweit. Mit dem langsam aufgestauten, mühsam zurückgehaltenen, endlich befreit herausgebrüllten Schrei *Heil Hitler!* sprang er aus der Bahn, Haltestelle Neustädter Postamt, und verschwand im Zickzacklauf durch die Trauben der Frühaufsteher hindurch. Ich kann das betretene Schweigen nie mehr vergessen, das sich unter den Leuten ausbreitete, die doch nur in Ruhe gelassen, nur ihrer Wege gehen wollten, damals wie heute wie morgen. Er hatte uns aus der Alltäglichkeit gestoßen, uns daran erinnert, wie leicht zerreißbar das Gespinst unserer Sinnzusammenhänge war. Verstört blieben wir als verstummte Sprachteilnehmer zurück. Seine Worte, die obszönsten nur denkbaren, hingen noch in der Luft, als wir weiterfuhren, uns an die Schultaschen klammerten und versuchten, das Gespräch wieder aufzunehmen.

Dann trennten sich unsere Wege. Kopfschüttelnd und grundlos lachend gingen wir auseinander, ein jeder in seine Schulmaschine. Nämlich, die Augenblicke zerfielen und mit ihnen die gemeinsame Sprache, und das alles ging rasend schnell. Schon stand man vor dem Denkmal des handgranatenwerfenden Sowjetsoldaten und war wieder mit sich allein, verloren mit seinen Jugendgefühlen. Hin und her flog der Blick zwischen den Zwillingsbrunnen am Platz der Einheit – *Stürmische Wogen* auf der einen Seite, auf der anderen *Stille Wasser*. Dann nichts wie weiter in Richtung Bautzener Straße, dort lockten am Nachmittag die Antiquariate. Aber jetzt war es noch zu früh dafür, die Läden hatten alle geschlossen, und bald würde es klingeln, und die Schulstunde begann. Denn es galt ja, das Abitur zu bestehen. Danach war man frei, und alles war vorbei, man konnte wegwerfen, was man gelernt hatte. An die Ostsee konnte man fahren, hinüber nach Polen zu den Dünen der Halbinsel Hela, irgendwohin an die Grenzen des ganzen überschaubaren Ostblocks. Aber nicht für lange, nur ein Sommer war uns vergönnt, dann fing der Dienst in der nächsten Tretmühle an.

Nämlich, da begann der martialische Teil der Übung, die Einberufung zum Militär, die Eingliederung in das Volksheer, die NVA. Kaum hatte man sich besonnen, war man schon hundert Jahre alt, mindestens. Und Romain Rolland, der französische Namensgeber unserer Schule, war vor einem dagewesen, ein

Freund der Sowjetunion. Wie auch Bertolt Brecht, der das Lob des Kommunismus gesungen hatte im Deutschunterricht, und Thomas Mann, dem der Anti-Bolschewismus als Grundtorheit der Epoche galt – ein schönes Aufsatzthema. Oder Rudolf Renner, der KPD-Mann im ehemaligen Sächsischen Landtag: Nach ihm war die Kaserne benannt, in der ich für anderthalb Jahre verschwand, tief in den Wäldern der Uckermark, nahe der polnischen Grenze, möglichst weit weg von Dresden. Denn darauf kam es an, den Einzelnen von seinem Zuhause zu entfernen, ihn zu entwurzeln, als Strafmaßnahme für seinen Eigensinn. Man hatte mich gefragt, ob ich meinen *Ehrendienst* in der NVA nicht für drei Jahre ableisten wollte, so gehörte es sich für einen Studienanwärter. Man hatte mir eine letzte Chance eröffnet, mich einzureihen, aber ich wollte nicht, wollte um keinen Preis so viel von meiner kostbaren Lebenszeit opfern für diesen gleichgültigen Staat.

Ob ich nicht, wenn schon nur für anderthalb Jahre eingezogen, meiner *Wehrpflicht* an der Staatsgrenze der DDR genügen wolle? Aber nein, auch das wollte ich nicht. Im Wehrkreiskommando an der Königsbrücker Landstraße war ich am Tag der Musterung der einzige, mit dem sie nichts anfangen konnten. Den Wehrdienst verweigern konnte ich schlecht, dazu fehlte mir das religiöse Alibi, der Rückhalt im Asyl einer der beiden Konfessionen: ganz egal, Katholik oder Protestant. Ich war keines von beiden, politisch betrachtet war ich ein Nichts. Und wer ein Nichts war, der konnte doch, der hätte doch, der sollte doch immerhin … »Ein Nichts zu sein, tragt es nicht länger«: hieß es im Kampflied *Die Internationale*, dem großen Choral der Arbeiterklasse. *Wacht auf, Verdammte dieser Erde* – die Zeilen kannte ich, die Musik summte in meinem Kopf, und es schien mir damals, als wäre auch ich damit gemeint, ein Nobody ohne Bestimmung und ohne Halt.

Poesie? Ich hatte nur mich, und damit so gut wie nichts. Aber auf Republikflüchtlinge zu schießen, das kam nicht in Frage. Wo ich denn diese Lügenmärchen aufgeschnappt hätte, wurde ich angeherrscht. In den Westmedien, das war doch klar. Propaganda des Klassengegners sei das. Grenzverletzer gibt es, doch bei uns wird kein Wehrloser erschossen, keiner dieser armen Irren, von den Westmedien manipuliert, die unser Land verlassen wollen. Aber ich ließ mich nicht ein auf das Spiel der Worte, und das rettete mir den Seelenfrieden. Das war kein Heldenmut, nicht einmal Standhaftigkeit, es war die nackte Angst, mich in Schuld zu verstricken. Was denn die Eltern zu so einer Haltung sagten, krähte der Typ in Zivil in die Runde, ein Funktionär im grauen Anzug, Vertreter der Staatssicherheit. Beide parteilos, kam es lapidar vom Protollführer zurück, und die Vertreter des Schicksals schüttelten die Köpfe und konnten es lange nicht fassen.

Damals erfuhr ich am eigenen Leib, was es heißt, verachtet zu werden. Der Neinsager wurde mit Schimpf und Schande entlassen. Ich war der Idiot, aber es ging mir gut. Ich fühlte mich wohl in meiner beschissenen Haut.

Und so schickten sie mich an die äußerste Peripherie des kleinen Landes, mir war es nur recht. Nämlich, ich war unbrauchbar für sie, einer, den man am besten ausschied aus dem Volkskörper und seinem klassenfeindlichen Eigensinn überließ. Sie beschimpften den Vater, verfluchten die Mutter, und von da an war meine Zukunft in diesem Land verbaut.

Wie einfach das war: Ich gehörte dem Staat und war doch innerlich frei. Es kam der Tag des Gestellungsbefehls. Die Eltern brachten mich, ziemlich schweigsam während der Fahrt, nachts im Trabant zum Neustädter Bahnhof. Dort wartete auf dem Gleis der Truppenzug, der mich und die anderen Leibeigenen in die Kasernen brachte. Meine lag in der Uckermark, nahe der polnischen Grenze. Unvergeßlich die Nachtfahrt, in der ich Strindberg las, mich dem allgemeinen Gehorsam zu entziehen versuchte, vertieft in meine blaue Reclam-Ausgabe: *Am offenen Meer*. Ein Rekrut, der beim Aufschauen im Waggonfenster sein trauriges Spiegelbild sah, hilflos mit den Gitterstäben schnäbelnd, dem Gekrächz und Geplapper der neuen Kameraden ausgeliefert, selbst nur ein armseliger Papagei.

Ging das zu schnell? Wem ging das zu schnell? Mir ging die kostbare Zeit des Jungseins zu schnell vorbei. Und ich weiß bis heute nicht, wie ich sie mir zurückholen kann, die verlorene, verlogene, sinnlos verplemperte Zeit. Mittels Sprache? War es die deutsche Sprache, ihr moralischer Eigensinn, der aus mir sprach, ohne daß ich es damals schon ahnte? War ich das, der sich mit Worten, die mir kaum gehorchten, verteidigte in einer unmöglichen historischen Lage, die mich zu Handlungen nötigte, die mir allesamt peinlich waren? Nämlich, ich war doch ich und war es doch gerade nicht: ich, der Wehrpflichtige, der brave Soldat G., der seinen anderthalb verlorenen Dienstjahren entgegenfuhr, mit den Tränen der Wut und des Selbstmitleids kämpfend. »Palmarum. Mir ist so seltsam zumut.«

Da war also einer gewesen, der hieß Paul Adler – assimilierter Jude aus Prag, der sein Deutsch so schön sang wie ein Kanarienvögelchen. Ein kleiner, bärtiger Mann mit dunklen Prophetenaugen, in die Franz Kafka geschaut hatte. Er war der einzige echte Bohemien damals in der Künstlerkolonie Hellerau. Ein Hüter des ursprünglichen Gemeinschaftsgedankens, Skeptiker allem Gewinnstreben und jedem aggressiven Eigennutz gegenüber, ein kosmopolitischer Erdenbürger, immun gegen die Begrenztheiten, die Nationalismus und Religion mit jedem Einzelnen immer wieder reproduzierten. Über die Außerordentlichkeit dieses Menschen, seine besondere Position in den verschiedenen Zirkeln der Gartenstadtkolonie waren die meisten Beobachter sich einig. Der Dichter Albert Ehrenstein feierte ihn als den *theosophisch-metaphysischen Epiker*, eine Zentralfigur der Prager Moderne. Im Rückblick erscheint er beinah als der einzige, der gegen den aufziehenden Kleingeist der Siedler, ihre wachsenden politischen Ressentiments, gefeit war. Was hätte er auch anfangen sollen mit einer Sozietät wie dem *Kampfbund für deutsche Kultur*, in dem etwa der Erbauer meiner Schule, Kurt Frick, sich als Architekt engagierte, einer, den Hitler später, als der Untergang absehbar war, auf die Liste der Gottbegnadeten setzte? Paul Adler, der deutschen Kultur kaum weniger zugehörig als Rilke, Morgenstern oder Stefan George, nahm sich die Freiheit, aus Wahlverwandtschaft Deutscher zu sein: »etwa Goethe besser zu verstehen als sein Nachbar«.

Er war der friedlichste Anarchist am Ort. Und gewiß war er einer der fleißigsten Utopisten, ein Gelehrter, erzogen in den besten abendländischen Traditionen. Was hatte es ihm genützt? Den Beruf des Richters mußte er aufgeben seinerzeit in Wien, weil Richtersein hieß, Unrecht zu sanktionieren. Etwa das einer verschuldeten Witwe, die von der Nähmaschinenfirma Singer in ihrer Existenz vernichtet werden sollte. Einer von vielen Einzelfällen, aber an solchen hängt immer das ganze Leben. Dann kam der Erste Weltkrieg, und er hörte auf, Steuern zu zahlen, weil das Steuerzahlen doch nur den kriegtreibenden Staat finanzierte. *So geht das.* Alles nachvollziehbare, wohlbegründete Entscheidungen gegen ein bürgerliches Dasein in böser Privilegiertheit, schuldhafter Verstrickung. Zuletzt blieb ihm nur, den Eigenbrötler zu spielen, die Familie über Wasser zu halten mit Nebenarbeiten, unter anderem als Hebräischlehrer in Dresden. Das verschaffte ihm etwas Ruhe und die zum Schreiben und Nachdenken nötige Zeit. Einmal ging er zu den Behörden und erklärte sich für unzurechnungsfähig, weil, wie er deutlich voraussah, der gesunde Menschenverstand in den kollektiven Wahnsinn führen mußte, in massenhaften Tod und allgemeines Verderben.

Nämlich, rings um ihn her entwickelten sich die Dinge zum Schlimmsten. Eine große Unruhe hatte ihn erfaßt. Seit langem schon hatte er sich das stundenlange nächtliche Wandern angewöhnt. Zu einer Zeit, da die meisten in ihren Betten lagen, die nähere Umgebung zu durchzustreifen, Wald und Flur zu erkunden gab ihm einen gewissen Halt inmitten der allgemeinen Verwirrung. Er wurde zum Waldgänger, weil er sich nur da draußen, unter den hohen Fichtenbaldachinen und an den Bachläufen der Dresdner Heide, in der nach Holz und Erdreich riechenden frischen Luft, so recht leben spürte. War er nicht selber wie jene Verlorenen Wasser der Heide, die einmal hier, einmal da aufsprudelten und bald im sandigen Boden versickerten? Alle Tage wieder, bis in die Morgenstunden trieb es ihn durch den deutschen Wald, vorbei an Lokalitäten, die so sprechende Namen trugen wie der *Eisenborngrund*, der alte *Saugarten*, die *Todbrücke* oder jene *Lynchschlucht*, durch die, alle Mordgeschichten hinwegspülend, die Prießnitz als munteres Bächlein elbewärts sprudelte. Schon bald kannte er die Umgebung des Hellers besser als die meisten der Einheimischen. Er kannte sie wie der Jäger sein Revier und darin die Blutspur des Wildes, nur war es in seinem Fall die Spur der Geschichte, die unabwendbar auf ihn zulief und ihn zu vernichten drohte.

Stundenlang streifte er durch das dichte Dunkel, unter Waldkiefern, Fichten, sah in lichten Momenten Inseln schmaler Birken und versuchte, sich abzulenken von diesem Rhythmus des ich, ich, ich. Gelegentlich fesselten Stieleichen seinen Blick, Robinien, dann ruhte er auf einer der Bänke aus, die wie aus dem Nichts auftauchten und zum Verweilen einluden. In den kleinen Schluchten hielt er sich an den Bergahorn, freute sich über den Steg, den da irgendwer angelegt hatte, lange vor ihm, einer der vielen Verwalter des Waldes. Und immer war da das Unheimliche, von dem man nie wissen konnte, was es als nächstes brachte, ein Gewirr von Geschichten, die Nähe zu den Menschenbehausungen. Der Genius des Ortes Hellerau, schrieb er einmal, sei in der Dresdner Heide zu suchen. Hin und wieder kreuzte eine Blindschleiche seinen Weg, ein Hase flitzte hakenschlagend auf und davon. Einmal stand er hoch oben auf dem Hellerplateau, hielt wie ein Feldherr wider Willen Ausschau über den alten Exerzierplatz und spürte den Atem der unten im Tal pulsierenden, in sich ruhenden Stadt.

Er muß sich bei diesen Wanderungen gefühlt haben wie jenes Tier in Kafkas Erzählung *Der Bau*. War es nicht die Erfahrung der Ausweglosigkeit, des fatalen Umzingeltseins, die er in den Wäldern um Hellerau machte? War nicht die Dresdner Heide seit langem verwaltet von Förstern, Generationen von Waldhegern und Waldgängern, Nachfahren des untoten Jägers Gracchus? Denn die Heide, das wird ihm nicht entgangen sein, gehörte den Deutschen, sosehr sie ihn anzog und er sich eins fühlte mit ihr. Es war eher unwahrscheinlich, daß ihm auf den Forstwirtschaftswegen ein zweiter Jude begegnete, ein Jude wie er. Und so war auch der deutsche Wald zum Problem geworden. Kafkas Maulwurf (oder welches Tier immer sich da in den unterirdischen Labyrinthen verirrt hatte) markiert das Problem des Verlorenen ein für allemal. Es gibt keinen Ausweg für den, der sich in einem feindlichen Lebensraum bewegt – und das war, nach aller weltweiten Maßgabe, der Jude, der ewige Wandersmann. Der Jude in den Wäldern der anderen, beim Ausflug ins Gebirge, in ihre einsamen Tiefebenen. Es konnte kein anderer sein, er war der Erwählte, niemand konnte ihm die Last abnehmen, niemand seine Erfahrung teilen, *lauter Niemand*. Immer wieder ist von dem schwierigen Menschen Paul Adler die Rede, von seinen Phobien und Idiosynkrasien. Noch lange erzählte man sich im Ort Anekdoten, die sich um seine Furcht vor Bakterien rankten. Die ihn kannten, berichten übereinstimmend von seinem ausgeprägten Waschzwang. Er fühlte sich von lauter unsichtbaren Feinden umgeben, zu Recht, wie sich zeigen sollte, als sie schließlich aus der Deckung traten und ihn offen bedrohten.

»Schwierig ist er gewiß«, schreibt Martin Buber, der Briefpartner, an einen Verleger. »Aber deshalb darf man einen so außerordentlichen Menschen doch nicht untergehen lassen.« Und so läuft er und läuft, und kann doch im Wandern nie seinem Schicksal entkommen. Keine zwanzig Jahre später werden überall an den Waldrändern in den besetzten Ländern Osteuropas Leute wie er erschossen und in Gruben verscharrt. Nämlich, dies war das Ende vom Lied der großen Kultursymbiose, der bitter verfehlten.

Paul Adler aber kam seinem Schicksal zuvor, indem er die Spur seines Erdendasein verwischte. Keinen Nachdruck seiner Bücher wünschte er mehr. Schon dem Versuch, sein Porträt zu zeichnen, hatte er, selbst Freunden gegenüber, entschieden widerstanden. Er hatte gesagt, was er zu sagen hatte, und zog es vor, von nun an zu schweigen. Jakob Hegner jedenfalls, sein Verleger, bekam kein neues Manuskript mehr zu sehen. Sein schwierigster Autor hatte das Schreiben nach drei Büchern, in denen alles verschlüsselt war, was ihm am Herzen lag, eingestellt. Statt dessen streifte er nachts nun durch Hellerau, ließ Frau und Kinder in ihren Betten zurück, stahl sich allein aus dem Haus am Waldrand und begab sich auf seine eigene Winterreise. »Fremd bin ich eingezogen, fremd zieh' ich wieder aus.«
    Auf seinen Wanderungen hatte er das Verschwinden lange geprobt. Da war er gegangen, der Jude, dem Indianer gleich darauf achtend, keine Spuren zu hinterlassen, die einsame Mittlergestalt, die ihre Klassiker besser kannte als die meisten der patriotischen Schlafmützen. Er hatte darauf mit dem gleichen Besitzrecht gepocht, mit dem, wie er einmal ironisch vermerkte, ein Deutscher den Apostel Paulus oder die Relativitätstheorie für sich beanspruchte. Nämlich, beim Wandern konnte man leicht auf Gedanken kommen und die absurdesten Sprünge machen

durch Raum und Zeit. »Stehen Sie auf, Weißenstein. Ich brauche Inspiration. Wir müssen spazierengehen.« So überliefert es Johannes Urzidil, ein anderer aus dem Prager Kreis, Deutsch-Böhme, der Adler gern auf seinen Wegen folgte, wenn er ihn in der Gartenstadt besuchte. »Wie oft weckte mich Herr Paul Adler in den Hellerauer Nächten um drei oder vier Uhr früh.« Ich stelle mir vor, das geschah auch im Winter, zwischen den Jahren. Gemeinsam drehten sie dann ihre Runden durch den verschneiten Ort, zwei unverbesserliche Modernisten, aus der Zeit gefallen, im seltenen Einklang mit sich und der Welt.

Denn einig war man sich in der Abkehr von Industrialisierung und Geldwirtschaft, Waldeinsamkeit versprach Gesundung, und heil und gesund wollten sie alle leben, jeder auf seine Weise. Die einen, indem sie die Stammesgeschichte gewaltsam zurückdrehten, zur Verehrung der Scholle neigten und ihren *Mythus des 20. Jahrhunderts* pflegten von einem Leben in germanischer Einfalt und Einfachheit – Haussperlinge, die wieder atavistische Kugelnester bauten. »Gläubig dienen wir der Erde und dem großen Stirb und Werde.« Die anderen, indem sie sich unter der Fahne des Kollektivismus sammelten, von Kolchosen und Kibbuzim träumten, und wieder andere, indem sie sich einfach zurückzogen hinter den Jägerzaun und abwarteten, bis die politischen Fluten sich verlaufen würden.

Ich wuchs auf unter den Nachfahren dieser Wartenden und Wirklichkeitsfernen. Nur waren die Zeiger der imaginären historischen Uhr ein halbes Jahrhundert vorangerückt – und wir, die Weltflüchtigen im östlichsten Winkel des Landes, bis auf die Knochen blamiert und entblößt. Nämlich, eines Tages, unvergeßlicher Einschnitt in die Geschichte der Deutschen, war der Oberförster an die Macht gekommen und hatte ein ganzes Volk in den Pferch gebracht.

Im März 1933 wird Paul Adler an seiner Haustür krankenhausreif geschlagen. Ein lokales SA-Kommando rechnet mit dem Kulturjuden ab. Eine Kolonne der Braunhemden, angeführt von einem ortsbekannten Architekten, hatte versucht, in sein Haus einzudringen. Adler trat ihnen furchtlos entgegen, als handele es sich um eine Horde von Faschingskindern, die Bonbons erbettelnd um den Block zogen, und so schlug man ihm ins Gesicht. Einer wie er war in Hellerau nicht mehr erwünscht. Der Maler Conrad Felixmüller berichtet, wie er im Warteraum des Dresdner Zahnarztes Erich Isakowitz saß, einem seiner Sammler, als Adler *mit gequollenem Gesicht und blutendem Mund hereintrat und der eingeschlagenen Zähne wegen … sofort behandelt werden mußte*. Noch im Januar nach dem Wahlsieg hatte der Ortsgruppenleiter der NSDAP ihm versichert, die neue Bewegung werde sich keineswegs richten *gegen Juden wie Sie*. Nun waren sie gekommen und hatten ihn der Rassenschande bezichtigt, als Ehemann einer Arierin. Paul Adler verstand sofort und reiste noch anderntags ab.

Der Mann, der ein Vierteljahrhundert lang im Ort die Moderne verkörpert hatte, verzog sich dorthin, von wo aus er einst aufgebrochen war. Er ging zurück in das schutzversprechende Prag, die Familie kam kurz darauf nach. Aber auch dort hätte ihn sicher das Schicksal der meisten tschechischen Juden ereilt, wäre er nicht rechtzeitig untergetaucht, bevor die böhmischen Dörfer deutsches Protektorat wurden und auf dem Hradschin einer der kältesten SS-Burgvögte einzog, der neue Herrscher über das gotische Prag, Reinhard Heydrich. Es wäre ihm wie Camill Hoffmann ergangen, einem weiteren Juden aus dem Helleraukreis, der als Redakteur der *Dresdner Neuesten Nachrichten* und Diplomat in der Berliner Vertretung der Tschechischen Republik bis zu ihrem Untergang eben noch knapp nach Prag entkam und dann doch in das Mahlwerk der Vernichtungsmaschinerie geriet. Oder wie Ottla Kafka, die aus Mitleid mit ihren Schutzbefohlenen einen Kindertransport nach Auschwitz begleitete, die Lieblingsschwester des Hungerkünstlers, der selber nicht mehr zu fassen war. Man hätte ihn sonst derselben Sonderbehandlung unterzogen, ihn wie ein Ungeziefer aus seiner Wohnung gefegt, genauso wie er es in seinen Junggesellenphantasien seit jeher vorausgesehen hatte. Auch Paul Adler wäre die Deportation nach Theresienstadt nicht erspart geblieben, nicht der Aufenthalt in der Festung auf halbem Wege von Prag nach Dresden, und auch nicht das Ende in Auschwitz.

Wie es ihm dennoch gelang, unterzutauchen, bleibt ein Rätsel. Vielleicht half ihm seine Bescheidenheit, die nichts als Weitsicht war. Gründlicher als sein Hellerauer Besucher Kafka, der ausgerechnet seinen größten Verehrer mit der Vernichtung seines Nachlasses betraute, hatte er es darauf angelegt, wirklich der Verschollene zu werden. Nicht nur er selbst verschwand, auch seine Bücher und Manuskripte waren bald unauffindbar. Nicht einmal der Name hielt sich noch lange in der Ortschronik von Hellerau. Der Meister der Mythomanie, Kenner der Religionen und ihres gegenseitigen Auslöschungsfurors, Analytiker der kommenden Bürgerkriege, wußte sich aufzulösen, bevor ihn die Geschichte überrollen konnte in Gestalt der Endlösung. »Ich bin zu Ende mit allen Träumen«, schrieb er einmal.

Paul Adler starb im verborgenen. Unerkannt ging er zugrunde, in einem Unterschlupf südlich von Prag. Es gab dort ein Schloß, ein Kloster des Zisterzienserordens, unweit entfernt davon starb er, in einem der vielen böhmischen Dörfer. Ein Jahr nach Kriegsende traf ihn der zweite Schlaganfall. Seine Werke sind alle bei Jacob Hegner erschienen, dem längst vergessenen Hellerauer Verlag. Sein Hauptquartier lag nur einen Steinwurf vom Haus des Schriftstellers entfernt. Ein paar Treppen den Hang hinauf im Schatten der Fichten, dann trat der Autor durch den Torgang hinaus in die Straßenkurve und war schon bei seinem Verleger. Solche Nachbarschaft war, wie vieles am Ort, ein Bild der geglückten Symbiose. Warum nicht so leben wie diese? dachte ich eines Tages voller Wehmut.

Das war spät im Dezember 1982, im zweiten Jahr meiner Armeezeit, ich war auf Weihnachtsurlaub ins Elternhaus heimgekehrt und fühlte mich so entwurzelt wie nie zuvor. Befreit von der Uniform, für ein paar Tage zurück in der Kindheitswelt, wanderte ich nachts aus lauter Schlaflosigkeit durch den Ort. Hellerau lag tief eingeschneit, der Schnee dämpfte die Unruhe, die mich damals erfaßt hatte und seither kaum noch verließ. Nämlich, das Elend der Welt, das Paul Adler bedrückte, lag auch hier, mitten im tiefsten Sozialismus, den er wie alles andere mit

Unbehagen vorausgesehen hatte, wie in der Nußschale eingeschlossen. Es schneite und schneite, tröstlicher Schneefall: Alles
war gleich nah und fern, gleich uneinholbar. *Ahorun*, das schien
das Lösungswort, aber wofür? »Ahorun ist eine Stelle im Wal-
de.« Der Schnee fiel und deckte die Fichten, die Häuser der Gartenstadt, ihre Straßen und Zäune gleichmäßig zu. Gute Nacht,
Abendland. Nämlich, hier ist Paul Adler gegangen... *Auf dem*
Sand, in seiner Euphorie absoluter Prosa. Die hatte vor ihm Carl
Einstein entdeckt, der Verfasser des *Bebuquin* (eine Fiktion aus
Dada-Berlin), und kurz darauf anders für sich Gottfried Benn,
der am selben Ort fast zur selben Zeit ein Haus schräg gegenüber aufsuchte. Wußten sie voneinander? Nämlich, es gab nun
nichts mehr zu erzählen, was nicht jeder schon wußte. Absolute
Prosa war die Antwort auf alles, was gleichzeitig geschah, und
keiner konnte es mehr verhindern, weil es mächtiger war als der
Einzelne, wie der Gang der Geschichte, die einfach geschah, wie
die Natur im Innern und die da draußen, die alles sah. Von wegen... Der Schnee glitzerte auf den Wegen wie im Morgenland
der Palast eines grausamen Schahs.

Das kühnste seiner Bücher handelt von einem Violinisten,
einem lebensuntauglichen Menschen von der Art, die auch durch
Kafkas Erzählungen geistert. Er spricht vor sich hin, redet in
Zungen und ist alles andere als der Held, nur noch sein lächer-
licher literarischer Schatten. Das Leben überfordert ihn, der soziale Irrsinn aller gegen alle. Die gnadenlose Mutter verkuppelt
ihn an ein leichtes Mädchen, an ein hypererotisches Wesen, aber
er ist der Sohn, nur der Sohn, und darüber wird er verrückt. Das
ist die Handlung, und wie von selbst kommt die Sprache in
Fahrt. Der arme Tropf zieht sich in sein Schneckenhaus zurück,
ich stelle mir vor, in eines der Gartenhäuser im Landhausstil,

von Muthesius oder Riemerschmid entworfen. Eines Tages besucht ihn der Tischlersohn Christus, vermutlich ein Angestellter der Deutschen Werkstätten Hellerau, und spricht zu ihm. Die Begegnung überfordert ihn, er bäumt sich dagegen auf und fängt an, sich in Rage zu reden. »Glauben Sie ihm keine Silbe. Wir sind alle aus Porzellan. Eine schreckliche Furcht ist in der Welt, daß einer kommt und einen an die Lippen setzt, und daß man dabei zerbricht. Glauben Sie mir, es ist kein Vergnügen, aus edlem Meißner Porzellan zu sein, so wie wir es sind. Meine Vaterstadt ist nämlich Meißen.«

Nämlich ist das Losungswort, es führt einen tief hinein in das Dickicht der Sprache, hinein in die Abgründe der Schizopoesie. *Nämlich* ist die Überspielung der Ungewißheit schlechthin, der Widerwille gegen Antithesen, die ein schneller Geist immer vorwegnehmen wird. »Sie kommen zwar unerwartet, aber überraschen nicht, denn sie sind ganz nah vorhanden gewesen ... sind stehender Sturmlauf«, sagt Kafka in einer Formel, die später Philosophen anlockte mit ihrem Durst auf die Erkenntniskritik von seiten der Literatur. Es ist die Formel für die scheinbar unwiderstehlich logische Schlußfolge, ein Wörtlein, das alles Sinnlose tragen muß, die Geschichte, die eigene Existenz wie das unergründliche Funktionieren der Sprache, die immer Willkür ist und von Zeit und Wirklichkeit nur Fetzen erfaßt. Das Motto dazu stammt von Friedrich Hölderlin. »Da nämlich ist Heinrich gegangen.« Absolute Prosa sagt: »Ich gebe Ihnen mein Wort, ich bin ein Papagei. Ein Papagei ist ein graues Tier mit einer schönen Singstimme. Kra kra kra.«

Die Russen vor Dresden

Die meiste Zeit waren sie unauffällig, ja eigentlich fast unsichtbar – unsere Besatzer. Als hätte man sie von uns abschirmen wollen, oder vielmehr uns von ihnen, lebten sie ihren Alltag im verborgenen, hinter schiefen Kasernenzäunen und Mauern, die ein verrosteter, an Dornenranken erinnernder Stacheldraht unüberwindlich machte. Aber wer wäre schon hinübergeklettert auf die andere Seite, wer hätte den Mut gehabt, in die Sperrzonen einzudringen? Nicht einmal wir Kinder waren so kühn, die Räuberleiter zu machen, auch wenn es uns oft in den Knien juckte.

Man konnte sich denken, wie es dahinter aussah – dort bei den *Iwans*, wie der freche Volksmund sie hinter vorgehaltener Hand nannte. Oder den Russen, wie man, immer noch mit gedämpfter Stimme, sagte, denn das Wort war ein bißchen unheimlich, auch chauvinistisch, und man wußte das. Aber von den Sowjetmenschen zu reden war auch nicht die Lösung. Wer es dennoch tat, bei offiziellen Anlässen und im Schulunterricht, spürte sogleich das Unzulässige, Peinliche, das dieser heuchlerischen Bezeichnung anklebte. Die Schwierigkeit lag darin, daß man für diese Fremden im Lande eigentlich keinen passenden Ausdruck fand. Jeder wußte, daß sie zu den Siegermächten des Zweiten Weltkriegs gehörten, ihre Dominanz aber war ein so schmutziges öffentliches Geheimnis, daß niemand es auszusprechen wagte. Das eigene Land eine sowjetische Satrapie? Der Gedanke war nicht einmal im Traum zugelassen. Lieber setzte man ein Diplomatengesicht auf, faselte von Völkerfreundschaft und manchmal, an hohen Festtagen, pathetisch von den sowjetischen Brüdern.

Solche Brüderschaft, mehr in Paraden vorgespielt als echt empfunden, war aber nun ganz im Geiste Lenins. Dieser hatte, noch im Larvenstadium der Revolution, den Internationalismus zur Pflicht jedes aufgeklärten Kommunisten gemacht. Sein Nachfolger erst hatte das Unternehmen dann auf das eigene Land beschränkt, notgedrungen, weil der Rest der Welt in seiner Entwicklung hoffnungslos hinterherhinkte. Eine zweite Chance ergab sich erst nach dem unfaßbaren Sieg über den Todfeind Deutschland, den vorübergehenden Zweckverbündeten. Nun ließ sich da anknüpfen, wo man aufgrund mangelnder Begeisterung der deutschen Arbeiterschaft hatte aufgeben müssen: an den Export der bolschewistischen Ordnung, doch diesmal gründlich und illusionslos, auf der Basis eines Zusammenbruchs, der den Idealismus der Angeschlossenen überflüssig machte. Ein paar Bleistiftstriche auf einer Europakarte bei der Konferenz von Jalta entschieden darüber, in welcher der Einflußsphären die Kriegsverlierer fortan leben sollten und wer nun die neuen Herren waren in dem zerstückelten Land.

So zogen in Dresden eines Tages die Russen ein. Sie besetzten den alten Kasernenkomplex im Norden der Stadt, richteten ihr Manövergelände in den Hellerbergen ein, verteilten sich auf die verschiedenen Unterkünfte und Verwaltungsgebäude über mehrere Stadtteile und blieben da und waren bald nicht mehr wegzudenken. Sie gehörten zum Stadtbild wie am Feierabend die Frauen mit ihren Einkaufsnetzen, die roten Tatra-Wagen der Straßenbahn und die Abfallkörbe aus Spritzbeton. Erst später, lange nach dem Abzug der Truppen aus dem östlichen

Deutschland, fiel auf, daß man auf den Postkarten jener Zeit selten einen ihrer Soldaten zu sehen bekam. Auch im Lokalteil der Zeitungen war ihr tägliches Leben kein Gegenstand. Sie blieben ein fremder Volksstamm unter den Deutschen. Es erging einem mit ihnen wie mit gewissen Nachbarn, die Fremde blieben, obgleich man sie jeden Tag sah. Ihr Erscheinungsbild blieb exotisch, zumeist traten sie in kleinen Gruppen auf, uniformierte Rekruten in Marschformation, Zivilisten beim Stadtbummel und in den Museen. Man gewöhnte sich an ihren Anblick, und bald lernte man, durch sie hindurchzusehen. Sie schienen von einem anderen Stern gekommen zu sein, einem Stern, den man manchmal an ihren Mützen und an den Toren ihrer unzugänglichen Reservate dargestellt sah: Es waren die Leute vom Sowjetstern.

Anders als die Nachbarn aber wurden die Russen niemals gegrüßt. Auch wer nur ein wenig Russisch verstand, vermied es, die Fremden anzusprechen. Das war erstaunlich und etwas unrühmlich auch, da man ihnen ja doch nie ausweichen konnte, wenn sie vor dem eigenen Gartenzaun vorüberzogen. Man wich ihnen aus und senkte in ihrer Nähe den Blick, in der Warteschlange im einzigen Konsumladen am Ort, zwischen den engen Regalen mit den Konservendosen. Ich glaube, wir Kinder dämpften sogar die Stimmen in Gegenwart dieser Fremden. Dabei beäugten wir sie heimlich, studierten ihre Gewohnheiten. Die Erwachsenen schienen mehr von ihnen zu wissen als wir. Für uns Kinder waren sie die ersten Ausländer, die wir zu Gesicht bekamen, Menschen mit asiatischem Aussehen, einige mit hohen Wangenknochen und fast schon Schlitzaugen, halbe Mongolen. Ihre Sprache klang, bei aller Unergründlichkeit der Zisch- und Schmelzlaute, seltsam anheimelnd in unseren Ohren. Sie machte uns zutraulich, und es kam vor, daß wir ihnen aus reiner Neugier auf ihren Wegen folgten wie dem Rattenfänger von Hameln, begierig darauf, noch mehr von dem Kauderwelsch zu hören. Die Sprache hatte etwas Beruhigendes, etwas vom Trost der Wiegenlieder, wenn man ihr lauschte, ins Gebüsch gekauert vor einem Spalt im Palisadenzaun oder bei den heimlichen Kontaktaufnahmen, zu denen die mutigeren unter uns sich nach der Schule verabredeten.

Die Kaserne lag keine hundert Meter von der Haustür entfernt, ein Stück Sibirien inmitten der Gartenstadt, das große Eingangstor aber war meistens verschlossen. Hohes Unkraut und Gestrüpp wucherte vor der Umgrenzungsmauer aus rohen Betonplatten. Unter Birken rosteten ein paar riesige leere Ölfässer vor sich hin. Mit etwas Glück erspähten wir eine Exerzierübung auf dem weiten Appellplatz vor dem ehemaligen Festspielhaus, das nun als Kommandantur diente. Die Torwache kam dann immer herausgelaufen und versuchte, uns zu vertreiben. Einmal fuchtelte einer der Unteroffiziere schon von weitem mit der Dienstpistole herum, um uns Angst einzujagen. An guten Tagen ergab es sich, wenn wir hartnäckig blieben, daß wir bis an das Wachhäuschen vordrangen, was schon an sich kühn genug war. Dann schlüpften wir durch das Drehkreuz und gaben uns gefangen. Das Verbotene lockte: Die Vorstellung, in einer der Arrestzellen neben der Waffenkammer zu landen, beschäftigte uns mindestens so stark, wie es manche Westernszenen taten, in denen der Sheriff den Revolverhelden hinter Gitter steckte und in der Wachstube nebenan die Beine mit den Sporenstiefeln auf den Tisch legte.

Die einfachen Soldaten waren fast immer freundlich zu uns. Sie schenkten uns Uniformknöpfe, ließen uns ihre Messer und

Bajonette betasten und stiegen bald in einen Tauschhandel ein. Einer zeigte uns seine Sammlung schmutziger Photographien, nackte Frauen in harmlosen Posen, Schönheiten mit geflochtenen Zöpfen, posierend in einem Birkenwäldchen oder ausgestreckt auf einem Kanapee voller Kissen. Würden wir dergleichen herbeischaffen, käme man vielleicht ins Geschäft. Zum nächsten Rendezvous brachten wir also Aktbilder mit, herausgetrennt aus dem »Magazin«, der einzigen Zeitschrift, die derartiges veröffentlichen durfte und eine Lizenz besaß gegen die landesübliche Prüderie. Für eine dieser Nackten erstand ich meine erste Zigarette, einen flachgedrückten Stengel der Marke »Belomor«, die Russen nannten sie Papirossi oder Machorka. Die Wirkung war die eines mächtigen Joints. Man mußte sich setzen, weil man Sternchen sah, so stark war die Wirkung; die glimmenden Krümel brannten sich in die Haut. Wir fühlten uns wie im Indianerland angekommen, und es war wie ein von langer Hand vorbereitetes Ritual: Wir waren die Auserwählten, die mit dem Medizinmann die Friedenspfeife rauchen durften. Um uns herum drehte sich der Raum mit den Kalaschnikows, den Kleiderhaken, den schwarzen Telefonen und den Dienstanweisungen in kyrillischer Schrift. Die Soldaten wollten sich vor Lachen ausschütten über diese sauberen deutschen Jungen, die hier ihre Initiation erlebten. Immer wieder zeigten sie auf die Brüste der Aktmodelle, klopften uns auf die Schulter und freuten sich über diese kleinen Bleichgesichter. Dabei waren sie, alles in allem, wie Kameraden, von der lässigen Unbekümmertheit älterer Brüder, die uns verschwörerisch an die Pforten des Paradieses führten und unser Erstaunen genossen. Keiner von ihnen hätte uns auch nur ein Haar gekrümmt, keiner war ein Sadist.

Was uns nicht davon abhielt, hinter ihrem Rücken Witze zu reißen. Frage: »Was ist Russensex?« Antwort: »Lenin ohne Mütze.« Das war die reine Blasphemie, und als solche unendlich köstlich, aber auch niederträchtig. Sie hätten es nicht lustig gefunden, unser gemeines Faschistendeutsch. Eben noch hatte einer von ihnen uns eins der begehrten Abzeichen geschenkt, mit einem Kinderbild Lenins darauf – der Revolutionsführer als blondes Goldköpfchen in Christusmanier.

War es die militärische Disziplin, die sie zur Zurückhaltung verpflichtete, die Scheu, sich als Besatzer aufzuführen? Niemals wären unsere Eltern ihnen so vertraulich begegnet, in so eine Lage konnten nur wir Kinder uns bringen. Ich weiß nicht, wie es den anderen ging, mir war dieser fremde Menschenschlag immer sympathisch. Alles war entspannter in ihrer Gegenwart, das Leben drückte weniger schwer. Man sah sie, spürte ihr Taktgefühl, die angeborene Bescheidenheit des kollektivierten Menschen, und schämte sich für die unbehagliche historische Situation, in die alle gemeinsam da geraten waren.

Allmählich lernten wir auch, die einzelnen Volkstypen zu unterscheiden. Es gab die schwarzen Südländer, Leute aus der Kaukasusregion, Tschetschenen, die immer etwas unrasiert aussahen, dann die Nachfahren der Viehzüchter aus dem Vorderen Orient, Kirgisen, Turkmenen, Usbeken, und daneben gab es die hochaufgeschossenen Nordeuropäer mit strohblondem Haar, finnische Holzfällertypen. Jeder einzelne war, selbst in Zivil, schon von weitem als Russe und Russin erkennbar, nicht nur der roten Apfelbäckchen wegen, die tatsächlich viele von ihnen hatten. Man erkannte ihre Frauen, oftmals füllige Wesen, an den übertrieben geschminkten Gesichtern, den legendären Muschik am groben Uniformstoff, die kleinen Mädchen im Vorschulalter an ihren riesigen weißen Schleifen im Haar, drapiert wie ein Geburtstagsgeschenk an die Familie. Eine Gruppe von Frauen konnte, wie sie da eng beieinander standen in ihren unvorteilhaft langen Kleidern, an die buntbemalten, hölzernen Schachtelpuppen erinnern, das beliebteste Souvenir aller Russen schon damals.

Manchmal kam uns der eine oder andere herrische Mandrill in die Quere. Wie bei den Zootieren galt – die buntesten Körperteile zwingen zum Hinschauen. Ein schlammbespritzter Geländewagen fuhr vor, und heraus sprang ein Offizier, ganz asiatischer Militärbonze mit der breiten Tellermütze, die Brust voller farbenprächtiger Medaillen und Abzeichen. Kaum begriff er, was da geschah, ein Akt der Völkerverständigung, unvorhersehbar; weil hier Kinder im Spiel waren, drückte er ein Auge zu und ließ uns mit seinen Untergebenen allein – diesen armen Kerlen, dienstverpflichtet von einem Staat, der sie zu Tausenden verheizen konnte, wenn seine Führer es für nötig hielten.

Soldaten wie diese waren es, die meine fünfjährige Mutter bei Kriegsende beinah nach Rußland verschleppt hätten. 1945: Große Teile der Roten Armee ziehen sich nach dem Sieg an der Elbe, in schönster Heimkehrstimmung, zurück – Sommer, allgemeines Aufatmen europaweit. Ein breiter Strom ungeordneter, halbwegs demobilisierter Verbände macht sich auf den Weg in die Heimat. Beinah hätten sie meine Mutter auf einem der Panjewagen, dieser vollbeladenen, von stämmigen Pferden gezogenen, holprig über die Landstraßen zuckelnden Wagen mitgenommen – so erzählen es die Rhapsoden der Familie, Großmutter und der Rest der beobachtenden Frauen.

Die Alliierten, amerikanische und britische Bomberverbände, hatten der russischen Infanterie, die schließlich Dresden besetzte, eine restlos zerstörte Stadt hinterlassen. Die Frustration muß gewaltig gewesen sein. Der barbarische Akt, verständlich als Reaktion auf die Enthemmung der deutschen Luftwaffe gegen Städte wie Guernica, Rotterdam oder Coventry, kam – zwischen den mißtrauischen Verbündeten in Ost und West – einem Vertragsbruch gleich. Man kann sich vorstellen, warum die Armee mit den zahlenmäßig größten Opfern sich für die Schmach, in Sachsen nur mehr Trümmer vorzufinden, an der Bevölkerung schadlos hielt. Vielmehr ich weiß es, weil die Geschichten von Vergewaltigung und Raub lange Zeit in der Familie kursierten. Das Mädchen Rosemarie wäre – neben der Sixtinischen Madonna, den Rembrandts und Tizians aus der Dresdner Gemäldesammlung, all dem barockem Mobiliar und Meißner Porzellan – nur eines von vielen Beutestücken gewesen, das beim Zurückfluten der Eroberer den Weg nach Rußland genommen hätte. Ein Soldat hatte das Kind kurzerhand adoptiert. Deutsch hin oder her, das schwarze Haar, die slawischen Wangenknochen genügten, um die genetischen Instinkte zu wecken. Man hätte sie, wer weiß wohin, nach Sibirien oder Samarkand, fortgebracht, wäre da nicht eine Nachbarin in letzter Minute eingeschritten. Ohne weiteres gab man das Kind frei und warf vom Wagen noch einen Sack Zwieback herab, um den sich die ausgehungerten Zivilisten sofort zu streiten begannen. Dem Kind wäre wenig davon geblieben, hätte nicht einer der Soldaten ein Machtwort gesprochen.

Von der russischen Kinderliebe erzählte man sich die rührendsten Geschichten. In dem Punkt verstehen die Völker wenig Spaß – hier aber war ein guter Eindruck entstanden, und Respekt und Erleichterung schwangen noch jedesmal mit, wenn die Familienlegende aufgefrischt wurde. Eine staubige Straße in der zerbombten Vorstadt, Kinder und Hunde, die mit dem Heereszug der erschöpften Heimkehrer mitlaufen, ein Mädchen mit Zöpfen, das fröhlich hinterherstolpert und mit seinem offenen, der Geographie zugewandten Gesicht tatsächlich etwas von einem Sibiriakenkind hat.

Das alles lag lange zurück, als wir Kinder uns mit der Besatzungsmacht einigten. Es gab nichts, das den Geschichten aus der grauenhaften Zeit des Kriegsendes gleichkam. Es schien, als wäre die Menschheit inzwischen zur Vernunft gekommen. Zumindest waren die Bedrohungen so weitgefaßt und unvorstellbar – Europas Untergang im Atomkrieg und so weiter –, daß man sie sich vom Leib hielt, wie die meisten der Errungenschaften des Zeitalters. Wir lebten in unserer kleinen Welt vor der Haustür, es war die Sphäre des Kalten Krieges. Da man aber Kind war, konnte man sich jederzeit aufmachen zu jener geheimnisvollen Insel des Jules Verne mit ihren Vulkankratern, konnte mit einem Sprung im Unterholz verschwinden.

Zwei Vorfälle, die mir unvergeßlich blieben, gab es aber dann doch, zwei böse Zusammenstöße mit den ortsansässigen Russen. Der erste ereignete sich nach einem Kinobesuch in Hellerau einzigem Lichtspielhaus. Ich glaube, es war *Ben Hur*, ich erinnere mich an die Auspeitschung von Sklaven. Es war die amerikanische Variante des Spartakus-Aufstands, und der Film lag insofern ganz auf der offiziellen politischen Linie, jenseits aller Hollywood-Ästhetik, der rasselnden Streitwagen und der überwältigenden Farben auf der Leinwand. Die Nachmittagsvorstellung war zu Ende, wir strömten hinaus in die Dämmerung eines Junitages, lange vor Einführung der Sommerzeit, als

ein Menschenauflauf um eine einzelne taumelnde Figur uns auf-
hielt. Was war da los?

Ein junger Russe, sonderbarerweise in Zivil gekleidet, hatte
Streit gesucht und in volltrunkenem Zustand die anwesenden
Deutschen als Schweine beschimpft. Dann war er der Länge
nach bei den Schaukästen mit den Filmplakaten hingeschlagen.
Ein paar Männer hatten die Herausforderung angenommen und
sich um den Streithahn versammelt. Bei näherem Hinsehen war
es eher ein schmächtiges Kerlchen, dem die Hosen um die Beine
schlotterten. Um so lauter krakeelte er, die russischen Unflätig-
keiten sprudelten nur so aus ihm hervor.

Es geschah in unserer Gegend nicht oft, daß auf der Straße
großes Theater gespielt wurde. Jemand hatte die Volkspolizei
gerufen. Doch bevor sie eintraf, kam ein Mannschaftswagen aus
der nahe gelegenen Kaserne angerollt; Soldaten sprangen heraus, und der Mann wurde mit grober Gewalt – drei seiner Kameraden hatten ihn an Händen und Füßen gepackt – auf die
Ladefläche geworfen wie ein Stück Vieh. Alles schien einer
präzisen Choreographie zu folgen, wie in Tschaikowskis *Nuß-
knacker-Suite*, als wäre ihnen der Ablauf in einer ihrer Kampf-
sportübungen eingedrillt worden. Was sich tief einprägte, war
das »hau ruck, hau ruck« der befehlsgewohnten Rekruten. Unterm scharfen Auge des Offiziers waren sie, ohne zu zögern,
bereit, ihresgleichen wie Dreck zu behandeln.

Der Sergeant versuchte einstweilen, die deutschen Zivilisten
zu beschwichtigen, mehrfach fiel das Wort Wodka, die Leute
aber sahen nur das blutverschmierte Gesicht des Mannes, der
sich auf der Ladefläche krümmte. Augenblicklich schlug die
Stimmung um: Der Mann war nun ein Opfer, ein zukünftiger
Delinquent, den man vor der Militärmaschinerie schützen woll-

te. Man konnte sich ausmalen, welche Strafaktionen ihn in der Kaserne erwarteten. Es gingen Gerüchte um von schlimmen Bestrafungen und daß in der fortschrittlichsten Armee der Welt Deserteure noch immer erschossen wurden. »Hört auf, hört auf damit«, schrie eine ältere Frau, als die Prügelorgie weiterging, bis der Mann sich kaum noch regte. Die Leute waren über die Härte der Behandlung so empört, daß sie sich nicht beruhigen ließen. Wütend schlugen sie an das Blech des Transporters, als dieser in einer Staubwolke mit den finsteren Feldgendarmen davonpreschte.

So etwas hatte es hier noch nie gegeben. »Der arme Russe, er kann einem leid tun«, meinte meine Mutter auf dem Heimweg. Der Vorfall hatte mich mehr aufgewühlt als alle Filme, die ich in dem kleinen Hellerauer Kino je zu sehen bekam.

Einige Jahre später – ich hatte angefangen, die dicken Romane zu lesen – fand ich die Szene bei Dostojewski wieder. In *Schuld und Sühne* erlebt der Student Raskolnikow in einem schrecklichen Traum eine Szene aus seiner Kindheit. Er wird Zeuge, wie ein Bauer, der mit dem Fuhrwerk vor einer Branntweinschenke steht, auf sein klappriges Pferd einschlägt. Er hat die Leute zu einer Galoppfahrt eingeladen; ein paar Betrunkene sind schon aufgestiegen, alles johlt und hat seinen Spaß, aber die Schindmähre kann nicht, und das soll sie büßen. Unter den Anfeuerungen der Schaulustigen drischt er in sinnloser Grausamkeit mit einer Brechstange auf das Tier ein. Es ist ihm ausgeliefert, es ist sein Gut, er kann mit ihm tun, was er will. Er hat wenig zu verlieren, ihm bleibt nur der Triumph der Zerstörung, ein Delirium der Gewalt gegen das einzige Wesen, das noch schwächer ist als er selbst. Und das Kind steht dabei und sieht das alles und bricht in Tränen aus. Der Zorn auf die Armut und den Fatalismus des russischen Menschen holt Raskolnikow ein. Tags darauf wird er mit einem Beil aus dem Haus gehen und der habgierigen Pfandleiherin den Schädel einschlagen.

Wahrscheinlich blieben Erlebnisse wie das vor dem Kino so tief im Gedächtnis, weil man mit keinem darüber reden konnte. Völlig ausgeschlossen, daß man im Russischunterricht, der dreimal pro Woche stattfand und einen mit Superlativen über die große Sowjetunion langweilte, solche Geschichten aus dem realen Leben hätte vorbringen dürfen. Dort gab es die Rote Armee nur als Friedenstruppe mit fähnchenschwenkenden Panzersoldaten auf der Parade. Ihr Inbegriff war der steinerne Held des Treptower Ehrenmals in Berlin, der das deutsche Kind sicher auf seinen Armen durchs Feuer trug, sein wehender Umhang der einer männlichen Schutzmantel-Madonna. Mit diesem Bild der Ritterlichkeit waren wir aufgewachsen. Wir hatten von den Suppenküchen gehört, mit denen die Befreier in den ersten Wochen nach Kriegsende Teile der deutschen Zivilbevölkerung, die Ausgebombten und die Bedürftigen, großzügig verpflegt hatten. Der Geist dieser Überlieferungen von sozialistischer Nächstenliebe konnte nicht falsch sein: Keiner von uns hatte je schlechte Erfahrungen mit den Rettern aus dem Osten gemacht. In gewisser Hinsicht erschienen uns die Russen, bei aller Härte ihres Soldatenalltags, freizügiger, offenherziger als unsere Erzieher und die Amtspersonen, mit denen wir in jungen Jahren aneinandergerieten – sie verschonten uns jedenfalls mit Belehrungen. Sie bewahrten auch dann noch ihre Lässigkeit und die grundsätzliche Sympathie für alle Nichterwachsenen, wenn wir ihre Verbote mißachteten und aus lauter Abenteuerlust in die Gefahrenzonen eindrangen.

Zu den großen Vergnügungen der Jugendzeit draußen am Stadtrand gehörten unsere Streifzüge über die Hellerberge. Ganze
Nachmittage trieben wir uns in dem geheimnisvollen Areal aus
Sanddünen und Kiefernwäldchen herum, das eigentlich militärische Zone war. Und dies nicht erst unter den neuen Besatzern.
Hier hatten schon Kaiser Wilhelms Soldaten den letzten Schliff
erhalten und später Hitlers motorisierte Welteroberer, vermutlich auch mein Großvater, bevor er zuerst in Frankreich, später
in Rußland einrückte. Das wellenreiche Geländeprofil dieser
überschaubaren Wüstenei von nur wenigen Kilometern Ausdehnung eignete sich gut für Panzerübungen. Auf dem höchsten
Plateau lag sogar ein Hubschrauberlandeplatz, wie wir schnell
herausfanden. Kein Erwachsener, der bei Verstand war, hätte
sich dorthin vorgewagt, nur solche losen Streuner wie wir, un-
zurechnungsfähige Wesen, konnten sich hinter den Stacheldraht-
sperren und verrosteten Warnschildern frei bewegen, als hätten
sie Tarnkappen über die Ohren gezogen. Dabei waren wir alles
andere als unsichtbar in unseren abgeschnittenen Jeans, den selbst-
gefärbten bunten T-Shirts und den nackten Füßen in Sandalen,
die man damals Jesuslatschen nannte. So gerieten wir einmal

mitten in ein Manöver zwischen die kämpfenden Linien. Wir hatten uns eben in einem der Unterstände, von denen einige, so phantasierten wir, noch aus Wehrmachtszeiten stammen mußten, eingerichtet, hatten die Laufgräben von Astwerk und Gerümpel befreit, die Bohlen mit alten Textilien verkleidet, als der Sturm über uns hereinbrach. Von allen Seiten hörten wir plötzlich Maschinengewehrsalven, das kurze, abgehackte Knattern der Kalaschnikows.

Durch die Büsche sahen wir in der Ferne Soldaten in regelrechter Schlachtordnung auf unser Wäldchen vorrücken. Da rollten sie hin, kollerten die Hügel hinab, die herrlichen Siegermaschinen des Zweiten Weltkriegs, Panzer vom Typ T 34, die den eckigen Rasselkästen der Wehrmacht beim Einmarsch in die Sowjetunion haushoch überlegen waren in ihrer Robustheit und Rundlichkeit. Mag sein, daß damals die Liebe zu den bauchigen Formen russischer Volkskunst erwachte, das Vergnügen an den Apfelbäckchen der Babuschkas, an Kirchen mit Zwiebeltürmen und an der Pausbäckigkeit der kyrillischen Buchstaben, die uns im Russischunterricht jahrelang quälten und neckten. Hatten diese Panzer nicht etwas vom dem Hexenhäuschen auf Hühnerbeinen aus dem russischen Märchen?

Ich füge hinzu, Momente wie diese – Momente, in denen das Herzklopfen am stärksten ist, aber auch die Gewalt des Eindrucks – können einen, über Jahre hinweg, empfänglich machen. Eines Tages traf mich ein Gedicht Ossip Mandelstams, das all das wieder heraufrief. »Man gab mir einen Körper, und was nun? / Mit ihm, dem einzigen, was mir gehört – was tun?«

Eine Weile blieben wir in Deckung. Durch die Schießscharten sahen wir ganz in der Nähe Truppen durchs Unterholz stürmen, schreiende Infanteristen voran, Funker mit Kabeltrommeln auf dem Rücken stolperten hinterdrein. Wir hatten zu viele Kriegsfilme gesehen, um nicht zu wissen, daß so ein echter Sturmangriff aussah. »Platzpatronen«, sagte wohl einer von uns, um sich wichtig zu machen, aber der Höllenlärm zerfetzte das Wort in der Luft. Und die dort Krieg spielten, sahen jedenfalls nicht wie Schauspieler aus. Natürlich wurden wir bei unserem Ausbruchsversuch in Richtung Gartenstadt sofort entdeckt. Aber die erwartete Reaktion blieb aus, man hielt uns nicht fest, keiner übergab uns der Polizei. Die Uniformierten waren genauso verdutzt wie wir, sie warfen uns böse Blicke zu und schickten uns – »Domoi, domoi!« – mit ein paar strengen Kommandorufen hinter die Gefechtslinien nach Hause. Mit den nackten Streichholzbeinen in unseren kurzen Hosen mußten wir ihnen wie Spaßvögel in einem ernsten Mosfilm-Epos über den Großen Vaterländischen Krieg erschienen sein. Wir gehörten so wenig auf dieses Übungsgelände wie in die russische Steppe ein Trupp munterer Waschbären.

Einige Sommer darauf sollten wir die Russen, unsere unbekannten Nachbarn, dann aber doch kennenlernen. Was in jener Nacht in den siebziger Jahren geschah, ist mir nur bruchstückhaft in Erinnerung, weil es mir wie ein wirrer Traum erzählt wurde und weil ich selbst, während es passierte, in fliegende Träume versunken war nach einer stundenlangen Autobahnfahrt. Wir waren wie jedes Jahr spät im August aus dem Ostseeurlaub heimgekehrt und erst nach Mitternacht angekommen. Der Wagen, ein Lastesel der Marke *Trabant*, stand, bis übers Dach voll bepackt, vor dem Haus, wir waren zu müde gewesen, ihn zu entladen. Anderntags erzählte man mir, was die halbe Nachbarschaft in helle Aufregung versetzt hatte. Ein russischer Soldat auf Aus-

344

gang hatte, von einer Sauftour heimkehrend, aus purer Bosheit allen vier Reifen die Luft abgelassen. Mein Vater, vom Zischen der Ventile aus seinem Prärieschlaf (wie er selbst es nannte) geschreckt, war im Schlafanzug aus dem Fenster gesprungen, hatte den Nachbarn herausgeklingelt, der nun seinerseits barfuß und im Pyjama als Verstärkung zu Hilfe eilte. Die beiden hatten den Übeltäter, der wild um sich schlug, überwältigt und zwischen den Straßenbahnschienen auf den Schotter geworfen. Dann hatten sie ihn, mit einem Abschleppseil gefesselt und als Bündel verschnürt, der Polizei übergeben wollen. Die aber lehnte die Zuständigkeit für den fremden Staatsbürger ab. Wieder mußte erst ein Offizier der Garnison benachrichtigt werden, der dem Spuk ohne viel Federlesens ein Ende machte. Der Russe wurde genauso brutal abtransportiert wie sein Kamerad vor dem Kino. Dem Vater habe der Schlafanzug in Fetzen vom Leib gehangen, berichtete Mutter nicht ohne Stolz, der Russe habe geknurrt wie ein Wolf und sich eine blutige Nase geholt. Ich dachte an *Peter und der Wolf*, und das Bild der gefangenen Bestie, von den Jägern an einer Stange kopfunter davongetragen, ging mir lange nicht aus dem Sinn.

Am anderen Morgen sah ich mir die Helden am Küchentisch an und nahm mir vor, die Geschichte nach den Schulferien meinen Freunden gegenüber aufzubauschen. Leider hatte ich den gefesselten Ilja Muromez selbst nicht zu Gesicht bekommen. Er ging als der erste Russe, mit dem nicht gut Kirschen essen war, in die Familiengeschichte ein. Ich sehe noch die Offiziere am Gartentor, das Grau ihrer Uniformmäntel mit der Doppelreihe goldener Knöpfe, die übertriebene Höflichkeit. Für einen Moment war unser Haus hinter der Taxushecke der Ort eines militärischen Zwischenfalls. Es war Sonntag, ein schwarzer

Wolga war vorgefahren, es klingelte, und eine Abordnung der Sowjetischen Streitkräfte in Deutschland samt Dolmetscher überbrachte meiner Mutter einen wahrhaft riesigen Blumenstrauß und Vater einen Zwanzigmarkschein, als Schadenersatz. Im stillen ärgerte ich mich nachher, daß ich mir nicht einen der schönen Orden erbettelt hatte, mit denen sie uns Zivilisten immer Eindruck machten. Eine der vielen Hammer-und-Sichel-Plaketten, die es in allen Größen gab, oder das Gardeabzeichen mit der nach links wehenden roten Fahne, oder den Orden »Roter Stern«, der wie Nagellack glänzte. Es war die Gelegenheit meines Lebens gewesen, und ich hatte sie vor lauter kindlichem Staunen verpaßt.

Unheimliche Mutter

Es waren die abgeräumten, die ausgeträumten
Stätten der Kindheit, die er sah,
Wenn er die Augen schloß und zurückging
In sich: den Jungen, der kilometerweit
Über Freiflächen irrte, wenn wieder
Einmal die Straßenbahn ausfiel, der Bus.
Einziger Anhaltspunkt in der Ferne
Vor den unsagbar sauberen Himmeln
Waren die neuen Plattenbauten, einzeln
Im Brachland verstreute Kästen. Viele
Glichen den Bienenstöcken, mit ihren
Reihen nie variierter Balkons, andere
Den Spalten der Kreuzworträtsel
Im Wochenendblatt. Auf einem
War als Lösung hoch oben am Giebel
Eine Leuchtschrift zu lesen, die sagte:
DER SOZIALISMUS SIEGT.
     Im Zentrum aber,
Weithin sichtbar, stand die Trümmerfrau,
Unheimliche Mutter aus Bronze,
Eine Frau jenseits der Moden,
In Kleid und Hosen, mit Kopftuch, Schürze,
In der Hand fest den Ziegelhammer,
Und starrte ins Leere.

Er selber fühlte sich leer, wenn er so ging,
Mittellos in den Tag hinein. Es machte
Ihm nichts aus, von allen Geistern
Verlassen zu sein. Er sah die Elbe,
Die vor ihm viele sahen, den trüben
Fluß, der alle Kindheiten schluckte,
Wußte, daß nichts ihm gehörte, nichts hier
An ihn erinnern würde. Er spürte
Beim Berühren des Brückengeländers
Die staatliche Kälte, den neuen Wind,
Der durch alle Zellen fegte, im Nacken
Den weit in die Zukunft gerichteten
Blick der Trümmerfrau –
Und wußte, man konnte ihm nichts
Nehmen, ihm nichts geben.
Man konnte ihm nichts ...

Ungetauft

»And no religion too.«
John Lennon, Imagine

Vor kurzem erst fand ich das alte Anschreiben wieder. Beim Lesen überkam mich eine Heidenangst. Da hatte sich also, wenige Wochen bevor ich volljährig wurde, das Evangelisch-Lutherische Pfarramt Dresden-Klotzsche gemeldet und um Auskunft gebeten. »Aus unserer Kartei ist nicht ersichtlich, ob Sie durch die Heilige Taufe Glied unserer Kirche geworden sind. Es wäre sehr freundlich von Ihnen, wenn Sie uns so bald wie möglich Ihr evtl. Taufdatum mitteilen könnten.«

Das »evtl.« irritierte mich – Abkürzungen waren ein Zeichen der Bürokratie. Damals machte ein solches Schreiben denselben Wirbel wie jedes andere amtliche Dokument, das uns ins Haus flog. Schon bei dem Wort Kartei war Vorsicht geboten. Im Zusammenhang mit dem gesellschaftlich so exotischen, ja eigentlich tabuisierten Ritual der Taufe klang es wie eine Bedrohung. Konnte das wahr sein? Die Kirche, die für manche das einzige Asyl war in einem Staat, der mit seinen Tentakeln in jedes Privatleben hineinlangte, ausgerechnet die Kirche sprach im sachlichen Ton einer Behörde?

»Warum bin ich eigentlich nicht getauft?« fragte ich beim Abendessen die Eltern. Ich fragte es und versuchte dabei, mit dem Kauen nicht aufzuhören. Ich fragte es wie einer, der bald erwachsen sein würde und nun ein paar Dinge klären mußte, die ihn als Mann später sicher einmal betreffen würden. Es war der Sommer nach dem Abitur, die letzte Verschnaufpause vor der großen Mobilmachung. Im November würde mich der Einberufungsbefehl aus dem Zivildasein reißen, dann wurde es ernst. Der Körper gehörte dann einem Staat, der mich im Weltklassenkampf zum Dienst an der Schußwaffe beorderte. Mit dem Wehrpaß erhielt man, das wußte ich, eine Blechmarke, die beim Einsatz an der Front im Todesfall in der Mitte entzwei gebrochen wurde. Das war alles, was von einem bleiben würde. Höchste Eisenbahn also für ein paar letzte Fragen.

»Warum habt ihr mich nicht taufen lassen?« hakte ich nach. Es zeigte sich, daß ihnen die Sache peinlich war. Als erste brach meine Mutter das Schweigen. »Weißt du, so wichtig war das nicht. Ich bin getauft, aber gemerkt habe ich nichts. Es macht keinen Unterschied.«

Dummerweise lernt man die großen Worte nicht alle gleichzeitig kennen. Das Abc ist ein nützliches Werkzeug, und man hört niemals auf, sich in seinem Gebrauch zu üben. Aber es hängt von den Lesebüchern ab und von der Gunst einzelner Lehrer, wann man ihre lebenswichtigen Anwendungen gezeigt bekommt. So habe ich das Wort Seelenheil während der ganzen Schulzeit sicher kein einziges Mal gehört. Selbst in der *Christenlehre*, die ich einem Freund zuliebe eine Zeitlang besuchte – er mußte am Unterricht teilnehmen, mich lockte Neugier und die Aussicht auf die kleinen farbigen Geschenkbildchen mit den biblischen Szenen –, gehörte seine Ergründung nicht zum Repertoire. Man erzählte dort Bibelgeschichten, herrliche Episoden wie aus Tausendundeiner Nacht, aber um die Sache des einzelnen wurde schamvoll herumgeredet. Seelenheil: So etwas fand man bei Augustinus oder bei Kierkegaard, obskuren Quellen, in deren Nähe mich der Übermut trieb, als ich mich beim Universitätsstudium später zu langweilen begann.

Ich saß also mit leeren Taschen am Abendbrottisch, als die Diskussion anfing. Meine Fragerei war nur ein Versuchsballon. Ich war verunsichert – nun ging es darum, die einzigen Menschen, die sich um mich sorgten, in die Verunsicherung einzubeziehen. Eine kleine Aussprache, dachte ich (ohne mich mit der Vorstellung vom Seelenheil lange zu quälen), konnte nicht schaden. Vom kommenden Winter an war mein Leben dem Drachen versprochen, und nichts hätte die Macht, die mich in eine Uniform steckte, erweichen können. Ich hatte nichts zu verlieren. Meine Lage war so beschämend aussichtslos, daß die Ohnmacht mich frech und leichtsinnig machte.

Mein Vater versuchte mit einem dezenten Stöhnen die Situation zu entschärfen. Er mochte keine schlüpfrigen Debatten, und überhaupt war Religion nie ein Gesprächsgegenstand in dieser Familie gewesen. Außer zur Weihnachtszeit und auf Reisen ins benachbarte Polen und in die böhmischen Dörfer der angrenzenden Tschechoslowakei hatte ich nicht viele Kirchen von innen gesehen. Einmal war ich dabei, wie in dem Städtchen Most ein solcher Bau, ein besonders kostbares spätgotisches Kirchlein, verschoben wurde, das war im Jahre 1975. Wir hatten in der Zeitung davon gelesen und beschlossen, uns den einmaligen Akt der Evakuierung mit eigenen Augen anzusehen. Die Kirche Mariä Himmelfahrt mußte, wie die gesamte Altstadt, dem Kohlebergbau weichen, sie wurde auf Schienen gesetzt, Zentimeter um Zentimeter mit dem ursprünglichen Fundament an einen anderen Ort transportiert und dort, um neunzig Grad gedreht, abgesetzt. Das war ein so ergreifendes Schauspiel, daß ich es niemals vergessen habe. Damals kam es mir vor, als hätten alle daran Beteiligten, Transportarbeiter, Polizisten, Feuerwehrleute, Stadtverordnete und Schaulustige, einschließlich meiner neugierigen, eigens für die Aktion angereisten Eltern, ein schlechtes Gewissen gehabt. Ihre Gesichter verrieten außer Staunen und Besorgnis auch ein tiefes Unbehagen, als der fragile Bau unter freiem Himmel seine Wanderschaft antrat. Schwere Regenwolken verliehen der Szenerie eine Düsterkeit, die gut zur bedrückenden Stimmung paßte. Es war, als wären alle in ein unheilvolles Vergehen verstrickt, in das sie sich widerwillig fügen mußten. Es wurde viel photographiert, auch das tschechische Fernsehen hatte eine Abordnung geschickt. Warum so viel Aufwand für etwas, an das doch keiner glaubte? Sie waren mir eine Antwort schuldig.

»Wir konnten dich damals schlecht fragen. Wir hätten es ohne dich entscheiden müssen, buchstäblich – über deinen Kopf hinweg. Und das schien uns nicht recht.«

Das war zartfühlend gedacht, »kindgerecht«, und dazu noch modern. Es entsprach dem Lebensgefühl junger, moderner Eltern, die Anfang der sechziger Jahre ein Kind bekamen, ohne sich groß Gedanken zu machen, nicht selten ungeplant – es waren die letzten Jahre vor Einführung der Pille. Damals ging im Osten Deutschlands ein Spruch von Karl Marx um, der von allen, die man immer wieder zu lesen bekam, in Lehrbüchern, auf Transparenten und Häuserwänden, der eingängigste war und den Vorteil hatte, daß er sich auch auf das Regime und seine Glaubenssätze anwenden ließ: Religion ist das Opium des Volks.

Mir das archaische Ritual zu ersparen war bestimmt sehr rücksichtsvoll gewesen. Als Kind gehörte ich zu den Angsthasen, die beim Haarewaschen immer ein Riesentheater machen. Wer weiß, welches Trauma vom Untertauchen, welches Märchen vom Halsabschneiden dahintersteckte. Soweit mir bekannt war, wurde bei Kindstaufen nie Seifenschaum oder irgendein Shampoo verwendet. Mit solchem Sarkasmus versuchte ich sie in die Enge zu treiben. Das Wasser im Taufbecken ist kristallklar, argumentierte ich, auch daß kein Baby jemals Wasser schlucken muß. Sie aber blieben unbeirrt und beharrten auf ihrem Alibi vom freien Willen. »Wir dachten, wenn du alt genug bist, kannst du dich immer noch taufen lassen.«

»Als erwachsener Mensch?« fragte ich trotzig zurück. Ich malte mir aus, wie umständlich es bei der Körpergröße eines ausgewachsenen Mannes sein mußte, wenn der Priester ihn über das Taufbecken hielt. Die Vorstellung war uns allen dreien peinlich, so daß wir das Thema bald fallenließen.

Wir haben es seither nie mehr berührt. Gut möglich, daß meine Mutter am Ende der Mahlzeit einen Apfel aufschnitt und ihn mir anbot. Oder der Vater kam im Scherz wieder auf die Zwiebel zurück, die bei Tisch immer für Unterhaltung sorgte, eine Art Mutprobe und familiäre Zirkusnummer. Damit konnte er mich in die Enge treiben. Mich ekelte vor ihrem Geschmack, und eines Tages hatte er mir zur Belohnung fünf Mark angeboten, wenn ich in eine rohe Zwiebel beißen würde. Ich sollte sie ganz aufessen, nichts übriglassen, nur dann würde ich mir das Geld verdienen. Das Fünfmarkstück lag zwischen uns auf dem Tisch. Ich habe immer wieder mit mir gekämpft, aber nie konnte ich mich dazu überwinden. Die Zwiebel war der Inbegriff alles Scheußlichen für mich, und er wußte das, es war ein Demütigungsritual. Schon der Gedanke daran trieb mir die Tränen in die Augen. Heute, da ich Zwiebelsuppen, Zwiebelsalate, sogar Zwiebelkuchen mit dem größten Appetit verspeise, würde ich sagen: Ich bin an der bloßen Vorstellung gescheitert. Dabei kannte ich sie längst, hatte sie als Bild vollständig in mich aufgenommen, als Metapher der Beatles, so wie die Erdbeerfelder und Lucy im Himmel mit ihren Diamanten. Nichts war real. »Glass Onion« war einer der Titel des Weißen Albums, den ich mitsingen konnte.

Diese Erinnerungen könnten leicht etwas Nachtragendes haben, aber das ist es nicht. Ich habe meinen Eltern nichts vorzuwerfen. Damals aber haderte ich im stillen mit ihnen. Ihr habt gut reden, dachte ich, ihr seid beide getauft, wie es sich gehört. Und ich weiß nicht, warum mir das gerade jetzt wieder einfällt. Am selben Küchentisch geschah es eines Morgens, daß ich erwachsen wurde.

Es war Anfang Dezember, der letzte Winter vor dem Abitur. In den Morgennachrichten des Deutschlandfunks, heilige Stunde für die ganze Familie, ehe sie in den Tag ausschwärmte, schneite die Meldung vom Tod John Lennons zu uns herein. Ich starrte auf das Kofferradio und versuchte mir New York vorzustellen, den Ort, an dem das Undenkbare geschehen war, eben erst jetzt. *Jetzt, jetzt, jetzt.* Ich kaute an meinem Frühstücksbrot und kam mir beim Kauen plötzlich vor wie ein Kamel. Um elf Uhr nachts New Yorker Ortszeit war John Lennon, der Held meiner Jugend, vor seinem Haus am Central Park von einem Psychopathen erschossen worden. Der Mann mit der Nickelbrille, die jeder Dresdner Junge, der etwas auf sich hielt, damals trug. Sie gehörte zu den Accessoires jener Jahre, wie die Thälmann-Jacke, die Bluejeans, die Tramperschuhe und die Jesus-Latschen. Unfaßbar. Zum ersten Mal in meinem Leben hatte ich das historische Gefühl – ein lähmendes, im ganzen Körper sich ausbreitendes Gefühl – der Ohnmacht vor etwas viel Größerem, dem Tod als solchem (das war mir im selben Augenblick klar). Am liebsten wäre ich in das Radio hineingekrochen. Ich wollte, daß der Sprecher die Meldung wiederholte und alles rückgängig machte. Die Eltern hatten kurz aufgehorcht, waren erschrocken oder eher verblüfft, aber dann ging es für sie weiter, die Weltnachrichten setzten sich fort. Natürlich war es für sie nicht dasselbe. Ein Messer war durch die Familie gefahren, hatte die Generationen getrennt. Von diesem Augenblick an war nichts mehr sicher, nichts mehr gewiß. John Lennon, geboren am 9. Oktober 1940.

Erst viele Jahre später geriet ich durch einen Zufall in die Nähe einer Antwort auf meine offene Frage. Es war in Naumburg, am Rande einer Tagung im Namen Friedrich Nietzsches, die mit einer Feier und einer Preisverleihung endete. Ohne zu übertreiben, kann ich sagen, daß der Philosoph, der als Sohn eines Pfarrers geboren wurde und als selbsternannter Antichrist starb, dabei der Katalysator war. Wenigstens war sein Werk einer der Gründe für das Klima der allgemeinen Lockerheit, das dort herrschte. Wer wollte, konnte die ungeheuerlichsten Dinge äußern und mußte nicht fürchten, daß jemand sie allzu ernst nehmen würde. Mir war der Nietzsche-Kult immer suspekt. An dem Tag aber war ich von der Feierlichkeit angesteckt. Und das nicht nur, weil eine Jury mir die Hauptrolle zugedacht hatte. In den Wochen davor hatte ich, persönlich herausgefordert, noch einmal das Gesamtwerk durchgeackert – mit wachsender Euphorie, wie mir auffiel, die sich hinterher ebenso schnell wieder legte. Es war der typische Nietzsche-Rausch, die Empfänglichkeit für seine Gesangsstimme, die alle die kühnen Sätze trug und wie einen Ballon in die Höhe trieb. Manche Seele wird man nie entdecken, war da zu lesen, und die bange Frage eines einzelnen, der immerfort zweifelte und im Verzweifeln tapfer philosophierte. Hörte jemand ihr zu?

Kaum war das offizielle Programm vorbei, stürzten alle erleichtert zum Büfett. Mutter, die in ihrer sächsischen Offenheit selten ein Blatt vor den Mund nahm, stand beim Hähnchensalat und sagte, so laut, daß jeder es hören konnte: »Da war es doch gut, daß wir nichts dagegen unternommen haben.« In ihrer Nähe fing jemand aus vollem Halse zu lachen an. Es war meine Frau, die mir zuzwinkerte und den Satz später gern kolportierte, dazu die Reaktion des Vaters. Ihm war die Äußerung, wie die ganze Situation, einigermaßen peinlich. Posaunte man denn das Privateste so laut aus? Dabei war er es, der bei Familienfesten gern zum besten gab, welchen Eindruck sein Sohn auf ihn gemacht hatte, als die Krankenschwester ihn ans Wochenbett brachte. Das Neugeborene muß ein besonders runzliges Exemplar gewesen sein. Was dem Vater, in bester Laune und Heimwerkermanier, den Kommentar entlockte: »Den sollten wir erst mal mit Spannlack streichen.«

Ungetauft, ungewollt, unansehnlich – der Dreiklang hat lange in mir nachgehallt. Und ich frage mich, warum die böse Einsicht mich hin und wieder noch heimsucht, wo doch alles so lange zurückliegt und nicht mehr zu ändern ist. Sowenig wie die Sprache der Ämter, die ein Neugeborenes damals empfing, dies unerträgliche Bürokratendeutsch. Was für ein unheimliches Dokument doch so eine Geburtsurkunde ist. In meinem Fall war es eine Klappkarte aus gelbem, verblichenem Karton. Darauf findet sich, in blauer Tinte geschrieben, der Eintrag: 2970 Gramm *Abgangsgewicht.* So bin ich also abgegangen …

Ich werde abgehen, von dieser Welt davongehen, ein reines Quantum. Gewogen und für zu leicht befunden, als bloßer Körper, aber das macht nichts. Ich kann es nicht ändern.

Zoologische Internationale

Ich erinnere mich an den Zoo meiner Kindheit, den Dresdner Zoo hinter dem Großen Garten. Wenn ich die Augen schließe, sehe ich einen weitläufigen Park, lang hinführende, schnurgerade Alleen, an deren Kreuzungen gigantische Henkelvasen postiert waren, schwer genug, ein Kind zu erschlagen. Und hier und da lauerten Figuren aus Marmor oder Sandstein, Hüter des guten barocken Geschmacks. Ein alter, verdrossener Herkules, dem die Keule zu schwer geworden war. Eine streng blickende junge Frau, Hortnerin oder Kindergärtnerin, die einem kleinen Jungen die Flügel stutzte. Schreckliche bärtige Greise, brutale, muskulöse Pferdemenschen, die nackten Frauen Gewalt antaten, indem sie die Wehrlosen bei den Schenkeln packten, durch die Luft schleuderten und ihnen die Kleider vom Leib rissen. Eine wahre Freilicht-Geisterbahn war das, mitten im Grünen, zwischen Rosenbeeten und Rhododendronbüschen.

Außerordentlich klare Erinnerungen an den Dresdner Zoo haben sich in mir festgehakt. Woran mag das liegen? Wahrscheinlich daran, daß ich, so weit ich zurückdenken kann, die Absicht hatte, Zoodirektor zu werden – oder wenigstens Tierforscher in Afrika. Und schließlich, letzte Schwundstufe, zumindest Veterinärmediziner. »Irgend etwas mit Tieren«: Tatsächlich war es der erste Berufswunsch gewesen, der innigste und der langlebigste. Nur weil er sich nie verwirklichen ließ, habe ich später versäumt, überhaupt einen Beruf zu ergreifen. Die Enttäuschung war einfach zu groß. Alles war an den dumpfen bürokratischen Formen staatlicher Berufsberatung zuschanden geworden.

ES FÄLLT MIR SCHWER, ZU SAGEN, WIE ALLES KAM, WIE ES GEKOMMEN IST. Jedenfalls ist es anders gekommen, ganz anders, als je gedacht. Ich muß nur ein paar frühe Photos betrachten, schon werden mir die Knie weich. Hunderte Bilder, und in keinem erkennt man sich wieder.

Kennst du das? Wenn du plötzlich nicht mehr mit Bestimmtheit sagen kannst, wer du bist? Wenn dir klar wird, daß du vergessen hast, wer du einmal warst? So viele Bewußtseinsstadien, Situationen des Lebens, so viele Ansichten von ein und derselben Person – und stets war sie ein anderer und sagte und schrieb dabei doch immer treuherzig: Ich.

Erinnerung funktioniert wie ein Kaleidoskop. Es gibt die Sensationen und Anekdoten, die Haupt- und Staatsaktionen des Lebens. Damit muß man sich nicht aufhalten, sie kehren immer wieder, ein sicherer Sagenschatz. Das meiste aber verschwindet und taucht nur durch Zufall wieder auf, wenn Prosa den Zauberstrahl findet, das Funkeln der Kristalle am Boden des Spielzeugs zu bündeln weiß. Kleine Objekte sind es, farbig und ziemlich konturenscharf, sie werden zu Reflektoren. Glas ist im Spiel, ein Fenster als Ausblick, ein Spiegel als Bildfang, ein belichtetes Stück Papier. Die Muster liefert das Kurz- oder Langzeitgedächtnis, als wäre das menschliche Hirn konstruiert wie ein optischer Apparat.

SCHARFE ERINNERUNGSSPLITTER VERBINDEN SICH MIT DEM WORT ZOO. Um 15 Uhr mußten alle im Raubtierhaus sein, die Fütterung der Riesenkatzen war angekündigt. In der Ferne erschallte ein Gong. Alt und Jung folgten dem Ruf, überließen den traurigen Orang-Utan seinem Schicksal, ließen die Kamele links liegen, trabten an den Huftierherden vorüber, selber zur Huftierherde verwandelt, und eilten den Löwenkäfigen entgegen, einige mit ihren Kinderwagen. Das Gebrüll, gemacht, Mensch und Tier in die Flucht zu schlagen, zog sie magisch an. Wären sie auch auf die Nachricht »Der Löwe ist ausgebrochen« herbeigelaufen gekommen? Alles drängt sich um die Käfige der Paschas mit den blonden Mähnen, die Weibchen wurden vorsorglich ausgesperrt. Die Fütterung erfolgt streng getrennt nach Geschlechtern.

Die Luft ist spannungsgeladen. Ich zittere wie Espenlaub, ein kleiner Junge im Strickpullover, die weißen Kniestrümpfe ordentlich über die Knöchel gerollt. Mir ist schwindlig von dem scharfen Urindunst, der in den Augen beißt.

Jemand klatscht in die Hände, und ein Schwarm Fliegen erhebt sich. Dann werden große, blutige Röhrenknochen in einem Schubkarren herbeigeschafft. Der Tierpfleger schwenkt sie wie brennende Fackeln, bevor er sie auf dem Betonboden abwirft. Das Kratzen an der Stahltür beginnt, ein dumpfes Grollen wird hörbar, die Nervosität auf beiden Seiten steigt. Eine Löwin steht draußen im Freigehege, in der Felsenlandschaft, die aussieht wie eine kleine Sächsische Schweiz. Sie hat die Beute gerochen und streift nun hechelnd hinter der Mauer entlang. Der unbändige Futterneid: Wie Schwingungen geht das zwischen den Raubtierkörpern hin und her.

Durch eine Luke wird der Fraß in den Käfig geschoben.

Rumms! kracht die kleine Tür wie ein Fallbeil herunter. Nun sieht man auch Teile von Eingeweiden, Batzen rohen Fleisches von der Größe Neugeborener. Der Tanz beginnt. Bühnenreif sind die Auftritte der Raubkatzen, jede eine Einzelpersönlichkeit, sie haben etwas von alten Schauspielern. Einer der Patriarchen hat sich sofort einen blutigen Klumpen gekrallt, er faucht eine Pflegerin an, die nun hinter dem Gitter erscheint. »Ruhig, Mäuschen, ganz ruhig«, ruft sie ihm zu. Aber er sieht sie nur finster an. Aus dem Grollen ist nun ein Röhren geworden, aus der Tiefe des Brustkorbs herauf, dann ein Brüllen, immer furchterregender – nichts für zarte Kinderohren, ich verstecke mich hinter Mutter. Schließlich der Gipfel: das Gebrüll des afrikanischen Löwen, ein wahrhaft majestätisches Gebrüll, ganze Landstriche erschütternd. Die Luft wird dabei durch den Rachen gepumpt, der Körper von Konvulsionen geschüttelt. Löwengebrüll, so scheint es, wird förmlich erbrochen. Ich habe mich aufgelöst, ganz in Furcht aufgelöst, Tränen glitzern mir in den Augen. Und dennoch konnte ich keinen Moment wegsehen. Erst als Mutter mich fortzog, löste sich die Erstarrung. Aufwachend sah ich die feuchten Betonböden, hier und da Blutlachen, das System der Gitter und Stahltore im Stil einer Strafvollzugsanstalt. Und überall Exkremente, Haufen von Exkrementen.

Warum photographieren die Leute so gern ihren Nachwuchs? Sicher, aus Affenliebe, aus Vater- und Mutterstolz, schlichter Sentimentalität zumeist.

Oder aus plötzlicher Einsicht in das gleichgültige Wesen der Zeit. Den Augenblick festhalten, sich einen Sekundenbruchteil lang gegen den Fortgang stemmen, den Fortschritt auch, all das unbewußt. Das Objektiv geht in Stellung, sobald das Kind seine ersten Schritte macht. Benutzt wird die jeweils neuste Technik. Würden Tiere dasselbe tun, wenn sie die Apparate beherrschten?

ALS KIND GELANG ES MIR OHNE WEITERES, MICH IN EIN TIER ZU VERWANDELN. Ich weiß noch, wie sich die ersten Regenwürmer, die ich im heimischen Garten als Köder zum Angeln aus der Erde zog, auf dem Handteller anfühlten. Wie ich mich, über die Regentonne hinter unserem Haus gebeugt, im dunklen Wasser betrachtete, während winzige Kaulquappen, Mitbringsel von den glücklosen Fischzügen, mit kurzen Flossenstößen mein Spiegelbild kreuzten. Wie ich eines Tages mit einem Pappkarton voller Küken, Geschenk eines Geflügelzüchters aus der Umgebung, in Vaters Keller gestürmt kam – am liebsten hätte ich mich selbst unter die gelben Flaumfederbällchen gemischt, während Vater mich nur entgeistert ansah und sagte: »Willst du jetzt Hühner züchten? Unsere Eier kaufen wir lieber im *Konsum*.« Damit war der Konsumladen gemeint, in dem die Ortseinwohner ihre Grundnahrungsmittel kauften. Es gab zwei dieser staatlichen Einrichtungen in Hellerau. Im übrigen waren es keine Bällchen, sondern kleine Aufziehpüppchen auf roten Streichholzbeinen, die immerfort piepsten und hüpften, in einem heillosen Durcheinander. Kaum hatte ich sie auf der Wiese ausgesetzt, war ich auch schon damit beschäftigt, sie alle wieder einzusammeln. Am selben Nachmittag mußte ich sie zurückbringen, mich bei dem großzügigen Onkel entschuldigen. Er hatte dem Kind eine Freude machen wollen, nun mußte er sehen, welches Unglück er damit angerichtet hatte.

Dann lief mir der erste Igel meines Lebens über den Weg. Er war unter dem Gartenzaun hindurchgekrochen und hatte sich raschelnd hinter dem Geräteschuppen zu schaffen gemacht. Im

Schein meiner Taschenlampe erstarrte er, so wie auch ich erstarrte. Bis hierhin und keinen Schritt weiter: als wären wir füreinander bestimmt gewesen. Was aber fängt man mit einem Igel an? Ich sehe noch Mutter im geblümten Nachthemd, wie sie, ein gütiges Gespenst, das Schälchen Milch an die Fundstelle bringt und wie der kleine stachelbewehrte Kerl Vertrauen faßt und zu trinken beginnt. Damit konnte ich einschlafen und war im Traum noch lange der Igel.

DIE FRÜHEN TAGE SIND DIE ÜBERBELICHTETEN TAGE. Was weiß und sieht ein Kind von drei Jahren? Mir scheint, die ersten Bilder sind alle verdorben, weil damals die Sonne noch alles war. Sturzfluten von Licht haben die Aufnahmen gelöscht, als hätte man mitten in die Sonne hineinphotographiert.

Als erstes taucht aus den Archiven eine Mutter-Kind-Szene auf. Sie enthält einen ganzen August, einen löwenhaft prächtigen Tag voller Zwischenfälle und Sensationen. Tatsächlich liegt Dresden in ihr im gleißenden Sonnenlicht. Ein kleiner Junge, er hat eben erst eine der Elbebrücken überquert in Richtung *Postplatz*, Stadtzentrum, geht an der Hand seiner Mutter. Er zieht ein Objekt hinter sich her, ein schneeweißes Hündchen auf Rädern. Er ist fein herausgeputzt, in Sandalen und Kniestrümpfen. Er trägt etwas Handgestricktes, Pulli und Hose, das sich so weich und flauschig anfühlt wie das Fell seines Hündchens. Blickt er zur Seite, kann er die Hand sehen, die diese Sachen gestrickt hat. Sie streckt sich der seinen entgegen, fängt sie, wenn er losläßt, immer wieder sanft ein. Diese Hand gehört einem höheren Wesen, einem Schutzengel in weißem Rock, weißer Bluse, einer Madonna oder etwas Ähnlichem, das er sich angewöhnt hat, *Mama* zu nennen. Wovon er nichts ahnt, ist das Glücksgefühl, das der erwachsene Mensch beim Umschließen der Kinderhand spürt. Auch weiß er nichts von der Wehmut, die damit einhergeht. Er sieht auch nicht das Schild Einbahnstraße, das hinter Mutters Rücken in Kopfhöhe der Erwachsenen nach rechts zeigt. Er kann noch nicht lesen.

IST ZEIT, LEBENSZEIT EINE EINBAHNSTRASSE? SIE LÄSST SICH NICHT UMKEHREN. Versuche der Reversion, Reverien, Rückzüge über die Risse im Realen hinweg, kommen erst später, wenn das Lesen beginnt. Daß aber alles durch und durch wechselseitig ist, reziprok, daß die Gefühle auf demselben Weg zurückkehren, den sie gekommen sind, begreifen beide erst, wenn sie sich eines Tages an diesen Tag erinnern. Der kleine Junge sieht einstweilen nur die Schatten, die neben ihnen herwandern. Den großen der Mutter, seinen eigenen kleinen – und den des Hündchens, das brav hinterherrollt. Die Schatten kriechen über die Häuserwände der *Wallstraße*, sie knicken bei einem Kiosk ab und biegen am »Ring-Café« um die Ecke. Dann gleiten sie über Straßenbahnschienen und Schauvitrinen und über einen Platz, wo sie in einem Springbrunnenbecken schwimmen lernen. Wenn er sich umdreht – denn er ist mit seinem Hund ein ganzes Stück vorausgeeilt –, sieht er die fesche Turmfrisur seiner Mutter. Ein Kunstkenner hätte in ihr vielleicht etwas Ägyptisches erkannt, damals nannte man es einen Dutt. Neben dem kleinen Jungen schreitet die Nofretete von Dresden. Die beiden sind unterwegs, ihr Ausflugsziel ist der Zoologische Garten.

UM SIE HERUM ERSTRECKTE SICH DIE SOZIALISTISCHE STADT. ES WAR EINE STADT DER FRAU-EN. An manchen Tagen schien es auf den Straßen fast nur Frauen zu geben, viele mit Kinderwagen, andere hatten mindestens ein Kind an der Hand. Überall Frauen: im Sportartikelgeschäft und im Feinkostladen, in den Warenhäusern beim Einkauf, in sämtlichen Abteilungen, nicht nur bei den Braut- und Damenmoden. Trauben von Frauen vorm Eiscafé, rings an den Tischen verteilt, die Handtasche neben sich, beim Schwatz mit anderen Frauen. An ihnen vorbei schlenderten Frauen mit Aktentaschen oder mit einem Kopfkissen unterm Arm, oder solche mit großen elastischen Einkaufsnetzen. Dazwischen hüpften allenfalls ein paar Jungs in kurzen Hosen herum. Ansonsten Frauen – in allen Größen und Altersgruppen, mit und ohne Halstuch, Frauen in Faltenröcken und bunten Blusen, oftmals der einzige Farbpunkt im allgemeinen Grau-in-Grau. Frauen setzten den Farbakzent.

Denn dies war das graugestreifte Dresden, von dem der russische Konstruktivist gefabelt hatte, in einer erstaunlichen Vorwegnahme der Verhältnisse. *Ganz Dresden war grau gestreift, die Elbe ein Streifen auf grauem Grund, die Häuser waren grau, die Sixtinische Madonna war grau gestreift.* Aber nein, schon war alles wieder ganz anders!

Auch Dresden, die werdende Großstadt der sechziger Jahre, war festlich herausgeputzt. Viele der Kriegsschäden waren nun überschminkt, die Baulücken gefüllt mit monotonen Einheitskästen von zumeist quaderförmiger Architektur. Sah man ge-

364

nauer hin, hatte die Stadt noch immer etwas von einem schlechten Gebiß – lauter ausgeschlagene Zähne. Stellenweise war sie von den Fliegerbomben so kahl geräumt worden, daß da überall Brachflächen gähnten, riesige Parkplätze für die künftigen Autos, breite Aufmarschstraßen, wo einmal das Herz der Barockresidenz geschlagen hatte.

Der Junge aber hatte keinen Blick für die historischen Eigentümlichkeiten seiner Umgebung. Sonst hätten ihm die dunklen Sandsteinfassaden der Gebäude auffallen müssen, die zernarbten Portale und rußschwarzen Fensterhöhlen und auf den Kirchendächern Figuren, die Engeln glichen mit ihren versengten Flügeln. An diesem Tag gab es für ihn nichts Wichtigeres als das kleine flauschige Haustier, das einem ruckartig folgte, wenn man nur kräftig genug an der Leine zog.

Nur, wo waren die Männer geblieben? Es war, als hätte man den männlichen Teil der Bevölkerung evakuiert. Vielleicht waren sie im Fußballstadion, in den Kleingartenanlagen mit ihren ewigen Reparaturarbeiten beschäftigt. Oder sie standen hinter der Kamera, wie in diesem Fall. Denn die Aufnahme hat niemand anderer gemacht als der Vater, ein passionierter Freizeitphotograph.

Wir hatten den *Pirnaischen Platz* hinter uns gelassen und saßen nun in der Straßenbahn Richtung Großer Garten. »Zoo«, sagte der kleine Junge. »Wo ist?« fragte er. Und wiederholte noch mehrmals: Zoo, wo, Zoo, wo?

EINE KLEINBAHN FÜHRTE DORTHIN, BETRIEBEN VON UNI-
FORMIERTEN KINDERN. Am Bahnhof »Frohe Zukunft« be-
stieg das Trio Vater–Mutter–Kind die Pioniereisenbahn. Die
mitreisenden Großen mußten sich dazu fürchterlich bücken
und krümmen. Wie die Fledermäuse hockten sie, in ihren viel
zu großen Körpern, zusammengefaltet auf den harten Bänken.
Das Personal, die Truppe der kleinen Fahrkartenknipser und
Kontrolleure, hatte in seinem zur Schau gestellten Kollektiv-
stolz etwas von dienstbeflissenen Kobolden, klassenbewußten
Zwergen. Sie waren die Schaffner, die unter den Augen erwachsener Aufpasser und Lokomotivführer den Betrieb aufrechter-
hielten. Dabei erinnerten sie an jene ältlichen Geschöpfe, die
Heinzelmännchen, alte Bekannte aus dem Kinderbuch. *Die
Männlein schwärmten, und klappten und lärmten, und rupften und
zupften, und hüpften und trabten.* Genau so ging es dort zu. Es
war, als sei die Miniatureisenbahn mit ihrer schwarz glänzenden Lokomotive und dem schmucken, bis zum Rand mit Eier-
briketts gefüllten Tender einem der deutschen Kunstmärchen
entsprungen. Eine echte Dampflokomotive im Zwergenmaß-
stab, kaum zu glauben: Gullivers Traum! Zumindest hatte es

sie schon lange vor dem letzten Krieg gegeben, zu einer Zeit, als die Schaffner Knickerbocker trugen und alle Herren noch Hüte und als die Kioskbuden im Großen Garten noch Produkte wie Sarotti-Schokolade und Juno-Zigaretten im Angebot hatten. Nur hieß sie damals noch *Liliputbahn*. Sie gehörte zu den modernen Attraktionen der Stadt, wie das legendäre Kugelhaus, ein Stahlgerüstbau mit schillernder Eisenblechfassade, der Sprechende Turm von der Jahresschau Deutscher Arbeit und der Gläserne Mensch im Tempel des sogenannten Hygiene-Museums. In diese Reihe der technischen Wunderwerke paßte auch die emsige Zwergenbahn. In kurvenreicher Fahrt verband sie einen direkt mit dem Zoo.

DER ZOO WAR EINE MÄRCHENBÜHNE, EINE GROSSANGE-LEGTE KULISSE. Ein Theater der Lebensräume aller fünf Kontinente. Seine fromme Lüge war das Willkommensein. Seid umschlungen, Voyeure, Genießer des Einblicks in den Alltag gefangener Existenzen. Und auf empfängliche Wesen wie ihn, den kleinen Jungen mit seinem Hündchen auf Rädern, hatten die Drachenhüter, die Betreiber der Zoo-Vollzugsanstalt, nur gewartet.

Daß Antilopen in Stallhäusern leben und Bären in Felsenburgen, erfuhr er erst dort. Da gab es Stelzvogelwiesen, Kanäle mit buntem Wassergeflügel, künstliche Hügel, angelegt für die Bergziegen und Gemsen. Es gab die Maschendrahtkonstruktion einer großen Flugvoliere, in der sich Geier tummelten (ein älterer Herr mit Hut und steifem Bein nannte sie die Hyänen der Lüfte), allerlei Raubvögel und auch einen Andenkondor, der alles tat, um nicht mit der Bande abgerissener Kormorane, diesen Proleten auf ihren über und über mit Kot bespritzten Bäumen, verwechselt zu werden. Auch ein Steinadler war in diesem olympischen Dorf gefangen. Er saß etwas abseits, und mißmutig hackte er in den Augenhöhlen eines schon reichlich entfleischten Pferdeschädels herum.

Gleich um die Ecke betrat man das Affenhaus, sein Stolz war die weltbekannte Orang-Utan-Zucht. Und hinter einem ummauerten Graben döste, eben erst aus Afrika eingetroffen, ein Paar Breitmaulnashörner lebensmüd in der sächsischen Sonne. All die Namen der Tiere! Manchmal genügte ein nebensächliches Detail — wie bei dem Weißschwanz-Gnu, beim Bart-Gnu —, und die Bezeichnung blieb, nach dem Willen der Zoologen, der armen Kreatur angeheftet für alle Zeiten. So war es dem Runzelhornvogel ergangen, der Strumpfbandnatter, dem Brillenbären. So hatte es die Netzgiraffe getroffen, die aussah, als hätten die Tierfänger sie für immer mit ihrem Fangnetz gezeichnet. Wenn ein Tier weder Hyäne noch Hund war, hieß es Hyänen-Hund. War einer zwischen die Ordnungen geraten, nannte man ihn kurzerhand Flughund oder Lungenfisch. Der kleine Junge begriff von alldem nur soviel: Es gab Flügel, Kiemen, Hufe und alle Arten von Mäulern, weit aufgesperrte Rachen, auf Nahrung begierig, vor denen man sich fürchten mußte, wenn sie einem in freier Wildbahn begegneten. Es gab auch Affen mit buntgestreiften Nasen, regenbogenbunt, Mandrill genannt. So kam es, daß er an einem einzigen Nachmittag Säugetiere, Reptilien und Vögel von allen fünf Kontinenten kennenlernte, ein ganzes Bestiarium, versammelt nur wenige Kilometer von der eigenen Haustür entfernt.

Soviel ahnte er instinktiv, dass sie Vertreter waren einer zoologischen Internationale. Schilder, die man ihm vorlas, erklärten ihm einige der Tiere als Geschenk aus den Bruderländern. Sie vermittelten ihm die Illusion eines gewaltigen geographischen Raumes über mehrere Zeitzonen hinweg, der jedem Bürger des Imperiums zugänglich war. Sie gaben ihm das Gefühl von Weite und Unbegrenztheit. In einem der Käfige schlief ein Schneeleopard aus Maos großem chinesischen Reich. Gleich daneben lief unruhig die Amurkatze auf und ab, ein Raubtier, das vermutlich mit der transsibirischen Eisenbahn angereist war. Da war die Saiga-Antilope aus den Steppengebieten Vorderasiens mit ihrer seltsam aufblähbaren Staubsaugernase, ein Wappentier für die Weiten der Sowjetunion. Da gab es das Hängebauchschwein aus dem fernen Vietnam, ein rundlicher, kurzbeiniger Bonze mit zerknautschter Schnauze – und wenn die Kinder über den Tolpatsch lachten, erzählte man ihnen Geschichten vom tapferen Kampf eines kleinen Bauernvolkes gegen den bösen Riesendrachen Amerika.

Zerstreut betrachtete der Junge die Gitterzäune und tiefen Sperrgräben. Er war nun auch etwas müde geworden. Durch den Maschendraht sah er einfach hindurch. Oder streckte vielleicht seinen kleinen Zeigefinger aus und sagte: »Das da: Horn.« »Nashorn heißt das, mein Schatz.« »Horn. Nase«, wiederholte er stockend. Das ganze Werk aus Betonwällen, Schleusen und eisenbewehrten Tierkäfigen entging ihm in seiner ausgeklügelten Systematik, dafür war er zu klein. Daß er in einem Land lebte, das eine scharf bewachte Grenze vom Rest der Welt trennte, ahnte er damals noch nicht. Als er geboren wurde, standen die Berliner Sperranlagen bereits ein Jahr und waren nun endgültig befestigt. Für seine jungen, frischverbandelten Eltern war der Mauerbau der große Einschnitt gewesen. Er hatte ihr Leben verändert und bedeutete Abschiednehmen von manchen unausgesprochenen Träumen. Viel später erst erfuhr er, was sich damals ereignet hatte. Daß der Vater, Student des Luftfahrtwesens an der Technischen Universität Dresden, geplant hatte, sein Studium in Westberlin fortzusetzen, nur noch ein Jahr sollte er sich gedulden. Dann aber war ihm Walter Ulbricht zuvorgekommen mit seiner Geheimoffensive – der Sperrung der Sektorengrenze –, die alle Welt überrumpelt hatte und von der anfangs nicht einmal Chruschtschow, der launige Kremlherrscher, ganz überzeugt war. Bald war Mutter, die junge Chemielaborantin, ungewollt schwanger geworden. Die beiden hatten sich 1961 auf den Fluren des Studentenwohnheims kennengelernt, beim Telefonieren nach draußen. Er, der Flugzeugschwärmer und findige Konstrukteur, sie, die angehende Facharbeiterin für Brenn-, Kraft- und Schmierstoffe. Beim jährlichen Institutsfasching waren die beiden sich nähergekommen. Eine Dampferfahrt in die Sächsische Schweiz war ihr romantischer Einstieg gewesen. Der Rokoko-Felsen, die Barberine, die Lilien- und die Schroffensteine, eine Flußlandschaft mit hohen Himmeln, gespiegelt von den Wolkenformationen überm Gebirge. Im Sommer mußte Vater zum Ernteeinsatz nach Thüringen, und dann überschlugen sich die Ereignisse. Deutschland im Ausnahmezustand, plötzlich die Schwangerschaft, das gemeinsame Kind, und die Falle war zugeschnappt. Was immer sie in diesem Leben noch vorgehabt hatten, entschied sich in diesen welthistorischen Tagen. An Flucht war unter den gegebenen Umständen nicht zu denken. Dazu waren beide ihrer Herkunft, ihren Familien in Thüringen und Sachsen – wenn auch nicht dem Staat – zu innig verbunden. Noch wußten sie nichts von den Einschränkungen, die auf sie zukommen würden, als verschacherte Staatsbürger, auf der falschen Seite des Grabens gelandet.

Vollendete Tatsachen: Der Mensch gewöhnt sich daran. Tiere hinter Gittern, das hat noch keinen gestört. Man ging in den Zoo, wie man zur Wahlurne ging, auf den Friedhof oder zum nächsten Postamt. Vater und Mutter machten mit ihm ihren Rundgang durch den Zoologischen Garten, als wäre das die normalste Sache der Welt. Das Leben in der Deutschen Demokratischen Republik hatte nun wirklich begonnen. Die Erwachsenen scherzten, küßten sich, jungverliebt, wie sie waren, tranken ihr Bier, ihre Limonade und waren unbefangen wie Menschen am Wochenende überall auf der Welt. Sie bestaunten den unruhigen Eisbären fern der Arktis, abgeschnitten von seiner natürlichen Umgebung der Eisschollen und Eisberge, desorientiert. Sie beugten sich über das Gehege des tapsigen Wombats und vergaßen Australien. Ausführlich spazierten sie um die Affenburg herum, genossen den Streit im Familienleben der Paviane und konnten sich ausschütten vor Lachen über diese armen Irren, die fortwährend zankten, sich bissen und in den friedlichen Momenten einander vom grauen Fell die Flöhe pflückten. Woher sie auch kamen, nun waren sie hier. Dresden war der gemeinsame Ort. Wozu sich aufregen, wenn man nun einmal hier wohnte, eine Notgemeinschaft, die Geschichte und Wissenschaft gestiftet hatte für alle? Damals begann es, daß sie lernten, hinter Gittern zu leben, Großstädter in ihren Wohnställen, Bürger eines Landes, das seit kurzem ein Eiserner Vorhang trennte vom Rest der Welt.

War es dort, wo er den Schlag empfing? Den ersten und einzigen, den Mutter ihm je verabreicht hatte. Am Ende eines langen Tages war es passiert. Müde war er, unleidlich geworden, absolut unausstehlich. Und zum ersten Mal hatte ihn

Mutter geschlagen, ihm den Hintern versohlt, wie es damals hieß. Halbherzig nur, und nur weil sie immer die Nachgiebige war und nun auch einmal auftrumpfen mußte im Erziehungssystem. Immerhin hatte sie ihm keine Ohrfeige verpaßt. Er hatte genörgelt, den Hund stehengelassen, sich auf die Erde gesetzt, mit Kieselsteinchen geworfen, was weiß ich. Jedenfalls war sie an ihre Grenzen gekommen. Vater war vorausgegangen, er überließ ihr die Regie.

Der kleine Junge war sofort still geworden und sah seine Mutter aufmerksam an. Also auch du? Hin- und hergerissen waren sie beide, und bis heute fragt er sich, was damals so Schlimmes geschehen war. Immer mußte Vater der Strenge sein, und Mutter konnte in seinem Schatten agieren. Aber einmal war es doch anders gekommen, und es tat ihm leid, unendlich leid für beide, die beschämende Situation. Plötzlich waren der Zoo, der Sommertag und alle die Tiere vergessen. Er wollte nur noch nach Hause, sich in sein Bett verkriechen, schlafen, nur schlafen. Dabei war er schon lange robust genug, um auch diesen kleinen Liebesverlust auszuhalten. Noch aber spielte er, spielte den Wehleidigen und gab sich gekränkt. So erfolgreich, daß am Ende beide klein beigeben mußten und beschlossen, den mißglückten Augenblick aus dem Gedächtnis zu löschen. So wie die Männer der Feuerwehr, wenn nichts mehr hilft, einen Brand löschen müssen.

JAHRZEHNTE SPÄTER BIN ICH DEM KLEINEN JUNGEN NOCH EINMAL BEGEGNET. Das war in den Lebenserinnerungen des Dresdner Kinderbuchautors Erich Kästner. Es gab da wenig Ähnlichkeiten – nicht nur das Kindsein, die Kindheit als solche, und erst recht die Stadt, in der sie sich abspielten, waren so radikal anders, daß man nichts mehr wiedererkannte. *Das, was man früher unter Dresden verstand, existiert nicht mehr*, hatte der alte Kästner, bei seinem Rundgang durch die Trümmerlandschaft, versuchsweise nüchtern bilanziert. Die Perle im Deutschen Reich, die Stadt der Kunstdenkmäler und des Fremdenverkehrs, die Romantikerstadt im Tal, war versunken. Tot, mausetot war auch die eben noch so moderne Barockmetropole, die Stadt der Galanterie und des feinen Geschmacks, der Nahrungs- und der Genußmittelindustrie, Schokolade, Zigaretten, Nippsachen, Glaswaren, künstlichen Blumen, Pianofortes, photographischen Apparate und Papiere, Nähmaschinen, Fahrräder und Schreibmaschinen. Tot war aber auch die dynamische Stadt, die der zwanziger Jahre: die gesunde Stadt mit Hygienemuseum, Rudersport auf der Elbe, Jugendspielen, kommunaler Sauberkeit, eine adrette Erscheinung, wie die Werbeprospekte seinerzeit tönten. »Dresden ist wie München«, schrieb jemand auf eine Postkarte aus dem Zoologischen Garten. Sie zeigte das Ausflugslokal am Seelöwenteich. Menschen in heller Sommerbekleidung saßen an Kaffeehaustischen unter Kastanienbäumen und lauschten dem Platzkonzert. Einige gehörten wohl zu den Glücklichen, die Uschi Elleot, die berühmte Tonfilmdiva, beim öffentlichen Frühstück mit dem Schimpansen Charlie erleben durften. Das alles war fortgeräumt, finito, aus und vorbei.

Nur die Silhouette, die jemand als erstes aus dem Zugfenster sah, wenn er eine der Elbebrücken überquerte, war noch einigermaßen erkennbar. Die Kasernen standen noch, und die klingelnden Straßenbahnen fuhren immer noch durch den Traum. Aus der Wüste, die Kästner ein Jahr nach Kriegsende besichtigte, als er die Eltern besuchte (den ältlichen Vater, die blasse Figur, und die über alles geliebte, tatkräftige Mutter), aus dem Brandfleck auf der Landkarte, der Ziegellandschaft mit den Hügeln aus Schutt und Steinen, der endgültigen Steppe, war wie der Phönix aus seiner Asche die sozialistische Stadt aufgestiegen. So geht das. *Wem nichts mehr den Blick verstellt, der blickt weiter als die anderen.* Vor allem die Straßennamen hatten sich stark geändert. Von den neuen Menschen, die ihren Frieden zu machen versuchten mit dem Verlust, ganz zu schweigen.

DEN SCHAUPLATZ ERDE betritt man zuerst auf wackligen Beinen. So geht das, und keiner sucht sich aus, wo die Seinen ihn abwerfen. Erst später fragt er sich, wohin er gehört. Als Kind ist man frei von elegischen Gefühlen, unbekümmert um Traditionen. Man stolpert dahin, geschichtslos, und weiß nichts von Nostalgie. Wohin man sich wendet, ist die Mitte der Welt. Die Erwachsenen zeigen mit dem Finger auf etwas, das ihnen bedeutend erscheint, reden von Kultur und nennen Sehenswürdigkeit, was einen weniger fesselt als jede Sandburg am Meeresstrand. Geduldig hört man ihnen zu, wird weitergezogen wie der störrische Esel und hat das Gesagte sofort vergessen. Dresden, Dresden, sei's gewesen.

Das war der Geburtsort des kleinen Jungen. Es hätte ebensogut Ulan-Bator sein können, Nowosibirsk, Oslo oder Ostende. Was bedeuteten ihm schon Namen? Er war nun da, und als Kreatur zog es ihn zu den Kreaturen, eine solidarische Regung, was sonst, ein kindlicher Zootropismus. Alles andere war ihm in diesem Moment egal. Und so ist es noch lange geblieben, beinah bis heute. Wenn einer kam und betete ihm die Stadtgeschichte vor, hörte er mit wachsendem Interesse zu, doch ging es ihm immer zum einen Ohr herein und zum anderen wieder hinaus. Was war aus dem Wunsch, Zoodirektor zu werden, denn geworden? Nichts. Nur die Liebe zu den Tieren war ihm geblieben, allmählich aber wuchs in ihm der Haß auf die Zoos. Er war genauso verloren wie alle anderen, Mensch oder Tier, und was ihn noch als erwachsenen Mann antrieb, war als letztes die Sehnsucht nach Freiheit.

UND SCHLIESSLICH DER TRAUM. An diesem Samstag des Zoobesuchs mit den Eltern, kurz vor dem Einschlafen, hätte er schwören können, die phantastischsten Abenteuer bestanden zu haben. War da nicht eine Elefantenkuh über die Ernst-Thälmann-Straße spaziert? Ihr hinterher ging ein singender, klingender Spielmannszug von Jungpionieren, die blauen Halstücher wehten im Sommerwind. Im Halbschlaf in der Straßenbahn,

auf der Heimfahrt, hatte sich noch manches Wunderliche zuge-
tragen. War da nicht ein Volkspolizist gewesen, der mit seiner
Trillerpfeife den Verkehr der rosa Flamingos über den *Altmarkt*
geregelt hatte? Die schönen Vögel waren flügelschlagend im
Kreis um ein paar parkende Omnibusse gestelzt und hatten etwas geschnattert, das sich anhörte wie Tschechisch oder Kuba-
nisch. Mitten auf dem Postplatz lag ein blutiger Pferdeschädel
an der Haltestelle, und um ihn herum hatten sich ein paar Bart-
geier versammelt, vollkommen unbeeindruckt von den Passanten und den Auspuffgasen der vorüberfahrenden Fahrzeuge.
Auch war da irgendwann ein einzelner humpelnder Schwan gewesen, der lange versucht hatte, Schritt zu halten mit den gelben Wagen der uralten Linie 1. Und ein Albatros saß hoch oben
auf der Getreidemühle, während ein paar Möwen (oder waren
es Kolkraben?) um ein Gebäude kreisten, von dem das schwarz-
rotgoldene Tuch mit dem Hammer-und-Zirkel-Emblem schlapp
herabhing. Im Fenster eines Kaffehauses an der *Warthaer Straße*
hatte ein ausgestopfter Braunbär gestanden, die Tatzen drohend
erhoben. Sie waren ihm beim Griff in einen Bienenkorb erstarrt,
der Korb selbst war ein schreckliches Flechtwerk, die volks-
künstlerische Arbeit fleißiger Tanten.

Übers Jahr würde im Morgengrauen die 7. Panzerdivision
Dresden die tschechische Grenze überschreiten, zur Nieder-
schlagung des Prager Aufstands. Hunderte Kampfpanzer, Schützenpanzer und Kraftfahrzeuge waren in den Höhen des Zinn-
walds in Stellung gegangen. Eine der vielen phantastischen
Operationen deutscher Geschichte. Am Ende sind sie nur darum nicht zum Einsatz gekommen, weil Moskau die Peinlichkeit
einer deutschen Invasion ins Nachbarland rechtzeitig erkannte
und untersagte. Doch der Traum mußte aufrechterhalten wer-

den. So geschah es, daß wenig später am Altmarkt sowjetische Truppen mit Pioniergerät, Panzern, Lastwagen und Motorrädern in umgekehrter Richtung vorübermarschierten. Die Kolonne wurde, nach erfolgreicher Mission, von einem Aufgebot der Dresdner Bevölkerung willkommen geheißen. Am Straßenrand stand auch ein kleiner Junge und schaute und schaute. Das konnten doch nicht alles nur Fieberphantasien gewesen sein, beim orientalischen Dutt meiner Mutter.

Spielzeuge 3: Das Kaleidoskop

Da unten lagen sie, zerscherbt, die wunderbaren
Himmel der Kindheit, figuriert zu Mandalas,
Die ersten Farbbausteine einer neuen Welt.
Dort fiel die Sonne in den winzigen Zylinder,
Zerbrach in Tausende von Splittern alles, honiggelb
Und bernsteinfarben, kandiszuckerbraun,
Und ließ sich schütteln, vor den Augen drehen
Wie in der Lotterie die Trommel mit den Losen,
Aus der man meistens Nieten zog, nicht wahr?

Ist das Enttäuschung, wenn aus all der Euphorie
Der frühen Sprünge dann Erinnern wird, ein Ritual
Wie dieses Drehen des Kaleidoskops, methodisch
Verspielt, ein Absturz in die Reflexion, als hockte da
Das Kind im Mann, der Mann im Mond, die Frau,
Die einmal Mädchen war – vorm Losverkäufer
Mit großen Kinderaugen. Nein, es ist das Staunen,
Das niemals aufhört. Dort im Scherbenhaufen
Sind Universum und Gehirn seit jeher eins.

Und darum dreht man es so gern und dreht dabei
Wie an den Zeigern einer Uhr, bis einem bange wird.
Man stürzt hinab in diesen kleinen bunten Schacht:
Dies Ding aus Pappe, Spiegeln – Industrieprodukt,
Das Souvenir von einem Ausflug in den Lunapark.
Zentrum im Zeitstrom wird es, wenn man will,

Ein Halt für Augenblicke, Firmament aus Farben.
Wie lange dauert es, bis in der Zufallsordnung
Von Kind an jeder Tag sich zeigt als großes Los
In der Gewinnausschüttung, die man stets versäumte?

Der Rätselmeister

»Da könnte ja jeder Kreuzwortenträtsler kommen
und sich als Christ ausgeben ...«
Gottfried Benn, Doppelleben

Das erste Prickeln im Umgang mit den Wörtern, ihren Brausepulvereffekt auf der Zunge, habe ich am Wohnzimmertisch meines verstockten Großvaters kennengelernt. Jedes Jahr in den Sommerferien schickte man mich ins thüringische Gotha, zum väterlichen Zweig der Familie. In Thüringen lebten sie alle regional verstreut: der Onkel in Sonneborn, wo er als Landarzt die Patienten in den umliegenden Dörfern versorgte, in Bad Langensalza die Tante in einem uralten Haus mit einem Plumpsklo im Hof, in Tröchtelborn ein befreundeter Bauer, den man manchmal besuchte und der einen, wenn er in Stimmung war, mit seinem Traktor über die Felder fuhr.

Kaum angekommen in Gotha, gab es dann mit der Großmutter den immergleichen Spaziergang durch die herzogliche Orangerie, vorbei an Schloß Friedenstein hoch über der Stadt. Oder mit Großvater die Expedition zum Bahnhof, demselben, an dem man mich bei meiner Ankunft aus Dresden gerade erst abgeholt hatte, aber das zählte zu den Tautologien eines beschaulichen Kleinstadtlebens. Wenn es nicht der Bahnhof war, wo ab und zu eine riesige Dampflokomotive wie ein Mammut auf einem Nebengleis auftauchte, oder der Güterbahnhof mit seinen Viehställen und einer dunklen, vergitterten Grube, von deren Grund herauf, eng gedrängt, die Schweine uns mit ihren menschlichen Äuglein fixierten, wenn ich nicht zwischenzeit-

lich die Flucht ergriff in das einzige, gut sortierte Briefmarken-
geschäft am Markt, nahm er mich in den Stadtpark mit, wo ein
kreidebleiches, künstliches Griechentempelchen und auf der
Parkinsel eine Sphinx als Fremdkörper mein Interesse weckten,
alle funktionslos dort in dem Englischen Garten unter Trauerweiden, Weymouth-Kiefern und hundertjährigen Buchen. Es
fehlte auch nicht der in Thüringen unerläßliche Goethe-Stein
in einer der Lindenalleen, mit einem Vers aus dem Gedicht »Der
Park«: *Welch ein himmlischer Garten entspringt aus Öd' und aus
Wüste.* Zwanzig Jahre später stieß ich in einer Anthologie auf
die Schlußzeilen, die man dort fortgelassen hatte, und das klang
dann allerdings anders, merkwürdig unversöhnlich: *Nur daß
euere Stätte sich ganz zum Eden vollende, / Fehlet ein Glücklicher
hier, fehlt euch am Sabbat die Ruh.*

Glücklich aber war ich damals, als Ferienkind an der Seite des
Großvaters. Oder ihm vorauseilend, auf unseren Ausflügen zu
den immergleichen Kleinstadtattraktionen, zufrieden mit dieser Freizeitgestaltung von Altersheiminsassen. Die Krönung
war dann jedesmal eine Ruderpartie auf dem großen Schloß-
teich, einmal um die Insel herum, bis die Sphinx, dies beunru-
higende Wesen im Dickicht, zum zweiten Male in Sicht kam.
Undenkbar, unter ihrem Blick dort an Land zu gehen, diesem
kalten, versteinerten Blick, der einem überallhin folgte. Zum
Glück war das Betreten der Insel verboten, und ich war froh,
wenn wir sie wieder im Rücken hatten. Bevor es nach Hause
ging, pünktlich zum Abendessen, war noch das unvermeidliche
Füttern der Schwäne fällig, etwas Brot hatten wir immer dabei. Gotha, das klang so harmlos wie ein warmer Ofen. Klang
nach Bratäpfeln und Filzpantoffeln, aber nun war doch Som-

mer. Großmutter hatte den Tisch gedeckt, ich saß im Schlafanzug und freute mich auf die Mainzelmännchen im Fernsehen. Endlich Westfernsehen, etwas, das es in Dresden nicht gab. Allein dafür hatte die Reise sich schon gelohnt.

Gotha, das war das Haus in der Querstraße, ein Eckgebäude voller Wunder und abenteuerlicher Bewohner, dort hausten wir unterm Dach. Ganze Nachmittage verbrachte ich in dem Alkoven unterm Küchenfenster, führte Selbstgespräche oder hielt die Stirn an die Scheiben gepreßt, wenn es draußen regnete. Im Haus gegenüber gab es ein Ladengeschäft mit einer Manufaktur in den hinteren Räumen, alle gut einsehbar von dort oben: *Erdmann's Bilderrahmen*. Stundenlang verfolgte ich von dort oben, wie Frauen und Männer in blauen Arbeitskitteln an kleinen Werkbänken Kalenderbilder rahmten und Familienporträts verglasten. Oft hockte ich da, um mich her ausgebreitet einen Stapel von »Velhagen Klasings Monatsheften« aus Großvaters Sammlung, aus denen ich mit einer Papierschere die Bilder ausschnitt, Ansichten vom Leben afrikanischer Völkerstämme, Photographien von Zeppelinen, Ozeandampfern, Kristallpalästen und Zeichnungen von Birkenwäldern, Raubtieren, Mädchen in Landestracht. Niemand störte sich daran, daß ich die Hefte zerschnipselte und meine Beute in ein eigenes Album klebte und zu aberwitzigen Collagen ordnete. Oder ich blätterte in der alten illustrierten Shakespeare-Ausgabe und war schon als Prinz Hamlet verkleidet, im Gürtel den Messerschleifer, eine Art Knappendolch, aus Großmutters Besteckkasten, auf dem Kopf Großvaters Schirmmütze aus einer schlagenden Verbindung, der er selber nie angehört hatte, eine Mütze aus schwarzem Samt. In welchem Jahrhundert lebten wir da?

Das Haus, dem man sein Alter nicht ansah, war ein Patrizier-
bau aus der Spätrenaissance, mit dicken Mauern, sommers wie
winters kühl, was man ihm aber von außen nicht ansah und erst
bemerkte, wenn man sich in dem enormen unterirdischen Kel-
lerlabyrinth verirrte. Nie wieder habe ich solche Kellergänge
gesehen, abschüssig in die Tiefe führend wie die Stollen in einem Bergwerk. Dorthin zog es einen immer, und man fürchtete sich doch zugleich, wenn man im trüben Licht sich durch
die vielen Windungen tastend den Weg suchte zu einem der
Holzverschläge mit mächtigem Vorhängeschloß. Im Erdgeschoß
gab es eine Bäckerei, unvergeßlich der Duft von Kuchen und
warmen Semmeln im Treppenhaus in der Frühe. Man konnte
dort morgens, sehr praktisch, in Pantoffeln die Brötchen holen:
Schlapp, schlapp, die ausgetretenen Sandsteinstufen hinab und ge-
schwind, *schlapp, schlapp*, wieder hinauf. Wenn man Pech hatte,
lauerte einem auf halbem Wege Gerold auf, der Sohn von Mutter und Vater Schatt, ein geistig behinderter Mann um die dreißig. Er wohnte bei seinen Eltern, geisterte wie eine Fledermaus
auf den Treppen umher und wollte in den Gewölben immer mit
einem Fangen spielen. Wenn er beim Lachen die Zähne bleckte,
sah man sein enormes Pferdegebiß; er hatte Ähnlichkeit mit
dem Schauspieler Fernandel. Manchmal klingelte ich ihn aus
seiner Wohnung. Mutter Schatt bat mich herein, und Gerold
zeigte mir seine Eisenbahn, die quer durch das Wohnzimmer
verlegt war, ein Riesenspielzeug im Maßstab HO. Das Surren
der Züge auf den Gleisen, die unter den Tischen, Sesseln und
Stühlen hindurchführten, beruhigte seine Nerven. Wie ein Mär-
chenriese kniete er auf dem Boden, und die Tränen liefen ihm
über die dicken Wangen beim Anblick der Lokomotive, die in
den Bahnhof einfuhr. Das waren die schönsten Momente. Ge-

rold umarmte mich dann plötzlich vor Überschwang, ich ließ es geschehen, und er legte seinen schweren Kopf auf meine schmale Schulter. Manchmal forderte ich das Schicksal heraus und bot mich an, im Treppenhaus mit ihm zu spielen. Ich hatte einen kleinen Gummiball dabei, kaum größer als ein Augapfel, ein japanisches Fabrikat, der sprang, gegen die Wände geschleudert, kreuz und quer über die Treppen, schnellte um die Ecken und machte sich selbständig wie *Odradek*, ein Wesen aus einem Buch, das ich später las und das mich bis heute beschäftigt, nun da ich selbst Hausvater bin. Gerold tat dann, wie ihm geheißen, die Mutter gab ihm Anweisungen zum Umgang mit kleinen Kindern, und er versuchte, brav zu sein, und ließ sich auf das Spiel ein. Das Schlimmste war immer, wenn er mir in den Keller folgte. Sein Gejohle im Labyrinth versetzte mich in panische Angst, ich versteckte mich im Dunkel und machte mich klein, ein Kaninchen mit bebendem Herzen.

Gotha, das klang so harmlos, dabei war es, wenn ich es mir recht überlege, ein Ort früher Schrecken, herrlich und angsteinflößend und viel zu viel für ein Kind. Gotha war bis zum Ende des Dritten Reiches ein Zentrum der Flugzeugindustrie. Die Waggonfabrik Gotha hielt ihren Namen im Krieg nur aus Gründen der Tarnung aufrecht. Wer dort beschäftigt war, wußte, daß in den Hallen nicht nur Schienenfahrzeuge produziert wurden, sondern auch Flugobjekte im Auftrag der Wehrmacht. Zunächst Doppeldeckermodelle, die sich schon im Ersten Weltkrieg bewährten, später Schulflugzeuge und schließlich geheime fliegende Wunderwaffen, wenn sie auch für den Endkampf zu spät kamen, wie mein Vater mir einmal erklärte. Seine Flugzeugleidenschaft, dachte ich später manchmal, mußte sich dort entwikkelt haben. In Gotha hatte er seine Liebe für die Flugtechnik entdeckt. In seinem Kinderzimmer hing eine ganze Kollektion von Modellen, alle selbst gebastelt, ich kannte sie von den Aufnahmen aus seinem Photoalbum.

Ein paar Seiten weiter saß Großvater in der Strickjacke im Lehnsessel, stark abgemagert nach dem letzten Krieg, die Wangen eingefallen. Er hielt sich gerade, wie er das immer tat – »Geradehalten, Junge!« –, zwischen den Fingern meistens die Zigarette, ein Mann mit spärlichem grauen Haarkranz. Die Glatze, die seinen beiden Söhnen drohte, war da schon absehbar. Dieser erstaunlich zähe Mann ist die längste Zeit seines Lebens arbeitslos gewesen. Aber dann kam Hitler an die Macht, und das war seine einmalige Chance. Er trat in die Partei ein, nach wer weiß welchen häuslichen Bedenken und Diskussionen, denn die Familien war eher liberal als national eingestellt, und als verächtlich galt jede Form der Korruption. Doch über Nacht waren alle Skrupel wie weggeblasen, man arrangierte sich, und er bekam eine Anstellung als Assistent im Polizeidienst. Mit der Aussicht späterer Verbeamtung bezog er einen Posten im Polizeipräsidium Gothas, Abteilung Kraftfahrzeugwesen. Er erzählte später gern, wie er in den letzten Kriegsmonaten den arroganten Bonzen, den *Goldfasanen*, die Benzinkontingente für ihre dubiosen Dienstfahrten gestrichen hatte. Im Herzen ist er zeitlebens Polizist geblieben, stolz auf seine subalternen, nie nachweisbaren Störaktionen in der Verwaltung des Dritten Reichs, der geräuschlose Querulant. Ich sehe noch den Moment, wie er aus der Kommode seine Ernennungsurkunde hervorzog und mit dem Zeigefinger wortlos auf die Unterschrift deutete. Das Dokument auf Büttenpapier war unterzeichnet vom Thüringer Gauleiter

Sauckel, Generalbevollmächtigter für den Arbeitseinsatz im Dritten Reich – der Chefkoordinator für die Rekrutierung von Zwangsarbeitern aus den besetzten Teilen Europas. Im Nürnberger Prozeß wurde Sauckel als einer der Hauptangeklagten zum Tod durch den Strang verurteilt. Fanatischer Nationalsozialist mit sieben Buchstaben ... War Großvater ein Nazi?

Er ist in seinem schwierigen Leben alles mögliche gewesen: gelernter Handlungsgehilfe, Aushilfskellner, Lagerist, Langzeitarbeitsloser. Endlich, nach wer weiß welcher politischen Drehung, war aus dem Sohn eines Dienstknechts und einer Magd ein Staatsbeamter im Polizeidienst geworden, mit fester Besoldung, wenn auch nur für wenige Jahre und mitten im Krieg. Von Parteimitgliedschaft ist nie die Rede gewesen, getrauert aber hat er über die verlorene Karrierechance, als Hitlers Reich unterging.

Ich kann ihn mir nicht vorstellen mit einem schwarzen Tschako auf dem Kopf, in der graugrünen Uniform, die an Wehrmacht schon erinnerte, bevor alles losging. Und beinah wäre sie ihm zum Verhängnis geworden. Auf den letzten Metern wurde er, anfangs als kriegsuntauglich eingestuft, in den Endkampf geworfen. Der Zufall wollte es, daß er nach Dresden abkommandiert wurde. Stationiert in einer Kaserne unweit des Hellers, auf halbem Wege nach Weixdorf, erlebte er aus der Ferne den Bombenangriff und sah die Stadt im Tal lichterloh brennen. Daß dort unten im Häusermeer seine künftige Schwiegertochter nur knapp mit dem Leben davonkam, ein Kind von fünf Jahren, an der Hand einer Freundin der Mutter, die ihrerseits im Johannstädter Krankenhaus mit Scharlach darniederlag und anderntags auf den Elbewiesen die Katastrophe nur wie durch ein Wunder überlebte, hat er damals nicht wissen können. Wer blickt schon in die Zukunft, die so konkret ist und von der wir doch keine Ahnung haben? Er war nicht vorbereitet auf das, was in den folgenden Tagen, Wochen und Monaten mit ihm geschah.

Es muß ihn erschüttert haben, daß er nun selber im tiefsten Schlamassel gelandet war. Dem letzten Marschbefehl folgend in Richtung Berlin, wurde sein Trupp unterwegs mehrfach von Tieffliegern attackiert. Er sah Züge, auf offener Strecke getroffen, Waggons, auf die Seite gekippt, Leichen, am Bahndamm verstreut, zerfetzte Leiber, Frauen und Kinder, hingeworfen in schlimmer Verrenkung. Er berichtete von Pferden, die auf den Bäumen hingen, hoch oben grotesk entstellt, von MG-Garben, aufblitzend aus den Bordkanonen der Flugzeuge, von brennenden Feldern, aufgeplatzten Koffern, glänzenden, von Fliegen umsummten, offenen Bäuchen. Es war Frühling in Deutschland, der letzte Hitlerfrühling.

Ein Schwindelgefühl muß ihn erfaßt haben, ihn, der bei der Geburt seines zweiten Sohnes im Jahre 1940, überwältigt von nationalistischen Vatergefühlen, ins Stammbuch der Familie geschrieben hatte: »Der Krieg um unsere Freiheit, gegen das plutokratische England, geht weiter. Du merkst nichts davon. Glückliche Kindheit. Wenn du groß bist und diese Zeilen begreifst, dann ist dieser Krieg längst beendet. Den Erfolg davon wirst du dereinst mit genießen. Ein großes, besseres und mächtiges Deutschland wird dann entstanden sein.«

Was waren sie jetzt wert, diese Aufzeichnungen über die Kleinkinderzeit? Was dachte er, als er sich schließlich in einer Schrebergartenanlage am Rand der Reichshauptstadt vor russischen Maschinengewehren wiederfand? Seinen Karabiner hatte er rechtzeitig weggeworfen, nun stand er, umzingelt und in die

Enge getrieben, vor einer Mauer, ein Mann der kämpfenden Truppe, wenn auch in Polizeiuniform. Die russischen Schützen schrien wild durcheinander, sie waren überzeugt, es handele sich um ein Mitglied der SS. So sah kein gewöhnlicher Soldat aus. Er sollte standrechtlich erschossen werden, schon war der Befehl erteilt. Da fiel ihm in letzter Sekunde ein, seine Unschuld zu beweisen. Er zeigte auf seine Achselhöhle, da war keine Tätowierung. Einer der Rotarmisten ging hinüber, prüfte den Fall und meldete Entwarnung. Nix SS, nur Polizei. Er ist begnadigt und geht in Kriegsgefangenschaft. Die Hinrichtung bleibt ihm erspart, aber er wird nun geschlagen, mit Füßen getreten. Jetzt beginnt seine Odyssee: Man schickt ihn auf den Gefangenentransport Richtung Rußland. Tagelang ist er im Heer der Geschlagenen zu Fuß unterwegs, Endstation Krasnodar, mit einer Granatsplitterverletzung, die ihm das Marschieren erschwert. Einmal auf der Autobahn, in der sengenden Hitze des anbrechenden Sommers, beim Verteilen der Wasserration, wird ihm von einem russischen Unteroffizier am Tankwagen der Eimer Wasser vor der Nase umgestoßen. Er wirft sich auf die Erde, trinkt wie ein Hund aus der Pfütze auf dem Asphalt. Er hat nun alles verloren, die Verwandlung in ein Stück Vieh hat begonnen. Die Demütigung wird er den Russen nie mehr verzeihen.

Und so habe ich ihn kennengelernt, einen Kriegsheimkehrer, noch zwanzig Jahre danach tief verbittert. Vollkommen sinnlos, das weiß ich noch, geradezu böswillig erschien mir einmal seine trockene Schilderung der Begegnung mit einem der Hauptverbrecher des Dritten Reichs. Das kleine Triumphgefühl, das er mir mitteilen wollte. In einer engen Gasse in Langensalza (das *Bad* ließ man als Einheimischer weg) sei da plötzlich eine schwarze Mercedes-Limousine vorgefahren. Und heraus sprang, von seinen Paladinen hofiert, der Reichsführer SS und Chef der deutschen Polizei, Heinrich Himmler. Er muß sich gefühlt haben wie Hans im Glück. Der kleine Sachbearbeiter aus dem Gothaer Polizeipräsidium sah seinen obersten Dienstherrn – mit eigenen Augen! Näher ist er dem Weltgeist nie gekommen. Daß sich die Bewunderung auf den Enkel nicht übertrug, muß er gespürt haben. Er war verloren, für ihn war ich wie aus der Geschichte gefallen. Wir stritten uns damals schon oft, beim gemeinsamen Fernsehen oder wenn er die Bücher sah, die ich las. Die deutsche Gegenwartskunst war so ein Anlaß. Einmal lief eine Sendung über Joseph Beuys, und er verließ demonstrativ das Wohnzimmer und murmelte etwas von Dreck und Geschmacklosigkeit.

Nach dem Krieg war er wieder arbeitslos, ein gebrochener Mann. In der ersten Zeit versuchte er sich mit dem Handel von Schwarzmarktprodukten durchzuschlagen. Er ging als Schmuggler, den Rucksack gefüllt mit selbstgebranntem Schnaps und Thüringer Würsten, auf Schleichpfaden über die Rhön in den Westen. Den Namen des Gebirgszuges hörte ich oft, in verschiedenen Kombinationen, etwa wenn vom *Rhönrad* die Rede war, von der schönen Rhön, von Segelfliegern über der Wasserkuppe. Überhaupt, das herrliche deutsche Vaterland, nun geteilt. Rhönrad, das fachte meine Phantasie allerdings an: kühne Männer in einem Metallgestell, die kopfüber, kopfunter den Berg hinabrollten – mir wurde schon schwindlig allein von der Vorstellung. Im Traum sah ich Großvater einmal, wie er in einem Rhönrad durchs Zimmer rollte, in der Pose des Gekreuzigten. Langsam, langsam ist er von mir weggerollt, auf Nimmerwiedersehen.

Im Gedächtnis bewahrt habe ich ihn mir mit seiner letzten Heldentat. Es war seine Karriere vom Nachtwächter zum Kellermeister. Er hatte sich wieder aufgerichtet, eine neue Beschäftigung gefunden, als Lehrling des Küferhandwerks in der ehemaligen Firma Rolando & Co. in Gotha. Die italienischen Teilhaber waren nach der Gründung des anderen deutschen Staates der Enteignung zuvorgekommen und unter Mitnahme sämtlicher Herstellungsrezepte abgezogen. Großvater, der sich inzwischen zum Weinverkoster qualifiziert hatte, hielt die Legende aufrecht. Gemeinsam mit einem Chemiker entwickelte er, gewissermaßen am Küchentisch, in vielen Versuchsreihen auf eigene Faust ein Ersatzprodukt für den verlorenen Schaumwein. Er zeigte mir noch die Zettel mit den Berechnungen, ein paar eng mit Bleistift bekritzelte Papiere. Dabei spielten der Muskateller, eine trockene, winterfrostempfindliche Traube, angereichert durch Billigimporte aus Jugoslawien, kombiniert mit heimischen Kräutermischungen, und die Kenntnis der Lagerung eine gewisse Rolle. Es ließ sich nie nachprüfen, aber er selbst sah sich fortan als der Erfinder des einzig soliden Vermouth-Getränks des Landes. In gewolltem Anklang, verdächtiger Echolalie, trug es den Namen *Gotano*. War Großvater ein Hochstapler, ein Markenschwindler? Und wennschon, vielleicht liegt das in der Familie. Wie kommt man aus seiner Sippengeschichte je heil wieder heraus?

Meister Walter, der Küfer: Wenn ich die Augen schließe, kann ich ihn traumverkehrt sehen. Er sitzt da, die Knie angezogen, in einem Weinfaß und winkt mir durch die kleine Türklappe sehnsüchtig zu. Ich weiß ja, er hat mich geliebt, aber kannte ich ihn? Einmal nahm er mich auf eine Besichtigungstour an seine alte Arbeitsstätte mit. Großmutter lag damals im Krankenhaus wegen einer Magensache, wir hatten sie auf der Station besucht und ihr Blumen gebracht. Dann zogen wir weiter und waren ganz für uns, zwei Jungen verschiedenen Alters. Er zeigte mir die Kellergewölbe unter dem Firmensitz der Gotano-Weinfabrik, weihte mich in die Geheimnisse des Weins, der verschiedenen Weinsorten ein und war für Stunden der Bilderbuch-Opa, faszinierend sanft und rücksichtslos, über den Zeiten schwebend. Er führte mich durch die unterirdischen Gänge, und es gab kein Pardon. Das Kind mußte den Alkoholdunst ertragen, die weingeschwängerte Luft. Es sah die riesigen Holzfässer in einer Reihe und hörte sich die Geschichte von dem Kollegen an, der dort beim Ausschwefeln bewußtlos geworden war, vergessen in einem Faß nach der letzten Schicht. Als man ihn Tage später fand, war er tot, eingerollt wie ein Igel, *sanft entschlafen*, wie Großvater meinte. Das war das letzte Mal, daß er mich in sein altes Leben entführte, mir etwas vorzuweisen versuchte. Der Rest waren dann die Spaziergänge, Routine, die immergleichen Ausflüge zum Bahnhof, in den Stadtpark und ins Naturkundemuseum, wo ich zum ersten Mal einem Diorama ge-

genüberstand. Großvater war einfach weitergegangen, er war müde, ließ mich allein hinter dem Vorhang zurück, und ich hatte alle Zeit der Welt und versank in Betrachtung der Eisbären, bengalischen Tiger und Marabus vor gemalten Fernen, allesamt künstlich und ausgestopft.

Im Alter war er schwer lungenkrank. Bei aller Gebrochenheit war er aber doch nie gebrechlich und pflegte die verschiedensten harmlosen Spleens. So zog er gern zu gewissen festgesetzten Zeiten alle Uhren in der Wohnung auf oder nahm sich sämtliche Messer vor, um sie einmal recht gründlich zu schleifen. Jeden Nachmittag wurde der große Eßtisch im Wohnzimmer freigeräumt, und dann faltete er zunächst aus losen Bögen von Zellstoffpapier Taschentücher, die er für seine gräßlichen Hustenanfälle benötigte. Nachdem mehrere dieser weißen Stapel errichtet und beiseite geschafft waren, kam der Höhepunkt all seiner Rituale: die Ausbreitung der Kladden und Notizbücher.

Denn mein Großvater war einer dieser namenlosen Geistesarbeiter, denen die Tageszeitungen ihre Kreuzworträtsel verdankten. Sein Material waren Lexikonworte, seine Kunst war die Kombinatorik, und er handhabe sie offenbar so geschickt, daß die Redakteure des ganzen Landes bei ihm ihre frischen Kreuzworträtsel bestellten. Er, der nach Jahren in russischer Kriegsgefangenschaft einen Widerwillen hegte gegen alles, was auch nur von fern nach Parteikauderwelsch, sozialistischer Propaganda klang, fand nichts dabei, einer Zeitung, die *Das Volk* hieß, mit Wochenendunterhaltung zu dienen. Es muß ihm ein grimmiger Trost gewesen sein, die Leser insgeheim, vorbei an den Leitartikeln, Produktionsrekordmeldungen, Bruderkußphotos und Stimmungsberichten, mit dem einzigen Stoff zu versorgen, der sie wirklich verlockte, weil er ihnen das Selberdenken erlaubte. Wahrscheinlich war diese simple Knobelei – 5, waagerecht: deutscher Dichter, von Karl Marx verehrt, Verfasser der »Loreley«, 6, senkrecht: blutsaugendes Gespenst im rumänischen Volksglauben – die einzige Freiheit innerhalb einer gleichgeschalteten Presse. Jedes Wurstblatt wurde von einem Stab von Zensoren kontrolliert. Nicht daß er irgend etwas Verbotenes eingeschmuggelt hätte; es genügte ihm, das eine Prozent frei verschiebbarer Lettern in einer zu neunundneunzig Prozent fixierten, verknöcherten Textlandschaft unterzubringen. Auch bei ihm waren die Wörter hinter Gitter gesteckt, doch konnte man sie dort nun in ihrer Isolation wie seltene Tiere im Zoo betrachten. Überraschend kontextlos, zeigten sie sich von ihrer besten, das heißt exotischen Seite.

So lernte ich sie denn alle kennen, die Komponisten und die Olympiasieger, die Opern und Orchideen, Austerlitz und das Pleistozän, den ganzen Reigen von Absonderlichkeiten aus Fauna und Flora, vielmehr: Ich behielt bis auf weiteres ihre Namen im Gedächtnis. Noch ehe ich darüber nachdenken konnte, hatte mich Großvater in ein universelles Memory-Spiel verwickelt, freilich eines ganz ohne Karten, bei dem man sich den Rest dazudenken mußte, die Illustrationen und die Symbole. Und wie gesagt, da war sofort dieses elektrisierende Prickeln, ein Sinn für das Appetitliche an den Wörtern. Bis heute signalisiert es mir: Achtung, das Wunder der Erstbenennung ist nah; *am Anfang war das Wort.* Bis heute macht es mich unruhig, reißt mich heraus aus dem Tiefschlaf der Sprache. Das einzelne Wort als nervlicher Knotenpunkt im großen Kreuzworträtsel des Unbewußten, das war es, was mich mit einem Schlag aufweckte und aufs neue empfänglich machte für die Welt und ihre tausendfältigen Erscheinungen, soweit Sprache sie zu erfassen vermochte. Es war der Beginn einer namenlosen Erregung, von der ich glaube, daß sie geradewegs in die Dichtung führte.

Ganze Nachmittage verbrachten wir so, über seine Registerbücher gebeugt, vertieft in die Musterbögen mit den handgezeichneten, durchnumerierten Kästen, die als vertikale und horizontale Käfigreihen sich ganz allmählich mit Buchstaben füllten. Noch heute kommt mir das volle Aroma der Gothaer Schöpfungsstunden zurück, wenn ich in Gedanken vor mich hinmurmeln kann: *Serval, Ozelot, Jaguar, Puma, Gepard.* Es begann immer damit, daß er die wöchentlichen Rätselspalten der Zeitungen durchkämmte auf der Suche nach neuen, noch unverbrauchten Vokabeln. Zum Aufwärmen spielten wir manchmal den Klassiker »Stadt, Land, Fluß«, und er zeigte mir dann anhand meiner Beiträge, was es an Stereotypen und rätseltechnischer Massenware zu vermeiden galt. Dazu war er fortwährend mit irgendwelchen Nachschlagewerken zur Hand, alten und neuen Atlanten, Brehms Tierleben, Technik-Brockhaus und Konversationslexikon. Es war eine Lust, mit ihm in Flurnamen und Etymologien zu schwelgen, und oft schwärmte er mir von jenem sagenhaften Deutschen Wörterbuch der Brüder Grimm vor, das er leider nicht selber besaß und mir um so mehr, wenn ich erst groß geworden sei, ans Herz legte wie eine Verfassung. Von ihm habe ich den Ausdruck »mit dem Finger auf der Landkarte reisen« zum ersten Mal gehört. Er war ein begnadeter Reisender um den Wohnzimmertisch. So unerreichbar uns beiden Tigris, Themse und Tiber in der Realität auch waren, es genügte ein Geistesblitz, eine bloße Buchstabenkombination, gleich waren sie aufs Papier gezaubert und strömten vor uns in voller Herrlichkeit.

Ich sehe noch seine knochige Hand mit den Altersflecken auf einer aufgeschlagenen Buchseite (Flaggen, Schiffstypen, tropische Schmetterlinge), und dazu den Fächer akkurat angespitzter Bleistifte, mit denen er in die diversen Handbücher eintrug, was ihm an lexikalischer Beute zufiel.

Ist es zuviel gesagt, wenn ich behaupte, mein Großvater habe mich da in etwas hineingezogen? Er hatte mich angesteckt mit seiner Sammelleidenschaft für etwas, das auf der Straße lag und allen und keinem gehörte. Poetologisch betrachtet, war dies der erste Schritt in jenes ungeheure Neuland der Imagination, in dem der Dichter, diese ewig fluchtbereite, überall deplazierte Person noch am ehesten heimisch wird. Man betrat es mit einem simplen Trick, durch die Drehtür des Normalismus, nur die Technik mußte noch etwas verbessert werden. Wenn Großvater sehen könnte, was er da angerichtet hat.

Er war ein Pedant, unnachgiebig und dennoch liebenswürdig in seinem Ordnungssinn. Bei unseren täglichen Schachpartien bestand er immer auf der Einhaltung der Regeln. Es gab Gewinner und Verlierer. Wer verlor, wurde mit einer Kopfnuß bestraft. Er selber aber wandte die Strafe jedesmal mit der Milde des Klügeren an – während ich, wenn ich denn doch einmal seinen König schachmatt gesetzt hatte, mit sadistischer Langsamkeit hinter ihn trat und ihm die Glatze traktierte mit der ganzen Kraft meiner kleinen kindlichen Knöchel.

Fort von zu Hause

Nachts war ich, eines Nachts, im Alter von acht oder neun Jahren, aus dem Bett aufgestanden, hatte die Schiebetür mit der Milchglasscheibe einen Spalt weit geöffnet, war durch das Wohnzimmer, das sich am Ende des Tages immer in das Schlafzimmer der Eltern verwandelte, hinausgeschlichen, von den Schlafenden unbemerkt, in den Keller, die Treppen hinab am Werkraum des Vaters vorbei, an dem Bretterverschlag mit den dunklen Haufen der Kohlebriketts und des kostbaren Kokses, deren Geruch als Erinnerung in den Traum strömte: Wie die Kohlenträger, Männer mit schwarzverschmierten Gesichtern, die Säcke heruntergetragen, von der Schulter gewuchtet und dort ausgeschüttet hatten. Mich im Dunkel vorantastend, war ich durch die Hintertür in den Garten gelangt. Nicht der Mond, nicht die Sommernacht mit dem klaren Sternenhimmel über den Obstbäumen, nicht dies Gemurmel aus dem Inneren eines kleinen, überschaubaren, geschlossenen Landes – Echo der unerreichbaren Meere und ihrer Gezeiten, hatten mich, ein Kind im weißen Schlafanzug, *Little Nemo in Slumberland*, hinaus auf die Straße getrieben. Was aber dann?

Ohne zu wissen, was ich tat, mit schlafwandlerischer Sicherheit, wie man sagt, entfernte ich mich mit jedem Barfußschritt weiter von der einzig denkbaren Basis: meiner Höhle, meinem Wigwam, meiner Zuflucht von wenigen Quadratmetern, dem alleinigen Ort im ganzen weiten Universum, der Schutz und Liebe versprach. Unter der ersten Bogenlampe, im Laufen gähnend, mit offenen Augen träumend, hatte ich haltgemacht. Gegen die grüne Kissenlandschaft der Ligusterhecke gelehnt, unserer dichten Dornröschenhecke, die das heimische Reich von dem kalten Asphaltband trennte, das wer weiß wohin führte (zur Welt hinaus, wie es im Märchen hieß), hatte ich lange die Straße betrachtet, dieses endlose graue Band. Hatte links und rechts die Häuser der Gartenstadt taxiert mit dem Blick des Modelleisenbahners, und siehe da: Es war eine Ansammlung von Spielzeuggebäuden im Maß meiner kleinen, aufgefächerten Hand.

Doch in der Ferne, sehr breit und mehrspurig, grau, lag die Autobahn, und dort, unglaublich, ich rieb mir die Augen, fuhr ein Schwerlasttransporter mit dem Haus meiner Eltern auf der Ladefläche davon. War es dasselbe Haus, aus dem ich eben erst schlafwandelnd herausspaziert war? Wurde es fortgetragen, weil ich ihm den Rücken gekehrt, es schmählich verlassen hatte? Ein Schwindel erfaßte mich, eine unbekannte Panik. Ich sah nun alles in der größten Entfernung, schier unerreichbar, nicht nur die Sternbilder dort oben, auch das Gartentor und die geschlossenen Fensterläden, zu denen ich eben noch aufgeblickt hatte. Als ich mich umdrehte, fand ich das Grundstück hinter dem Zaun leer, eine schwarze Rasenfläche und, sauber ausgeschachtet, darin eine quadratische Grube, über deren Ränder büschelweise das Unkraut hing. Der Platz, an dem früher mein Bett stand, war jetzt unbewohnt. Ein starker Fäulnisgeruch schlug mir entgegen. Durch den Zaun war fast nur noch Gestrüpp zu erkennen. Nach und nach einige Baumstümpfe im Vordergrund und, verwaist, der japanische Ahorn etwas abseits der Gehwegplatten, dort, wo einmal das Betonfundament für die Mülltonnen geglänzt hatte. Was ich sah oder nicht sah, was ich im Traum registrierte, konnte vieles sein: Die verworrene Vegetation einer tropischen Landschaft, eine Insel im bleiernen Meer, fern aller Zivilisation, oder eine sumpfige Lichtung mitten im Wald.

Eine Ewigkeit hielt ich mich an den Zahlen am Gartentor fest, an der 4 und der 8, kühles, vertrautes Metall. Wo war ich da hingeraten? Ein paar schmiedeeiserne Schnörkel, unsere Hausnummer, Vaters Bastlerwerk. Dorthin zu gehören erschien mir in jener Nacht so unwahrscheinlich wie eine indianische Kindheit tief in den Galeriewäldern Amazoniens, unter der Aufsicht von Blasrohrjägern, als nackter, lebendiger Spielgefährte der Baumaffen und uralten Echsen. Nur die Müdigkeit war dieselbe, wie sie das Dschungelkind kannte in meinen Phantasien, von Fernsehsendungen und Bilderbüchern genährt. Von den Pflanzendüften betäubt, in einer schwülen Luft voller Insektenschwärme, lebt es unter rasend sich ausbreitendem Chlorophyll in einem ununterbrochenen Taumel. So stellte ich es mir vor, mein Leben danach, mein *Immer-schon-Leben* jenseits der Zone, der von Geburt an naturgegebenen Zone. Wachen und Träumen waren in dieser anderen Welt eins. Gewiß war nur meine nackte Existenz, weil der Körper sie mit allen Nerven und Blutgefäßen bezeugte. Hier war man heimisch, kein Mensch und kein Tier würde einen vermissen. Schlafwandelnd irrte man durch unbekanntes Gelände und war ewig, ewig derselbe obdachlose Idiot. Ein Wesen, das immer außerhalb war, draußen in den unbekannten Gehirnregionen.

Dann war der Traum zu Ende. Vater und Mutter fanden mich auf der Kellertreppe wieder, brachten mich ins Bett zurück, und ich konnte mich scheinbar an nichts mehr erinnern. Anderntags hieß es, noch nie sei ich, noch nie so weit von zu Hause fortgelaufen.

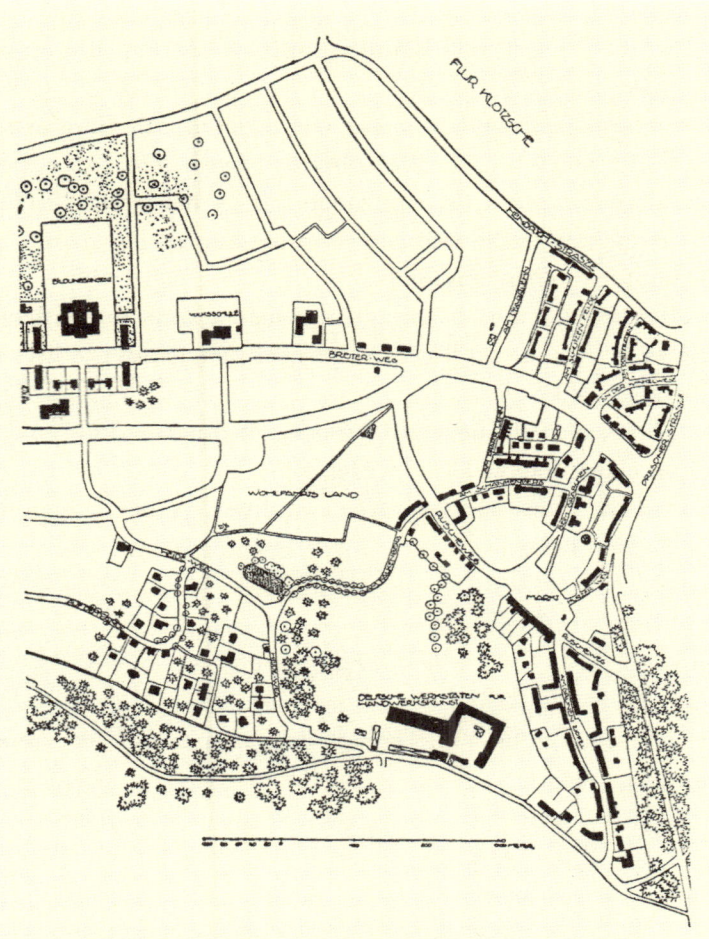

Abb. 181. Lageplan der Gartenstadt Hellerau (Bebauungsplan).
Architekt Riemerschmid

Danksagung

Mein Dank geht an *Hans-Jürgen Sarfert*, der mir die Gartenstadt Hellerau zuerst als Künstlerkolonie, *Thomas Nitschke*, der sie mir als pädagogische Provinz nahebrachte, sowie an *Michael Faßhauer*, meinen ersten und anregendsten Lehrer, der sie mir als Gesamtphänomen aufschloß.

Annette Teufel bin ich zu Dank verpflichtet für ihre umfassende Studie zu Leben und Werk des vergessenen deutsch-jüdischen Dichters Paul Adler.

Hans Kollhoff danke ich für gesprächsweise Auskünfte zu den Architekten der Gartenstadt Hellerau.

Und ich danke *Wolfgang Kaußen*, ohne den dieses Buch nie entstanden wäre.

Abbildungshinweis

Alle Postkarten und Photographien stammen aus der Sammlung des Autors.